深圳统计年鉴

SHENZHEN STATISTICAL YEARBOOK

2018

总第28期

深　圳　市　统　计　局
Shenzhen Statistics Bureau
国家统计局深圳调查队
NBS Survey Office in Shenzhen
编

中国统计出版社
China Statistics Press

《深圳统计年鉴—2018》编委会名单

EDITORIAL BOARD AND STAFF

编辑说明

1.为方便国外读者查阅，本年鉴在目录、统计表及指标解释等内容上按中英文对照编辑。

2.本年鉴全面系统地介绍了深圳市国民经济和社会发展情况，主要指标着重反映了2017年深圳市经济和社会各方面所取得的成就，也收录了深圳建市以来历年统计数据。统计资料内容分为19个部分，即：（1）综合；（2）国民经济核算；（3）人口和劳动力；（4）工业和能源；（5）建筑业；（6）运输和邮电；（7）农业；（8）固定资产投资；（9）房地产开发；（10）商业和物价；（11）财政收支；（12）金融保险业；（13）对外经济贸易和旅游；（14）劳动工资；（15）科学技术；（16）文化和教育；（17）卫生、社会保障和社会福利业；（18）城市建设和环境保护；（19）人民生活。为了便于读者正确使用资料，还附上了主要统计指标解释。

3.根据最新掌握到的统计资料以及国家新的统计制度之规定，本期年鉴对过去发表的一些重要统计资料重新予以核实，对部分历史数据进行了修订。因此，读者在使用历史资料时，凡与本年鉴有出入的，均以本年鉴为准。

4.本年鉴中的部分数据由于单位取舍不同产生的计算误差均未作机械调整。

5.为便于读者使用，本年鉴特编制了主要指标的定基指数、环比指数和年平均增长速度。

6.本年鉴使用的符号说明："..."表示该项统计指标数据不足本表最小单位数；"空白"表示数据为零或无该项数据；"#"表示其中项。

7.2017年起人口、社会劳动者人数、职工工资、"企业一套表"调查单位、地区生产总值及分行业增加值、新兴产业增加值、农业、工业、建筑业、固定资产投资、社会消费零售总额、发电量、能源等包含深汕特别合作区计入数，增速按同口径计算。

8.限于我们的水平，本年鉴仍存在不足乃至错漏，希望读者不吝批评指正，帮助我们改进编辑工作，以期更好地为广大读者服务。

二、国民经济核算

NATIONAL ECONOMIC ACCOUNTING

2-1 国民经济核算主要指标
MAIN INDICATORS OF NATIONAL ECONOMIC ACCOUNTING......24

2-2 地区生产总值
GROSS DOMESTIC PRODUCT......25

2-3 地区生产总值三次产业构成
COMPOSITION OF GROSS DOMESTIC PRODUCT BY THREE INDUSTRIES......27

2-4 地区生产总值指数
INDICES OF GROSS DOMESTIC PRODUCT......28

2-5 地区生产总值指数
INDICES OF GROSS DOMESTIC PRODUCT......29

2-6 三次产业贡献率
SHARE OF THE CONTRIBUTIONS OF THE THREE STRATA OF INDUSTRY......30

2-7 三次产业拉动力
CONTRIBUTION OF THE THREE STRATA OF INDUSTRY......31

2-8 各行业增加值
VALUE ADDED BY SECTOR......32

2-9 各行业增加值比重
PROPORTION OF VALUE ADDED BY SECTOR......34

2-10 各行业增加值增长率
GROWTH RATE OF VALUE ADDED BY INDUSTRIES......35

2-11 各行业增加值构成项目（2017年）
COMPONENTS OF VALUE ADDED BY SECTOR（2017）......36

2-12 支出法地区生产总值
GROSS DOMESTIC PRODUCT BY EXPENDITURE APPROACH......37

2-13 各区生产总值
GROSS DOMESTIC PRODUCT BY DISTRICT......38

2-14 各区生产总值指数
INDICES OF GROSS DOMESTIC PRODUCT BY DISTRICT......40

2-15 各区分行业增加值（2017年）
VALUE ADDED OF SECTOR BY DISTRICT （2017）......42

2-16 各区分行业增加增指数（2017年）
GROWTH RATE OF VALUE ADDRD OF SECTOR BY DISTRICT（2017）......44

2-17 新兴产业增加值
ADDED VALUE OF STRATEGIC EMERGING INDUSTRIES......46

2-18 新兴产业增加值增长率
GROWTH RATE OF ADDED VALUE OF STRATEGIC EMERGING INDUSTRIES......48

主要统计指标解释......50

Explanatory Notes on Main Statistical Indicators 52

三 、人口和劳动力
POPULATION AND LABOR FORCE

3-1 人口及就业人员主要指标
MAIN INDICATORS OF EMPLOYED PERSONS 56

3-2 户数、人口、出生、死亡及自然增长
HOUSEHOLDS, POPULATION, BIRTH, DEATH AND NATURAL GROWTH 57

3-3 人口指数
INDICES OF POPULATION 60

3-4 计划生育情况
FAMILY PLANNING OF REGISTERED POPULATION 61

3-5 各区年末常住人口数
PERMANENT POPULATION AT THE YEAR-END BY DISTRICT 61

3-6 按行业分的就业人员人数（2017年末）
NUMBER OF EMPLOYED PERSONS AT YEAR-END GROUPED BY SECTOR（2017） 62

3-7 就业人员人数（年末数）
NUMBER OF EMPLOYED PERSONS AT YEAR-END 63

3-8 就业人员人数指数
INDICES OF NUMBER OF EMPLOYED PERSONS 64

3-9 分经济类型和行业城镇单位就业人员人数（2017年末）
NUMBER OF EMPLOYED PERSONS IN URBAN UNITS AT YEAR-END BY OWNERSHIP AND SECTOR（2017） 65

3-10 各区城镇单位分行业在岗职工人数（2017年末）
NUMBER OF FULLY EMPLOYED STAFF AND WORKERS IN URBAN UNITS AT YEAR-END BY SECTOR AND BY DISTRICT （2017） 66

3-11 各区城镇单位就业人员和在岗职工（2017年末）
NUMBER OF EMPLOYED PERSONS AND OF FULLY EMPLOYED STAFF AND WORKERS IN URBAN UNITS AT YEAR-END BY DISTRICT（2017） 68

主要统计指标解释 69
EXPLANATORY NOTES ON MAIN STATISTICAL INDICATORS 70

四、工业和能源
INDUSTRY AND ENERGY

4-1 工业主要指标
MAIN INDICATORS OF INDUSTRY 73

4-2 工业总产值
GROSS OUTPUT VALUE OF INDUSTRY 74

4-3 规模以上工业总产值

GROSS OUTPUT VALUE OF INDUSTRY ABOVE DESIGNATED SIZE 75

4-4 工业总产值指数
INDICES OF GROSS OUTPUT VALUE OF INDUSTRY 76

4-5 规模以上工业总产值指数
INDICES OF GROSS OUTPUT VALUE OF INDUSTRY ABOVE DESIGNATED SIZE 77

4-6 规模以上工业总产值构成（2017年）
COMPOSITION OF GROSS OUTPUT VALUE OF INDUSTRY ABOVE DESIGNATED SIZE（2017）......78

4-7 规模以上工业企业主要指标（2017年）
MAIN INDICATORS OF INDUSTRIAL ENTERPRISES ABOVE DESIGNATED SIZE（2017）......80

4-8 规模以上工业企业主要经济效益指标（2017年）
MAIN INDICATORS ON ECONOMIC BENEFIT OF INDUSTRIAL ENTERPRISES ABOVE DESIGNATED SIZE（2017）......88

4-9 规模以上国有工业企业主要经济指标（2017年）
MAIN ECONOMIC INDICATORS OF STATE-HOLDING INDUSTRIAL ENTERPRISES ABOVE DESIGNATED SIZE（2017）......92

4-10 规模以上集体工业企业主要经济指标（2017年）
MAIN ECONOMIC INDICATORS OF COLLECTIVE-OWNED INDUSTRIALE NTERPRISES ABOVE DESIGNATED SIZE （2017）......96

4-11 规模以上股份有限工业企业主要经济指标（2017年）
MAIN ECONOMIC INDICATORS OF SHARE-HOLDING INDUSTRIAL ENTERPRISES LIMITED ABOVE DESIGNATED SIZE（2017）......100

4-12 规模以上“三资”工业企业主要经济指标（2017年）
MAIN ECONOMIC INDICATORS OF FOREIGN-FUNDED INDUSTRIALENTERPRISES ABOVE DESIGNATED SIZE（2017）......104

4-13 规模以上私营工业企业主要经济指标（2017年）
MAIN ECONOMIC INDICATORS OF PRIVATE INDUSTRIAL ENTERPRISES ABOVE DESIGNATED SIZE（2017）......108

4-14 规模以上大中型工业企业主要经济指标（2017年）
MAIN ECONOMIC INDICATORS OF LARGE AND MEDIUM-SIZED INDUSTRIAL ENTERPRISES ABOVE DESIGNATED SIZE（2017）......112

4-15 主要工业产品产量
PRODUCTION OF MAIN INDUSTRIAL PRODUCTS 116

4-16 全社会能耗水平
ENERGY CONSUMPTION LEVEL OF THE WHOLE SOCIETY 121

4-17 主要能源按工业行业分组消费量（2017年）
CONSUMPTION OF ENERGY BY SECTOR（2017）......122

4-18 综合能源平衡表
OVERALL ENERGY BALANCE SHEET 126

4-19 各区单位GDP能耗增长速度
ENERGY CONSUMPTION PER UNIT OF GDP BY DISTRICT 128

4-20 能源加工转换效率
EFFICIENCY OF ENERGY CONVERSION 129

4-21 能源消费弹性系数
ELASTICITY RATIO OF ENERGY CONSUMPTION 130

主要统计指标解释......131
Explanatory Notes on Main Statistical Indicators 135

五、建筑业
CONSTRUCTION

5-1 建筑企业主要经济指标
MAIN ECONOMIC INDICATORS ON CONSTRUCTION ENTERPRISES......143

5-2 建筑业总产值
GROSS OUTPUT VALUE OF CONSTRUCTION......144

5-3 分行业建筑业生产情况（2017年）
STATISTICS ON CONSTRUCTION BY SECTOR（2017） 145

5-4 分登记注册类型建筑业生产情况（2017年）
STATISTICS ON CONSTRUCTION BY TYPE OF REGISTRATION（2017） 146

5-5 分行业建筑业财务状况（2017年）
FINANCIAL CONDITIONS OF CONSTRUCTION BY SECTOR（2017） 147

5-6 分登记注册类型建筑业财务状况（2017年）
FINANCIAL CONDITIONS OF CONSTRUCTION BY TYPE OF REGISTRATION（2017） 148

5-7 分行业劳务分包建筑企业经营情况（2017年）
MANAGEMENT SITUATIONS OF CONSTRUCTION ENTERPRISE OF SERVICE SUBCONTRACTING BY SECTOR（2017） 149

5-8 总承包和专业承包建筑业企业生产情况
PRODUCTION SITUATIONS OF GENERAL AND SPECIALIZED CONTRACTTING CONSTRUCTION ENTERPRISE 150

5-9 总承包和专业承包建筑业企业财务状况
FINANCIAL SITUATIONS OF GENERAL AND SPECIALIZED CONTRACTTING CONSTRUCTION ENTERPRISE 151

5-10 劳务分包建筑企业经营情况
MANAGEMENT SITUATIONS OF CONSTRUCTION ENTERPRISE OF SERVICE SUBCONTR ACTING 152

主要统计指标解释......153
Explanatory Notes on Main Statistical Indicators 154

六、运输和邮电
TRANSPORT,POSTAL AND TELECOMMUNICATION SERVICES

6-1 全社会客货运输（吞吐）量
PASSENGER AND FREIGHT TRAFFIC 157

6-2 全社会客货运输和邮电业务量（一）
PASSENGER AND FREIGHT TRAFFIC，REVENUE FROM POSTAL ANDTELECOMMUNICATIONS SERVICES 158

6-2 全社会客货运输和邮电业务量（二）
PASSENGER AND FREIGHT TRAFFIC，REVENUE FROM POSTAL ANDTELECOMMUNICATIONS SERVICES 159

6-3 全社会客货运输和邮电业务量指数
INDICES OF PASSENGER AND FREIGHT TRAFFIC，REVENUE FROM POSTAL AND TELECOMMUNICATIONS SERVICES 160

6-4 全社会民用车辆和运输船舶拥有量
NUMBER OF CIVIL MOTOR VEHICLES AND TRANSPORT VESSELS OWNED 161

6-5 邮电业务量及邮电通讯设施
BUSINESS VOLUME OF POSTAL AND TELECOMMUNICATIONS SERVICES，FACILITIES OF POST AND TELECOMMUNICATIONS 162

6-6 年末公路通车里程到达数（按技术等级）
LENGTHS OF OPERATION MILEAGE AT YEAR-END（GROUPED BY GRADE） 163

主要统计指标解释 164
Explanatory Notes on Main Statistical Indicators 166

七、农业
AGRICULTURE

7-1 农业总产值
GROSS OUTPUT VALUE OF AGRICULTURE 170

7-2 农业总产值构成
COMPOSITION OF GROSS OUTPUT VALUE OF AGRICULTURE 171

7-3 农业总产值及其指数
GROSS OUTPUT VALUE OF AGRICULTURE AND ITS INDICES 172

7-4 农作物播种面积
TOTAL SOWN AREAS OF FARM CROPS 173

7-5 主要农业产品产量
YIELD OF MAJOR FARM CROPS 175

7-6 农作物亩产量
OUTPUT OF FARM CROPS PER MU 176

7-7 畜牧业、林业和渔业
ANIMAL HUSBANDRY, FORESTRY AND FISHERY 177

主要统计指标解释 180
Explanatory Notes on Main Statistical Indicators 181

八、固定资产投资

INVESTMENT IN FIXED ASSETS

8-1　固定资产投资主要指标
MAIN INDICATORS OF INVESTMENT IN FIXED ASSETS......184

8-2　固定资产投资额
INVESTMENT IN FIXED ASSETS......185

8-3　固定资产投资额指数
INDICES OF INVESTMENT IN FIXED ASSETS......186

8-4　新增固定资产
NEWLY INCREASED FIXED ASSETS......187

8-5　固定资产投资额（按区域分）
INVESTMENT IN FIXED ASSETS（GROUPED BY DISTRICT）......188

8-6　固定资产投资额指数（按区域分）
INVESTMENT IN FIXED ASSETS（GROUPED BY DISTRICT）......190

8-7　固定资产投资额比重（按区域分）
INVESTMENT IN FIXED ASSETS（GROUPED BY DISTRICT）......192

8-8　固定资产投资额（按注册登记类型分）
INVESTMENT IN FIXED ASSETS（GROUPED BY REGISTRATION）......194

8-9　固定资产投资额（按国民经济行业分）
INVESTMENT IN FIXED ASSETS（GROUPED BY NATIONAL ECONOMIC INDUSTRIES）......195

8-10　固定资产投资额指数（按注册登记类型分）
INVESTMENT IN FIXED ASSETS（GROUPED BY REGISTRATION）......198

8-11　固定资产投资额比重（按注册登记类型分）
INVESTMENT IN FIXED ASSETS（GROUPED BY REGISTRATION）......199

8-12　固定资产投资财务拨款额
FINANCIAL APPROPRIATION OF INVESTMENT IN INVESTMENT IN FIXED ASSETS......200

8-13　各区按登记注册类型分固定资产投资（2017年）
INVESTMENT IN FIXED ASSETS BY STATUS OF REGISTRATION AND DISTRICT（2017）......201

8-14　各区按主要行业分固定资产投资（2017年）
INVESTMENT IN FIXED ASSETS IN BY DISTRICT AND SECTOR（2017）......202

8-15　国有经济固定资产投资主要指标
MAIN INDICATORS OF INVESTMENT IN FIXED ASSETS OF STATE-OWNED ECONOMY......205

8-16　基础产业和基础设施完成投资额
COMPLETED INVESTMENT IN BASIC INDUSTRIES AND INFRASTRUCTURE......206

8-17　各区固定资产投资财务拨款资金来源主要指标（2017年）
MAIN INDICATORS OF SOURCES OF FUNDS FOR INVESTMENT BY DISTRICT（2017）......207

8-18　各区按构成和建设性质分城镇固定资产投资（2017年）

INVESTMENT IN FIXED ASSETS IN URBAN AREA BY COMPOSITION OF FUNDS, TYPE OF CONSTRUCTION AND DISTRICT（2017）......208

8-19 房屋施工建筑面积
FLOOR SPACE OF BUILDINGS UNDER CONSTRUCTION......209

8-20 房屋竣工建筑面积
FLOOR SPACE OF BUILDINGS COMPLETED......210

8-21 竣工房屋价值
VALUE OF BUILDINGS COMPLETED......211

8-22 住宅投资
INVESTMENT IN RESIDENTIAL HOUSING......212

8-23 住宅施工建筑面积
FLOOR SPACE OF RESIDENTIAL HOUSING UNDER CONSTRUCTION......213

8-24 住宅竣工建筑面积
FLOOR SPACE OF RESIDENTIAL HOUSING COMPLETED......214

8-25 住宅竣工价值
VALUE OF RESIDENTIAL HOUSING COMPLETED......215

8-26 固定资产投资完成情况主要指标
MAIN INDICATORS OF INVESTMENT IN FIXED ASSETS......216

8-27 各区固定资产投资
FIXED ASSET INVESTMENT BY DISTRICT......219

主要统计指标解释......220
Explanatory Notes on Main Statistical Indicators......221

九、房地产开发

REAL ESTATE DEVELOPMENT

9-1 房地产开发投资额（按投资去向分）
INVESTMENT IN REAL ESTATE DEVELOPMENT（GROUPED BY INVESTMENT DESTINATION）...225

9-1 房地产开发投资额（按用途分）
INVESTMENT IN REAL ESTATE DEVELOPMENT(GROUPED BY USE)......225

9-2 房地产开发投资额（按构成分）
INVESTMENT IN REAL ESTATE DEVELOPMENT（GROUPED BY COMPOSITION）......226

9-2 房地产开发投资额（按区域分）
INVESTMENT IN REAL ESTATE DEVELOPMENT（GROUPED BY DISTRICT）......226

9-3 房地产开发投资额（按注册登记类型分）
INVESTMENT IN REAL ESTATE DEVELOPMENT（GROUPED BY REGISTRATION）......227

9-4 房地产开发投资资金来源及构成
TOTAL CAPITAL SOURCE AND COMPOSITION OF REAL ESTATE DEVELOPMENT......227

9-5 商品房施工面积（按用途分）
TOTAL FLOOR SPACE UNDER CONSTRUCTION OF COMMODITY HOUSING （GROUPED BY USE）......228

9-5　商品房施工面积（按区域分）
TOTAL FLOOR SPACE UNDER CONSTRUCTION OF COMMODITY HOUSING（GROUPED BY DISTRICT）......229

9-6　商品房新开工面积（按用途分）
FLOOR SPACE OF NEWLY STARTED OF COMMODITY HOUSING（GROUPED BY USE）......230

9-6　商品房新开工面积（按区域分）
FLOOR SPACE OF NEWLY STARTED OF COMMODITY HOUSING（GROUPED BY DISTRICT）......230

9-7　商品房竣工面积（按用途分）
TOTAL FLOOR SPACE OF COMMERCIAL HOUSES COMPLETED（GROUPED BY USE）......231

9-7　商品房竣工面积（按区域分）
TOTAL FLOOR SPACE OF COMMERCIAL HOUSES COMPLETED（GROUPED BY DISTRICT）......231

9-8　商品房销售面积（按用途分）
TOTAL FLOOR SPACE OF BUILDINGS SOLD(GROUPED BY USE)......232

9-8　商品房销售面积（按区域分）
TOTAL FLOOR SPACE OF BUILDINGS SOLD(GROUPED BY DISTRICT)......232

9-9　商品住宅销售面积（按区域分）
TOTAL FLOOR SPACE OF RESIDENTIAL BUILDINGS SOLD（GROUPED BY DISTRICT）......233

9-10　办公楼销售面积（按区域分）
TOTAL FLOOR SPACE OF OFFICE BUILDINGS SOLD（GROUPED BY DISTRICT）......233

9-11　商业用房销售面积（按区域分）
TOTAL FLOOR SPACE OF COMMERCIAL BUILDINGS SOLD（GROUPED BY DISTRICT）......234

9-12　商品房屋待售面积（按用途分）
TOTAL FLOOR SPACE OF COMMERCIALIZED BUILDINGS FOR SALE（GROUPED BY USE）......234

9-13　商品房屋待售面积（按区域分）
TOTAL FLOOR SPACE OF VACANT BUILDINGS（GROUPED BY DISTRICT）......235

9-14　商品房二级市场平均交易价格（按用途分）
AVERAGE SELLING PRICE OF COMMERCIAL HOUSES IN SECONDARY MARKET（GROUPED BY USE）......235

9-14　商品房二级市场平均交易价格（按区域分）
AVERAGE SELLING PRICE OF COMMERCIAL HOUSES IN SECONDARY MARKET（GROUPED BY DISTRICT）......236

9-15　商品住宅二级市场平均交易价格（按区域分）
AVERAGE SELLING PRICE OF COMMERCIAL HOUSES IN SECONDARY MARKET（GROUPED BYDISTRICT）......236

9-16　房地产开发企业主要财务指标
FINANCIAL INDICATORS OF REAL ESTATE COMPANIES......237

主要统计指标解释......238
Explanatory Notes on Main Statistical Indicators......239

十、商业和物价

COMMERCE AND PRICE

10-1 社会消费品零售总额及指数
INDICES OF TOTAL RETAIL SALES OF CONSUMER GOODS 242

10-2 限额以上批发零售贸易业商品分类销售（2017年）
TOTAL SALES OF ENTERPRISES OVER LEVELS IN WHOLESALE AND RETAIL SALE TRADES GROUPED BY CATEGORY OF COMMODITIES（2017）........243

10-3 限额以上批发和零售业法人企业商品购销存综合表（2017年）
TOTAL PURCHASES SALES AND INVENTORY OF ENTERPRISES ABOVE THE DESIGNATED SIZE IN WHOLESALE AND RETAIL TRADE（2017）........244

10-4 限额以上批发和零售业法人单位主要财务状况综合表（一）（2017年）
MAIN FINANCIAL INDICATORS OF WHOLESALE AND RETAIL SALES ABOVE THE SET SCALE Ⅰ（2017）........248

10-4 限额以上批发和零售业法人单位主要财务状况综合表（二）（2017年）
MAIN FINANCIAL INDICATORS OF WHOLESALE AND RETAIL SALES ABOVE THE SET SCALE Ⅱ（2017）........252

10-4 限额以上批发和零售业法人单位主要财务状况综合表（三）（2017年）
MAIN FINANCIAL INDICATORS OF WHOLESALE AND RETAIL SALES ABOVE THE SET SCALE III（2017）........256

10-5 限额以上住宿和餐饮业法人企业主要财务状况综合表 (一)（2017年）
MAIN FINANCIAL INDICAFORS OF ENTERPRISE ABOVE DESIGNATED SIZE OF HOTELS AND CATERING SERVICES Ⅰ（2017）........260

10-5 限额以上住宿和餐饮业法人企业主要财务状况综合表 (二)（2017年）
MAIN FINANCIAL INDICAFORS OF ENTERPRISE ABOVE DESIGNATED SIZE OF HOTELS AND CATERING SERVICES Ⅱ（2017）........264

10-5 限额以上住宿和餐饮业法人企业主要财务状况综合表 (三)（2017年）
MAIN FINANCIAL INDICAFORS OF ENTERPRISE ABOVE DESIGNATED SIZE OF HOTELS AND CATERING SERVICES III（2017）........268

10-6 限额以上住宿和餐饮业法人企业经营情况综合表（2017年）
CONSOLIDATED TABLE OF ENTERPRISES ABOVE DESIGNATED SIZE OF HOTELS AND CATERING SERVICES（2017）........272

10-7 城市商业综合体情况（自营、联营部分）（2017年）
URBAN COMMERCIAL COMPLEX（SELF-MANAGEMENT AND JOINT MANAGEMENT）（2017）.276

10-8 城市商业综合体情况（租赁部分）（2017年）
URBAN COMMERCIAL COMPLEX（LEASED）（2017）........277

10-9 居民消费价格总指数
CONSUMER PRICE INDICES........278

10-10 居民消费价格指数（2017年）
CONSUMER PRICE INDEX（2017）........279

10-11 住宅销售价格指数（一）
SALES PRICES INDICES OF HOUSES Ⅰ........280

10-11 住宅销售价格指数（二）
SALES PRICES INDICES OF HOUSES Ⅱ 280

10-12 工业生产者出厂价格指数
INDUSTRIAL PRODUCER PRICE INDEX 281

10-13 工业生产者购进价格指数
INDUSTRIAL PURCHASING PRICE INDEX 281

主要统计指标解释......282
Explanatory Notes on Main Statistical Indicators 284

十一、财政收支
FISCAL REVENUE AND EXPENDITURE

11-1 地方财政收支
LOCAL GOVERNMENT BUDGETARY REVENUE AND EXPENDITURE......289

11-2 一般公共预算收支及指数
INDICES OF LOCAL GOVERNMENT GENERAL BUDGETARY REVENUE AND EXPENDITURE 290

11-3 财政收支分级情况
BUDGETARY REVENUE AND EXPENDITURE BY LEVEL......291

主要统计指标解释......292
Explanatory Notes on Main Statistical Indicators 293

十二、金融保险业
FINANCE AND INSURANCE

12-1 国内金融机构人民币存贷款
DEPOSITS AND LOANS IN RENMINBI OF DOMESTIC FINANCIAL INSTITUTIONS 297

12-2 金融机构（含外资）本外币信贷情况
SOURCES AND USES OF CREDIT FUNDS OF FINANCIAL INSTITUTIONS（INCLUDE FOREIGN FUNDS） 298

12-3 金融机构（含外资）本外币分类存贷款
SOURCES AND USES OF CREDIT FUNDS OF FINANCIAL INSTITUTIONS(INCLUDE FOREIGN FUNDS) 299

12-4 深圳证券交易所投资者开户情况
ACCOUNT-OPENING BY INVESTORS IN SHENZHEN STOCK EXCHANGE......300

12-5 深圳证券交易所有价证券成交总额
TOTAL VOLUME OF PRICE SECURITIES TRADING IN SHENZHEN 301

12-6 深证综合指数
SHENZHEN COMPOSITE INDEX 301

12-7 社会保险费实际征收收入和支出
PREMIUMS INCOME, AND PAYMENT IN MAIN YEARS 302

12-8 保险费收入和赔款及给付

PRIMIUMS INCOME, INDEMNITY EXPENDITURE AND PAYMENT 302

12-9 保险公司及保险中介机构
INSURANCE COMPANIES AND INSURANCE AGENTS 303

12-10 保险公司主要业务指标（一）（2017年）
MAJOR BUSINESS INDICES OF INSURANCE COMPANIES Ⅰ（2017）....303

12-10 保险公司主要业务指标（二）（2017年）
MAJOR BUSINESS INDICES OF INSURANCE COMPANIES Ⅱ（2017）....303

主要统计指标解释....304
Explanatory Notes on Main Statistical Indicators 305

十三、对外经济贸易和旅游

FOREIGN TRADE AND TOURISM

13-1 对外经济主要指标
MAIN INDICATORS OF FOREIGN TRADE AND ECONOMIC COOPERATION 309

13-2 利用外资签订协议（合同）项目
NUMBER OF THE SIGNED AGREEMENTS AND CONTRACTS FOR UTILIZATION OF FOREIGN CAPITAL 310

13-3 协议利用外资额
AMOUNT OF FOREIGN CAPITAL TO BE UTILIZED IN THE SIGNED AGREEMENTS AND CONTRACTS....314

13-4 实际利用外资额
AMOUNT OF FOREIGN CAPITAL ACTUALLY USED....319

13-5 实际外商直接投资
DIRECT FOREIGN INVESTMENTS ACTUALLY USED 324

13-6 外商投资企业工商登记情况（按企业类别分）（2017年末）
BUSINESS REGISTRATION OF FOREIGN INVESTED ENTERPRISES AT YEAR-END(GROUPED BY REGISTRATION STATUS) (2017)....325

13-7 外商投资企业工商登记情况（按行业类别分）（2017年末）
BUSINESS REGISTRATION OF FOREIGN INVESTED ENTERPRISES AT YEAR-END(GROUPED BY SECTOR)（2017）....328

13-8 外商投资企业工商登记情况(按国别、地区分)（2017年末）
BUSINESS REGISTRATION OF FOREIGN INVESTED ENTERPRISES AT YEAR-END(GROUPED BY COUNTRIES AND REGIONS)（2017）....331

13-9 进出口总额
TOTAL IMPORTS AND EXPORTS 334

13-10 进出口总额指数
INDICES OF TOTAL IMPORTS AND EXPORTS 335

13-11 进出口总额分类
TOTAL IMPORTS AND EXPORTS 336

13-12 深圳市与主要国家（地区）进出口总额

SHENZHEN' S FOREIGN TRADE WITH MAIN RELATED COUNTRIES AND TERRITORIES 337

13-13 进口主要商品金额
TOTAL VALUE OF FOREIGN IMPORTS OF MAJOR COMMODITIES 338

13-14 出口主要商品金额
TOTAL VALUE OF FOREIGN EXPORTS OF MAJOR COMMODITIES 338

13-15 旅游业基本情况
BASIC CONDITIONS OF TOURISM 339

13-16 按国别分的外国旅游者人数（过夜）
NUMBER OF FOREIGN TOURISTS BY COUNTRY（Over night） 340

13-17 旅游部门主要财务指标（2017年）
MAIN FINANCIAL INDICATORS OF TOURISM（2017） 342

13-18 星级酒店基本情况（2017年末）
STATISTICS ON SHENZHEN STAR-RATED HOTELS AT YEAR-END （2017） 343

13-19 星级酒店客房基本情况（2017年末）
STATISTICS OF STAR-RATED HOTELS AT YEAR-END （2017） 344

13-20 星级酒店床位基本情况（2017年末）
FACILITIES OF STAR-RATED HOTELS AT YEAR-END （2017） 344

主要统计指标解释 345
Explanatory Notes on Main Statistical Indicators 347

十四、劳动工资

LABOR FORCE AND WAGE

14-1 城镇单位在岗职工人数、工资总额及平均工资
NUMBER, TOTAL WAGE BILL AND AVERAGE WAGE OF FULLY EMPLOYED STAFF AND WORKERS IN URBAN UNITS 350

14-2 城镇单位在岗职工工资总额指数和年平均工资指数
RELATED INDICES OF TOTAL WAGE BILL AND AVERAGE WAGE OF FULLY EMPLOYED STAFF AND WORKERS IN URBAN UNITS 351

14-3 城镇单位在岗职工工资总额指数和年平均工资指数
RELATED INDICES OF TOTAL WAGE BILL AND AVERAGE WAGE OF FULLY EMPLOYED STAFF AND WORKERS IN URBAN UNITS 352

14-4 城镇单位在岗职工工资总额和年平均工资
TOTAL WAGE BILL AND AVERAGE WAGE OF FULLY EMPLOYED STAFF AND WORKERS IN URBAN UNITS 353

14-5 城镇单位就业人员和在岗职工人数（2017年末）
NUMBER OF EMPLOYED PERSONS AND FULLY EMPLOYED STAFF AND WORKERS IN URBAN UNITS AT YEAR-END （2017） 354

14-6 分经济类型和行业城镇单位就业人员工资总额、平均人数和年平均工资（2017年）
TOTAL WAGE BILL, AVERAGE NUMBER AND AVERAGE WAGE OF EMPLOYED PERSONS BY OWNERSHIP AND SECTOR IN URBAN UNITS（2017） 356

14-7 分经济类型和行业城镇单位在岗职工工资总额、平均人数和年平均工资（2017年）
TOTAL WAGE BILL，AVERAGE NUMBER AND AVERAGE WAGE OF FULLY EMPLOYED STAFF AND WORKERS BY OWNERSHIP AND SECTOR IN URBAN UNITS（2017）......358

14-8 城镇单位工业、建筑业企业在岗职工人数、工资总额和年平均工资（2017年）
NUMBER, TOTAL WAGE BILL AND AVERAGE WAGE OF FULLY EMPLOYED STAFF AND WORKERS IN INDUSTRY AND CONSTRUCTION ENTERPRISES IN URBAN UNITS（2017）......360

主要统计指标解释......362
Explanatory Notes on Main Statistical Indicators......363

十五、科学技术
SCIENCE AND TECHNOLOGY

15-1 高新技术产品进出口情况
TOTAL IMPORTS AND EXPORTS OF HIGH TECHNOLOGY INDUSTRY......366

15-2 专利申请授权概况
PATENT APPLICATIONS EXAMINED AND GRANTED......367

15-3 R&D经费支出和人员情况
EXPENDITURES ON R&D AND R&D PERSONNEL......368

15-4 规模以上工业企业科技活动情况
SCIENTIFIC AND TECHNOLOGICAL ACTIVITIES OF INDUSTRIAL ENTERPRISES ABOVE DESIGNATED SIZE......370

15-5 创新载体情况
INNOVATION CARRIER......372

主要统计指标解释......374
Explanatory Notes on Main Statistical Indicators......376

十六、文化和教育
CULTURE AND EDUCATION

16-1 各级各类学校数
NUMBER OF SCHOOL BY LEVEL AND TYPE......381

16-2 各级各类学校教职工数
STAFF AND WORKERS BY LEVEL AND TYPE OF SCHOOL......382

16-3 各级各类学校专任教师数
FULL-TIME TEACHERS BY LEVEL AND TYPE OF SCHOOL......383

16-4 各级各类学校在校学生数
STUDENTS ENROLLMENT BY LEVEL AND TYPE OF SCHOOL......384

16-5 各级各类学校招生数
NEW STUDENTS ENROLLMENT BY LEVEL AND TYPE OF SCHOOL......385

16-6 各级各类学校毕业生数
GRADUATES BY LEVEL AND TYPE OF SCHOOL......386

16-7　文化事业
CULTURAL INSTITUTIONS......387

主要统计指标解释......388
Explanatory Notes on Main Statistical Indicators......389

十七、卫生、社会保障和社会福利业

PUBLIC HEALTH,SOCIAL SECURITY AND SOCIAL WELFARE

17-1　卫 生 事 业（一）
PUBLIC HEALTH（Ⅰ）......393

17-1　卫生事业（二）
PUBLIC HEALTH（Ⅱ）......398

17-2　体育事业
BASIC STATISTICS ON SPORTS......399

17-3　建立最低生活保障制度以来历年低保情况
LIST OF MINIMUM STANDARD OF LIVING SECURITY......400

17-4　最低生活保障标准调整表
ADJUSTMENT DATA OF MINIMUM STANDARD OF LIVING SECURITY......400

17-5　社会养老机构、救助管理站基本情况
BASIC STATISTICS ON SOCIAL PENSION INSTITUTIONS AND RELIEF MANAGEMENT STATIONS......401

主要统计指标解释......402
Explanatory Notes on Main Statistical Indicators......403

十八、城市建设和环境保护

URBAN CONSTRUCTIONS AND ENVIRONMENTAL PROTECTION

18-1　城市建设及公用设施
URBAN CONSTRUCTIONS AND PUBLIC UTILITY......407

18-2　城市环境
URBAN ENVIRONMENT......408

18-3　用电量、供水量
ELECTRICITY CONSUMPTION AND TAP WATER SUPPLY......411

18-4　公共交通
PUBLIC TRANSPORTATION......412

18-5　气象情况
CLIMATE......413

主要统计指标解释......414
Explanatory Notes on Main Statistical Indicators......415

十九、人民生活

PEOPLE'S LIVELIHOOD

19-1　城镇单位在岗职工年平均工资
AVERAGE WAGE OF FULLY EMPLOYED STAFF AND WORKERS IN URBAN UNITS 419

19-2　居民家庭生活基本情况
BASIC CONDITIONS OF PERMANENT HOUSEHOLDS 420

19-3　一体化住户调查样本调查户基本情况（2017年）
ASIC CONDITIONS OF INTEGRATED HOUSEHOLD AND EXPENDITURE SURVEY
（2017） 421

19-4　居民人均可支配收入（2017年）
PER CAPITA DISPOSABLE INCOME OF PERMANENT HOUSEHOLDS（2017） 421

19-5　居民人均消费支出（2017年）
PER CAPITA CONSUMPTION EXPENDITURE OF PERMANENT HOUSEHOLDS（2017） 422

19-6　居民物质文化生活提高情况
IMPROVEMENT IN RESIDENTS' MATRIAL AND CULTURAL LIFE...423

主要统计指标解释..424
Explanatory Notes on Main Statistical Indicators 425

01 第一部分

综合

GENERAL SURVEY

CHAPTER

1-1　行政区划（2017年）

ADMINISTRATIVE DIVISION（2017）

单位：个　　　　　　　　　　　　　　　　　　　　　　　　　　　　　　　　　　　　（unit）

地　区	Region	街道办事处 Urban Subdistrict Office	居民委员会 Neighbourhood Committees
全　市	**Total**	**74**	**810**
福田区	Futian	10	115
罗湖区	Luohu	10	112
盐田区	Yantian	4	23
南山区	Nanshan	8	107
宝安区	Baoan	10	140
龙岗区	Longgang	11	119
龙华区	Longhua	6	108
坪山区	Pingshan	6	30
光明新区	Guangming	6	31
大鹏新区	Dapeng	3	25

1-2　分区土地面积、人口及人口密度（2017年）

TOTAL LAND AREA， POPULATION AND DENSITY OF POPULATION IN DISTRICTS（2017）

地　区	Region	土地面积 (平方公里) Land Area (sq.km)	年末常住人口 (万人) Year-end Permanent Population (10 000pesons)			人口密度 (人/平方公里) Density Of Population (person/sq.km)
				常住户籍人口 Permanent Registered Population	常住非户籍人口 Permanent Non-registered Population	
全　市	**Total**	**1 997.47**	**1 252.83**	**434.72**	**818.11**	**6 234**
福田区	Futian	78.66	156.12	103.87	52.25	19 847
罗湖区	Luohu	78.75	102.72	61.33	41.39	13 044
盐田区	Yantian	74.99	23.72	7.49	16.23	3 163
南山区	Nanshan	187.53	142.46	89.44	53.02	7 597
宝安区	Baoan	396.61	314.90	53.84	261.06	7 940
龙岗区	Longgang	388.22	227.89	65.31	162.58	5 870
龙华区	Longhua	175.58	160.37	29.20	131.17	9 134
坪山区	Pingshan	166.31	42.80	6.49	36.31	2 574
光明新区	Guangming	155.44	59.68	7.01	52.67	3 839
大鹏新区	Dapeng	295.38	14.61	3.94	10.67	495
深汕特别合作区	ShenshanSpecial Cooperation Zone	–	7.57	6.81	0.76	–

注：　1、按照国家目前的人口统计制度以及市政府《深圳市人口统计监测办法》，自2006年起，深圳户籍人口指拥有深圳红印户口，在深圳居住半年以上的人口。

Note：Since 2006, according to the country's current demographic system and Shenzhen demographic monitoring methods promulgated by Shenzhen Municipal government, the data of registered population refers to people who have registered and lived in Shenzhen over half a year.

2、按照相关规定，从2016年开始，原常住人口中的户籍人口、非户籍人口名称分别改为常住户籍人口和常住非户籍人口。

Since 2016, according to relevant regulations, the figure of registered population and non-registered population has changed to the figure of permanent registered population and permanent non-registered population.

3、全市人口密度不含深汕特别合作区。

Total density of population does not include ShenshanSpecial Cooperation Zone.

1-3 各时期国民经济和社会发展统计指标总量及年均增长速度

ANNUAL AVERAGE GROWTH RATE OF MAIN NATIONAL ECONOMIC AND SOCIAL DEVELOPMENT INDICATORS OF EACH PERIOD

年 份 Year		年末常住人口(万人) Year-end Permanent Population (10 000persons)	常住户籍人口 Permanent Registered Population	常住非户籍人口 Permanent Non-registered Population	年末就业人员合计(万人) Number of Employed Persons (10 000persons)	在岗职工 Fully Employed Staff and Workers	私营个体就业人员 Self-employed Individuals
1979		31.41	31.26	0.15	13.95	4.02	0.41
1980		33.29	32.09	1.20	14.89	4.86	0.38
"六五" 时期	**"Sixth Five-year" Period**						
1981		36.69	33.39	3.30	15.36	5.31	0.13
1982		44.95	35.45	9.50	18.49	8.28	0.11
1983		59.52	40.52	19.00	22.37	12.57	0.22
1984		74.13	43.52	30.61	27.26	18.33	0.50
1985		88.15	47.86	40.29	32.61	22.66	0.64
年均增长速度(%)	**Annual Average Growth Rate(%)**	**21.5**	**8.3**	**101.9**	**17.0**	**36.1**	**11.0**
"七五" 时期	**"Seventh Five-year" Period**						
1986		93.56	51.45	42.11	36.04	25.88	0.93
1987		105.44	55.60	49.84	44.30	32.29	1.10
1988		120.14	60.14	60.00	54.53	41.74	1.69
1989		141.60	64.82	76.78	93.65	48.24	2.19
1990		167.78	68.65	99.13	109.22	55.41	3.36
年均增长速度(%)	**Annual Average Growth Rate(%)**	**13.7**	**7.5**	**19.7**	**27.3**	**19.6**	**39.3**
"八五" 时期	**"Eighth Five-year" Period**						
1991		226.76	73.22	153.54	149.32	64.89	4.87
1992		268.02	80.22	187.80	175.97	71.10	12.33
1993		335.97	87.69	248.28	220.81	78.11	38.84
1994		412.71	93.97	318.74	273.00	82.29	54.63
1995		449.15	99.16	349.99	298.51	88.75	72.17
年均增长速度(%)	**Annual Average Growth Rate(%)**	**21.8**	**7.6**	**28.7**	**22.3**	**9.9**	**84.7**
"九五" 时期	**"Ninth Five-year" Period**						
1996		482.89	103.38	379.51	322.12	89.13	87.14
1997		527.75	109.46	418.29	353.53	91.18	103.59
1998		580.33	114.60	465.73	390.33	91.93	114.79
1999		632.56	119.85	512.71	426.89	92.52	120.86
2000		701.24	124.92	576.32	474.97	93.36	139.88
年均增长速度(%)	**Annual Average Growth Rate(%)**	**9.3**	**4.7**	**10.5**	**9.7**	**1.3**	**14.2**
"十五" 时期	**"Tenth Five-year" Period**						
2001		724.57	132.04	592.53	491.30	94.88	152.68
2002		746.62	139.45	607.17	509.74	101.76	166.88
2003		778.27	150.93	627.34	535.89	108.20	187.72
2004		800.80	165.13	635.67	562.17	135.88	204.16
2005		827.75	181.93	645.82	576.26	165.38	210.87
年均增长速度(%)	**Annual Average Growth Rate(%)**	**3.4**	**7.8**	**2.3**	**3.9**	**10.4**	**8.6**
"十一五" 时期	**"Eleventh Five-year" Period**						
2006		871.10	196.83	674.27	609.76	184.25	250.77
2007		912.37	212.38	699.99	647.11	193.04	279.83
2008		954.28	228.07	726.21	682.35	198.35	301.97
2009		995.01	241.45	753.56	723.61	220.16	326.52
2010		1 037.20	251.03	786.17	758.14	251.09	376.60
年均增长速度(%)	**Annual Average Growth Rate(%)**	**4.6**	**6.7**	**4.0**	**5.6**	**8.7**	**12.3**
"十二五" 时期	**"Twelfth Five-year" Period**						
2011		1 046.74	267.90	778.85	764.54	261.43	408.35
2012		1 054.74	287.62	767.13	771.20	277.90	430.71
2013		1 062.89	310.47	752.42	899.24	445.84	441.83
2014		1 077.89	332.21	745.68	899.66	448.93	438.43
2015		1 137.87	354.99	782.88	906.14	447.41	446.22
年均增长速度(%)	**Annual Average Growth Rate(%)**	**1.9**	**7.2**	**-0.1**	**3.6**	[illegible]	**3.5**
"十三五" 时期	**"Thirteenth Five-year"Period**						
2016		1 190.84	384.52	806.32	926.38	442.55	470.15
2017		1 252.83	434.72	818.11	943.29	447.32	477.87
以1979年为基期年平均增长速度(%)	**Annual Average Growth Rate from 1979(%)**	**10.2**	**7.1**	**25.4**	**11.7**	**13.2**	**20.4**

1-3 续表 1 continued

年 份 Year		地区生产总值(万元) Gross Domestic Product (10 000yuan)	第一产业 Primary Industry	第二产业 Secondary Industry	第三产业 Tertiary Industry	人均地区生产总值(元/人) Gross Domestic Product Per Capita (yuan)	固定资产投资额(万元) Investment in Fixed Assets (10 000yuan)	#房地产开发投资 Investment in Real Estate Development
1979		19 638	7 273	4 017	8 348	606	5 938	
1980		27 012	7 803	7 036	12 173	835	13 801	
“六五”时期	**"Sixth Five-year" Period**							
1981		49 576	13 343	16 019	20 214	1 417	29 684	
1982		82 573	18 960	31 439	32 174	2 023	73 750	
1983		131 212	22 614	55 848	52 750	2 512	108 320	
1984		234 161	25 932	106 606	101 623	3 504	194 572	
1985		390 222	26 111	163 586	200 525	4 809	333 235	
年均增长速度(%)	**Average Annual Growth Rate(%)**	**50.3**	**13.8**	**86.9**	**49.2**	**25.1**	**89.0**	
“七五”时期	**"Seventh Five-year" Period**							
1986		416 451	32 907	163 185	220 359	4 584	248 551	
1987		559 015	46 519	220 463	292 033	5 349	285 193	
1988		869 807	57 005	359 230	453 572	6 477	436 191	
1989		1 156 565	68 615	505 361	582 589	6 710	499 919	
1990		1 716 665	70 220	769 319	877 126	8 724	623 380	112 000
年均增长速度(%)	**Average Annual Growth Rate(%)**	**22.4**	**8.7**	**33.1**	**16.2**	**2.6**	**13.3**	
“八五”时期	**"Eighth Five-year" Period**							
1991		2 366 630	808 36	1 126 084	1 159 710	11 997	912 324	255 600
1992		3 173 194	105 914	1 522 432	1 544 848	12 827	1 782 322	714 900
1993		4 531 445	108 615	2 420 214	2 002 616	15 005	2 477 875	1 027 700
1994		6 346 711	134 152	3 357 972	2 854 587	16 954	2 819 413	1 304 600
1995		8 427 933	124 122	4 223 744	4 080 067	19 558	2 758 243	1 030 368
年均增长速度(%)	**Average Annual Growth Rate(%)**	**30.9**	**-0.6**	**33.4**	**29.6**	**6.7**	**34.6**	**55.9**
“九五”时期	**"Ninth Five-year" Period**							
1996		10 505 121	148 796	5 081 045	5 275 280	22 542	3 275 270	1 248 251
1997		13 023 008	147 660	6 209 018	6 666 330	25 772	3 930 657	1 366 545
1998		15 449 472	151 764	7 508 019	7 789 689	27 885	4 803 901	1 674 854
1999		18 246 876	150 445	9 154 443	8 941 988	30 088	5 695 878	2 152 541
2000		22 192 015	155 656	11 087 644	10 948 715	33 276	6 771 205	2 609 694
年均增长速度(%)	**Average Annual Growth Rate(%)**	**16.5**	**2.9**	**17.2**	**15.8**	**6.7**	**19.7**	**20.4**
“十五”时期	**"Tenth Five-year" Period**							
2001		25 229 474	160 413	12 583 983	12 485 078	35 390	6 863 749	3 156 364
2002		30 172 384	166 587	14 980 113	15 025 684	41 018	7 881 459	3 884 445
2003		36 401 435	142 048	18 562 162	17 697 225	47 743	9 491 016	4 126 636
2004		43 502 928	123 264	22 643 124	20 736 540	55 099	10 925 571	4 342 432
2005		50 357 678	97 385	27 096 861	23 163 432	61 844	11 823 245	4 236 865
年均增长速度(%)	**Average Annual Growth Rate(%)**	**16.4**	**-9.0**	**19.2**	**13.6**	**11.9**	**11.8**	**10.2**
“十一五”时期	**"Eleventh Five-year" Period**							
2006		59 206 612	68 851	31 449 697	27 688 064	69 702	12 736 693	4 620 940
2007		69 252 268	77 374	35 135 153	34 039 741	77 660	13 450 037	4 610 422
2008		79 414 328	83 804	39 799 045	39 531 479	85 088	14 676 043	4 404 897
2009		84 858 247	69 599	40 095 728	44 692 920	87 066	17 091 514	4 374 590
2010		100 022 183	68 391	47 379 750	52 574 042	98 437	19 447 008	4 584 693
年均增长速度(%)	**Annual Average Growth Rate(%)**	**13.5**	**-16.5**	**13.4**	**13.6**	**8.6**	**10.5**	**1.6**
“十二五”时期	**"Twelfth Five-year" Period**							
2011		118 072 348	69 491	56 128 559	61 874 298	113 316	20 609 180	5 147 362
2012		133 196 818	68 164	60 559 131	72 569 523	126 765	23 144 319	7 368 421
2013		149 794 486	63 504	66 579 909	83 151 073	141 474	24 901 970	8 769 002
2014		164 494 770	57 579	72 242 462	92 194 729	153 677	27 174 226	10 694 855
2015		180 140 720	72 084	76 780 987	103 287 649	162 599	32 983 076	13 310 333
年均增长速度(%)	**Average Annual Growth Rate(%)**	**9.7**	**-9.4**	**8.8**	**10.5**	**7.8**	**11.1**	**23.8**
“十三五”时期	**"Thirteenth Five-year"Period**							
2016		200 797 043	82 840	83 106 513	117 607 690	172 453	40 781 638	17 565 209
2017		224 900 586	195 721	93 180 979	131 523 886	183 544	51 473 152	21 358 565
以1979年为基期年平均增长速度(%)	**Annual Average Growth Rate from 1979(%)**	**22.4**	**-0.8**	**28.3**	**21.7**	**11.2**	**26.9**	**21.5**

1-3 续表 2 continued

年 份 Year		一般公共预算收入(万元) Local Financial Revenue (10 000yuan)	一般公共预算支出(万元) Local Financial Expenditure (10 000yuan)	农业总产值(万元) Gross Output Value of Agriculture (10 000yuan)	工业总产值(万元) Gross Output Value of Industry (10 000yuan)			社会消费品零售总额(万元) Retail Sales of Consumer Goods (10 000yuan)
						轻工业 Light Industry	重工业 Heavy Industry	
1979		1 721	2 971	13 106	7 128	6 307	821	11 259
1980		3 043	4 003	16 938	10 632	9 265	1 367	19 615
"六五"时期	**"Sixth Five-year" Period**							
1981		8 787	8 411	24 181	26 692	25 172	1 520	34 229
1982		9 163	8 815	26 929	38 833	34 453	4 380	54 185
1983		15 605	15 025	29 083	75 993	61 513	14 480	123 794
1984		29 435	27 954	40 416	172 132	137 698	34 434	201 107
1985		62 894	58 651	45 821	246 662	194 108	52 554	265 642
年均增长速度(%)	**Annual Average Growth Rate(%)**	**83.3**	**71.1**	**9.1**	**91.3**	**89.0**	**104.5**	**68.4**
"七五"时期	**"Seventh Five-year" Period**							
1986		74 160	68 073	49 552	340 227	266 318	73 909	273 712
1987		87 521	69 688	73 772	558 311	433 738	124 573	324 364
1988		146 521	110 992	99 404	1 012 739	779 258	233 481	502 430
1989		228 668	173 007	108 015	1 477 470	1 080 785	396 685	545 741
1990		217 037	198 073	119 205	2 202 180	1 657 859	544 321	667 580
年均增长速度(%)	**Annual Average Growth Rate(%)**	**28.1**	**27.6**	**14.9**	**46.9**	**43.2**	**60.3**	**20.2**
"八五"时期	**"Eighth Five-year" Period**							
1991		273 291	243 012	143 063	3 153 966	2 233 705	920 261	828 341
1992		429 599	420 035	185 297	4 347 007	2 971 348	1 375 659	1 148 908
1993		672 507	593 327	192 880	6 896 969	4 655 394	2 241 575	2 641 333
1994		743 992	746 181	224 776	11 014 065	6 351 224	4 662 841	3 639 756
1995		880 174	934 041	232 653	12 922 075	7 008 231	5 913 844	4 269 434
年均增长速度(%)	**Annual Average Growth Rate(%)**	**32.3**	**36.4**	**-0.4**	**36.9**	**28.3**	**52.5**	**31.2**
"九五"时期	**"Ninth Five-year" Period**							
1996		1 317 490	1 380 376	273 246	15 305 964	8 580 027	6 725 937	4 888 502
1997		1 420 557	1 394 181	270 889	18 175 704	10 151 182	8 024 522	5 372 464
1998		1 643 884	1 767 714	298 174	21 573 817	11 141 650	10 432 167	5 732 419
1999		1 842 085	2 108 978	299 662	24 435 849	12 381 928	12 053 921	6 385 915
2000		2 219 184	2 250 441	311 359	30 715 227	13 731 333	16 983 894	7 350 188
年均增长速度(%)	**Annual Average Growth Rate(%)**	**20.3**	**19.2**	**6.0**	**20.8**	**17.1**	**24.3**	**11.5**
"十五"时期	**"Tenth Five-year" Period**							
2001		2 624 944	2 537 019	327 111	37 476 713	13 861 331	23 615 382	8 320 412
2002		2 659 287	3 077 761	340 757	46 823 584	15 832 485	30 991 099	9 419 443
2003		2 908 370	3 489 526	337 406	67 976 472	21 459 058	46 517 414	10 951 323
2004		3 214 680	3 775 720	299 939	85 888 321	24 175 842	61 712 479	12 506 411
2005		4 123 785	5 991 560	217 369	101 745 351	27 406 557	74 338 794	14 416 103
年均增长速度(%)	**Annual Average Growth Rate(%)**	**13.2**	**21.6**	**-**	**24.7**	**18.3**	**27.1**	**14.6**
"十一五"时期	**"Eleventh Five-year" Period**							
2006		5 008 827	5 714 231	180 017	122 784 801	29 658 032	93 126 769	16 804 604
2007		6 580 555	7 279 677	171 380	143 628 918	35 687 625	107 941 293	19 308 050
2008		8 003 603	8 898 555	187 859	162 837 576	44 451 550	118 386 026	22 765 855
2009		8 808 168	10 008 394	154 760	158 286 329	39 239 987	119 046 342	25 679 436
2010		11 068 166	12 660 668	150 467	188 796 600	46 801 421	141 995 179	30 007 629
年均增长速度(%)	**Annual Average Growth Rate(%)**	**21.8**	**16.1**	**-**	**14.8**	**12.8**	**15.5**	**15.6**
"十二五"时期	**"Twelfth Five-year" Period**							
2011		13 395 728	15 905 599	152 533	212 730 916	53 500 744	159 230 172	35 208 736
2012		14 820 800	15 690 071	148 572	223 089 847	58 544 922	164 544 925	40 087 794
2013		17 312 618	16 908 280	139 479	240 440 285	64 571 965	175 868 320	45 004 559
2014		20 827 326	21 661 841	129 156	258 099 411	67 789 093	190 310 318	49 189 983
2015		27 268 543	35 216 708	159 515	266 080 844	60 837 504	205 243 340	50 178 375
年均增长速度(%)	**Annual Average Growth Rate(%)**	**19.8**	**22.7**	**-**	**7.8**	**6.0**	**8.3**	**11.3**
"十三五"时期	**"Thirteenth Five-year"Period**							
2016		31 364 923	42 110 429	167 329	285 477 743	63 626 629	221 851 114	55 127 556
2017		33 321 303	45 938 003	388 609	335 504 139	61 190 305	274 313 834	60 161 866
以1979年为基期年平均增长速度(%)	**Annual Average Growth Rate from 1979(%)**	**29.8**	**28.9**	**-**	**31.6**	**27.6**	**37.7**	**23.7**

注: 国家统计局从2005年取消农业总产值1990年不变价，故不可比。

Note: From 2005, the National Bureau of Statistics has cancelled the index, Gross Output Value of Agriculture (at 1990 Constant Prices), so it is incomparable with other years.

年 份 Year	全社会货运量(万吨) Freight Traffic Volume (10 000tons)	全社会客运量(万人) Passenger Traffic (10 000person)	港口货物吞吐量(万吨) Cargo Handled at Seaport (10 000tons)	邮电业务总量(万元) Revenue from Postal and Telecommunic-ations Services (10 000yuan)	进出口总额(万美元) Total Imports and Exports (USD10 000)	出口总额 Exports	进口总额 Imports
1979			10	138	1 676	930	746
1980			30	190	1 751	1 124	627
“六五”时期 "Sixth Five-year" Period							
1981			70	340	2 807	1 745	1 062
1982			91	520	2 534	1 597	937
1983			141	567	78 642	6 230	72 412
1984			210	923	107 247	26 539	80 708
1985			327	1 761	130 632	56 340	74 292
年均增长速度(%) Annual Average Growth Rate(%)			**36.1**	**56.1**	**136.9**	**118.8**	**159.9**
“七五”时期 "Seventh Five-year" Period							
1986	1 521	3 973	302	2 633	184 696	72 552	112 144
1987	1 627	4 268	485	4 880	255 784	141 354	114 430
1988	1 704	5 858	734	14 826	344 277	184 949	159 328
1989	1 383	6 349	956	21 293	375 259	217 428	157 831
1990	1 349	8 833	1 292	55 356	1 570 136	815 165	754 971
年均增长速度(%) Annual Average Growth Rate(%)			**31.6**	**78.9**	**33.2**	**39.7**	**27.2**
“八五”时期 "Eighth Five-year" Period							
1991	1 486	6 400	1 563	84 927	1 947 635	986 240	961 395
1992	1 801	8 135	1 956	114 492	2 357 562	1 200 019	1 157 543
1993	2 050	10 218	2 541	174 045	2 820 392	1 421 776	1 398 616
1994	2 604	8 531	3 002	259 432	3 498 281	1 830 921	1 667 360
1995	3 542	8 261	3 080	368 945	3 876 960	2 052 736	1 824 224
年均增长速度(%) Annual Average Growth Rate(%)	**21.3**	**-1.3**	**19.0**	**46.1**	**19.8**	**20.3**	**19.3**
“九五”时期 "Ninth Five-year" Period							
1996	3 647	8 281	3 021	462 261	3 905 342	2 120 781	1 784 561
1997	3 853	8 515	3 357	610 111	4 500 921	2 561 844	1 939 077
1998	4 050	8 484	3 444	764 658	4 527 417	2 639 611	1 887 806
1999	4 274	8 754	4 663	982 686	5 042 750	2 820 811	2 221 939
2000	4 697	9 346	5 697	1 336 000	6 393 982	3 456 333	2 937 649
年均增长速度(%) Annual Average Growth Rate(%)	**5.8**	**2.5**	**13.1**	**29.4**	**10.5**	**11.0**	**10.0**
“十五”时期 "Tenth Five-year" Period							
2001	5 147	9 869	6 643	1 419 000	6 861 055	3 747 955	3 113 100
2002	5 683	10 632	8 767	1 644 200	8 723 148	4 655 704	4 067 444
2003	6 478	10 471	11 220	1 980 300	11 739 941	6 296 201	5 443 733
2004	7 168	12 019	13 537	2 660 100	14 728 302	7 784 632	6 943 670
2005	8 249	12 602	15 351	3 208 000	18 281 689	10 151 829	8 129 860
年均增长速度(%) Annual Average Growth Rate(%)	**15.9**	**6.2**	**21.9**	**26.3**	**23.4**	**24.0**	**22.6**
“十一五”时期 "Eleventh Five-year" Period							
2006	11 429	13 965	17 598	3 795 000	23 738 573	13 609 556	10 129 017
2007	13 678	15 056	19 994	5 135 400	28 753 345	16 849 299	11 904 046
2008	19 570	154 283	21 125	6 117 500	29 995 499	17 971 995	12 023 504
2009	22 367	146 316	19 365	6 765 200	27 016 306	16 197 825	10 818 481
2010	26 174	156 203	22 098	2 937 000	34 674 930	20 418 355	14 256 575
年均增长速度(%) Annual Average Growth Rate(%)	**-**	**-**	**7.6**	**20.5**	**13.5**	**14.8**	**10.8**
“十二五”时期 "Twelfth Five-year" Period							
2011	28 901	168 447	22 325	3 562 600	41 409 312	24 551 760	16 857 552
2012	28 678	184 982	22 807	5 635 800	46 683 020	27 136 163	19 546 857
2013	27 512	12 059	23 398	6 229 900	53 747 437	30 570 191	23 177 246
2014	29 382	15 103	22 324	7 619 900	48 774 049	28 436 157	20 337 892
2015	32 475	16 511	21 706	10 403 200	44 245 863	26 403 895	17 841 968
年均增长速度(%) Annual Average Growth Rate(%)	**-**	**-**	**-0.4**	**-**	**5.0**	**5.3**	**4.5**
“十三五”时期 "Thirteenth Five-year"Period							
2016	31 164	17 009	21 410	17 150 200	39 843 893	23 754 674	16 089 218
2017	32 269	18 142	24 136	16 455 500	41 414 596	24 435 790	16 978 806
以1979年为基期年平均增长速度(%) Annual Average Growth Rate from 1979(%)	**-**	**-**	**22.7**	**-**	**26.9**	**27.3**	**26.4**

注： 邮电业务总量1989年以前按1980年不变价格计算，1990-2000年按1990年不变价格计算；2001-2009年按2000年不变价格计算；2011年以来按2010年不变价计算，2010年数据相应调整。

Note:Revenue from Postal and Telecommunications Services in 1989, calculated at 1980 constant prices; from 1990 to 2000 at 1990 constant prices; 2001-2009 at 2000 constant prices; 2011 calculated at 2010 constant prices, 2010 data has adjusted.

1-3 续表 4 continued

年 份 Year		国内金融机构人民币存款(万元) RMB deposits of domestic financial institutions (10 000yuan)	国内金融机构人民币贷款(万元) RMB loans of domestic financial institutions (10 000yuan)	医院数(个) Hospital (unit)	医院病床(张) Hospital Beds (unit)	卫生技术人员(人) Medical Technical Personnel (person)	#执业医师(人) Licensed Doctors (person)
1979		10 125	7 523	25	597	988	364
1980		20 284	13 422	24	643	1 088	438
“六五”时期	**"Sixth Five-year" Period**						
1981		48 713	23 944	24	790	1 270	518
1982		63 707	63 013	26	717	1 609	708
1983		112 554	119 471	30	1 023	2 343	1 073
1984		349 763	451 034	29	1 634	3 064	1 484
1985		302 567	537 014	31	1 885	3 857	1 862
年均增长速度(%)	**Annual Average Growth Rate(%)**	**71.7**	**109.1**	**5.3**	**24.0**	**28.8**	**33.6**
“七五”时期	**"Seventh Five-year" Period**						
1986		551 112	730 855	32	2 028	4 657	2 217
1987		808 545	1 065 176	34	2 225	5 117	2 408
1988		1 317 381	1 536 202	35	2 496	5 715	2 754
1989		1 376 310	1 789 834	35	2 838	6 451	3 103
1990		1 946 923	2 386 157	38	3 108	6 996	3 426
年均增长速度(%)	**Annual Average Growth Rate(%)**	**45.1**	**34.8**	**4.2**	**10.5**	**12.6**	**13.0**
“八五”时期	**"Eighth Five-year" Period**						
1991		3 009 164	2 797 500	41	3 498	7 618	3 737
1992		5 504 616	3 707 067	45	4 466	8 571	4 247
1993		6 573 461	5 015 868	45	5 168	9 888	4 798
1994		9 333 699	6 421 390	48	6 040	11 034	5 347
1995		12 029 322	7 863 364	63	6 640	12 449	6 050
年均增长速度(%)	**Annual Average Growth Rate(%)**	**43.9**	**26.9**	**10.6**	**16.4**	**12.2**	**12.0**
“九五”时期	**"Ninth Five-year" Period**						
1996		15 334 600	9 652 000	65	7 105	14 652	7 266
1997		18 227 000	12 025 800	72	7 813	14 932	7 400
1998		22 383 700	15 503 700	72	8 353	14 975	7 191
1999		25 589 900	18 481 600	71	8 720	15 143	7 062
2000		31 690 000	22 921 800	72	9 616	15 720	7 418
年均增长速度(%)	**Annual Average Growth Rate(%)**	**21.4**	**23.9**	**2.7**	**7.7**	**4.8**	**4.2**
“十五”时期	**"Tenth Five-year" Period**						
2001		40 925 700	28 607 500	75	10 542	17 135	8 097
2002		49 527 300	35 142 800	77	11 808	18 615	7 853
2003		60 794 800	45 250 500	85	12 607	21 234	8 909
2004		71 007 500	52 427 700	87	14 186	22 895	9 846
2005		84 781 600	61 680 400	97	15 577	25 681	10 961
年均增长速度(%)	**Annual Average Growth Rate(%)**	**21.8**	**21.9**	**6.1**	**10.1**	**10.3**	**8.1**
“十一五”时期	**"Eleventh Five-year" Period**						
2006		95 404 200	67 553 200	99	16 193	43 266	16 238
2007		114 957 900	79 654 500	101	16 766	46 877	17 450
2008		130 112 400	90 584 600	100	18 435	50 608	18 807
2009		169 381 900	116 463 400	101	19 872	53 778	19 963
2010		202 107 500	137 081 600	107	21 166	54 081	20 122
年均增长速度(%)	**Annual Average Growth Rate(%)**	**19.0**	**17.3**	**2.0**	**6.3**	**16.1**	**12.9**
“十二五”时期	**"Twelfth Five-year" Period**						
2011		227 823 900	157 149 600	110	22 322	58 059	21 517
2012		259 102 400	173 054 700	115	26 124	61 961	22 831
2013		298 309 900	198 035 800	117	27 079	65 782	24 221
2014		445 892 900	228 053 900	122	28 853	69 936	25 728
2015		518 061 800	271 299 900	123	31 425	74 884	27 834
年均增长速度(%)	**Annual Average Growth Rate(%)**	**-**	**-**	**2.8**	**8.2**	**6.7**	**6.7**
“十三五”时期	**"Thirteenth Five-year"Period**						
2016		577 933 000	340 342 900	134	38 124	78 826	29 300
2017		627 604 000	399 406 100	135	39 899	85 282	31 838
以1979年为基期年平均增长速度(%)	**Annual Average Growth Rate from 1979(%)**	**-**	**-**	**4.5**	**11.7**	**12.4**	**12.5**

注： 2015年起，人民银行调整了金融机构存贷款统计口径，2014年数据相应调整。

Note:From 2015,the statistial range of RMB deposits(loans) of domestic financial institutions have been adjusted,the data of 2014 have been adjusted by the same caliber.

年 份 Year	在校学生数(人) (person) Students Enrollment			在岗职工工资总额(万元) Total Wage Bill of Fully Employed Staff and Workers (10 000yuan)	在岗职工年平均工资(元) Average Wage of Fully Employed Staff and Workers (yuan)	城镇居民人均可支配收入(元/人) Per Capita Disposable Income of Urban Residents (yuan/person)
	普通高等学校 Institutions of Higher Education	普通中学 Regular Secondary Schools	小学 Primary Schools			
1979		13 686	47 022	2 952	769	
1980		12 296	49 168	4 366	979	
“六五”时期 "Sixth Five-year" Period						
1981		13 088	51 560	5 930	1 132	
1982		17 080	54 538	10 000	1 366	
1983	216	20 982	56 319	16 142	1 545	
1984	1 236	27 636	62 021	35 306	2 179	
1985	3 206	35 334	70 277	51 912	2 418	1 915
年均增长速度(%) Annual Average Growth Rate(%)		**23.5**	**7.4**	**64.1**	**19.8**	
“七五”时期 "Seventh Five-year" Period						
1986	3 478	40 208	77 884	59 773	2 452	1 817
1987	4 330	44 910	84 601	80 013	2 677	2 091
1988	4 710	43 267	96 474	134 218	3 388	2 569
1989	4 419	45 056	104 041	179 042	3 858	3 657
1990	3 964	46 473	111 711	227 392	4 304	4 127
年均增长速度(%) Annual Average Growth Rate(%)	**4.3**	**5.6**	**9.7**	**34.4**	**12.2**	**16.6**
“八五”时期 "Eighth Five-year" Period						
1991	3 779	50 625	118 460	307 950	5 016	4 564
1992	3 653	55 857	127 978	403 790	5 931	5 783
1993	3 680	60 337	139 272	619 647	8 145	7 737
1994	4 227	66 073	147 186	852 332	10 572	10 503
1995	5 291	71 540	157 210	1 076 083	12 276	12 771
年均增长速度(%) Annual Average Growth Rate(%)	**5.9**	**9.0**	**7.1**	**36.5**	**23.3**	**25.3**
“九五”时期 "Ninth Five-year" Period						
1996	6 493	76 949	170 983	1 284 558	14 507	16 296
1997	7 601	82 155	190 192	1 479 515	16 531	18 579
1998	8 497	86 009	215 652	1 674 771	18 381	19 214
1999	10 568	91 260	256 060	1 890 338	20 714	19 520
2000	14 123	106 996	313 852	2 113 366	23 039	20 906
年均增长速度(%) Annual Average Growth Rate(%)	**21.7**	**8.4**	**14.8**	**14.6**	**13.2**	**10.4**
“十五”时期 "Tenth Five-year" Period						
2001	18 743	126 190	363 657	2 441 713	25 941	22 760
2002	26 778	150 654	415 097	2 832 799	28 218	24 941
2003	32 106	179 628	469 684	3 259 896	30 611	25 936
2004	41 251	211 224	526 419	4 192 834	31 928	27 596
2005	45 314	240 508	566 278	5 167 453	32 476	21 494
年均增长速度(%) Annual Average Growth Rate(%)	**26.3**	**17.6**	**12.5**	**18.1**	**7.4**	**7.5**
“十一五”时期 "Eleventh Five-year" Period						
2006	51 220	256 630	564 891	6 296 568	35 107	22 567
2007	58 910	279 180	575 160	7 335 805	38 798	24 301
2008	64 675	298 939	585 852	8 674 142	43 454	26 729
2009	66 952	316 024	589 481	10 029 764	46 723	29 245
2010	67 324	334 752	618 459	12 338 778	50 456	32 381
年均增长速度(%) Annual Average Growth Rate(%)	**8.2**	**6.8**	**1.8**	**19.0**	**9.2**	**8.5**
“十二五”时期 "Twelfth Five-year" Period						
2011	70 004	346 942	651 307	14 384 948	55 143	36 505
2012	75 570	359 643	683 058	16 421 777	59 010	40 742
2013	82 401	371 735	730 232	28 135 080	62 619	44 653
2014	87 674	378 690	793 178	32 879 754	72 651	40 948
2015	90 511	385 221	864 841	36 627 244	81 034	44 633
年均增长速度(%) Annual Average Growth Rate(%)	**6.1**	**2.8**	**6.9**	**24.3**	**9.9**	**-**
“十三五”时期 "Thirteenth Five-year"Period						
2016	91 883	396 455	910 974	39 940 453	89 757	48 695
2017	96 702	417 641	964 510	44 697 603	100 173	52 938
以1979年为基期年平均增长速度(%) Annual Average Growth Rate from 1979(%)	**19.7**	**9.4**	**8.3**	**28.6**	**13.7**	**-**

注：普通高等学校在校学生数年平均增长速度以1983年为基期。

Note:Annual average growth rate of the student number in institutions of higher education is based on 1983.

1-4 主要年份国民经济主要指标比例关系

PERCENTAGE OF MAIN NATIONAL ECONOMIC INDICATORS IN MAIN YEARS

年 份 Year	以就业人员人数为100 Employed Persons=100			以地区生产总值为100 Gross Domestic Product=100		
	第一产业Primary Industry	第二产业 Secondary Industry	第三产业Tertiary Industry	第一产业Primary Industry	第二产业 Secondary Industry	第三产业Tertiary Industry
1979				37.0	20.5	42.5
1980				28.9	26.0	45.1
1985				6.7	41.9	51.4
1990	6.1	69.8	24.1	4.1	44.8	51.1
1995	1.5	66.0	32.5	1.5	50.1	48.4
2000	0.8	57.0	42.2	0.7	50.0	49.3
2001	0.7	55.7	43.6	0.6	49.9	49.5
2002	0.8	55.8	43.5	0.6	49.6	49.8
2003	0.8	57.0	42.2	0.4	51.0	48.6
2004	0.5	57.6	41.9	0.3	52.0	47.7
2005	0.5	57.7	41.8	0.2	53.8	46.0
2006	0.3	57.4	42.3	0.1	53.1	46.8
2007	0.1	54.1	45.8	0.1	50.7	49.2
2008	0.1	54.1	45.8	0.1	50.1	49.8
2009	0.1	53.9	46.0	0.1	47.2	52.7
2010	...	51.5	48.5	0.1	47.4	52.5
2011	...	50.1	49.9	0.1	47.5	52.4
2012	...	52.0	48.0	0.1	45.4	54.5
2013	...	48.6	51.4	…	44.5	55.5
2014	...	48.0	52.0	…	43.9	56.1
2015	...	46.6	53.4	…	42.6	57.4
2016	...	45.2	54.8	…	41.4	58.6
2017	0.2	44.4	55.4	0.1	41.4	58.5

1-4 续表 1 continued

年 份 Year	以工业总产值为100 Gross Output Value of Industry=100		以固定资产投资总额为100 Investment in Fixed Assets=100	
	轻工业 Light Industry	重工业 Heavy Industry	非房地产开发项目 Non-Real Estate Development	房地产开发项目 Real Estate Development
1979	88.5	11.5	100.0	
1980	87.1	12.9	100.0	
1985	78.7	21.3	100.0	
1990	75.3	24.7	82.0	18.0
1995	54.2	45.8	62.6	37.4
2000	44.7	55.3	61.5	38.5
2001	37.0	63.0	54.0	46.0
2002	33.8	66.2	50.7	49.3
2003	31.6	68.4	56.5	43.5
2004	28.1	71.9	60.3	39.7
2005	26.9	73.1	64.2	35.8
2006	24.2	75.8	63.7	36.3
2007	24.8	75.2	65.7	34.3
2008	27.3	72.7	70.0	30.0
2009	24.8	75.2	74.4	25.6
2010	24.8	75.2	76.4	23.6
2011	25.1	74.9	75.0	25.0
2012	26.2	73.8	68.2	31.8
2013	26.9	73.1	64.8	35.2
2014	26.3	73.7	60.6	39.4
2015	22.9	77.1	59.6	40.4
2016	22.3	77.7	56.9	43.1
2017	18.2	81.8	58.5	41.5

1-4 续表 2 continued

年 份 Year	以货运量为100 Freight Traffic=100				固定资产投资总额相当于地区生产总值（%） Investment in Fixed Assets as Percentage of GDP（%）
	铁路 Railways	公路 Highways	水运 Waterways	民航 Civil Aviation	
1979					30.2
1980					51.1
1985					85.4
1990	10.9	78.2	10.9		36.3
1995	6.2	76.8	16.9	0.1	32.7
1996	5.8	77.1	17.0	0.1	31.2
1997	7.0	76.8	16.1	0.1	30.2
1998	6.4	79.3	14.2	0.1	31.1
1999	6.0	81.5	12.3	0.1	31.2
2000	6.0	81.4	12.5	0.1	30.5
2001	5.7	82.9	11.3	0.1	27.2
2002	4.8	84.8	10.3	0.1	26.1
2003	4.9	83.9	11.1	0.1	26.1
2004	4.9	83.2	11.7	0.2	25.1
2005	4.8	83.4	11.7	0.2	23.5
2006	2.7	69.3	27.8	0.2	21.5
2007	2.4	67.8	29.6	0.2	19.4
2008	2.1	76.6	21.2	0.2	18.5
2009	2.1	78.8	18.8	0.2	20.1
2010	1.5	75.8	22.4	0.3	19.4
2011	1.4	75.0	23.3	0.3	17.5
2012	1.4	76.7	21.7	0.2	17.4
2013	1.3	73.0	25.4	0.2	16.6
2014	0.4	71.4	27.9	0.3	16.5
2015	0.2	76.3	23.3	0.2	18.3
2016	0.3	76.3	23.1	0.3	20.3
2017	0.2	74.2	25.3	0.3	22.9

1-5 主要年份国民经济和社会发展主要指标平均每人水平

PER CAPITA MAIN NATIONAL ECONOMIC AND SOCIAL DEVELOPMENT INDICATORS IN MAIN YEARS

单位：元 (yuan)

年 份 Year	地区生产总值 Gross Domestic Product	农业总产值 Gross Output Value of Agriculture	工业总产值 Gross Output Value of Industry	一般公共预算收入 Local Financial Revenue	社会消费品零售总额 Retail Sales of Consumer Goods	在岗职工年平均货币工资 Average Wage of Fully Employed Staff and Workers	城市居民可支配收入 Per Capita Disposable Income of Urban Residents
1980	835	524	329	94	606	979	
1985	4 809	565	3 040	775	3 274	2 418	1 915
1990	8 724	606	11 192	1 403	3 393	4 304	4 127
1995	19 558	540	29 986	2 042	9 907	12 276	12 771
2000	33 276	467	46 057	3 328	11 021	23 039	20 906
2001	35 390	459	52 569	3 682	11 671	25 941	22 760
2002	41 018	463	63 654	3 615	12 805	28 218	24 941
2003	47 743	443	89 156	3 815	14 363	30 611	25 936
2004	55 099	380	108 783	4 072	15 840	31 928	27 596
2005	61 844	267	124 952	5 064	17 704	32 476	21 494
2006	69 702	211	144 550	5 897	19 784	35 107	22 567
2007	77 660	192	161 067	7 379	21 652	38 798	24 301
2008	85 088	201	174 470	8 575	24 392	43 454	26 729
2009	87 066	159	162 404	9 037	26 347	46 723	29 245
2010	98 437	148	185 804	10 893	29 532	50 456	32 381
2011	113 316	146	204 162	12 856	33 791	55 143	36 505
2012	126 765	141	212 317	14 105	38 152	59 010	40 742
2013	141 474	132	227 083	16 351	42 504	62 619	44 653
2014	153 677	121	241 127	19 458	45 955	72 651	40 948
2015	162 599	144	240 171	24 613	45 292	81 034	44 633
2016	172 453	144	245 180	26 937	47 346	89 757	48 695
2017	183 544	317	273 809	27 194	49 099	100 173	52 938

1-5 续表 continued

年 份 Year	生活用电量(千瓦时) Electricity for Residential Consumption (kwh)	每百人拥有电话(部) Number of Telephone Sets Per 100 Persons (set)	每万人拥有 Per 10 000 persons		★人均公园绿地面积(平方米) Urban Public Green Areas (sq.m)
			医生(人) Number of Doctors (person)	医院病床(张) Number of Beds in Hospital (bed)	
1980			13	19	
1985			21	21	
1990	302	7	20	19	
1995	292	18	13	15	12.7
2000	500	57	11	14	14.2
2001	495	84	11	15	14.7
2002	439	118	11	16	14.9
2003	537	158	12	16	15.1
2004	548	174	13	18	16.0
2005	660	212	14	19	16.1
2006	687	215	20	19	16.1
2007	805	244	21	18	16.1
2008	752	246	21	19	16.2
2009	812	234	21	20	16.3
2010	814	243	20	20	16.4
2011	858	274	22	21	16.5
2012	993	296	23	25	16.6
2013	982	286	24	25	16.7
2014	1 124	362	25	27	16.8
2015	1 127	296	25	28	16.9
2016	1 154	264	26	32	16.5
2017	1 150	254	27	32	16.0

注： 2002年以前为特区数，2002年及以后为全市数。
Note: The data before the year 2002 are calculated from special region, the data from 2002 are calculated from the whole city.

1-6 主要年份国民经济和社会发展主要指标平均每天水平

AVERAGE DAILY LEVEL OF MAIN NATIONAL ECONOMIC AND SOCIAL DEVELOPMENT INDICATORS IN MAIN YEARS

年 份 Year	地区生产总值(万元) Gross Domestic Product (10 000yuan)	工业总产值(万元) Gross Output Value of Industry (10 000yuan)	农业总产值(万元) Gross Output Value of Agriculture (10 000yuan)	固定资产投资总额(万元) Investment in Fixed Assets (10 000yuan)	一般公共预算收入(万元) Local Financial Revenue (10 000yuan)	货运量(万吨) Freight Traffic (10 000 tons)	客运量(万人) Passengers Traffic (10 000 person-times)
1979	54	20	36	16	5		
1980	74	29	46	38	8		
1985	1 069	676	126	913	172		
1990	4 703	6 033	327	1 587	595	3.70	24.20
1995	23 090	35 403	637	7 557	2 411	9.70	22.63
2000	60 800	84 151	853	16 978	6 080	12.87	25.61
2001	69 122	102 676	896	18 805	7 192	14.10	27.04
2002	82 664	128 284	934	21 593	7 286	15.57	29.13
2003	99 730	186 237	924	26 003	7 968	17.75	28.69
2004	119 186	235 310	822	29 933	8 807	19.64	32.93
2005	137 966	278 754	596	32 358	11 298	22.60	34.53
2006	162 210	336 397	493	34 895	13 723	31.31	38.26
2007	189 732	393 504	466	36 849	18 029	37.47	41.25
2008	217 574	446 130	515	40 208	21 928	53.62	422.69
2009	232 488	433 661	424	46 826	24 132	61.28	400.86
2010	274 033	517 251	412	53 279	30 324	71.71	427.95
2011	323 486	582 824	418	56 464	36 701	79.18	461.50
2012	364 923	611 205	407	60 121	40 605	78.57	506.80
2013	410 396	658 741	382	65 520	47 432	75.38	33.04
2014	450 671	707 122	354	74 450	57 061	80.50	41.38
2015	493 536	728 989	437	90 365	74 708	88.97	45.23
2016	550 129	782 131	458	111 731	85 931	85.38	46.60
2017	616 166	919 189	1 065	141 022	91 291	88.41	49.70

1-6 续表 continued

年 份 Year	自来水供水量(万吨) Tap Water Supply (10 000tons)	用电量(万千瓦时) Electricity Consumption (10 000kwh)	公共汽车客运人数(万人次) Bus Passengers (10 000 person-times)	社会消费品零售总额(万元) Retail Sales of Consumer Goods (10 000yuan)	出生人数(人) Births (person)	死亡人数(人) Deaths (person)	结婚(对) Marriages (couple)	离婚(对) Divorces (couple)
1979				31	22	5		
1980				54	19	5	6	
1985			14.20	728	15	4	18	
1990		985	60.13	1 829	29	5	28	1
1995	157	2 503	96.96	11 697	35	5	36	3
2000	252	5 215	117.26	20 138	49	9	39	6
2001	267	5 816	128.96	22 795	49	6	39	6
2002	296	7 120	141.60	25 807	62	5	40	6
2003	336	8 861	139.00	30 004	44	6	53	9
2004	370	10 693	143.80	34 264	54	6	79	13
2005	382	12 060	278.40	39 496	66	7	64	15
2006	398	13 348	337.22	46 040	72	6	112	17
2007	423	15 557	497.61	52 899	94	7	98	19
2008	430	15 993	535.44	62 372	101	7	113	19
2009	411	16 046	585.21	70 355	97	8	134	21
2010	429	18 179	642.82	82 213	102	17	105	22
2011	442	19 069	647.61	96 462	114	8	149	27
2012	439	19 784	625.49	109 830	168	12	146	32
2013	436	19 994	603.23	123 300	163	9	147	43
2014	450	21 608	618.46	134 767	185	22	166	43
2015	465	22 344	566.83	137 475	196	13	165	62
2016	546	23 317	511.78	151 034	239	14	167	68
2017	553	24 232	453.22	164 827	319	19	171	70

1-7 企业登记发展情况

THE DEVELOPMENT OF ENTERPRISES REGISTRATION

单位：户 (unit)

年份 Year	企业总数 Total Number of Enterprises	按企业登记类型分 Grouped By Status of Enterprises Registration			按产业分 Grouped By Industry			按注册资本分 Grouped By Registered Capital					
		内资企业 Domestic-funded Enterprises	外资企业 Foreign-funded Enterprises	私营企业 Private Enterprises	第一产业 Primary Industry	第二产业 Secondary Industry	第三产业 Tertiary Industry	100—499万元 (10 000 yuan)	500—999万元 (10 000 yuan)	1000—2999万元 (10 000 yuan)	3000—4999万元 (10 000 yuan)	5000—9999万元 (10 000 yuan)	1亿元以上 (Over 100 million yuan)
1979	501	497	4		1	219	281						
1980	839	821	18		1	400	438						
1981	1 125	1 086	39		2	383	740						
1982	1 798	1 710	88		3	713	1 082						
1983	2 177	1 940	237		6	710	1 461						
1984	4 314	3 761	553		10	1 258	3 046						
1985	6 853	5 972	881		14	1 950	4 889						
1986	7 958	6 902	1 056		21	2 601	5 336						
1987	15 448	14 328	1 120		163	5 718	9 567						
1988	16 341	14 387	1 954		175	4 022	12 144						
1989	18 596	16 026	2 570		212	4 993	13 391	579	365	566	200	203	212
1990	19 827	15 403	3 895	529	210	5 807	13 810	651	425	646	229	231	232
1991	22 948	16 629	5 295	1 024	227	6 947	15 774	767	497	756	257	259	260
1992	28 676	18 469	7 639	2 568	235	9 166	19 275	1 022	643	994	337	324	318
1993	41 768	25 742	11 802	4 224	295	13 070	28 403	1 820	1 021	1 538	492	448	420
1994	55 867	31 916	14 767	9 184	269	17 249	38 349	2 568	1 326	1 988	601	533	487
1995	70 785	37 860	16 765	16 160	426	21 255	49 104	3 431	1 596	2 416	717	627	557
1996	82 952	44 410	18 011	20 531	456	22 783	59 713	4 418	1 861	2 862	800	714	616
1997	92 244	47 659	17 093	27 492	452	24 216	67 576	5 916	2 179	3 464	924	833	701
1998	92 699	45 027	16 161	31 511	422	23 966	68 311	7 198	2 466	3 904	1 046	918	763
1999	101 942	47 100	17 997	36 845	428	26 453	75 061	8 867	2 818	4 353	1 144	1 013	829
2000	107 457	46 220	18 151	43 086	397	27 769	79 291	10 982	3 239	4 897	1 259	1 107	911
2001	120 391	46 328	19 175	54 888	382	31 114	88 895	14 399	3 780	5 711	1 407	1 262	1 025
2002	123 923	37 519	19 461	66 943	341	32 103	91 479	18 483	4 406	6 518	1 544	1 381	1 134
2003	151 036	39 316	21 883	89 837	359	39 659	111 018	24 219	5 200	7 532	1 715	1 547	1 254
2004	181 314	34 278	22 728	124 308	349	47 695	133 270	31 996	6 317	8 730	1 878	1 696	1 388
2005	209 443	32 998	24 252	152 193	333	55 579	153 531	39 404	7 618	9 824	2 030	1 837	1 483
2006	244 291	25 480	27 055	191 756	347	65 220	178 724	47 121	8 925	10 901	2 169	1 979	1 602
2007	283 734	24 423	32 248	227 063	348	75 381	208 005	53 798	11 055	11 961	2 326	2 111	1 719
2008	281 238	18 473	32 898	229 867	309	74 044	206 885	59 538	12 658	12 781	2 437	2 197	1 802
2009	307 242	16 793	33 386	257 063	302	80 052	226 888	67 746	13 773	13 874	2 585	2 314	1 910
2010	360 912	16 087	35 207	309 618	312	88 870	271 730	78 118	15 220	15 379	2 776	2 483	2 060
2011	417 531	14 278	36 096	367 157	313	92 747	324 471	90 779	18 071	19 513	2 953	3 100	2 690
2012	481 030	12 584	36 969	431 477	344	93 601	387 085	108 436	22 280	24 010	3 461	3 944	3 153
2013	630 060	10 004	38 241	581 815	475	105 257	524 328	154 473	32 900	34 219	4 435	5 841	5 280
2014	843 977	8 250	39 758	795 969	1 340	119 645	722 992	246 435	54 903	53 509	6 967	9 628	9 141
2015	1 133 953	7 873	43 017	1 083 063	1 989	139 431	992 533	361 563	92 836	83 267	10 359	16 040	14 747
2016	1 504 255	8 685	42 621	1 452 949	2 916	166 786	1 334 553	669 393	191 040	114 323	12 034	24 068	19 555
2017	1 769 876	8 602	50 769	1 710 505	3 711	183 071	1 583 094	793 485	208 444	159 248	18 104	31 721	27 997

注： 本表数据来源为市场和质量监督管理委员会信息中心。

Note: Data in this table are provided by Market and Quality Supervision Commission of Shenzhen Municipality.

1-8 "企业一套表"年报分区分行业调查单位（2017年）
NUMBER OF SURVEY UNIT OF "ENTERPRISE SET OF TABLE" BY SECTOR BY DISTRICT（2017）

单位：个 (unit)

地 区 District		调查单位 Survey unit	工业 Industry	建筑业 Constru-ction	批发零售业 Wholesale and Retail Sales	住宿餐饮业 Hotel and Catering Services	房地产开发经营业 Real Estate	服务业 Services
全 市	**Total**	**23 559**	**7 943**	**990**	**6 283**	**924**	**600**	**6 819**
福田区	Futian	4 379	105	405	1 791	231	142	1 705
罗湖区	Luohu	2 186	116	87	941	188	64	790
盐田区	Yantian	446	69	9	63	27	31	247
南山区	Nanshan	5 260	773	188	1 583	209	94	2 413
宝安区	Baoan	4 346	2 778	77	690	96	64	641
龙岗区	Longgang	3 031	1 544	128	643	61	131	524
龙华区	Longhua	2 087	1 191	51	420	66	34	325
坪山区	Pingshan	659	472	28	67	18	17	57
光明新区	Guangming	992	829	8	67	7	6	75
大鹏新区	Dapeng	149	60	9	15	20	10	35
深汕特别合作区	ShenshanSpecial Cooperation Zone	24	6	–	3	1	7	7

1-9 规模以上服务业（其他）企业分行业主要财务指标(2017年)

FINANCE INDICATORS OF SERVICE ENTERPRISES (OTHER) ABOVE THE DESIGNATED SIZE BY SECTOR(2017)

指标名称	Item	企业单位数(个) Number of Enterprises (unit)
总计	**Total**	**6 378**
交通运输、仓储和邮政业	Transport,Storage and Post	1 143
信息传输、软件和信息技术服务业	Information Transmission,Software and Information Technology	1 466
房地产业	Real Estate	889
租赁和商务服务业	Leasing and Business Services	1 425
科学研究和技术服务业	Scientific Research and Technical Services	809
水利、环境和公共设施管理业	Management of Water Conservancy,Enviroment and Public Facilities	82
居民服务、修理和其他服务业	Service to Households,Repair and Other Services	204
教育	Education	138
卫生和社会工作	Health and Social Service	72
文化、体育和娱乐业	Culture,Sports and Entertainment	150

注：1.本表中“企业单位数”与“企业一套表”中“服务业企业单位数”指标存在口径差异。
Note:There is a difference of the indicator “Number of enterprises” between this table and “enterprise set of table”.
2.房地产业不含房地产开发经营。
Real estate development and management is not included in the real estate.

资产总计(亿元) Total Assets (100 million yuan)	营业收入(亿元) Business Revenue (100 million yuan)	应付职工薪酬(亿元) Benefit Payable of the Employee (100 million yuan)	从业人员平均人数(人) Average Employed Persons (person)
47 120	**10 107**	**1 988**	**1 675 168**
8 593	2 427	397	322 636
12 093	3 927	576	301 215
5 952	766	253	319 121
17 016	1 413	363	376 479
1 923	1 076	247	152 883
184	86	15	20 482
120	109	49	101 019
86	69	29	29 671
59	61	18	18 385
1 095	173	42	33 277

1-10 规模以上服务业（其他）企业分区主要财务指标(2017年)

FINANCE INDICATORS OF SERVICE ENTERPRISES (OTHER) ABOVE THE DESIGNATED SIZE BY DISTRICT(2017)

地 区	Region	企业单位数(个) Number of Enterprises (unit)	资产总计(亿元) Total Assets (100 million yuan)	营业收入(亿元) Business Revenue (100 million yuan)	应付职工薪酬(亿元) Benefit Payable of the Employee (100 million yuan)	从业人员平均人数(人) Average Employed Persons (person)
全 市	**Total**	**6 378**	**47 120**	**10 107**	**1 988**	**1 675 168**
福田区	Futian	1 571	14 801	2 720	574	542 313
罗湖区	Luohu	735	4 702	971	235	205 684
盐田区	Yantian	226	1 924	217	56	37 549
南山区	Nanshan	2 252	18 521	4 343	690	436 645
宝安区	Baoan	623	3 784	961	209	216 212
龙岗区	Longgang	507	1 691	416	115	135 576
龙华区	Longhua	309	1 007	256	52	66 562
坪山区	Pingshan	47	97	18	4	6 339
光明新区	Guangming	72	183	36	9	13 674
大鹏新区	Dapeng	29	319	165	41	13 980
深汕特别合作区	ShenshanSpecial Cooperation Zone	7	92	4		634

主要统计指标解释

行政区划 指国家对行政区域的划分。根据有关法规规定，我国的行政区域划分如下：(1)全国分为省、自治区、直辖市；(2)省、自治区分为自治州、县、自治县、市；(3)自治州分为县、自治县、市；(4)县、自治县分为乡、民族乡、镇；(5)直辖市和较大的市分为区、县；(6)国家在必要时设立的特别行政区。

平均增长速度 平均增长速度表明社会经济现象在一个较长的时期内逐期平均增长变化的程度，它不能根据各个环比增长速度直接求得，但与平均发展速度之间存在着一定的数量关系：平均增长速度＝平均发展速度－1。

平均发展速度是一种根据环比发展速度计算的序时平均数,由于各时期对比的基础不同，所以计算平均发展速度不能采用一般的序时平均数的计算方法，计算方法分为水平法和累计法。水平法，又称几何平均法，即将环比发展速度按连乘法用几何平均数公式计算。累计法，也称方程法，根据一段时期内各年发展水平总和与基期水平的关系，列出方程式计算平均发展速度。水平法着重考虑最后一年所达到的发展水平；累计法着重考虑整个时期累计发展水平的总量。

企业(单位)登记注册类型 是以在工商行政管理机关登记注册的各类企业为划分对象，以工商行政管理部门对企业登记注册的类型为依据，将企业登记注册类型分为内资企业、港澳台商投资企业和外商投资企业三大类。内资企业包括国有企业、集体企业、股份合作企业、联营企业、有限责任公司、股份有限公司、私营公司和其他企业；港澳台商投资企业和外商投资企业分别包括合资经营企业、合作经营企业、独资经营企业和股份有限公司。对不在工商行政管理部门进行登记注册的行政机关、事业单位和社会团体，主要按其经费来源和管理方式进行划分。

国有企业 指企业全部资产归国家所有，并按《中华人民共和国企业法人登记管理条例》规定登记注册的非公司制的经济组织。不包括有限责任公司中的国有独资公司。

集体企业 指企业资产归集体所有，并按《中华人民共和国企业法人登记管理条例》规定登记注册的经济组织。

股份合作企业 指以合作制为基础，由企业职工共同出资入股，吸收一定比例的社会资产投资组建，实行自主经营，自负盈亏，共同劳动，民主管理，按劳分配与按股分红相结合的一种集体经济组织。

联营企业 指两个及两个以上相同或不同所有制性质的企业法人或事业单位法人，按自愿、平等、互利的原则，共同投资组成的经济组织。联营企业包括国有联营企业、集体联营企业、国有与集体联营企业和其他联营企业。

有限责任公司 指根据《中华人民共和国公司登记管理条例》规定登记注册，由两个以上、五十个以下的股东共同出资，每个股东以其所认缴的出资额对公司承担有限责任，公司以其全部资产对其债务承担责任的经济组织。有限责任公司包括国有独资公司以及其他有限责任公司。

股份有限公司 指根据《中华人民共和国公司登记管理条例》规定登记注册，其全部注册资本由等额股份构成并通过发行股票筹集资本，股东以其认购的股份对公司承担有限责任，公司以其全部资产对其债务承担责任的经济组织。

私营企业 指由自然人投资设立或由自然人控股，以雇佣劳动为基础的营利性经济组织。包括按照《公司法》、《合伙企业法》、《私营企业暂行条例》规定登记注册的私营有限责任公司、私营股份有限公司、私营合伙企业和私营独资企业。

其他企业 指上述企业之外的其他内资经济组织。

外资企业 指依照《中华人民共和国外资企业法》及有关法律的规定，在中国内地由外国投资者全额投资设立的企业。

Explanatory Notes on Main Statistical Indicators

Divisions of Administrative Areas refers to the division of administrative areas by the State. The relative laws stipulate that 1) the whole country is divided into provinces, autonomous regions and municipalities directly under the Central Government; 2) provinces and autonomous regions are further divided into autonomous prefectures, counties, autonomous counties and cities; 3) autonomous prefectures are further divided into counties, autonomous counties and cities; 4) counties and autonomous counties are further divided into townships, ethnic townships and towns; 5) municipalities directly under the Central Government and large cities are divided into districts and counties, 6) the State shall, when necessary, establish special administrative regions.

Average Annual Growth Rate shows the average growth rate of social and economic development during a longer period. It can not be directly calculated by chain based growth rate. The relation is:

Average Annual Growth Rate = Average Speed of Development - 1

Average speed of development is the time series average of speed which calculated by chain based. Because the reference bases during the different periods are not same, average speed of development can not be calculated by the general method. Level approach and accumulative approach for calculating average speed of development rate are applied. The "level approach", or the method of calculating the geometric average, is derived by the formula of geometric average of the chain–based speeds of development, or comparing the level of the last year of the interval with that of the beginning year; the other is called the "accumulative approach" or the "algebraic average", "equation" method, which is derived by the summation of the actual figure of each year in the interval divided by the figure in the base year. The level approach focuses on the level of the last year, while the accumulative approach emphasizes the aggregate development in the duration.

Registration Status of Enterprises Enterprises are classified into 3 categories, namely domestic–funded enterprises, enterprises with investment from Hong Kong, Macau and Taiwan, and enterprises with foreign investment, according to the registration status of an enterprise in industrial and commercial administration agencies. Domestic–funded enterprises include State–owned enterprises, collective–owned enterprises, cooperative enterprises, joint ownership enterprises, limited liability corporations, share–holding corporations Ltd., private enterprises and other enterprises. Included in the enterprises with investment from Hong Kong, Macau and Taiwan and enterprises with foreign investment are joint–venture enterprises, cooperative enterprises, sole investment enterprises and share–holding corporations Ltd. For government agencies, institutions and social organizations which are not registered in industrial and commercial administration agencies, they are classified mainly by their sources of funding and manner of management.

State-owned Enterprises refer to non–corporation economic units where the entire assets are owned by the State and which have been registered in accordance with the Regulation of the People' s Republic of China on the Management of Registration of Corporate Enterprises. Not included from this category are solely State–funded corporations in the limited liability corporations.

Collective-owned Enterprises refer to economic units where the assets are owned collectively and which have been registered in accordance with the Regulation of the People' s Republic of China on the Management of Registration of Corporate Enterprises

Cooperative Enterprises refer to a form of collective economic units (enterprises) where capitals come mainly from employees as their shares, with certain proportion of capital from the outside, where production is organized on the basis of independent operation, independent accounting for profits and losses, joint work, democratic management, and a distribution system that integrates remuneration according to work with dividend according to capital share.

Joint Ownership Enterprises refer to economic units established by two or more corporate enterprises or corporate institutions of the same or different ownership, through joint investment on the basis of voluntary participation, equality, and mutual benefits. They include State joint ownership enterprises; collective joint ownership enterprises; joint State–collective enterprises; and other joint ownership enterprises.

Limited Liability Corporations refer to economic units established with investment from 2–50 investors and registered in accordance with the Regulation of the People's Republic of China on the Management of Registration of Corporations, each investor bearing limited liability to the corporation depending on its share of investment, and the corporation bearing liability to its debt to the maximum of its total assets. Limited liability corporations include solely State–funded limited liability corporations and other limited liability corporations.

Share-holding Corporations Ltd. refer to economic units registered in accordance with the Regulation of the People's Republic of China on the Management of Registration of Corporations, with total registered capital divided into equal shares and raised through issuing stocks. Each investor bears limited liability to the corporation depending on the holding of shares, and the corporation bears liability to its debt to the maximum of its total assets.

Private Enterprises refer to profit–making economic units invested and established by natural persons, or controlled by natural persons using employed labour. Included in this category are private limited liability corporations, private share–holding corporations Ltd., private partnership enterprises and private–funded enterprises registered in accordance with the Company Law, the Law on Partnership Business and Interim Regulations on Private Enterprises .

Other Domestic-funded Enterprises refer to domestic–funded economic units other than those mentioned above.

Enterprises with Sole (exclusive) Foreign Investment refer to enterprises established in the mainland of China with exclusive investment from foreign investors in accordance with the Law of the People's Republic of China on Wholly Foreign–owned Enterprises and other relevant laws.

Share–holding Corporations Ltd. with Foreign Investment refer to share–holding corporations Ltd. established with the approval from the former Ministry of Foreign Trade and Economic Relations in line with relevant State regulations, where the share of investment from foreign investors exceeds 25% of the total registered capital of the corporation. In case the share of foreign investment is less than 25% of the total registered capital, the enterprise is to be classified as domestic–funded share–holding corporation Ltd.

02 第二部分

国民经济核算

NATIONAL ECONOMIC ACCOUNTING

CHAPTER

2-1 国民经济核算主要指标

MAIN INDICATORS OF NATIONAL ECONOMIC ACCOUNTING

项 目	Item	2000	2010	2016	2017
地区生产总值 (亿元)	Gross Domestic Product (100 million yuan)	2 219.20	10 002.22	20 079.70	22 490.06
第一产业	Primary Industry	15.57	6.84	8.28	19.57
第二产业	Secondary Industry	1 108.76	4 737.98	8 310.65	9 318.10
第三产业	Tertiary Industry	1 094.87	5 257.40	11 760.77	13 152.39
地区生产总值增长速度(%)	Growth Rates of Gross Domestic Product (%)	16.3	12.2	9.1	8.8
第一产业	Primary Industry	3.1	−9.2	−0.4	27.0
第二产业	Secondary Industry	18.5	13.8	8.1	9.2
第三产业	Tertiary Industry	13.8	10.5	9.9	8.4
地区生产总值构成 (%)	Composition of Grosss Domestic Product (%)	100	100	100	100
第一产业	Primary Industry	0.7	0.1	…	0.1
第二产业	Secondary Industry	50.0	47.4	41.4	41.4
第三产业	Tertiary Industry	49.3	52.5	58.6	58.5
地区生产总值贡献率(%)	Share of the Contribution of the Three Strata of Industry (%)	100	100	100	100
第一产业	Primary Industry	0.1	…	…	0.2
第二产业	Secondary Industry	62.5	59.8	38.1	44.5
第三产业	Tertiary Industry	37.4	40.2	61.9	55.3
地区生产总值拉动率(%)	Contribution of the Three Strata of Industry to GDP Growth (%)	16.3	12.2	9.1	8.8
第一产业	Primary Industry	…	…	…	…
第二产业	Secondary Industry	10.2	7.3	3.5	3.9
第三产业	Tertiary Industry	6.1	4.9	5.6	4.9
人均地区生产总值(元)	Per Capita Gross Domestic Product (yuan)	33 276	98 437	172 453	183 544
人均地区生产总值增长速度 (%)	Growth Rates of Per Capita Gross Domestic Product (%)	5.8	7.7	3.8	3.9
支出法地区生产总值(亿元)	Gross Domestic Product by Expenditure Approach (100 million yuan)	2 219.20	10 002.22	20 079.70	22 490.06
最终消费支出	Final Consumption Expenditures	862.55	4 104.02	8 331.16	9 262.78
资本形成总额	Gross Capital Formation	895.61	3 117.82	6 900.54	7 807.09
货物和服务净流出	Net Exports of Goods and Services	461.03	2 780.38	4 848.01	5 420.19
支出法地区生产总值构成(%)	Composition of Gross Domestic Product by Expenditure Approach(%)	100	100	100	100
最终消费支出	Final Consumption Expenditures	38.9	41.0	41.5	41.2
资本形成总额	Gross Capital Formation	40.3	31.2	34.4	34.7
货物和服务净流出	Net Exports of Goods and Services	20.8	27.8	24.1	24.1

2-2 地区生产总值

GROSS DOMESTIC PRODUCT

单位：万元 （10 000 yuan）

年 份 Year	地区生产总值 Gross Domestic Product	第一产业 Primary Industry	第二产业 Secondary Industry	第三产业 Tertiary Industry	#工业 Industry	#建筑业 Construction
1979	19 638	7 273	4 017	8 348	2 313	1 704
1980	27 012	7 803	7 036	12 173	3 726	3 310
1981	49 576	13 343	16 019	20 214	8 311	7 708
1982	82 573	18 960	31 439	32 174	9 540	21 899
1983	131 212	22 614	55 848	52 750	22 466	33 382
1984	234 161	25 932	106 606	101 623	51 802	54 804
1985	390 222	26 111	163 586	200 525	102 137	61 449
1986	416 451	32 907	163 185	220 359	106 606	56 579
1987	559 015	46 519	220 463	292 033	164 445	56 018
1988	869 807	57 005	359 230	453 572	274 787	84 443
1989	1 156 565	68 615	505 361	582 589	400 579	104 782
1990	1 716 665	70 220	769 319	877 126	644 947	124 372
1991	2 366 630	80 836	1 126 084	1 159 710	928 846	197 238
1992	3 173 194	105 914	1 522 432	1 544 848	1 176 087	346 345
1993	4 531 445	108 615	2 420 214	2 002 616	1 810 085	610 129
1994	6 346 711	134 152	3 357 972	2 854 587	2 671 299	686 673
1995	8 427 933	124 122	4 223 744	4 080 067	3 372 392	851 352
1996	10 505 121	148 796	5 081 045	5 275 280	4 198 625	882 420
1997	13 023 008	147 660	6 209 018	6 666 330	5 222 504	986 514
1998	15 449 472	151 764	7 508 019	7 789 689	6 377 088	1 130 931
1999	18 246 876	150 445	9 154 443	8 941 988	7 930 052	1 224 391
2000	22 192 015	155 656	11 087 644	10 948 715	9 828 530	1 259 114
2001	25 229 474	160 413	12 583 983	12 485 078	11 310 767	1 273 216
2002	30 172 384	166 587	14 980 113	15 025 684	13 670 904	1 309 209
2003	36 401 435	142 048	18 562 162	17 697 225	17 081 204	1 480 958
2004	43 502 928	123 264	22 643 124	20 736 540	21 092 158	1 550 966
2005	50 357 678	97 385	27 096 861	23 163 432	25 559 271	1 537 590
2006	59 206 612	68 851	31 449 697	27 688 064	29 775 384	1 674 313
2007	69 252 268	77 374	35 135 153	34 039 741	33 338 681	1 796 472
2008	79 414 328	83 804	39 799 045	39 531 479	37 763 311	2 035 734
2009	84 858 247	69 599	40 095 728	44 692 920	37 732 436	2 363 292
2010	100 022 183	68 391	47 379 750	52 574 042	44 455 213	2 924 537
2011	118 072 348	69 491	56 128 559	61 874 298	52 628 102	3 500 457
2012	133 196 818	68 164	60 559 131	72 569 523	56 722 281	3 836 850
2013	149 794 486	63 504	66 579 909	83 151 073	62 226 265	4 531 743
2014	164 494 770	57 579	72 242 462	92 194 729	67 736 986	4 680 969
2015	180 140 720	72 084	76 780 987	103 287 649	72 141 744	4 797 208
2016	200 797 043	82 840	83 106 513	117 607 690	78 002 175	5 265 711
2017	224 900 586	195 721	93 180 979	131 523 886	87 391 366	5 940 681

注：1.本表按当年价格计算。2013年起，开始使用新的《国民经济行业分类》（GB/T 4754-2011）。

Note:Data of this table are calculated at curret prices. The new Industrial Classification of the National Economy (GB/T 4754-2011) is introduced starting from 2013 annual statistics.

2、根据研发支出纳入GDP核算及全国第三次农业普查结果，对1995-2016年地区生产总值进行了修订。

According to the new GDP Accounting Methodology and the Third National Agricultural Census,the data of GDP from 1995 to 2016 have been revised.

单位：万元　　　　　　　　　　　　　　　　　　　　2-2 续表 continued（10 000 yuan）

年　份 Year	#交通运输、仓储和邮政业 Transportation,Storage and Post Services	#批发和零售业 Wholesale and Retail Sales	#住宿和餐饮业 Hotels and Catering Services	#金融业 Financial Intermediation	#房地产 Real Estate	人均地区生产总值(元) Gross Domestic Product Per Capita(yuan)
1979	1 175	3 111	1 050	1 586	467	606
1980	1 798	4 301	1 452	2 325	688	835
1981	2 908	7 104	2 398	3 883	1 152	1 417
1982	4 890	10 758	3 631	6 274	1 850	2 023
1983	7 715	16 868	5 694	11 183	3 181	2 512
1984	14 866	29 948	10 108	22 865	6 301	3 504
1985	25 519	55 943	18 882	46 522	14 759	4 809
1986	35 475	59 200	21 278	50 620	15 420	4 584
1987	54 144	71 776	30 897	62 962	17 347	5 349
1988	71 317	114 899	41 883	119 543	35 016	6 477
1989	90 993	117 160	42 744	150 856	53 831	6 710
1990	112 692	152 877	51 823	240 157	91 396	8 724
1991	147 651	239 760	59 056	266 849	155 372	11 997
1992	166 595	333 580	84 904	332 492	236 652	12 827
1993	190 248	449 485	144 272	405 899	328 708	15 005
1994	245 271	583 961	288 170	596 275	472 171	16 954
1995	400 843	779 177	405 147	887 865	673 506	19 558
1996	500 073	1 128 234	432 463	1 118 350	842 883	22 542
1997	487 346	1 339 511	478 192	1 562 531	955 661	25 772
1998	546 558	1 532 951	538 158	1 809 703	1 062 525	27 885
1999	629 825	1 822 078	573 446	1 965 044	1 193 283	30 088
2000	788 014	2 271 487	613 559	2 215 391	1 585 464	33 276
2001	857 909	2 618 467	633 105	2 393 224	1 818 950	35 390
2002	1 057 835	3 174 034	728 976	2 487 213	2 348 995	41 018
2003	1 300 797	3 901 304	713 120	2 620 765	3 184 157	47 743
2004	1 893 093	4 601 915	841 186	2 730 844	4 110 367	55 099
2005	2 211 684	5 202 044	971 905	3 056 820	4 449 012	61 844
2006	2 576 875	5 738 239	1 166 653	4 626 637	5 202 637	69 702
2007	2 991 969	6 608 000	1 262 695	7 657 042	6 130 153	77 660
2008	3 077 314	7 729 584	1 655 958	9 693 615	4 900 481	85 088
2009	3 057 686	8 643 036	1 708 693	10 991 122	6 772 994	87 066
2010	3 523 205	10 687 180	2 033 964	13 170 664	7 495 301	98 437
2011	3 859 435	13 230 138	2 344 084	15 649 317	8 579 914	113 316
2012	4 110 301	16 297 209	2 547 355	17 163 650	10 888 097	126 765
2013	4 637 611	18 484 128	2 735 863	19 510 048	12 032 709	141 474
2014	5 008 847	19 621 414	3 179 989	21 949 263	13 238 647	153 677
2015	5 412 684	20 227 552	3 383 971	25 015 717	15 644 076	162 599
2016	6 269 582	21 750 741	3 588 184	28 107 273	17 775 690	172 453
2017	7 012 865	23 674 321	3 941 034	29 242 564	18 943 155	183 544

2-3 地区生产总值三次产业构成

COMPOSITION OF GROSS DOMESTIC PRODUCT BY THREE INDUSTRIES

单位：%　　　　(%)

年 份 Year	地区生产总值 Gross Domestic Product	第一产业 Primary Industry	第二产业 Secondary Industry	第三产业 Tertiary Industry	#工业 Industry	#建筑业 Construction
1979	100	37.0	20.5	42.5	11.8	8.7
1980	100	28.9	26.0	45.1	13.8	12.2
1981	100	26.9	32.3	40.8	16.8	15.5
1982	100	22.9	38.1	39.0	11.6	26.5
1983	100	17.2	42.6	40.2	17.1	25.5
1984	100	11.1	45.5	43.4	22.1	23.4
1985	100	6.7	41.9	51.4	26.2	15.7
1986	100	7.9	39.2	52.9	25.6	13.6
1987	100	8.3	39.4	52.3	29.4	10.0
1988	100	6.6	41.3	52.1	31.6	9.7
1989	100	5.9	43.7	50.4	34.6	9.1
1990	100	4.1	44.8	51.1	37.6	7.2
1991	100	3.4	47.6	49.0	39.3	8.3
1992	100	3.3	48.0	48.7	37.1	10.9
1993	100	2.4	53.4	44.2	39.9	13.5
1994	100	2.1	52.9	45.0	42.1	10.8
1995	100	1.5	50.1	48.4	40.0	10.1
1996	100	1.4	48.4	50.2	40.0	8.4
1997	100	1.1	47.7	51.2	40.1	7.6
1998	100	1.0	48.6	50.4	41.3	7.3
1999	100	0.8	50.2	49.0	43.5	6.7
2000	100	0.7	50.0	49.3	44.3	5.7
2001	100	0.6	49.9	49.5	44.8	5.0
2002	100	0.6	49.6	49.8	45.3	4.3
2003	100	0.4	51.0	48.6	46.9	4.1
2004	100	0.3	52.0	47.7	48.5	3.6
2005	100	0.2	53.8	46.0	50.8	3.1
2006	100	0.1	53.1	46.8	50.3	2.8
2007	100	0.1	50.7	49.2	48.1	2.6
2008	100	0.1	50.1	49.8	47.6	2.6
2009	100	0.1	47.2	52.7	44.5	2.8
2010	100	0.1	47.4	52.5	44.4	2.9
2011	100	0.1	47.5	52.4	44.6	3.0
2012	100	0.1	45.4	54.5	42.6	2.9
2013	100	…	44.5	55.5	41.6	3.0
2014	100	…	43.9	56.1	41.2	2.9
2015	100	…	42.6	57.4	40.0	2.7
2016	100	…	41.4	58.6	38.9	2.6
2017	100	0.1	41.4	58.5	38.8	2.7

2-4 地区生产总值指数

INDICES OF GROSS DOMESTIC PRODUCT

（以1979年为100） (1979=100)

年 份 Year	地区生产总值 Gross Domestic Product	第一产业 Primary Industry	第二产业 Secondary Industry	第三产业 Tertiary Industry	#工业 Industry	#建筑业 Construction	人均地区生产总值 Gross Domestic Product Per Capita
1980	162.7	103.0	175.8	209.5	163.3	197.0	163.0
1981	250.2	132.0	445.6	307.9	406.5	512.1	231.8
1982	396.4	182.2	730.5	504.9	415.5	1 266.1	314.8
1983	627.5	192.8	1 181.7	873.5	869.2	1 713.0	389.3
1984	1 003.3	198.8	2 347.6	1 392.7	2 003.6	2 932.6	486.6
1985	1 249.4	196.8	4 011.2	1 550.9	4 383.4	3 378.4	499.1
1986	1 283.1	231.8	4 269.3	1 537.1	4 825.1	3 324.3	457.7
1987	1 609.0	242.0	5 767.9	1 882.1	7 226.5	3 287.7	524.1
1988	2 186.6	225.1	8 306.0	2 547.1	10 603.7	4 398.9	628.3
1989	2 595.5	280.0	11 472.9	2 678.4	15 030.4	5 423.9	642.8
1990	3 439.1	298.5	16 760.4	3 286.1	22 789.5	6 508.7	720.6
1991	4 677.1	312.8	23 700.4	4 358.6	31 743.9	10 023.4	768.5
1992	6 229.9	313.7	30 607.2	6 090.4	38 297.6	17 530.9	816.2
1993	8 155.5	316.0	42 975.4	7 448.8	52 846.0	26 192.0	875.2
1994	10 677.8	296.3	58 131.1	9 463.8	74 928.7	29 569.3	924.5
1995	13 227.0	289.9	70 891.1	12 018.9	92 702.6	33 803.6	994.8
1996	15 536.5	295.4	82 789.4	14 254.2	110 656.0	35 406.1	1 080.5
1997	18 206.7	295.2	96 546.4	16 844.2	130 287.0	39 175.2	1 167.8
1998	21 083.9	302.6	113 120.0	19 266.0	153 331.2	44 746.7	1 233.4
1999	24 387.9	323.8	132 489.3	21 966.4	181 117.4	49 804.2	1 303.4
2000	28 366.1	333.9	156 948.8	24 995.1	219 191.5	51 114.1	1 378.6
2001	32 492.7	355.7	179 593.2	28 690.2	254 028.8	52 640.8	1 477.3
2002	37 622.4	377.5	211 073.8	32 751.6	302 438.4	54 803.2	1 657.7
2003	44 823.3	321.5	263 911.8	37 150.6	382 601.3	60 414.9	1 905.5
2004	52 624.3	262.5	319 807.6	42 131.5	471 135.1	59 558.7	2 160.3
2005	60 651.6	208.9	376 946.0	47 310.5	561 072.1	59 711.8	2 414.2
2006	70 788.8	145.1	439 342.7	55 400.7	656 927.6	64 324.1	2 701.1
2007	81 271.7	133.7	501 631.7	64 043.1	754 110.7	66 287.1	2 954.0
2008	91 305.9	110.8	562 545.7	72 137.3	849 814.7	67 028.2	3 170.8
2009	101 633.5	93.5	622 274.9	80 897.9	936 417.6	80 562.8	3 379.8
2010	114 072.0	84.8	708 245.7	89 377.1	1 063 883.8	95 063.3	3 638.7
2011	125 518.8	79.6	791 103.3	97 024.2	1 189 760.9	104 264.8	3 904.4
2012	138 278.2	81.8	852 194.7	109 093.0	1 281 761.1	112 149.1	4 265.4
2013	152 962.1	61.0	934 857.5	121 638.7	1 409 826.4	117 307.7	4 682.3
2014	166 448.0	55.2	1 008 238.8	133 398.7	1 525 632.3	119 145.5	5 040.1
2015	181 260.1	57.5	1 083 524.0	146 905.2	1 641 972.8	123 218.5	5 302.9
2016	197 797.6	57.3	1 171 797.1	161 384.8	1 774 362.4	134 579.3	5 506.0
2017	215 105.0	72.7	1 279 741.5	174 924.6	1 942 016.1	141 500.5	5 723.3
年平均增长率 Average Annual Growth Rate	**22.4**	**-0.8**	**28.3**	**21.7**	**29.7**	**21.0**	**11.2**

注： 本表按可比价格计算。
Note: Data in this table are calculated at constant prices.

2-5 地区生产总值指数

INDICES OF GROSS DOMESTIC PRODUCT

（以上年为100）　　(Preceding Year=100)

年 份 Year	地区生产总值 Gross Domestic Product	第一产业 Primary Industry	第二产业 Secondary Industry	第三产业 Tertiary Industry	#工业 Industry	#建筑业 Construction	人均GDP Gross Domestic Product Per Capita
1980	162.7	103.0	175.8	209.5	163.3	197.0	163.0
1981	153.8	128.2	253.5	146.9	248.9	259.9	142.2
1982	158.4	138.0	163.9	164.0	102.2	247.2	135.8
1983	158.3	105.8	161.8	173.0	209.2	135.3	123.7
1984	159.9	103.1	198.7	159.4	230.5	171.2	125.0
1985	124.5	99.0	170.9	111.4	218.8	115.2	102.6
1986	102.7	117.8	106.4	99.1	110.1	98.4	91.7
1987	125.4	104.4	135.1	122.4	149.8	98.9	114.5
1988	135.9	93.0	144.0	135.3	146.7	133.8	119.9
1989	118.7	124.4	138.1	105.2	141.7	123.3	102.3
1990	132.5	106.6	146.1	122.7	151.6	120.0	112.1
1991	136.0	104.8	141.4	132.6	139.3	154.0	106.6
1992	133.2	100.3	129.1	139.7	120.6	174.9	106.2
1993	130.9	100.7	140.4	122.3	138.0	149.4	107.2
1994	130.9	93.8	135.3	127.1	141.8	112.9	105.6
1995	123.9	97.9	122.0	127.0	123.7	114.3	107.6
1996	117.5	101.9	116.8	118.6	119.4	104.7	108.6
1997	117.2	99.9	116.6	118.2	117.7	110.6	108.1
1998	115.8	102.5	117.2	114.4	117.7	114.2	105.6
1999	115.7	107.0	117.1	114.0	118.1	111.3	105.7
2000	116.3	103.1	118.5	113.8	121.0	102.6	105.8
2001	114.5	106.5	114.4	114.8	115.9	103.0	107.2
2002	115.8	106.1	117.5	114.2	119.1	104.1	112.2
2003	119.1	85.2	125.0	113.4	126.5	110.2	114.9
2004	117.4	81.7	121.2	113.4	123.1	98.6	113.4
2005	115.3	79.6	117.9	112.3	119.1	100.3	111.8
2006	116.7	69.5	116.6	117.1	117.1	107.7	111.9
2007	114.8	92.1	114.2	115.6	114.8	103.1	109.4
2008	112.3	82.9	112.1	112.6	112.7	101.1	107.3
2009	111.3	84.3	110.6	112.1	110.2	120.2	106.6
2010	112.2	90.8	113.8	110.5	113.6	118.0	107.7
2011	110.0	93.8	111.7	108.6	111.8	109.7	107.3
2012	110.2	102.7	107.7	112.4	107.7	107.6	109.2
2013	110.6	74.6	109.7	111.5	110.0	104.6	109.8
2014	108.8	90.4	107.8	109.7	108.2	101.6	107.6
2015	108.9	104.2	107.5	110.1	107.6	103.4	105.2
2016	109.1	99.6	108.1	109.9	108.1	109.2	103.8
2017	108.8	127.0	109.2	108.4	109.4	105.1	103.9

注： 1、本表按可比价格计算。
Note: Data in this table are calculated at constant prices.
2、2011年由于国家统计局在我市开展房屋租赁业调查试点，涉及核算方法调整，因此本表2011年数据按上年同口径计算。
The data of 2011 in this table are calculated at the same caliber of last year, because of accounting method adjustments by National Bureau of Statistics survey pilot to carry out the rental industry in the city.

2-6 三次产业贡献率
SHARE OF THE CONTRIBUTIONS OF THE THREE STRATA OF INDUSTRY

单位：%　　　　(%)

年 份 Year	地区生产总值 Gross Domestic Product	第一产业 Primary Industry	第二产业 Secondary Industry	第三产业 Tertiary Industry	#工业 Industry	#建筑业 Construction
1980	100	1.9	12.3	85.8	6.5	5.8
1981	100	13.5	31.4	55.1	17.8	13.6
1982	100	14.0	19.8	66.2	0.4	19.4
1983	100	1.9	19.8	78.3	12.6	7.2
1984	100	0.6	31.6	67.8	19.3	12.3
1985	100	−0.3	68.7	31.6	61.9	6.8
1986	100	42.3	77.8	−20.1	83.9	−6.1
1987	100	1.3	46.7	52.0	47.2	−0.5
1988	100	−1.2	44.7	56.5	37.4	7.3
1989	100	5.5	78.8	15.7	69.3	9.5
1990	100	0.9	63.7	35.4	58.9	4.8
1991	100	0.5	57.0	42.5	46.3	10.7
1992	100	…	45.2	54.8	27.0	18.2
1993	100	0.1	65.3	34.6	48.4	16.9
1994	100	−0.3	61.1	39.2	56.1	5.0
1995	100	−0.1	50.9	49.2	44.7	6.3
1996	100	0.1	52.4	47.5	49.8	2.6
1997	100	…	52.4	47.6	47.1	5.3
1998	100	0.1	58.6	41.3	51.3	7.3
1999	100	0.3	59.6	40.1	53.9	5.8
2000	100	0.1	62.5	37.4	61.3	1.2
2001	100	0.3	49.6	50.1	48.4	1.2
2002	100	0.3	55.4	44.3	54.1	1.3
2003	100	−0.5	66.3	34.2	63.8	2.5
2004	100	−0.5	64.7	35.8	65.0	−0.3
2005	100	−0.4	64.3	36.1	64.2	…
2006	100	−0.4	53.3	47.1	51.9	1.4
2007	100	−0.1	51.5	48.6	50.9	0.6
2008	100	−0.1	52.5	47.6	52.3	0.2
2009	100	−0.1	50.1	50.0	46.0	4.1
2010	100	…	59.8	40.2	56.2	3.6
2011	100	…	55.2	44.8	52.4	2.8
2012	100	…	36.5	63.5	34.4	2.2
2013	100	−0.1	42.7	57.4	41.6	1.2
2014	100	…	41.4	58.6	40.9	0.5
2015	100	…	38.7	61.3	37.4	1.0
2016	100	…	38.1	61.9	35.4	2.7
2017	100	0.2	44.5	55.3	42.8	1.6

注：产业贡献率指各产业增加值增量与GDP增量之比。
Note:Industrial contribution rate refers to the proportion of the increment of every industrial value added to the increment of GDP.

2-7 三次产业拉动力

CONTRIBUTION OF THE THREE STRATA OF INDUSTRY

单位：百分点 (percentage points)

年 份 Year	地区生产总值 Gross Domestic Product	第一产业 Primary Industry	第二产业 Secondary Industry	第三产业 Tertiary Industry	#工业 Industry	#建筑业 Construction
1980	62.7	1.2	7.7	53.8	4.1	3.6
1981	53.8	7.3	16.9	29.6	9.6	7.3
1982	58.4	8.2	11.5	38.7	0.2	11.3
1983	58.3	1.1	11.5	45.7	7.3	4.2
1984	59.9	0.4	18.9	40.6	11.6	7.3
1985	24.5	−0.1	16.8	7.8	15.2	1.6
1986	2.7	1.1	2.1	−0.5	2.3	−0.2
1987	25.4	0.3	11.9	13.2	12.0	−0.1
1988	35.9	−0.4	16.0	20.3	13.4	2.6
1989	18.7	1.0	14.7	3.0	13.0	1.7
1990	32.5	0.3	20.7	11.5	19.1	1.6
1991	36.0	0.2	20.5	15.3	16.7	3.8
1992	33.2	…	15.0	18.2	9.0	6.0
1993	30.9	…	20.2	10.7	15.0	5.2
1994	30.9	−0.1	18.9	12.1	17.4	1.5
1995	23.9	…	12.2	11.7	10.7	1.5
1996	17.5	…	9.2	8.3	8.7	0.5
1997	17.2	…	9.0	8.2	8.1	0.9
1998	15.8	…	9.3	6.5	8.1	1.2
1999	15.7	…	9.4	6.3	8.5	0.9
2000	16.3	…	10.2	6.1	10.0	0.2
2001	14.5	…	7.2	7.3	7.0	0.2
2002	15.8	…	8.8	7.0	8.5	0.2
2003	19.1	−0.1	12.7	6.5	12.2	0.5
2004	17.4	−0.1	11.3	6.2	11.3	−0.1
2005	15.3	−0.1	9.9	5.5	9.8	…
2006	16.7	−0.1	8.9	7.9	8.7	0.2
2007	14.8	…	7.6	7.2	7.5	…
2008	12.3	…	6.5	5.8	6.4	…
2009	11.3	…	5.7	5.6	5.2	0.5
2010	12.2	…	7.3	4.9	6.9	0.4
2011	10.0	…	5.5	4.5	5.2	0.3
2012	10.2	…	3.7	6.5	3.5	0.2
2013	10.6	…	4.5	6.1	4.4	0.1
2014	8.8	…	3.6	5.2	3.6	…
2015	8.9	…	3.4	5.5	3.3	0.1
2016	9.1	…	3.5	5.6	3.2	0.2
2017	8.8	…	3.9	4.9	3.8	0.1

注： 1、本表按可比价格计算。
Note: The data in this table are calculated at constant prices.
2、产业拉动指GDP增长速度与各产业贡献率之乘积。
Industrial pulling rate is the growth rate of GDP multiplying industrial contribution rate.

2-8 各行业增加值

VALUE ADDED BY SECTOR

单位：万元

指标名称	Item	2013
合计	**Total**	**149 794 486**
农林牧渔业	Agriculture, Forestry, Animal Husbandry and Fishery	65 499
工 业	Industry	62 226 265
建筑业	Construction	4 531 743
批发和零售业	Wholesale and Retail Sales	18 484 128
交通运输、仓储和邮政业	Transportation,Storage and Post	4 637 611
住宿和餐饮业	Hotels and Catering Services	2 735 863
信息传输、软件和信息技术服务业	Information Transmission, Software and Information Technology	8 144 830
金融业	Financial Intermediation	19 510 048
房地产业	Real Estate	12 032 709
租赁和商务服务业	Leasing and Business Services	4 356 765
科学研究和技术服务业	Scientific Research and Technical Service	3 744 517
水利、环境和公共设施管理业	Management of Water Conservancy, Environment and Public Facilities	620 983
居民服务、修理和其他服务业	Services to Households, Repair and Other Services	1 601 021
教育	Education	2 185 356
卫生和社会工作	Health and Social Work	1 624 419
文化、体育和娱乐业	Culture ,Sports and Entertainment	704 226
公共管理、社会保障和社会组织	Public Management, Social Security and Social Organizations	2 588 503
第一产业	Primary Industry	63 504
第二产业	Secondary Industry	66 579 909
第三产业	Tertiary Industry	83 151 073

(10 000 yuan)

2014	2015	2016	2017
164 494 770	**180 140 720**	**200 797 043**	**224 900 586**
59 854	74 991	86 264	203 482
67 736 986	72 141 744	78 002 175	87 391 366
4 680 969	4 797 208	5 265 711	5 940 681
19 621 414	20 227 552	21 750 741	23 674 321
5 008 847	5 412 684	6 269 582	7 012 865
3 179 989	3 383 971	3 588 184	3 941 034
9 315 633	11 057 951	13 978 635	17 670 591
21 949 263	25 015 717	28 107 273	29 242 564
13 238 647	15 644 076	17 775 690	18 943 155
4 786 865	4 998 169	5 289 310	7 010 345
4 250 449	5 003 534	5 446 924	6 993 057
686 581	855 666	997 599	1 213 703
1 842 242	2 077 904	2 324 667	2 249 770
2 585 833	3 056 083	3 884 656	3 957 370
1 866 707	2 159 827	2 786 040	3 005 223
740 815	809 216	1 003 411	1 060 613
2 943 676	3 424 427	4 240 181	5 390 446
57 579	72 084	82 840	195 721
72 242 462	76 780 987	83 106 513	93 180 979
92 194 729	103 287 649	117 607 690	131 523 886

2-9 各行业增加值比重
PROPORTION OF VALUE ADDED BY SECTOR

单位：% (%)

指标名称	Item	2013	2014	2015	2016	2017
合计	**Total**	**100**	**100**	**100**	**100**	**100**
农林牧渔业	Agriculture, Forestry, Animal Husbandry and Fishery					0.1
工 业	Industry	41.6	41.2	40.0	38.9	38.8
建筑业	Construction	3.0	2.9	2.7	2.6	2.7
批发和零售业	Wholesale and Retail Sales	12.4	11.9	11.2	10.8	10.5
交通运输、仓储和邮政业	Transportation,Storage and Post	3.1	3.0	3.0	3.1	3.1
住宿和餐饮业	Hotels and Catering Services	1.8	1.9	1.9	1.8	1.8
信息传输、软件和信息技术服务业	Information Transmission, Software and Information Technology	5.4	5.7	6.1	7.0	7.9
金融业	Financial Intermediation	13.0	13.3	13.9	14.0	13.0
房地产业	Real Estate	8.0	8.1	8.7	8.9	8.4
租赁和商务服务业	Leasing and Business Services	2.9	2.9	2.8	2.6	3.1
科学研究和技术服务业	Scientific Research and Technical Service	2.5	2.6	2.8	2.7	3.1
水利、环境和公共设施管理业	Management of Water Conservancy, Environment and Public Facilities	0.4	0.4	0.5	0.5	0.5
居民服务、修理和其他服务业	Services to Households, Repair and Other Services	1.1	1.1	1.2	1.2	1.0
教育	Education	1.5	1.6	1.7	1.9	1.8
卫生和社会工作	Health and Social Work	1.1	1.1	1.2	1.4	1.3
文化、体育和娱乐业	Culture ,Sports and Entertainment	0.5	0.5	0.4	0.5	0.5
公共管理、社会保障和社会组织	Public Management, Social Security and Social Organizations	1.7	1.8	1.9	2.1	2.4
第一产业	Primary Industry					0.1
第二产业	Secondary Industry	44.5	43.9	42.6	41.4	41.4
第三产业	Tertiary Industry	55.5	56.1	57.4	58.6	58.5

2-10 各行业增加值增长率

GROWTH RATE OF VALUE ADDED BY INDUSTRIES

单位：% (%)

指标名称	Item	2013	2014	2015	2016	2017
合计	**Total**	**10.6**	**8.8**	**8.9**	**9.1**	**8.8**
农林牧渔业	Agriculture, Forestry, Animal Husbandry and Fishery	−30.0	−9.1	4.9	0.3	25.2
工 业	Industry	10.0	8.2	7.6	8.1	9.4
建筑业	Construction	4.6	1.6	3.4	9.2	5.1
批发和零售业	Wholesale and Retail Sales	14.3	6.9	5.0	5.9	5.8
交通运输、仓储和邮政业	Transportation,Storage and Post	10.9	8.1	9.8	10.9	21.5
住宿和餐饮业	Hotels and Catering Services	4.3	11.6	3.8	2.8	5.9
信息传输、软件和信息技术服务业	Information Transmission, Software and Information Technology	15.0	12.3	13.4	25.3	20.5
金融业	Financial Intermediation	11.9	10.3	12.6	11.7	2.0
房地产业	Real Estate	4.7	10.2	13.8	−0.7	3.4
租赁和商务服务业	Leasing and Business Services	13.3	8.2	3.6	4.6	20.5
科学研究和技术服务业	Scientific Research and Technical Service	24.7	9.9	16.0	5.8	17.6
水利、环境和公共设施管理业	Management of Water Conservancy, Environment and Public Facilities	6.5	9.7	16.7	12.0	20.1
居民服务、修理和其他服务业	Services to Households, Repair and Other Services	8.9	14.2	6.7	7.1	−10.0
教育	Education	8.2	15.6	16.5	21.7	6.1
卫生和社会工作	Health and Social Work	15.7	13.8	13.5	22.0	6.3
文化、体育和娱乐业	Culture ,Sports and Entertainment	0.3	3.9	7.8	20.4	3.3
公共管理、社会保障和社会组织	Public Management, Social Security and Social Organizations	8.1	9.8	8.7	18.1	11.0
第一产业	Primary Industry	−25.4	−9.6	4.2	−0.4	27.0
第二产业	Secondary Industry	9.7	7.8	7.5	8.1	9.2
第三产业	Tertiary Industry	11.5	9.7	10.1	9.9	8.4

2-11 各行业增加值构成项目（2017年）

COMPONENTS OF VALUE ADDED BY SECTOR（2017）

单位：万元 (10 000 yuan)

行业	Sector	地区生产总值 Gross Domestic Product	劳动者报酬 Laborers' Remun-eration	生产税净额 Net Taxes on Production	固定资产折旧 Depreciation of Fixed Assets	营业盈余 Operating Surplus
合计	**Total**	**224 900 586**	**109 120 647**	**31 029 085**	**21 326 687**	**63 424 167**
农林牧渔业	Agriculture, Forestry, Animal Husbandry and Fishery	203 482	203 482			
工 业	Industry	87 391 366	44 108 969	11 197 471	10 468 284	21 616 642
建筑业	Construction	5 940 681	3 430 664	830 231	237 188	1 442 598
批发和零售业	Wholesale and Retail Sales	23 674 321	12 231 090	7 236 905	551 540	3 654 786
交通运输、仓储和邮政业	Transportation,Storage and Post	7 012 865	4 206 102	537 821	1 377 332	891 610
住宿和餐饮业	Hotels and Catering Services	3 941 034	2 877 677	279 190	278 805	505 362
信息传输、软件和信息技术服务业	Information Transmission, Software and Information Technology	17 670 591	5 968 272	1 418 627	1 170 759	9 112 933
金融业	Financial Intermediation	29 242 564	7 373 304	3 684 615	329 920	17 854 725
房地产业	Real Estate	18 943 155	4 394 963	3 919 223	4 120 070	6 508 899
租赁和商务服务业	Leasing and Business Services	7 010 345	5 212 237	878 272	998 563	− 78 727
科学研究和技术服务业	Scientific Research and Technical Service	6 993 057	4 821 608	571 676	366 905	1 232 868
水利、环境和公共设施管理业	Management of Water Conservancy, Environment and Public Facilities	1 213 703	575 574	123 004	263 198	251 927
居民服务、修理和其他服务业	Services to Households, Repair and Other Services	2 249 770	1 880 280	99 718	58 347	211 425
教育	Education	3 957 370	3 462 300	52 097	343 779	99 194
卫生和社会工作	Health and Social Work	3 005 223	2 650 553	27 605	238 711	88 354
文化、体育和娱乐业	Culture ,Sports and Entertainment	1 060 613	716 786	134 220	178 038	31 569
公共管理、社会保障和社会组织	Public Management, Social Security and Social Organizations	5 390 446	5 006 786	38 410	345 248	2
第一产业	Primary Industry	195 721	195 721			
第二产业	Secondary Industry	93 180 979	47 458 316	12 019 281	10 689 694	23 013 688
第三产业	Tertiary Industry	131 523 886	61 466 610	19 009 804	10 636 993	40 410 479

注：本表按当年价格计算。
Note: Data of this table are calculated at current prices。

2-12 支出法地区生产总值

GROSS DOMESTIC PRODUCT BY EXPENDITURE APPROACH

单位：万元 (10 000 yuan)

年 份Year	支出法地区生产总值 Gross Domestic Product by Expenditure Approach	最终消费Final Consumption Expenditure	资本形成总额 Gross Capital Formation	货物和服务净流出 Net Exports of Goods and Services	最终消费率 (消费率)(%) Final Consumption Rate (%)	资本形成率 (投资率) (%) Capital Formation Rate (%)
1992	3 173 194	1 158 215	1 526 307	488 672	36.5	48.1
1993	4 531 445	1 617 614	2 213 934	699 897	35.7	48.9
1994	6 346 711	2 093 226	3 017 863	1 235 622	33.0	47.6
1995	8 427 933	2 742 791	3 807 527	1 877 615	32.5	45.2
1996	10 505 121	3 508 245	4 660 386	2 336 490	33.4	44.4
1997	13 023 008	4 507 268	5 406 112	3 109 628	34.6	41.5
1998	15 449 472	5 432 212	6 357 560	3 659 700	35.2	41.2
1999	18 246 876	6 478 688	7 569 528	4 198 660	35.5	41.5
2000	22 192 015	8 625 540	8 956 134	4 610 341	38.9	40.3
2001	25 229 474	10 811 876	9 784 206	4 633 392	42.9	38.8
2002	30 172 384	13 772 558	11 425 350	4 974 476	45.6	37.9
2003	36 401 435	17 033 512	13 825 437	5 542 486	46.8	38.0
2004	43 502 928	20 486 914	16 865 205	6 150 809	47.1	38.8
2005	50 357 678	17 984 720	21 489 620	10 883 338	35.7	42.7
2006	59 206 612	21 196 299	23 805 590	14 204 723	35.8	40.2
2007	69 252 268	25 014 503	25 397 333	18 840 432	36.1	36.7
2008	79 414 328	29 261 285	26 939 868	23 213 175	36.8	33.9
2009	84 858 247	34 493 436	27 314 916	23 049 895	40.6	32.2
2010	100 022 183	41 040 155	31 178 180	27 803 848	41.0	31.2
2011	118 072 348	47 296 824	37 352 900	33 422 624	40.1	31.6
2012	133 196 818	55 146 505	39 500 176	38 550 137	41.4	29.7
2013	149 794 486	60 104 622	46 636 489	43 053 375	40.1	31.1
2014	164 494 770	68 825 568	51 675 598	43 993 604	41.8	31.4
2015	180 140 720	75 965 321	56 883 034	47 292 365	42.2	31.6
2016	200 797 043	83 311 563	69 005 378	48 480 102	41.5	34.4
2017	224 900 586	92 627 786	78 070 930	54 201 870	41.2	34.7

注： 本表按当年价格计算。
Note: Data of this table are calculated at current prices.

2-13 各区生产总值

GROSS DOMESTIC PRODUCT BY DISTRICT

单位：万元

年 份 Year	全市 Total	福田区 Futian	罗湖区 Luohu	盐田区 Yantian	南山区 Nanshan
2000	21 874 515	5 027 506	2 937 569	506 406	5 035 461
2001	24 824 874	5 656 978	3 175 776	609 770	5 710 571
2002	29 695 184	6 688 282	3 717 578	801 778	6 771 890
2003	35 857 235	7 972 713	4 271 370	1 039 501	8 285 677
2004	42 821 428	9 210 878	4 894 426	1 238 610	9 849 216
2005	49 509 078	10 340 815	5 301 055	1 474 060	11 363 967
2006	58 135 624	11 647 097	5 933 161	1 721 439	12 665 819
2007	68 015 706	13 133 597	7 108 138	2 021 615	14 658 195
2008	77 867 920	15 204 504	8 162 693	2 264 261	16 713 631
2009	82 902 842	16 359 674	8 848 615	2 520 353	17 294 987
2010	97 733 062	18 788 014	10 363 416	2 881 114	20 459 279
2011	115 158 598	20 934 837	12 024 593	3 270 442	24 432 827
2012	129 714 672	23 757 257	13 582 520	3 661 787	28 360 020
2013	145 726 689	27 146 439	14 942 336	4 104 196	32 230 645
2014	160 018 207	29 590 406	16 253 301	4 501 469	34 649 427
2015	175 028 634	32 561 471	17 275 004	4 864 379	37 155 228
2016	200 797 043	35 745 612	19 762 459	5 402 693	39 784 758
2017	224 900 586	38 205 692	21 616 969	5 859 975	46 177 993

注：1、本表按当年价格计算。
Note. Data of this table are calculated at current prices。

2、注：2007年以来，深圳陆续设立功能新区及新行政区，表中大宝安区数据2007年及以前为原宝安区数据，2008-2012年包含宝安区和光明新区，2013-2016包含宝安区、龙华新区和光明新区，2017年包含宝安区和光明新区。大龙岗区数据2008年及以前为原龙岗区数据，2009-2012年包含龙岗区和坪山新区，2013-2016年包含龙岗区、坪山新区和大鹏新区，2017年包含龙岗区和大鹏新区。
Since 2007, functional zones and new administrative districts have been established in Shenzhen. The data of Original Baoan were the data of Baoan in 2007 and before, included Baoan and Guangming in 2008-2012, included Baoan, Longhua and Guangming in 2013-2016, included Baoan and Guangming in 2017. The data of Original Longgang were the data of Longgang in 2008 and before, included Longgang and Pingshan in 2009-2012, included Longgang, Pingshan and Dapeng in 2013-2016, included Longgang and Dapeng in 2017.

3、分区地区生产总值数据2016年以前未做研发支出纳入修订。
R&D expenditure wasn't included in GDP before 2016 in this table.

(10 000 yuan)

大宝安区 Original Baoan	宝安区 Baoan	龙华区 Longhua	光明新区 Guangming	大龙岗区 Original Longgang	龙岗区 Longgang	坪山区 Pingshan	大鹏新区 Dapeng	深汕特别合作区 ShenshanSpecial Cooperation Zone
4 681 824				3 685 749				
5 309 682				4 362 097				
6 484 846				5 230 810				
7 847 425				6 440 549				
9 775 229				7 853 069				
11 736 821				9 292 360				
15 252 352				10 915 756				
18 240 558				12 853 603				
20 868 748	19 007 885		1 860 863	14 654 083				
22 321 547	20 097 230		2 224 317	15 557 666	13 875 047	1 682 619		
26 910 483	24 039 809		2 870 674	18 330 756	16 054 058	2 276 698		
32 882 453	29 023 850		3 858 603	21 613 446	18 834 935	2 778 511		
35 078 623	30 032 656		5 045 967	25 274 465	21 821 979	3 452 486		
39 435 743	20 442 625	13 157 156	5 835 962	27 867 330	21 532 826	3 871 849	2 462 655	
44 982 436	23 681 533	14 980 767	6 320 136	30 041 168	23 210 811	4 237 273	2 593 084	
49 480 569	26 416 174	16 355 110	6 709 285	33 691 983	26 366 531	4 580 534	2 744 918	
56 978 613	30 712 452	18 845 820	7 420 341	43 122 908	34 704 725	5 307 729	3 110 454	
43 054 385	34 531 796	21 394 243	8 522 589	42 023 904	38 711 358	6 079 395	3 312 546	488 030

2-14 各区生产总值指数

INDICES OF GROSS DOMESTIC PRODUCT BY DISTRICT

（以上年为100）

年 份 Year	全市 Total	福田区 Futian	罗湖区 Luohu	盐田区 Yantian	南山区 Nanshan
2001	114.3	113.4	111.3	116.5	115.1
2002	115.8	113.7	111.8	126.6	115.6
2003	119.2	116.5	111.5	127.0	121.7
2004	117.3	112.9	111.4	116.5	117.1
2005	115.1	110.9	107.8	118.5	114.8
2006	116.6	114.0	113.4	116.2	112.7
2007	114.8	112.7	112.9	116.0	110.6
2008	112.1	110.3	109.1	110.9	112.1
2009	110.8	110.2	107.7	110.2	111.4
2010	112.4	110.8	108.7	110.5	112.2
2011	110.0	108.5	108.2	110.0	111.6
2012	110.0	109.0	108.6	110.0	111.6
2013	110.5	110.3	109.2	110.1	112.0
2014	108.8	108.9	108.0	108.9	109.0
2015	108.9	109.0	108.0	108.9	109.3
2016	109.1	108.7	109.1	108.8	109.3
2017	108.8	108.2	108.4	108.6	109.1

注： 本表按可比价格计算。

Note: Data in this table are calculated at constant prices.

(Preceding Year=100)

大宝安区 Original Baoan	宝安区 Baoan	龙华区 Longhua	光明新区 Guangming	大龙岗区 Original Longgang	龙岗区 Longgang	坪山区 Pingshan	大鹏新区 Dapeng	深汕特别合作区 ShenshanSpecial Cooperation Zone
114.3				120.4				
118.7				116.9				
120.4				122.3				
122.9				120.1				
119.1				118.6				
121.0				119.2				
118.2				118.5				
113.3				114.2				
112.2				110.9				
115.1			128.2	113.0		127.7		
114.5			128.5	111.8		114.5		
108.4			125.1	111.4		115.2		
109.0	111.6	104.0	115.5	110.7	111.2	113.1		
109.1	109.6	108.0	111.0	108.9	109.5	110.0	103.7	
108.6	109.0	108.0	109.4	109.6	110.5	109.4	104.0	
108.7	109.0	108.1	109.1	110.2	110.0	113.1	107.0	
109.3	109.2	108.8	109.8	109.5	109.8	112.1	106.8	117.9

2-15 各区分行业增加值（2017年）
VALUE ADDED OF SECTOR BY DISTRICT （2017）

单位：万元

行 业	Sector	福田区 Futian	罗湖区 Luohu	盐田区 Yantian	南山区 Nanshan
地区生产总值	**Gross Domestic Product**	**38 205 692**	**21 616 969**	**5 859 975**	**46 177 993**
农林牧渔业	Farming,Forestry,Animal Husbandry and Fishery	17 809	11 861	899	17 048
工业	Industry	1 723 976	576 423	640 140	19 871 558
建筑业	Construction	459 750	255 510	244 199	973 243
批发和零售业	Wholesale and Retail Trade	7 634 293	3 778 315	917 935	2 876 132
交通运输、仓储和邮政业	Transport,Storage and Post	1 141 228	862 742	1 328 450	1 180 514
住宿和餐饮业	Hotels and Catering Services	572 111	510 097	84 446	493 303
金融业	Financial Intermediation	12 952 119	7 390 338	680 916	2 868 199
房地产业	Real Estate	2 346 585	2 114 842	476 743	3 779 722
其他服务业	Other Services	11 357 821	6 116 841	1 486 247	14 118 274
第一产业	Primary Industry	17 809	9 894	899	17 048
第二产业	Secondary Industry	2 171 179	828 707	879 351	20 783 129
第三产业	Tertiary Industry	36 016 704	20 778 368	4 979 725	25 377 816

注： 本表按当年价格计算。
Note: Date of this table are calculated at curret prices.

（10 000 yuan）

大宝安区 Original Baoan	宝安区 Baoan	龙华区 Longhua	光明新区 Guangming	大龙岗区 Original Longgang	龙岗区 Longgang	坪山区 Pingshan	大鹏新区 Dapeng	深汕特别合作区 ShenshanSpecial Cooperation Zone
43 054 385	**34 531 796**	**21 394 243**	**8 522 589**	**42 023 904**	**38 711 358**	**6 079 395**	**3 312 546**	**488 030**
26 002	11 123	2 705	14 879	17 816	8 215	8 528	9 601	100 814
22 104 089	17 101 867	11 676 906	5 002 222	26 772 905	25 005 861	3 779 046	1 767 044	246 323
1 475 732	940 103	646 593	535 629	1 419 309	1 272 967	441 192	146 342	25 153
3 792 558	3 220 112	1 920 938	572 446	2 359 041	2 160 190	371 341	198 851	23 768
1 670 417	1 547 189	345 381	123 228	409 986	370 904	72 499	39 082	1 648
1 088 070	920 589	456 730	167 481	639 589	588 400	82 008	51 189	14 680
2 505 544	2 196 555	945 767	308 989	1 665 794	1 580 486	225 367	85 308	8 520
3 529 967	2 961 731	2 502 983	568 236	3 855 123	3 732 278	322 812	122 845	14 378
6 862 006	5 632 527	2 896 240	1 229 479	4 884 341	3 992 057	776 602	892 284	52 746
26 002	11 123	2 705	14 879	16 997	8 215	8 528	8 782	95 839
23 518 385	17 980 744	12 321 771	5 537 641	28 187 227	26 273 893	4 219 754	1 913 334	271 476
19 509 998	16 539 929	9 069 767	2 970 069	13 819 680	12 429 250	1 851 113	1 390 430	120 715

2-16 各区分行业增加值指数（2017年）

INDICES OF VALUE ADDED OF SECTOR BY DISTRICT（2017）

（以上年为100）

行 业	Sector	福田区 Futian	罗湖区 Luohu	盐田区 Yantian	南山区 Nanshan
地区生产总值	**Gross Domestic Product**	**108.2**	**108.4**	**108.6**	**109.1**
农林牧渔业	Farming,Forestry,Animal Husbandry and Fishery	90.9	85.7	112.4	272.7
工业	Industry	104.4	100.8	101.6	107.4
建筑业	Construction	107.6	107.4	107.6	103.0
批发和零售业	Wholesale and Retail Trade	105.9	106.5	108.3	106.7
交通运输、仓储和邮政业	Transport,Storage and Post	124.1	121.5	125.1	119.5
住宿和餐饮业	Hotels and Catering Services	110.2	106.3	106.2	105.0
金融业	Financial Intermediation	105.5	102.3	101.8	100.1
房地产业	Real Estate	98.8	103.3	87.0	111.1
其他服务业	Other Services	114.5	120.6	109.5	114.0
第一产业	Primary Industry	90.9	87.8	112.4	272.7
第二产业	Secondary Industry	104.9	102.5	103.1	107.3
第三产业	Tertiary Industry	108.4	108.6	109.6	111.0

注： 本表按可比价格计算。
Note: Data in this table are calculated at constant prices.

(Preceding Year=100)

大宝安区 Original Baoan	宝安区 Baoan	龙华区 Longhua	光明新区 Guangming	大龙岗区 Original Longgang	龙岗区 Longgang	坪山区 Pingshan	大鹏新区 Dapeng	深汕特别合作区 ShenshanSpecial Cooperation Zone
109.3	**109.2**	**108.8**	**109.8**	**109.5**	**109.8**	**112.1**	**106.8**	**117.9**
101.5	108.3	100.6	97.1	145.2	219.6	111.7	112.7	134.4
110.1	109.4	110.7	112.4	110.6	111.1	113.9	105.2	112.6
107.2	110.3	98.2	102.2	105.0	105.9	109.2	97.7	107.7
103.5	103.6	111.2	102.9	103.3	102.6	101.8	111.6	107.5
118.9	118.8	119.9	119.5	120.4	120.3	118.7	120.8	115.7
104.4	104.9	106.0	102.0	104.9	104.5	107.8	109.1	105.9
99.4	99.1	100.6	101.7	98.0	97.8	99.9	101.7	103.4
107.5	108.4	99.2	103.7	110.4	110.8	105.3	101.6	116.4
114.8	115.5	112.8	111.8	111.8	112.0	116.0	111.1	135.6
101.5	108.3	100.6	97.1	149.5	221.6	111.7	114.4	136.8
109.9	109.4	109.9	111.4	110.3	110.8	113.4	104.6	112.2
108.6	108.9	107.2	106.7	107.8	107.6	108.7	109.9	118.5

2-17 新兴产业增加值
ADDED VALUE OF EMERGING INDUSTRIES

单位：亿元

年 份 Year	新兴产业增加值 Added Value of Emerging Industries	新一代信息技术产业 New Generation of Information Technology Industry	文化创意产业 Cultural and Creative Industriy	互联网产业 Internet Industry	新材料产业 New Material Industry	生物产业 Bio Industry
2009	2 265.64	1 144.46	585.50	126.29	120.03	143.79
2010	2 820.51	1 391.41	740.14	163.53	174.72	145.52
2011	3 341.34	1 455.55	944.55	292.84	210.92	176.70
2012	3 982.44	1 696.31	1 185.41	359.16	231.35	207.24
2013	5 137.77	2 300.46	1 393.04	501.92	364.23	231.15
2014	5 855.95	2 661.84	1 595.58	579.91	390.76	246.24
2015	7 205.40	3 289.58	1 801.35	760.22	337.38	258.76
2016	8 091.67	4 215.57	2 007.86	773.22	384.62	227.98
2017	9 187.19	4 594.34	2 244.68	1 023.08	454.30	296.04

注： 1、2009-2015年，新兴产业合计为原战略性新兴产业合计。
Note: From 2009 to 2015, the indicator of added value of emerging industries is named added value of strategic emerging industries.
2、表中各指标之间存在产业交叉情况。2009-2015年产业合计数没有剔除重复，各产业数据之和等于合计数；2016-2017年产业合计数扣除了重复，因此各产业数据之和大于合计数。
There are industrial cross conditions among the indexes in the table. From 2009 to 2015, the total included duplicate parts of industries, so the sum of the industries was equal to the total; from 2016, the total deducts the industry duplication, so the sum of industries is greater than the total.

(100 million yuan)

新能源产业 New energy industry	节能环保产业 Energy saving and environmental protection industry	海洋产业 Marine industry	航空航天产业 Aerospace Industry	机器人、可穿戴设备和智能装备产业 Robots, wearable devices and intelligent equipment industry	生命健康产业 Life and health industry
145.57					
205.19					
260.78					
302.97					
346.97					
381.62					
421.54	336.57				
613.83	414.33	385.81	88.07	514.03	74.39
676.62	671.32	401.58	146.69	639.85	98.15

3、新兴产业统计口径以深圳相关产业发展规划为依据，与国家、广东省及内地城市有所不同。
The caliber of emerging industries is formulated in accordance with the relevant industrial development plan of Shenzhen, which is different from that of the nation, Guangdong and other cities.
4、2009-2017年新兴产业增加值合计及其产业增加值已作研发支出纳入调整。
Added value of emerging industries and the added value of sub sectors included R&D expenditure in 2009-2017.

2-18 新兴产业增加值增长率
GROWTH RATE OF ADDED VALUE OF EMERGING INDUSTRIES

单位：%

年 份 Year	新兴产业增加值增长率 Growth Rate of Added Value of Emerging Industries	新一代信息技术产业 New Generation of Information Technology Industry	文化创意产业 Cultural and Creative Industriy	互联网产业 Internet Industry	新材料产业 New Material Industry	生物产业 Bio Industry
2010	24.6	21.9	26.0	29.6	46.1	1.1
2011	18.1	4.1	26.7	79.4	20.5	21.3
2012	19.0	16.5	25.0	22.6	9.4	17.2
2013	20.5	19.6	18.0	20.3	10.2	8.0
2014	13.5	14.0	15.6	15.5	7.1	6.4
2015	16.1	19.1	13.1	19.3	11.3	12.4
2016	10.6	9.6	11.0	15.3	19.6	13.4
2017	13.6	12.5	14.5	23.4	15.1	24.6

注： 1、本表增加值增长率按现价计算。
Note: The growth rate of added value are at current prices.
2、因统计口径有所调整，所以表中部分产业增加值与上年同期不可同比。
Due to the adjustment of statistical caliber, Some industrial added value in this table is not comparable with the same period last year.

(%)

新能源产业 New energy industry	节能环保产业 Energy saving and environmental protection industry	海洋产业 Marine industry	航空航天产业 Aerospace Industry	机器人、可穿戴设备和智能装备产业 Robots, wearable devices and intelligent equipment industry	生命健康产业 Life and health industry
41.6					
26.9					
15.9					
10.0					
9.7					
10.1	12.0				
29.3	8.2	−9.0	5.8	20.2	17.9
15.4	12.7	13.1	30.5	15.1	19.5

主要统计指标解释

国内生产总值（GDP） 指按市场价格计算的一个国家（或地区）所有常住单位在一定时期内生产活动的最终成果。国内生产总值有三种表现形态，即价值形态、收入形态和产品形态。从价值形态看，它是所有常住单位在一定时期内生产的全部货物和服务价值与同期投入的全部非固定资产货物和服务价值的差额，即所有常住单位的增加值之和；从收入形态看，它是所有常住单位在一定时期内创造并分配给常住单位和非常住单位的初次收入之和；从产品形态看，它是所有常住单位在一定时期内最终使用的货物和服务价值与货物和服务净出口价值之和。在实际核算中，国内生产总值有三种计算方法，即生产法、收入法和支出法。三种方法分别从不同的方面反映国内生产总值及其构成。

对于一个地区来说，称为地区生产总值或地区GDP。

增加值 指常住单位生产过程创造的新增价值和固定资产的转移价值。它可以按生产法计算，也可以按收入法计算，按生产法计算，它等于总产出减去中间投入；按收入法计算，它等于劳动者报酬、生产税净额、固定资产折旧和营业盈余之和。

劳动者报酬 指劳动者因从事生产活动所获得的全部报酬。包括劳动者获得的各种形式的工资、奖金和津贴，既有货币形式的，也有实物形式的，还包括劳动者所享受的公费医疗和医药卫生费、上下班交通补贴、单位支付的社会保险费、住房公积金等。对于个体经济来说，其所有者所获得的劳动报酬和经营利润不易区分，这两部分统一作为劳动者报酬处理。

生产税净额 指生产税减生产补贴后的差额。生产税指政府对生产单位从事生产、销售和经营活动以及因从事生产活动使用某些生产要素（如固定资产、土地、劳动力）所征收的各种税、附加费和规费。生产补贴与生产税相反，指政府对生产单位的单方面转移支付，因此视为负生产税，包括政策性亏损补贴、价格补贴等。

固定资产折旧 指一定时期内为弥补固定资产损耗按照规定的固定资产折旧率提取的固定资产折旧，或按国民经济核算统一规定的折旧率虚拟计算的固定资产折旧。它反映了固定资产在当期生产中的转移价值。各类企业和企业化管理的事业单位的固定资产折旧是指实际计提的折旧费；不计提折旧的政府机关、非企业化管理的事业单位和居民住房的固定资产折旧是按照统一规定的折旧率和固定资产原值计算的虚拟折旧。原则上，固定资产折旧应按固定资产的重置价值计算，但是目前我国尚不具备对全社会固定资产进行重估价的基础，所以暂时还不能采用这种办法。

营业盈余 指常住单位创造的增加值扣除劳动者报酬、生产税净额和固定资产折旧后的余额。它相当于企业的营业利润加上生产税补贴，但要扣除从利润中开支的工资和福利等。

支出法国内（地区）生产总值 指一个国家（或地区）所有常住单位在一定时期内用于最终消费、资本形成总额，以及货物和服务净出口的总额，它反映本期生产的国内生产总值的使用情况。

最终消费 指常住单位在一定时期内对于货物和服务的全部最终消费支出，也就是常住单位为满足物质、文化和精神生活的需要，从本国经济领土和国外购买的货物和服务的支出，不包括非常住单位在本国经济领土内的消费支出。最终消费分为居民消费和政府消费。

居民消费 指常住居民对货物和服务的全部最终消费支出。它除了常住居民直接以货币形式购买货物和服务的消费之外，还包括以其他方式获得的货物和服务的消费，即单位以实物报酬及实物转移的形式提供给劳动者的货物和服务；居民生产并由居民自己消费的货物和服务，其中的服务仅指居民的自有住房服务和付酬的家庭服务；金融机构提供的金融媒介服务；保险公司提供的保险服务。

政府消费 指政府部门为全社会提供公共服务的消费支出和免费或以较低价格向居民提供的消费货物和服务净支出。前者等于政府服务的产出价值减去政府单位所获得的经营收入后的价值，政府服务的产出价值等于它的经常性业务支出加上固定资产折旧；后者等于政府部门免费或以较低价格向住户提供的货物和服务的市场价值减去向居民收取的价值。

资本形成总额 指常住单位在一定时期内获得的减处置的固定资产加存货的净变动额，包括固定资本形成总额和存货增加。

固定资本形成总额 指生产者在一定时期内获得的固定资产减处置的固定资产的价值总额。固定资产是通过生产活动生产出来的，其使用年限在一年以上，单位价值在规定标准以上的资产，不包括自然资产。固定资本形成总额分有形固定资本形成总额和无形固定资本形成总额。有形固定资本形成总额包括一定时期内完成的建筑工程、安装工程、设备工器具购置（减处置）价值以及土地改良、新增役、种、奶、毛、娱乐用牲畜和新增经济林木价值。无形固定资本形成总额包括矿藏的勘探、计算机软件等获得减处置。

存货增加 指常住单位存货实物量变动的市场价值，即期末价值减期初价值的差额，再扣除当期由于价格变动而产生的持有收益。存货增加可以是正值，也可以是负值；正值表示存货增加，负值表示存货减少。它包括生产单位购进的原材料、燃料和储备物资等存货，以及生产单位生产的产成品、在制品存货等。

货物和服务净流出 指货物和服务流出减货物和服务流入的差额。流出包括常住单位向非常住单位出售或无偿转让的各种货物和服务的价值；流入包括常住单位从非常住单位购买或无偿得到的各种货物和服务价值。由于服务活动的提供与使用同时发生，因此服务的流入流出业务并不发生出入境现象，一般把常住单位从非常住单位得到的服务作为流入，常住单位向非常住单位提供的服务作为流出。

三次产业 根据社会生产活动历史发展的顺序对产业结构的划分，产品直接取自自然界的部门称为第一产业，初级产品进行再加工的部门称为第二产业，为生产和消费提供各种服务的部门称为第三产业。它是世界上通用的产业结构分类，但各国的划分不尽一致。我国的三次产业划分是：

第一产业是指农、林、牧、渔业，不含农、林、牧、渔业中的农、林、牧、渔服务业。

第二产业是指采矿业，制造业，电力、燃气及水的生产和供应业，建筑业，不含采矿业中的开采辅助活动，制造业中的金属制品、机械和设备修理业。

第三产业是指除第一、第二产业以外的其他行业。包括批发和零售业，交通运输、仓储和邮政业，住宿和餐饮业，信息传输、软件和信息技术服务业，金融业，房地产业，租赁和商务服务业，科学研究和技术服务业，水利、环境和公共设施管理业，居民服务、修理和其他服务业，教育，卫生和社会工作，文化、体育和娱乐业，公共管理、社会保障和社会组织，国际组织，以及农、林、牧、渔业中的农、林、牧、渔服务业，采矿业中的开采辅助活动，制造业中的金属制品、机械和设备修理业。

Explanatory Notes on Main Statistical Indicators

Gross domestic product (GDP) refers to the final products at market prices produced by all resident units in a country during a certain period of time.Gross domestic product is expressed in three different perspectives,namely value,income and products respectively.GDP in its value perspective refers to the balance of total value of all goods and services produced by all resident units during a certain period of time,minus the total value of input of goods and services of the nature of non–fixed assets;in other words,it is the sum of the value–added of all resident units.GDP from the perspective of income includes the primary income created by all esident units and distributed to resident and non–resident units.GDP from the perspective of products refers to the value of all goods and services for final emand by all resident units plus the net exports of goods and services during a given preriod of time.In the practice of ntaional accounting,gross domestic product is calculated from three approches,namely production approach,income aproach and expenditure approach,which reflect gross domestic product and its composition from different angles.

For a region, it is called as Gross Regional Product(GRP) or regional GDP.

Value-added refers to value newly created in the process of production by resident units and the transfer value of fixed assets. It can be calculated by both production approach and income approach. In terms of production approach, it is the total output minus intermediate input. In terms of income approach, it is the summation of laborers' remuneration, net taxes on production, depreciation of fixed assets and operating surplus.

Laborers' Remuneration refers to the whole payment of various forms earned by laborers from productive activities they are engaged in, including wages, bonuses and allowances earned in monetary form and in kind, as well as free medical services provided to the laborers and the medicine expenses, traffic subsidies, and social insurance fee and housing fund paid by the laborers' working units for them. In terms of individual economy, since laborers' remuneration is not easily distinguished from the operating profit, both are treated as laborers' remuneration.

Net Taxes on Production refers to taxes on production less subsidies on production.The taxes on production refers to the various taxes,extra charges and fees levied on the production units on their production,sale and business activities as well as on the use of some facors of production,such as fixed assets,land and labour in the production activities they are engaged in.In contrast to taxes on production,subsidies on prodution refer to the unilateral govemment transfer to the production units and are therefore regarded as negative taxes on production.They include subsidies on the loss due to implementation of government policies,price subsidies,etc.

Depreciation of Fixed Assets refers to the depreciation of fixed assets of a given period, drawn in accordance with the stipulated depreciation rate for the purpose of compensating the wear loss of the fixed assets or the depreciation of fixed assets calculated in a fictitious way in accordance with the stipulated unified depreciation rate in the national economic accounting system. It reflects the value of transfer of the fixed assets in the production of the current period. The depreciation of fixed assets in various enterprises and institutions managed as enterprises refers to the depreciation expenses actually drawn and calculated as part of the cost. In government agencies and institutions not managed as enterprises which do not draw the depreciation expenses, as well as for the houses of residents, the depreciation of fixed assets is the imputed depreciation, which is calculated in accordance with the stipulated unified depreciation rate and the original value of the fixed assets. In principle, the depreciation of fixed assets should be calculated on the basis of the repurchase value of the fixed assets. However, there is no actual condition to reevaluate all the fixed assets in China.

Therefore, the above-mentioned methods are temporarily adopted at present.

Operating Surplus refers to the balance of the value-added created by the resident units deducting the laborers' remuneration, net taxes on production and the depreciation of fixed assets. It is equivalent to the business profit of the enterprises plus subsidies on production, but the wages and welfare expenses paid from the profits should be deducted.

GDP by Expenditure Approach refers to the method of measuring the final results of production activities of a country(region) during a given period from the perspective of final uses.It includes final consumption expenditure,gross capital formation and net export of goods and services.The formula for computation is.:

GDP by expenditure approach = final consumption expenditure + gross capital formation + net export of goods and services

Final Consumption refers to the total expenditure of resident units on final consumption of goods and services in a certain period, namely the expenditure of the resident units for purchases of goods and services from domestic economic territory and abroad to meet the requirements of material, cultural and spiritual life. It excludes the expenditure of nonresident units on consumption in the economic territory of the country. The final consumption is classified into household consumption and government consumption.

Resident Consumption refers to the total expenditure of residents on the final consumption of goods and services. In addition to the consumption of goods and services paid for in monetary form by the residents, the expenditure on goods and services obtained by the residents in other ways is also included in the resident consumption, which includes: (a) goods and services provided to the residents by the units in the form of payment in kind and transfer in kind; (b) goods and services produced and consumed by the residents themselves, where services refer only to services related to residential buildings owned by the residents and paid services for the households; (c) services of financial intermediary provided by financial institutions; and (d) insurance services provided by insurance companies.

Government Consumption refers to the expenditure on the consumption of public services provided by the government to the whole society and the net expenditure on goods and services provided by the government for residents free of charge or at low prices. The former equals the output value of the government services minus the value of operating income obtained by the government departments. The latter equals the market value of goods and services provided by the government free of charge or at low prices for residents minus the value charged by the government on households.

Total Capital Formation refers to the net value of change within a certain period calculated as fixed assets acquired minus those disposed plus inventory, which includes total fixed assets formation and increase in inventory.

Total Fixed Capital Formation refers to the value of fixed assets acquired minus the value of fixed assets disposed within a certain period, where fixed assets refer to assets produced through productive activities with a term of use of over one year and a unit price above designated standards, excluding natural assets. Total fixed capital formation can be classified into total tangible assets formation and total intangible assets formation. Total tangible assets formation includes the value of the construction projects, installation projects completed and the equipment, apparatus and instruments purchased as well as the value of land improved, the value of draught animals, breeding stock, milk, wool and recreational animals and newly-increased economic forest in a certain period. Total intangible assets formation includes value acquired through the prospecting of minerals, computer software, and other operations minus the disposal of them.

Increase in Inventory refers to the market value of the change in inventory in resident units, i.e. the difference in value between the beginning and the end of the period minus benefits aquired through the posession of inventory that have appreciated during the period. The increase in inventory can be positive or negative. A positive value indicates the increase in stock while a negative value indicates the decrease in stock. The inventory includes the raw materials, fuels and reserve materials purchased by the production units as well as the inventory of finished products, semi–finished products and work in progress, etc.

Net Outflow of Goods and Services refers to the difference between the outflow of goods and services andthe inflow of goods and services. The outflow includes the value of various goods and services sold or gratuitously transferred by resident units to nonresident units. The inflow includes the value of various goods and services purchased or gratuitously acquired by resident units from non–resident units. As the provision of services and the use of them happen simultaneously, the inflow and outflow of services do not involve border crossing. The acquisition of services by the resident units from nonresident units is usually treated as inflow while the provision of services by the resident units for nonresident units is usually treated as outflow.

Three Industries are the classification of industrial structure according to the historical sequence of development of social production. Primary industry refers to direct extraction of natural resources; secondary industry involves processing of primary products; and tertiary industry provides services of various kinds for production and consumption. Such classification is a common practice in the world, though grouping varies to some extent from country to country. In China the three industries are defined as follows:

Primary industry refers to agriculture, forestry, animal husbandry and fishery, excluding agriculture, forestry, animal husbandry and fishery services in agriculture, forestry, animal husbandry and fishery.

Secondary industry refers to mining, manufacturing, production and supply of electric power, water and gas, and construction, excluding mining activities in mining, metal products, machinery and equipment repair in manufacturing.

Tertiary industry refers to all other industries not included in primary or secondary industry.Including wholesale and retail trades, transport, storage and post, hotels and catering services, information transmission, software and information technology, financial intermediation, real estate, leasing and business services, scientific research and technical services, management of water conservancy, environment and public facilities, services to households, repair and other services, education, health care and social service, culture, sports and recreation, public administration, social security and social organizations, international organizations, agriculture, forestry, animal husbandry and fishery services in agriculture, forestry, animal husbandry and fishery, mining activities in mining, metal products, machinery and equipment repair in manufacturing.

03 第三部分

人口和劳动力

POPULATION AND LABOR FORCE

CHAPTER

3-1 人口及就业人员主要指标
MAIN INDICATORS OF EMPLOYED PERSONS

项目	Item	2010	2013	2014	2015	2016	2017
年末常住人口(万人)	**Permanent Population at the Year-end (10 000 persons)**	**1 037.20**	**1 062.89**	**1 077.89**	**1 137.87**	**1 190.84**	**1 252.83**
人口密度(人/平方公里)	Population Density (person/sq.km.)	5 208	5 323	5 398	5 697	5 962	6 234
户籍人口	**Population with Residence Registration**						
年末总户数(万户)	Total Households at the Year-end (10 000 households)	71.44	84.83	89.76	94.92	100.13	107.64
年末总人口(万人)	Total Population at the Year-end(10 000 persons)	251.03	310.47	332.21	354.99	384.52	434.72
性别比(女=100)	Sex Ratio (female=100)	113.1	109.0	107.6	106.3	104.7	102.70
人口变动情况(‰)	**Status of Population Changes (‰)**						
出生率	Birth Rate	14.50	18.84	19.89	19.64	22.33	25.45
死亡率	Death Rate	0.92	1.07	2.41	1.28	1.34	1.53
自然增长率	Natural Growth Rate	13.58	17.77	17.48	18.36	20.99	23.92
就业人员人数(万人)	**Number of Employed Persons (10 000 persons)**	**758.14**	**899.24**	**899.66**	**906.14**	**926.38**	**943.29**
第一产业	Primary Industry		0.13	0.12	0.13	0.11	1.75
第二产业	Secondary Industry		437.33	431.93	422.58	418.45	419.19
第三产业	Tertiary Industry		461.78	467.60	483.43	507.82	522.36
#在岗职工	Fully Employed Staff and Workers	251.09	445.84	448.93	447.41	442.55	447.32
国有单位	State-owned Units	46.56	48.60	42.91	43.18	41.84	41.92
城镇集体单位	Urban Collective-owned Units	1.54	4.02	3.36	2.46	2.35	2.84
其他单位	Units of Other Types of Ownership	202.99	393.22	402.66	401.77	398.36	402.55
#私营个体就业人员	Self-employed Individuals	376.60	441.83	438.43	446.22	470.15	477.87
城镇单位在岗职工工资总额(亿元)	**Total Wage Bill of Fully Employed Staff and Workers in Urban Units (100 million yuan)**	**1 233.88**	**2 813.51**	**3 287.98**	**3 662.72**	**3 994.05**	**4 469.76**
国有单位	State-owned Units	360.37	431.05	460.23	500.39	510.55	623.28
城镇集体单位	Urban Collective-owned Units	4.15	12.60	14.64	11.14	13.35	21.20
其他单位	Units of Other Types of Ownership	869.36	2 369.86	2 813.11	3 151.20	3 470.14	3 825.28
城镇单位在岗职工年平均工资(元)	**Average Wage of Fully Employed Staff and Workers in Urban Units (yuan)**	**50 456**	**62 619**	**72 651**	**81 034**	**89 757**	**100 173**
国有单位	State-owned Units	79 734	90 393	108 192	117 432	124 927	150 444
城镇集体单位	Urban Collective-owned Units	27 801	30 207	39 993	45 546	56 682	71 380
其他单位	Units of Other Types of Ownership	43 939	59 627	69 224	77 436	86 374	95 203

3-2 户数、人口、出生、死亡及自然增长

HOUSEHOLDS、POPULATION、BIRTH、DEATH AND NATURAL GROWTH

年 份 Year	年末户籍人口户数(万户) Registered Households (year-end) (10 000 households)	年末常住人口数 (万人) Year-end Permanent Population (10 000 persons)	常住户籍人口 Permanent Registered Population	常住非户籍人口 Permanent Non-registered Population
1979	7.62	31.41	31.26	0.15
1980	7.82	33.29	32.09	1.20
1981	8.20	36.69	33.39	3.30
1982	8.61	44.95	35.45	9.50
1983	9.25	59.52	40.52	19.00
1984	10.32	74.13	43.52	30.61
1985	11.27	88.15	47.86	40.29
1986	12.41	93.56	51.45	42.11
1987	13.88	105.44	55.60	49.84
1988	15.30	120.14	60.14	60.00
1989	16.51	141.60	64.82	76.78
1990	18.19	167.78	68.65	99.13
1991	19.56	226.76	73.22	153.54
1992	21.81	268.02	80.22	187.80
1993	24.32	335.97	87.69	248.28
1994	26.74	412.71	93.97	318.74
1995	28.67	449.15	99.16	349.99
1996	30.35	482.89	103.38	379.51
1997	32.15	527.75	109.46	418.29
1998	34.07	580.33	114.60	465.73
1999	36.15	632.56	119.85	512.71
2000	38.87	701.24	124.92	576.32
2001	41.14	724.57	132.04	592.53
2002	44.73	746.62	139.45	607.17
2003	47.55	778.27	150.93	627.34
2004	52.04	800.80	165.13	635.67
2005	57.01	827.75	181.93	645.82
2006	61.37	871.10	196.83	674.27
2007	64.88	912.37	212.38	699.99
2008	67.10	954.28	228.07	726.21
2009	69.81	995.01	241.45	753.56
2010	71.44	1 037.20	251.03	786.17
2011	74.54	1 046.74	267.90	778.85
2012	78.29	1 054.74	287.62	767.13
2013	84.83	1 062.89	310.47	752.42
2014	89.76	1 077.89	332.21	745.68
2015	94.92	1 137.87	354.99	782.88
2016	100.13	1 190.84	384.52	806.32
2017	107.64	1 252.83	434.72	818.11

注： 自2004年起，深圳市全面实现农村城市化后，已不存在“农业户”及“农业人口”。
Note: From 2004, the indices, agricultural household and agricultural population have been cancelled because of urbanization in Shenzhen.

3-2 续表 1 continued

年 份 Year	在年末常住户籍人口中 Among Permanent Registered Population at the Year-end		户籍户平均每户人口(人) Average Persons Per Registered Household (person)	年平均人口(万人) Average Annual Population (10 000 persons)	
	男性(万人) Male (10 000 persons)	女性(万人) Female (10 000 persons)		按常住人口计算 Permanent Population	按常住户籍人口计算 Permanent Registered Population
1979	14.26	17.00	4.10		
1980	14.69	17.40	4.10	32.35	31.68
1981	15.51	17.88	4.07	34.99	32.74
1982	16.67	18.78	4.12	40.82	34.42
1983	20.50	20.02	4.38	52.24	37.99
1984	22.01	21.51	4.22	66.83	42.02
1985	24.32	23.54	4.25	81.14	45.69
1986	26.13	25.32	4.15	90.86	49.66
1987	28.22	27.38	4.01	99.50	53.53
1988	30.49	29.64	3.93	112.79	57.87
1989	32.89	31.93	3.93	130.87	62.48
1990	34.92	33.73	3.77	154.69	66.74
1991	37.27	35.95	3.74	197.27	70.94
1992	41.19	39.03	3.68	247.39	76.72
1993	45.25	42.44	3.61	302.00	83.96
1994	48.62	45.35	3.51	374.34	90.83
1995	51.37	47.80	3.46	430.93	96.57
1996	53.64	49.75	3.41	466.02	101.27
1997	56.79	52.66	3.40	505.32	106.64
1998	59.73	54.87	3.36	554.04	112.03
1999	62.69	57.16	3.32	606.45	117.22
2000	65.21	59.71	3.21	666.90	122.39
2001	69.47	62.57	3.21	712.91	128.48
2002	73.59	65.86	3.12	735.60	135.75
2003	79.72	71.21	3.17	762.45	145.19
2004	87.58	77.55	3.17	789.54	158.03
2005	96.69	85.24	3.19	814.28	173.53
2006	104.75	92.08	3.21	849.42	189.38
2007	112.98	99.40	3.27	891.74	204.60
2008	121.22	106.85	3.40	933.33	220.22
2009	128.38	113.07	3.46	974.65	234.76
2010	133.21	117.82	3.51	1 016.11	246.24
2011	141.61	126.29	3.59	1 041.97	259.47
2012	151.15	136.47	3.67	1 050.74	277.76
2013	161.93	148.54	3.66	1 058.82	299.04
2014	172.16	160.05	3.70	1 070.39	321.34
2015	182.91	172.08	3.74	1 107.88	343.60
2016	196.64	187.88	3.84	1 164.36	369.76
2017	220.26	214.46	4.04	1 225.32	412.75

3-2 续表 2 continued

年 份 Year	出生人口数 (人) Population of Birth (person)	出生率 (‰) Birth Rate (‰)	死亡人口数 (人) Population of Death (person)	死亡率 (‰) Death Rate (‰)	自然增长人数(人) Population of Natural Growth(person)	自然增长率 (‰) Natural Growth Rate (‰)
1979	7 962	24.60	1 856	5.70	6 106	18.90
1980	6 775	21.40	1 773	5.60	5 002	15.80
1981	7 544	23.00	1 732	5.30	5 812	17.80
1982	6 974	20.30	1 707	5.00	5 267	15.30
1983	5 295	13.90	1 793	4.70	3 502	9.20
1984	5 005	11.50	1 606	3.69	3 399	8.09
1985	5 606	12.27	1 533	3.36	4 073	8.91
1986	6 143	12.37	1 794	3.61	4 349	8.76
1987	6 399	11.95	1 822	3.40	4 577	8.55
1988	8 290	14.32	1 720	2.97	6 570	11.35
1989	8 615	13.79	1 713	2.74	6 902	11.05
1990	10 755	16.11	1 859	2.79	8 896	13.33
1991	11 408	16.08	1 607	2.27	9 801	13.81
1992	11 277	14.07	1 840	2.40	9 437	11.67
1993	12 054	14.36	1 619	1.93	10 435	12.43
1994	12 509	13.77	1 590	1.75	10 919	12.02
1995	12 776	13.23	1 719	1.78	11 057	11.45
1996	13 170	13.00	2 116	2.09	11 054	10.91
1997	13 447	12.64	2 268	2.13	11 179	10.51
1998	13 049	11.65	2 341	2.09	10 708	9.56
1999	14 745	12.58	3 479	2.97	11 266	9.61
2000	17 967	14.68	3 120	2.55	14 847	12.13
2001	18 060	14.06	2 223	1.73	15 837	12.33
2002	22 536	16.60	1 978	1.46	20 558	15.14
2003	*15 986	10.63	2 301	1.53	13 685	9.10
2004	19 749	11.58	2 335	1.37	17 414	10.21
2005	24 407	12.64	2 717	1.41	21 690	11.23
2006	26 407	12.53	2 316	1.10	24 091	11.44
2007	34 358	14.54	2 570	1.09	31 788	13.45
2008	36 762	14.12	2 551	0.98	34 211	13.14
2009	37 098	13.70	2 323	0.86	34 775	12.84
2010	40 342	14.50	2 552	0.92	37 790	13.58
2011	41 805	15.42	2 974	1.10	38 831	14.32
2012	61 390	19.38	4 360	1.38	57 030	18.00
2013	59 526	18.84	3 390	1.07	56 136	17.77
2014	67 594	19.89	8 192	2.41	59 402	17.48
2015	71 515	19.64	4 656	1.28	66 859	18.36
2016	87 167	22.33	5 249	1.34	81 918	20.99
2017	116 564	25.45	7 012	1.53	109 552	23.92

注： 自2003年起"出生人口数"、"出生率"、"死亡人口数"、"死亡率"、"自然增长人数"、"自然增长率"按市计生办口径统计。

Note: Since 2003, Population of Birth, Birth Rate, Population of Death, Death Rate, Population of Natural Growth and Natural Growth Rate are calculated by the statistical coverage from Shenzhen Family Planning Office.

3-3 人口指数

INDICES OF POPULATION

单位：%　　　　　　　　　　　　　　　　　　　　　　　　　　　　　　　　　　　　　　　(%)

年份 Year	以1979年为100 1979=100			以上年为100 Preceding Year=100		
	年末常住人口 Permanent Population (Year-end)	户籍人口 Registered Population	非户籍人口 Non-registered Population	年末常住人口 Permanent Population (Year-end)	户籍人口 Registered Population	非户籍人口 Non-registered Population
1980	106.0	102.7	800.0	106.0	102.7	800.0
1981	116.8	106.8	2 200.0	110.2	104.1	275.0
1982	143.1	113.4	6 333.3	122.5	106.2	287.9
1983	189.5	129.6	12 666.7	132.4	114.3	200.0
1984	236.0	139.2	20 406.7	124.5	107.4	161.1
1985	280.6	153.1	26 860.0	118.9	110.0	131.6
1986	297.9	164.6	28 073.3	106.1	107.5	104.5
1987	335.7	177.9	33 226.7	112.7	108.1	118.4
1988	382.5	192.4	40 000.0	113.9	108.2	120.4
1989	450.8	207.4	51 186.7	117.9	107.8	128.0
1990	534.2	219.6	66 086.7	118.5	105.9	129.1
1991	721.9	234.2	102 360.0	135.2	106.7	154.9
1992	853.3	256.6	125 200.0	118.2	109.6	122.3
1993	1 069.6	280.5	165 520.0	125.4	109.3	132.2
1994	1 313.9	300.6	212 493.3	122.8	107.2	128.4
1995	1 430.0	317.2	233 326.7	108.8	105.5	109.8
1996	1 537.4	330.7	253 006.7	107.5	104.3	108.4
1997	1 680.2	350.2	278 860.0	109.3	105.9	110.2
1998	1 847.6	366.6	310 486.7	110.0	104.7	111.3
1999	2 013.9	383.4	341 806.7	109.0	104.6	110.1
2000	2 232.5	399.6	384 213.3	110.9	104.2	112.4
2001	2 306.8	422.4	395 020.0	103.3	105.7	102.8
2002	2 377.0	446.1	404 780.0	103.0	105.6	102.5
2003	2 477.8	482.8	418 226.7	104.2	108.2	103.3
2004	2 549.5	528.2	423 780.0	102.9	109.4	101.3
2005	2 635.3	582.0	430 546.7	103.4	110.2	101.6
2006	2 772.3	629.7	449 490.8	105.2	108.2	104.4
2007	2 902.6	679.4	466 571.5	104.7	107.9	103.8
2008	3 036.1	729.7	483 834.6	104.6	107.4	103.7
2009	3 166.7	772.8	502 220.3	104.3	105.9	103.8
2010	3 299.7	803.7	523 815.8	104.2	104.0	104.3
2011	3 329.4	857.5	519 101.5	100.9	106.7	99.1
2012	3 356.0	921.0	511 315.0	100.8	107.4	98.5
2013	3 382.8	994.7	501 600.0	100.8	108.0	98.1
2014	3 430.2	1 064.3	497 085.6	101.4	107.0	99.1
2015	3 622.3	1 137.7	521 939.9	105.6	106.9	105.0
2016	3 792.5	1 232.1	537 598.1	104.7	108.3	103.0
2017	3 967.0	1 371.3	545 124.5	104.6	111.3	101.4
年平均增长率 Average Annual Growth Rate	**10.2**	**7.1**	**25.4**			

3-4 计划生育情况

FAMILY PLANNING

单位：%　　(%)

指标名称	Item	2014	2015	2016	2017
一孩率	1st Birth Rate	78.23	69.60	57.34	42.32
二孩率	2nd Birth Rate	20.45	29.09	40.56	54.60
多孩率	3rd Birth and Above Rate	1.33	1.31	2.10	3.09
政策生育率	Fertility Rate	89.05	88.49	94.95	98.14
出生人口性别比（女性=100）	Sex Ratio at Birth	109.22	108.52	108.12	113.35
已婚育龄妇女人数（人）	Number of Childbearing Women（person）	919 540	980 487	1 054 689	1 114 817
晚婚率	Late Marriage Rate	95.17	95.92	95.90	95.69

3-5 各区年末常住人口数

PERMANENT POPULATION AT THE YEAR-END BY DISTRICT

单位：万人　　(10 000 persons)

区别	District	2013	2014	2015	2016	2017
全市	**Total**	**1 062.89**	**1 077.89**	**1 137.87**	**1 190.84**	**1 252.83**
福田区	Futian	133.95	135.71	144.06	150.17	156.12
罗湖区	Luohu	94.15	95.37	97.56	100.40	102.72
盐田区	Yantian	21.39	21.65	22.12	22.65	23.72
南山区	Nanshan	111.91	113.59	129.12	135.63	142.46
宝安区	New Baoan	270.38	273.65	286.33	301.71	314.90
龙岗区	New Longgang	194.47	197.52	205.24	214.38	227.89
龙华区	Guangming	141.85	143.45	151.15	154.94	160.37
坪山区	Pingshan	31.96	33.15	35.61	40.79	42.80
光明新区	Longhua	49.64	50.42	53.12	56.08	59.68
大鹏新区	Dapeng	13.19	13.37	13.56	14.09	14.61
深汕特别合作区	ShenshanSpecial Cooperation Zone					7.57

3-6 按行业分的就业人员人数（2017年末）

NUMBER OF EMPLOYED PERSONS AT YEAR-END GROUPED BY SECTOR（2017）

单位：人 （person）

项　目	Item	年末就业人员合计 Number of Employed Persons (year-end)	在岗职工 Fully Employed Staff and Workers	私营个体就业人员 Self-employed Individuals	其他就业人员 Others
总　计	**Total**	**9 432 922**	**4 473 155**	**4 778 674**	**181 093**
按隶属关系分	**By Administrative Relationship**				
1.中央属	Central Goverment	307 499	272 719		34 780
2.广东省属	Guangdong	49 681	49 214		467
3.深圳市属	Shenzhen	5 807 087	984 720	4 778 674	43 693
4.其 他	Others	3 268 655	3 166 502		102 153
按三次产业分	**Grouped by Industry**				
第一产业	Primary Industry	17 454	485	662	16 307
第二产业	Secondary Industry	4 191 909	2 579 226	1 523 674	89 009
第三产业	Tertiary Industry	5 223 559	1 893 444	3 254 338	75 777
按国民经济行业分	**Grouped by Sector**				
1.农、林、牧、渔业	Agriculture, Forestry, Animal Husbandry and Fishery	17 467	498	662	16 307
2.采矿业	Mining	3 723	3 644	70	9
3.制造业	Manufacturing	3 774 956	2 297 125	1 459 410	18 421
4.电力、热力、燃气及水生产和供应业	Production and Distribution of Eleltricity,Heat, Gas and Water	21 968	21 025	886	57
5.建筑业	Construction	393 772	259 937	63 308	70 527
6.批发和零售业	Wholesale and Retail Trades	1 866 941	265 115	1 587 061	14 765
7.交通运输、仓储和邮政业	Transportation, Storage and Post	430 318	244 960	168 139	17 219
8.住宿和餐饮业	Hotels and Catering Services	431 405	93 150	325 096	13 159
9.信息传输、软件和信息技术服务业	Information Transmission, Software and Information Technology	416 155	185 320	223 689	7 146
10.金融业	Financial Intermediation	114 846	95 201	17 637	2 008
11.房地产业	Real Estate	407 359	217 450	188 522	1 387
12.租赁和商务服务业	Leasing and Business Services	630 663	303 402	320 276	6 985
13.科学研究和技术服务业	Scientific Research and Technical Service	215 410	100 916	112 326	2 168
14.水利、环境和公共设施管理业	Management of Water Conservancy, Environment and Public Facilities	34 278	13 052	21 181	45
15.居民服务、修理和其他服务业	Services to Households, Repair and Other Services	265 447	23 744	241 224	479
16.教育	Education	121 550	108 000	10 838	2 712
17.卫生和社会工作	Health and Social Work	91 669	66 014	24 983	672
18.文化、体育和娱乐业	Culture, Sports and Entertainment	42 817	24 352	13 366	5 099
19.公共管理、社会保障和社会组织	Public Management, Social Security and Social Organizations	152 178	150 250		1 928
20. 国际组织	International Organizations				

注：根据国家劳动统计报表制度的统一规定，从2013年年报起，原属于乡镇企业且符合城镇非私营单位条件的“四上”企业纳入城镇非私营单位就业人员及工资统计范围。后同。

Note: According to the provision of national labor statistics reporting form system, since the year reporting of 2013, the scope of statistics on employed persons in urban corporate unit excluding private units and labor wage covers four above designated size enterprises (refers to industrial enterprises above designated size, construction enterprises by qualification criteria, enterprises above designated size of wholesale trade, retail trade, hotels and catering services), which originally has been included township enterprises and in accordance with the condition of urban corporate unit excluding private units. The same applies to the following tables.

3-7 就业人员人数（年末数）

NUMBER OF EMPLOYED PERSONS AT YEAR-END

单位：万人 （10 000 persons）

年 份 Year	年末就业人员合计 Number of Employed Persons (year-end)	在岗职工 Fully Employed Staff and Workers	国有单位 State-owned Units	城镇集体单位 Urban Collective-owned Units	其他单位 Units of Other Types of Ownership	私营个体就业人员 Self-employed Individuals	镇村就业人员 Laborers of Town and Village	其他就业人员 Others
1979	13.95	4.02	3.37	0.65		0.41	9.52	
1980	14.89	4.86	4.05	0.81		0.38	9.65	
1981	15.36	5.31	4.51	0.80		0.13	9.92	
1982	18.49	8.28	7.00	1.28		0.11	10.17	
1983	22.37	12.57	10.10	1.22	1.25	0.22	9.58	
1984	27.26	18.33	14.14	2.15	2.04	0.50	8.43	
1985	32.61	22.66	16.84	2.60	3.22	0.64	9.31	
1986	36.04	25.88	18.97	2.68	4.23	0.93	9.23	
1987	44.30	32.29	22.04	3.55	6.70	1.10	10.91	
1988	54.53	41.74	28.04	4.53	9.17	1.69	11.10	
1989	93.65	48.24	30.34	4.85	13.05	2.19	43.22	
1990	109.22	55.41	33.85	5.25	16.31	3.36	50.45	
1991	149.32	64.89	38.77	6.76	19.36	4.87	79.56	
1992	175.97	71.10	38.85	7.99	24.26	12.33	92.54	
1993	220.81	78.11	41.45	5.42	31.24	38.84	103.86	
1994	273.00	82.29	38.71	8.28	35.30	54.63	135.73	0.35
1995	298.51	88.75	40.17	10.75	37.83	72.17	137.12	0.47
1996	322.12	89.13	41.07	9.53	38.53	87.14	145.42	0.43
1997	353.53	91.18	40.92	8.69	41.57	103.59	158.55	0.21
1998	390.33	91.93	33.75	4.25	53.93	114.79	183.32	0.29
1999	426.89	92.52	32.94	4.17	55.41	120.86	213.22	0.29
2000	474.97	93.36	31.00	3.84	58.52	139.88	240.91	0.82
2001	491.30	94.88	31.31	3.72	59.85	152.68	242.94	0.80
2002	509.74	101.76	29.62	2.57	69.57	166.88	240.22	0.88
2003	535.89	108.20	30.10	2.36	75.74	187.72	239.00	0.97
2004	562.17	135.88	31.94	1.66	102.28	204.16	220.97	1.16
2005	576.26	165.38	35.85	2.81	126.72	210.87	198.71	1.30
2006	609.76	184.25	39.85	1.57	142.83	250.77	172.78	1.96
2007	647.11	193.04	40.03	1.50	151.51	279.83	172.20	2.04
2008	682.35	198.35	41.31	1.36	155.68	301.97	179.98	2.05
2009	723.61	220.16	42.89	1.30	175.97	326.52	175.12	1.81
2010	758.14	251.09	46.56	1.54	202.99	376.60	128.53	1.92
2011	764.54	261.43	48.92	1.63	210.88	408.35	92.48	2.27
2012	771.20	277.90	49.58	1.66	226.66	430.71	60.47	2.12
2013	899.24	445.84	48.60	4.02	393.22	441.83	—	11.56
2014	899.66	448.93	42.91	3.36	402.66	438.43	—	12.30
2015	906.14	447.41	43.18	2.46	401.77	446.22	—	12.51
2016	926.38	442.55	41.84	2.35	398.36	470.15	—	13.68
2017	943.29	447.32	41.92	2.84	402.55	477.87	—	18.11

3-8 就业人员人数指数

INDICES OF NUMBER OF EMPLOYED PERSONS

以上年为100 (preceding year=100)

年份 Year	年末就业人员合计 Number of Employed Persons (year-end)	在岗职工 Fully Employed Staff and Workers	国有单位 State-owned Units	城镇集体单位 Urban Collective-owned Units	其他单位 Units of Other Types of Ownership	私营个体就业人员 Self-employed Individuals	镇村就业人员 Laborers of Town and Village	其他就业人员 Others
1980	106.7	120.9	120.2	124.6		92.7	101.4	
1981	103.2	109.3	111.4	98.8		34.2	102.8	
1982	120.4	155.9	155.2	160.0		84.6	102.5	
1983	121.0	151.8	144.3	95.3		200.0	94.2	
1984	121.9	145.8	140.0	176.2	163.2	227.3	88.0	
1985	119.6	123.6	119.1	120.9	157.8	128.0	110.4	
1986	110.5	114.2	112.6	103.1	131.4	145.3	99.1	
1987	122.9	124.8	116.2	132.5	158.4	118.3	118.2	
1988	123.1	129.3	127.2	127.6	136.9	153.6	101.7	
1989	171.7	115.6	108.2	107.1	142.3	129.6	389.4	
1990	116.6	114.9	111.6	108.2	125.0	153.4	116.7	
1991	136.7	117.1	114.5	128.8	118.7	144.9	57.7	
1992	117.8	109.6	100.2	118.2	125.3	253.2	116.3	
1993	125.5	109.9	106.7	67.8	128.8	315.0	112.2	
1994	123.6	105.4	93.4	152.8	113.0	140.7	130.7	
1995	109.3	107.9	103.8	129.8	107.2	132.1	101.0	134.3
1996	107.9	100.4	102.2	88.7	101.9	120.7	106.1	91.5
1997	109.8	102.3	99.6	91.2	107.9	118.9	109.0	48.8
1998	110.4	102.3	84.6	49.2	130.7	110.8	115.6	138.1
1999	109.4	100.6	97.6	98.1	102.7	105.3	116.3	100.0
2000	111.3	100.9	94.1	92.1	105.6	115.7	113.0	282.8
2001	103.4	101.6	101.0	96.9	102.3	109.2	100.8	97.6
2002	103.8	107.2	94.6	69.1	116.2	109.3	98.9	110.0
2003	105.1	106.3	101.6	91.8	108.9	112.5	99.5	110.2
2004	104.9	116.4	103.2	69.2	123.2	108.8	92.5	119.6
2005	102.5	121.7	112.2	169.3	123.9	103.3	89.9	112.1
2006	105.8	111.4	111.2	55.9	112.7	118.9	87.0	150.8
2007	106.1	104.8	100.5	95.5	106.1	111.6	99.7	104.1
2008	105.4	102.8	103.2	90.7	102.8	107.9	104.5	100.5
2009	106.0	111.0	103.8	95.6	113.0	108.1	97.3	88.3
2010	104.8	114.0	108.6	118.5	115.4	115.3	73.4	106.1
2011	100.8	104.1	105.1	105.8	103.9	108.4	71.9	118.2
2012	100.9	106.3	101.3	101.8	107.5	105.5	65.4	110.1
2013	116.6	160.4	98.0	242.2	173.5	102.6	—	462.4
2014	100.0	100.7	88.3	83.6	102.4	99.2	—	82.6
2015	100.7	99.7	100.6	73.2	99.8	101.8	—	131.5
2016	102.2	98.9	96.9	95.5	99.2	105.4	—	108.9
2017	101.8	101.1	100.2	120.9	101.1	101.6	—	132.3

3-9 分经济类型和行业城镇单位就业人员人数（2017年末）

NUMBER OF EMPLOYED PERSONS IN URBAN UNITS AT YEAR-END BY OWNERSHIP AND SECTOR（2017）

单位：人 (person)

项 目	Item	就业人员 Number of Employed Persons	国有单位 State-owned Units	城镇集体单位 Urban Collective-owned Units	其他单位 Units of Other Types of Ownership	在岗职工 Fully Employed Staff and Workers	国有单位 State-owned Units	城镇集体单位 Urban Collective-owned Units	其他单位 Units of Other Types of Ownership
合 计	**Total**	**4 637 941**	**424 421**	**28 627**	**4 184 893**	**4 473 155**	**419 234**	**28 384**	**4 025 537**
按企业、事业和机关分	**Grouped by Enterprises, Institutions and Agencies**								
企业	Enterprises	4 336 078	133 146	27 657	4 175 275	4 175 805	132 238	27 443	4 016 124
事业	Institutions	154 957	151 273	864	2 820	152 289	148 751	835	2 703
机关	Agencies	138 569	138 569			136 853	136 853		
民营非营利组织	Private Non-profit Organizations	1 316		95	1 221	1 308		95	1 213
其他	Others	7 021	1 433	11	5 577	6 900	1 392	11	5 497
按国民经济行业分	**Grouped by Economic Sector**								
1.农、林、牧、渔业	Agriculture, Forestry, Animal Husbandry and Fishery	498	314		184	498	314		184
2.采矿业	Mining	3 653			3 653	3 644			3 644
3.制造业	Manufacturing	2 315 546	4 126	2 520	2 308 900	2 297 125	4 119	2 520	2 290 486
4.电力、热力、燃气及水的生产和供应业	Production and Distribution of Electricity,Heat Gas and Water	21 082	256	15	20 811	21 025	256	15	20 754
5.建筑业	Construction	330 464	13 154	478	316 832	259 937	12 806	478	246 653
6.批发和零售业	Wholesale and Retail Trades	279 880	3 760	370	275 750	265 115	3 699	370	261 046
7.交通运输、仓储和邮政业	Transportation, Storage and Post	262 179	9 477	353	252 349	244 960	9 389	353	235 218
8.住宿和餐饮业	Hotels and Catering Services	106 309	2 921	2 304	101 084	93 150	2 911	2 296	87 943
9.信息传输、软件和信息技术服务业	Information Transmission, Software and Information Technology	192 466	6 639	1 895	183 932	185 320	6 639	1 869	176 812
10.金融业	Financial Intermediation	97 209	15 475		81 734	95 201	15 445		79 756
11.房地产业	Real Estate	218 837	9 668	710	208 459	217 450	9 641	687	207 122
12.租赁和商务服务业	Leasing and Business Services	310 387	52 892	17 482	240 013	303 402	52 864	17 478	233 060
13.科学研究和技术服务业	Scientific Research and Technical Service	103 084	5 425	104	97 555	100 916	5 108	104	95 704
14.水利、环境和公共设施管理业	Management of Water Conservancy, Environment and Public Facilities	13 097	3 294	304	9 499	13 052	3 280	304	9 468
15.居民服务、修理和其他服务业	Services to Households, Repair and Other Services	24 223	1 823	7	22 393	23 744	1 823	7	21 914
16.教育	Education	110 712	73 545	1 188	35 979	108 000	71 768	1 183	35 049
17.卫生和社会工作	Health and Social Work	66 686	58 234	647	7 805	66 014	57 723	618	7 673
18.文化、体育和娱乐业	Culture, Sports and Entertainment	29 451	11 542	231	17 678	24 352	11 495	83	12 774
19.公共管理、社会保障和社会组织	Public Management, Social Security and Social Organizations	152 178	151 876	19	283	150 250	149 954	19	277
按产业分	**Grouped by Industry**								
第一产业	Primary Industry	485	303		182	485	303		182
第二产业	Secondary Industry	2 668 235	17 536	3 013	2 647 686	2 579 226	17 181	3 013	2 559 032
第三产业	Tertiary Industry	1 969 221	406 582	25 614	1 537 025	1 893 444	401 750	25 371	1 466 323

3-10 各区城镇单位分行业在岗职工人数（2017年末）

NUMBER OF FULLY EMPLOYED STAFF AND WORKERS IN URBAN UNITS AT YEAR-END BY SECTOR AND BY DISTRICT （2017）

单位：人 (person)

区别 District		合计 Total	农、林、牧、渔业 Agriculture, Forestry, Animal Husbandry and Fishery	采矿业 Mining	制造业 Manufa-cturing	电力、热力、燃气及水生产和供应业 Production and Distribution of Eleltricity,Heat, Gas and Water	建筑业 Constru-ction	批发和零售业 Wholesale and Retail Trades	交通运输、仓储和邮政业 Transportation, Storage and Post	住宿和餐饮业 Hotels and Catering Services	信息传输、软件和信息技术服务业 Information Transmission, Software and Information Technology
福田区	Futian	862 449			37 377	6 481	137 243	96 805	68 351	39 968	57 347
罗湖区	Luohu	346 723	145		13 582	5 738	49 768	41 904	45 082	19 061	9 717
盐田区	Yantian	62 546	78		19 247	35	1 855	2 574	14 602	1 281	131
南山区	Nanshan	753 175	207	3 644	299 748	2 068	37 840	66 359	27 717	16 751	108 893
宝安区	Baoan	873 332			668 034	2 061	5 056	21 045	60 945	5 172	2 843
龙岗区	Longgang	662 551	19		511 622	2 136	4 644	16 641	18 905	2 556	4 806
龙华区	Longhua	517 701			419 922	948	19 373	13 543	7 326	6 393	1 365
坪山区	Pingshan	156 360			139 650	309	1 003	4 373	548	390	5
光明新区	Guangming	188 258	49		162 767	517	420	1 372	432	339	213
大鹏新区	Dapeng	48 101			25 069	717	2 735	438	1 052	1 239	
深汕特别合作区	ShenshanSpecial Cooperation Zone	1 959			107	15		61			

单位：人　　　　3-10 续表 continued (person)

区 别 District		金融业 Financial Intermediation	房地产业 Real Estate	租赁和商务服务业 Leasing and Business Services	科学研究和技术服务业 Scientific Research and Technical Service	水利、环境和公共设施管理业 Management of Water Conservancy, Environment and Public Facilities	居民服务、修理和其他服务业 Services to Households, Repair and other Services	教育 Education	卫生和社会工作 Health and Social Work	文化、体育和娱乐业 Culture, Sports and Entertainment	公共管理、社会保障和社会组织 Public Management, Solial Security and Social Organization
福田区	Futian	64 658	96 062	123 360	31 894	3 993	5 943	20 811	18 462	10 394	43 300
罗湖区	Luohu	29 937	33 417	27 793	7 585	1 430	3 834	14 575	12 816	1 150	29 189
盐田区	Yantian	22	2 517	4 577	2 922	715	41	2 885	1 871	2 537	4 656
南山区	Nanshan	323	53 547	43 457	39 509	4 686	4 908	19 863	6 856	5 374	11 425
宝安区	Baoan		11 479	46 988	3 651	418	4 454	20 418	8 085	1 371	11 312
龙岗区	Longgang		11 769	17 466	7 213	1 480	3 348	14 936	12 123	1 171	31 716
龙华区	Longhua	261	6 330	22 182	998	214	209	5 644	451	2 270	10 272
坪山区	Pingshan		559	4 538	39	8	17	3 664	531		726
光明新区	Guangming		429	9 512	507		430	3 991	3 304		3 976
大鹏新区	Dapeng		1 156	3 529	6 598	99	560	607	1 348	85	2 869
深汕特别合作区	ShenshanSpecial Cooperation Zone		185			9		606	167		809

3-11 各区城镇单位就业人员和在岗职工（2017年末）

NUMBER OF EMPLOYED PERSONS AND OF FULLY EMPLOYED STAFF AND WORKERS IN URBAN UNITS AT YEAR-END BY DISTRICT（2017）

单位：万人 (10 000 persons)

区 别	District	就业人员 Number of Employed Persons 合计 Total	国有单位 State-owned Units	城镇集体单位 Urban Collective-owned Units	其他单位 Units of Other Types of Ownership	在岗职工 Number of Fully Employed Staff and Workers 合计 Total	国有单位 State-owned Units	城镇集体单位 Urban Collective-owned Units	其他单位 Units of Other Types of Ownership
年末人数	**Year-end Number**	**463.79**	**42.44**	**2.86**	**418.49**	**447.32**	**41.92**	**2.84**	**402.55**
福田区	Futian	92.41	12.73	0.05	79.62	86.24	12.58	0.05	73.61
罗湖区	Luohu	37.54	7.79	0.14	29.62	34.67	7.72	0.13	26.82
盐田区	Yantian	6.38	1.16	0.01	5.21	6.25	1.15	0.01	5.10
南山区	Nanshan	80.10	6.63	0.59	72.88	75.32	6.52	0.57	68.23
宝安区	Baoan	88.27	3.49	0.12	84.66	87.33	3.48	0.12	83.73
龙岗区	Longgang	66.86	5.76	0.97	60.13	66.26	5.76	0.97	59.53
龙华区	Longhua	52.42	2.78	0.03	49.61	51.77	2.66	0.03	49.08
坪山区	Pingshan	15.78	0.41	0.29	15.08	15.64	0.39	0.29	14.96
光明新区	Guangming	18.88	0.99	0.62	17.27	18.83	0.99	0.62	17.22
大鹏新区	Dapeng	4.95	0.52	0.05	4.38	4.81	0.51	0.05	4.25
深汕特别合作区	ShenshanSpecial Cooperation Zone	0.21	0.18		0.03	0.20	0.17		0.03

主要统计指标解释

总人口 指一定时点、一定地区范围内有生命的个人的总和。按不同的统计范围可分为常住人口和户籍人口；统计时点通常为每年12月31日24时。

出生率 指某一人口在一定时期（通常为一年）内活产婴儿数与同期总人口的生存人口数（或同期平均总人口、年中人口数）之比。通常以千分比表示。本资料中的出生率指年出生率，其计算公式为：

$$出生率=\frac{年出生人数}{年平均人数}\times 1000‰$$

式中：出生人数指活产婴儿，即胎儿脱离母体时(不管怀孕月数)，有过呼吸或其他生命现象。年平均人数指年初、年底人口数的平均数，也可用年中人口数代替。

死亡率 也称粗死亡率。指一定时期（通常为一年）内全部死亡人数与同期平均总人口之比，反映该时期人口的死亡强度。通常以千分比表示。本资料中的死亡率指年死亡率，其计算公式为：

$$死亡率=\frac{年死亡人数}{年平均人数}\times 1000‰$$

自然增长率 指一定时期（通常为一年）内人口自然增加数（出生人口减死亡人口）与同期平均总人口之比。通常以千分比表示。计算公式为：

$$人口自然增长率=\frac{本年出生人数-本年死亡人数}{年平均人数}\times 1000‰$$

$$=人口出生率-人口死亡率$$

Explanatory Notes on Main Statistical Indicators

Total Population refers to the total number of people alive within a given area at a certain point of time. It can be divided into the permanent population and the population with residence registration according to different statistical coverage. The reference time of the statistics on total population is usually taken at midnight of December 31.

Birth Rate (or Crude Birth Rate) refers to the ratio of the number of births to the average population (or mid–period population) during a certain period of time (usually a year), expressed in ‰. Birth rate in the chapter refers to annual birth rate. The following formula is used:

$$\text{Birth Rate} = \frac{\text{Number of Births}}{\text{Annual Average Population}} \times 1000‰$$

Number of births in the formula refers to live births, i.e. when a baby has breathed or showed any vital phenomena regardless of the length of pregnancy.

Annual average population is the average of the number of population at the beginning of the year and that at the end of the year. Sometimes it is substituted by the mid–year population.

Death Rate (or Crude Death Rate) refers to the ratio of the number of deaths to the average population (or mid–period population) during a certain period of time (usually a year), expressed in ‰. Death rate in the chapter refers to annual death rate. The following formula is used:

$$\text{Death Rate} = \frac{\text{Number of Deaths}}{\text{Annual Average Population}} \times 1000‰$$

Natural Growth Rate of Population refers to the ratio of natural increase in population (number of births minus number of deaths) in a certain period of time (usually a year) to the average population (or mid–period population) of the same period, expressed in ‰. The following formula is applied:

$$\begin{matrix}\text{Natural Growth} \\ \text{Rate of Population}\end{matrix} = \frac{\text{Number of Births - Number of Deaths}}{\text{Annual Average Population}} \times 1000‰$$

Natural Growth Rate of Population = Birth Rate–Death Rate

04 第四部分

工业和能源

INDUSTRY AND ENERGY

CHAPTER

4-1 工业主要指标

MAIN INDICATORS OF INDUSTRY

项 目	Item	2010	2013	2014	2015	2016	2017
全部工业	**All Industrial Enterprises**						
工业总产值(亿元)	Gross Industrial Output Value (100 million yuan)	18 879.66	24 044.03	25 809.94	26 608.08	28 547.77	33 550.41
规模以上工业	**Industrial Enterprises above Designated Size**						
企业单位数(个)	Number of Enterprises (unit)	8 249	6 520	6 355	6 539	6 627	7 943
工业总产值(亿元)	Gross Industrial Output Value (100 million yuan)	18 526.82	23 095.21	24 777.59	25 542.44	27 292.29	32 119.15
工业销售产值 (亿元)	Sales Output Value of Industy(100 million yuan)	18 181.22	22 296.54	24 131.57	25 055.34	26 606.38	31 162.23
主营业务收入 (亿元)	Main Business Revenue (100 million yuan)	18 813.72	22 309.68	23 985.79	25 047.17	26 764.55	30 821.68
主营业务成本（亿元）	Prime Operating Cost (100 million yuan)	15 620.81	18 559.47	19 763.56	20 313.06	21 456.65	24 717.61
资产总计 (亿元)	Total Assets (100 million yuan)	18 132.47	20 210.17	23 271.57	25 868.63	28 625.32	33 174.65
负债总计 (亿元)	Total Liabilities (100 million yuan)	9 439.26	12 450.87	14 608.05	15 830.71	16 779.42	19 641.96
利润总额 (亿元)	Total Profits (100 million yuan)	1 599.02	1 277.62	1 496.16	1 831.90	1 769.91	2 101.33
产品销售率（%）	Sales Rate of Products (%)	98.13	96.54	97.39	98.09	97.49	97.02
总资产贡献率（%）	Ratio of Total Assets to Industrial Output Value(%)	12.32	11.48	11.15	10.75	9.61	9.67
资产负债率（%）	Rate of Liabilities to Capital(%)	52.06	61.61	62.77	61.20	58.62	59.21
全员劳动生产率（元/人）	Total Labor Productivity（yuan/person）	127 608	176 196	187 367	197 971	229 008	252 660

4-2 工业总产值

GROSS OUTPUT VALUE OF INDUSTRY

单位：万元　　　　（10 000 yuan）

年 份 Year	按当年价格计算 Calculated At Current Prices		
	总 计 Total	轻工业 Light Industry	重工业 Heavy Industry
1979	7 128	6 307	821
1980	10 632	9 265	1 367
1981	26 692	25 172	1 520
1982	38 833	34 453	4 380
1983	75 993	61 513	14 480
1984	172 132	137 698	34 434
1985	246 662	194 108	52 554
1986	340 227	266 318	73 909
1987	558 311	433 738	124 573
1988	1 012 739	779 258	233 481
1989	1 477 470	1 080 785	396 685
1990	2 202 180	1 657 859	544 321
1991	3 153 966	2 233 705	920 261
1992	4 347 007	2 971 348	1 375 659
1993	6 896 969	4 655 394	2 241 575
1994	11 014 065	6 351 224	4 662 841
1995	12 922 075	7 008 231	5 913 844
1996	15 305 964	8 580 027	6 725 937
1997	18 175 704	10 151 182	8 024 522
1998	21 573 817	11 141 650	10 432 167
1999	24 435 849	12 381 928	12 053 921
2000	30 715 227	13 731 333	16 983 894
2001	37 476 713	13 861 331	23 615 382
2002	46 823 584	15 832 485	30 991 099
2003	67 976 472	21 459 058	46 517 414
2004	85 888 321	24 175 842	61 712 479
2005	101 745 351	27 406 557	74 338 794
2006	122 784 801	29 658 032	93 126 769
2007	143 647 764	35 687 488	107 960 276
2008	162 837 576	44 451 550	118 386 026
2009	158 286 329	39 239 987	119 046 342
2010	188 796 600	46 801 421	141 995 179
2011	212 730 916	53 500 744	159 230 172
2012	223 089 847	58 544 922	164 544 925
2013	240 440 285	64 571 965	175 868 320
2014	258 099 411	67 789 093	190 310 318
2015	266 080 844	60 837 504	205 243 340
2016	285 477 743	63 626 629	221 851 114
2017	335 504 139	61 190 305	274 313 834

4-3 规模以上工业总产值

GROSS OUTPUT VALUE OF INDUSTRY ABOVE DESIGNATED SIZE

单位：万元 （10 000 yuan）

年 份 Year	按当年价格计算 Calculated At Current Prices		
	总 计 Total	轻工业 Light Industry	重工业 Heavy Industry
1979	6 061	5 240	821
1980	8 444	7 077	1 367
1981	24 282	22 762	1 520
1982	36 212	31 832	4 380
1983	72 041	57 561	14 480
1984	166 803	132 369	34 434
1985	241 213	188 659	52 554
1986	330 454	256 545	73 909
1987	547 722	423 150	124 572
1988	993 775	760 294	233 481
1989	1 440 533	1 044 386	396 147
1990	2 104 696	1 570 896	533 800
1991	3 077 749	2 156 668	921 081
1992	4 198 920	2 824 688	1 374 232
1993	6 550 051	4 336 788	2 213 263
1994	9 939 113	5 267 202	4 671 911
1995	11 106 974	5 582 798	5 524 176
1996	12 992 240	6 413 707	6 578 533
1997	15 175 861	7 317 890	7 857 971
1998	20 519 485	10 140 217	10 379 268
1999	23 006 355	11 168 372	11 837 983
2000	29 502 786	13 189 308	16 313 478
2001	36 141 861	12 926 934	23 214 927
2002	43 180 816	14 600 754	28 580 062
2003	63 514 355	19 950 280	43 564 075
2004	80 205 911	23 798 450	56 407 461
2005	98 675 451	26 579 636	72 095 815
2006	119 286 001	28 812 915	90 473 086
2007	139 580 064	34 676 919	104 903 145
2008	158 601 076	43 295 066	115 306 010
2009	154 162 429	38 217 652	115 944 777
2010	185 268 200	45 926 755	139 341 446
2011	204 307 516	51 382 302	152 925 214
2012	213 637 447	56 064 352	157 573 095
2013	230 952 085	62 023 841	168 928 244
2014	247 775 911	65 077 654	182 698 257
2015	255 424 444	58 400 993	197 023 452
2016	272 922 943	60 828 444	212 094 499
2017	321 191 539	58 579 928	262 611 611

注： 1979-1997年为镇及镇以上工业总产值，1998年及以后为规模以上工业总产值。

Note: Data in 1979-1997 are gross output value of industry of town level and above. Data from 1998 are gross output value of industry above designated size.

4-4 工业总产值指数

INDICES OF GROSS OUTPUT VALUE OF INDUSTRY

年份 Year	以1979年为100 1979=100			以上年为100 Preceding Year=100		
	总计 Total	轻工业 Light Industry	重工业 Heavy Industry	总计 Total	轻工业 Light Industry	重工业 Heavy Industry
1980	149.1	146.9	166.4	149.1	146.9	166.4
1981	374.5	399.1	185.1	251.1	271.7	111.3
1982	544.8	546.3	533.3	145.5	136.9	288.1
1983	1 066.1	975.3	1 763.0	195.7	178.5	330.6
1984	2 414.8	2 183.3	4 192.3	226.5	223.9	237.8
1985	3 822.9	3 546.2	5 947.9	158.3	162.4	141.9
1986	5 127.8	4 709.1	8 342.4	134.1	132.8	140.3
1987	8 232.7	7 423.6	14 445.2	160.5	157.6	173.2
1988	12 725.1	11 081.7	25 344.1	154.6	149.3	175.5
1989	18 775.8	15 304.8	45 427.3	147.6	138.1	179.2
1990	26 154.7	21 366.8	62 917.8	139.3	139.6	138.5
1991	35 570.3	27 917.5	94 332.5	136.0	130.7	149.9
1992	49 762.9	36 754.6	149 647.1	139.9	131.6	158.6
1993	69 369.5	51 746.5	204 686.9	139.4	140.8	136.8
1994	96 076.8	65 852.8	328 150.6	138.5	127.3	160.3
1995	125 566.2	74 317.5	519 077.6	130.7	112.9	158.2
1996	147 520.2	87 562.1	607 906.0	117.5	117.8	117.1
1997	174 661.2	105 004.8	709 515.2	118.4	119.9	116.7
1998	209 347.8	108 626.3	982 733.9	119.9	103.4	138.5
1999	264 799.8	140 119.8	1 222 150.2	126.5	129.0	124.4
2000	322 447.1	163 856.4	1 540 179.8	121.8	116.9	126.0
2001	379 520.2	177 948.1	1 885 180.1	117.7	108.6	122.4
2002	483 888.3	229 019.2	2 394 178.7	127.5	128.7	127.0
2003	647 442.5	278 487.3	3 349 456.0	133.8	121.6	139.9
2004	808 655.7	330 842.9	4 186 820.0	124.9	118.8	125.0
2005	970 471.9	379 956.2	5 109 350.0	120.0	114.8	122.0
2006	1 192 710.0	418 711.7	6 519 530.6	122.9	110.2	127.6
2007	1 418 132.2	512 084.4	7 680 007.0	118.9	122.3	117.8
2008	1 613 834.4	646 250.5	8 263 687.5	113.8	126.2	107.6
2009	1 646 111.1	590 026.7	8 974 364.6	102.0	91.3	108.6
2010	1 932 534.4	693 871.4	10 508 981.0	117.4	117.6	117.1
2011	2 139 315.6	770 891.1	11 622 933.0	110.7	111.1	110.6
2012	2 246 281.4	850 292.9	11 994 866.9	105.0	110.3	103.2
2013	2 470 909.5	953 178.3	13 098 394.7	110.0	112.1	109.2
2014	2 675 995.0	1 018 947.6	14 264 151.8	108.3	106.9	108.9
2015	2 825 850.7	927 242.3	15 804 680.2	105.6	91.0	110.8
2016	3 054 744.6	961 550.3	17 290 320.1	108.1	103.7	109.4
2017	3 439 642.4	1 067 320.8	19 036 642.4	112.6	111.0	110.1
年平均增长率 Average Annual Growth Rate	**31.6**	**27.6**	**37.7**			

注：本表按可比口径计算。
Note: Data in this table are calculated at comparable scope.

4-5 规模以上工业总产值指数

INDICES OF GROSS OUTPUT VALUE OF INDUSTRY ABOVE DESIGNATED SIZE

年 份 Year	以1979年为100 1979=100			以上年为100 Preceding Year=100		
	总 计 Total	轻工业 Light Industry	重工业 Heavy Industry	总 计 Total	轻工业 Light Industry	重工业 Heavy Industry
1980	139.3	135.1	166.4	139.3	135.1	166.4
1981	400.6	434.4	185.1	287.6	321.6	111.3
1982	597.4	607.5	533.3	149.1	139.8	288.1
1983	1 188.5	1 098.5	1 763.0	198.9	180.8	330.6
1984	2 751.8	2 526.0	4 192.3	231.5	230.0	237.8
1985	4 396.3	4 153.2	5 947.9	159.8	164.4	141.9
1986	5 856.9	5 467.4	8 342.4	133.2	131.6	140.3
1987	9 497.8	8 722.3	14 445.2	162.2	159.5	173.2
1988	14 684.2	13 013.3	25 344.1	154.6	149.2	175.5
1989	21 527.8	17 781.8	45 426.6	146.6	136.6	179.2
1990	29 487.0	25 150.3	57 154.3	137.0	141.4	125.8
1991	40 721.5	32 307.8	94 394.4	138.1	128.5	165.2
1992	56 969.4	42 674.4	148 169.0	139.9	132.1	157.0
1993	77 820.2	58 701.0	199 797.4	136.6	137.6	134.8
1994	101 944.5	66 431.7	328 509.6	131.0	113.2	164.4
1995	126 921.1	70 603.5	486 216.8	124.5	106.3	148.0
1996	150 648.1	80 713.1	596 820.2	118.7	114.3	122.7
1997	177 140.0	95 637.7	697 109.7	117.6	118.5	116.8
1998	209 910.9	95 446.4	966 891.2	118.5	99.8	138.7
1999	262 808.4	122 457.7	1 188 309.3	125.2	128.3	122.9
2000	326 933.6	154 051.8	1 463 997.1	124.4	125.8	123.2
2001	384 800.8	167 300.3	1 791 932.5	117.7	108.6	122.4
2002	484 464.2	212 806.0	2 245 291.4	125.9	127.2	125.3
2003	651 604.3	258 559.3	3 165 860.9	134.5	121.5	141.0
2004	813 202.2	304 841.4	3 982 653.0	124.8	117.9	125.8
2005	984 787.9	336 849.7	5 002 212.2	121.1	110.5	125.6
2006	1 187 654.2	374 240.0	6 192 738.7	120.6	111.1	123.8
2007	1 397 869.0	420 271.5	7 394 130.0	117.7	112.3	119.4
2008	1 522 279.3	510 209.6	7 756 442.4	108.9	121.4	104.9
2009	1 537 502.1	521 434.2	7 802 981.1	101.0	102.2	100.6
2010	1 735 839.9	564 713.2	8 926 610.4	112.9	108.3	114.4
2011	1 914 631.4	595 772.4	9 997 803.6	110.3	105.5	112.0
2012	2 063 972.6	685 734.0	10 537 685.0	107.8	115.1	105.4
2013	2 200 194.8	735 792.6	11 201 559.2	106.6	107.3	106.3
2014	2 380 610.8	795 391.8	12 120 087.1	108.2	108.1	108.2
2015	2 475 835.2	717 443.4	13 186 654.8	104.0	90.2	108.8
2016	2 616 957.8	732 509.7	14 083 347.3	105.7	102.1	106.8
2017	2 876 036.6	783 785.4	1 560 4348.8	109.9	107.0	110.8
年平均增长率 Average Annual Growth Rate	**31.0**	**26.6**	**37.0**			

注： 本表按可比口径计算。
Note: Data in this table are calculated at comparable scope.

4-6 规模以上工业总产值构成（2017年）

COMPOSITION OF GROSS OUTPUT VALUE OF INDUSTRY ABOVE DESIGNATED SIZE（2017）

单位：%　　(%)

项目	Item	全市 Total
总　　计	**Total**	**100.0**
一、按登记注册类型分	**Grouped by Registration**	
1.内资企业	Domestic Investment Enterprise	63.1
国有企业	State-owned	0.1
集体企业	Collective-owned	
股份合作企业	Cooperative Shares Enterprise	
联营企业	Joint owned	
有限责任公司	Companies Limited with Liabilities	29.4
股份有限公司	Companies Limited by Shares	13.1
私营企业	Private	20.5
其他内资企业	Others	
2.港、澳、台投资企业	Funded by Entrepreneur from Hongkong,Macao and Taiwan	24.7
3.外商投资企业	Foreign Funded	12.2
二、按轻、重工业分	**Grouped by Light and Heavy Industry**	
1.轻工业	Light Industry	18.2
2.重工业	Heavy Industry	81.8
三、按企业规模分	**Grouped by Size of Enterprises**	
1.大型企业	Large Enterprises	63.2
2.中型企业	Medium-sized Enterprises	18.1
3.小型企业	Small Enterprises	18.7
四、按工业行业大类分	**Grouped by Sector**	
煤炭开采和洗选业	Mining and Washing of Coal	
石油和天然气开采业	Extraction of Petroleum and Natural Gas	0.8
黑色金属矿采选业	Mining and Processing of Ferrous Metal Ores	
有色金属矿采选业	Mining and Processing of Nonferrous Metal Ores	
非金属矿采选业	Mining and Processing of Nonmetal Ores	
开采专业及辅助性活动	Mining and Auxiliary Activities	
其他采矿业	Mining and Processing of Other Ores	
农副食品加工业	Processing of Food from Agricultural Products	0.7
食品制造业	Manufacture of Foods	0.2
酒、饮料和精制茶制造业	Manufacture of Wine, Beverages and Refined Tea	0.5

单位：%

4—6 续表 continued(%)

项 目	Item	全 市 Total
烟草制品业	Manufacture of Tobacco	0.2
纺织业	Manufacture of Textile	0.3
纺织服装、服饰业	Manufacture of Textile Wearing Apparel,Footware and Caps	0.8
皮革、毛皮、羽毛及其制品和制鞋业	Manufacture of Leather, Fur, Feather and Related Products	0.3
木材加工及木、竹、藤、棕、草制品业	Processing of Timber, Manufacture of Wood, Bamboo, Rattan, Palm Fiber & Straw Products	0.1
家具制造业	Manufacture of Furniture	0.5
造纸及纸制品业	Manufacture of Paper and Paper Products	0.5
印刷和记录媒介复制业	Printing and Record Medium Reproduction	0.7
文教、工美、体育和娱乐用品制造业	Manufacture of Cultural, Educational and Sports Articles	3.4
石油加工、炼焦及核燃料加工业	Processing of Petroleum, Coking and Nuclear Fuel Processing	0.2
化学原料及化学制品制造业	Manufacture of Raw Chemical Materials and Chemical Products	0.9
医药制造业	Manufacture of Medicines	0.9
化学纤维制造业	Manufacture of Chemical Fibers	
橡胶和塑料制品业	Manufacture of Rubber	2.4
非金属矿物制品业	Manufacture of Non—metallic Mineral Products	1.0
黑色金属冶炼及压延加工业	Smelting and Pressing of Ferrous Metals	0.1
有色金属冶炼及压延加工业	Smelting and Pressing of Nonferrous Metals	1.4
金属制品业	Manufacture of Metal Products	1.8
通用设备制造业	Manufacture of General—purpose Machinery	2.7
专用设备制造业	Manufacture of Special—purpose Machinery	3.4
汽车制造业	Manufacfuer of Automobiles	2.3
铁路、船舶、航空航天和其他运输设备制造业	Manufacture of Railways Ships Aerospace and Other Transport Equipment	0.5
电气机械及器材制造业	Manufacture of Electrical Machinery and Equipment	8.1
计算机、通信和其他电子设备制造业	Manufacture of Communication Equipment, Computers and Other Electronic Equipment	59.8
仪器仪表制造业	Manufacture of Measuring Instruments	1.5
其他制造业	Other Manufacturing	0.4
废弃资源综合利用业	Recycling and Disposal of Waste	
金属制品、机械和设备修理业	Manufacture of Metal Products,Machinery and Equipment Repair	
电力、热力的生产和供应业	Production and Supply of Electric Power and Heat Power	2.7
燃气生产和供应业	Production and Supply of Gas	0.4
水的生产和供应业	Production and Supply of Water	0.4

4-7 规模以上工业企业主要指标（2017年）

MAIN INDICATORS OF INDUSTRIAL ENTERPRISES ABOVE DESIGNATED SIZE（2017）

单位：万元

类　别	Item	企业单位数(个) Number of Enterprises (unit)
总　计	**Total**	**7 943**
一、按登记注册类型分	**Grouped by Registration**	
1．内资企业	Domestic Investment Enterprise	5 506
国有企业	State-owned	6
集体企业	Collective-owned	2
股份合作企业	Cooperative Shares Enterprise	
联营企业	Joint owned	1
有限责任公司	Companies Limited with Liabilities	1 031
股份有限公司	Companies Limited by Shares	361
私营企业	Private	4 104
其他内资企业	Others	1
2．港、澳、台投资企业	Funded by Entrepreneur from Hongkong,Macao and Taiwan	1 819
3．外商投资企业	Foreign Funded	618
二、按轻、重工业分	**Grouped by Light and Heavy Industry**	
1．轻工业	Light Industry	2 796
2．重工业	Heavy Industry	5 147
三、按企业规模分	**Grouped by Size of Enterprises**	
1．大型企业	Large Enterprises	401
2．中型企业	Medium-sized Enterprises	1 605
3．小型企业	Small Enterprises	5 937
#纯小型企业	#Pure Small Enterprises	5 679
微型企业	Micro Enterprises	258
四、按工业行业大类分	**Grouped by Sector**	
煤炭开采和洗选业	Mining and Washing of Coal	
石油和天然气开采业	Extraction of Petroleum and Natural Gas	2
黑色金属矿采选业	Mining and Processing of Ferrous Metal Ores	
有色金属矿采选业	Mining and Processing of Nonferrous Metal Ores	
非金属矿采选业	Mining and Processing of Nonmetal Ores	
开采专业及辅助性活动	Mining and Auxiliary Activities	2
其他采矿业	Mining and Processing of Other Ores	
农副食品加工业	Processing of Food from Agricultural Products	43
食品制造业	Manufacture of Foods	41
酒、饮料和精制茶制造业	Manufacture of Wine, Beverages and Refined Tea	17

(10 000 yuan)

工业总产值 (当年价格) Gross Industrial Output Value (at current prices)	工业销售产值 (当年价格) Sales Value of Industry (Current Prices)	资产总计 Total Asset	应收帐款 Value of Debts Receivable
321 191 539	**311 622 334**	**331 746 468**	**84 705 838**
202 515 304	195 365 113	218 548 593	53 399 437
395 285	397 386	441 297	101 314
5 821	5 658	1 917	
9 379	9 379	3 768	2 412
94 433 885	93 314 791	85 217 752	24 259 167
41 949 546	38 405 080	63 332 961	10 843 347
65 716 991	63 228 445	69 549 326	18 191 957
4 397	4 374	1 572	1 240
79 411 208	77 962 139	78 237 561	22 078 680
39 265 027	38 295 082	34 960 314	9 227 721
58 579 928	56 495 060	66 588 057	13 238 102
262 611 611	255 127 274	265 158 411	71 467 736
203 063 219	196 235 288	200 282 033	52 967 135
58 104 922	56 604 329	65 771 659	13 609 656
60 023 398	58 782 717	65 692 776	18 129 047
56 247 369	55 008 935	57 737 012	17 426 881
3 776 029	3 773 782	7 955 764	702 166
2 471 612	2 459 955	3 153 260	20 661
117 821	117 821	558 116	76 240
2 371 630	2 352 061	1 866 275	220 897
573 307	569 356	570 007	91 917
1 724 177	1 710 157	1 092 893	102 532

单位：万元

类　　别	Item	企业单位数（个）Number of Enterprises (unit)
烟草制品业	Manufacture of Tobacco	1
纺织业	Manufacture of Textile	57
纺织服装、服饰业	Manufacture of Textile Wearing Apparel,Footware and Caps	183
皮革、毛皮、羽毛及其制品和制鞋业	Manufacture of Leather, Fur, Feather and Related Products	103
木材加工及木、竹、藤、棕、草制品业	Processing of Timber, Manufacture of Wood, Bamboo, Rattan, Palm Fiber & Straw Products	20
家具制造业	Manufacture of Furniture	127
造纸及纸制品业	Manufacture of Paper and Paper Products	150
印刷和记录媒介复制业	Printing and Record Medium Reproduction	184
文教、工美、体育和娱乐用品制造业	Manufacture of Cultural, Educational and Sports Articles	335
石油加工、炼焦及核燃料加工业	Processing of Petroleum, Coking and Nuclear Fuel Processing	6
化学原料及化学制品制造业	Manufacture of Raw Chemical Materials and Chemical Products	189
医药制造业	Manufacture of Medicines	55
化学纤维制造业	Manufacture of Chemical Fibers	4
橡胶和塑料制品业	Manufacture of Rubber	557
非金属矿物制品业	Manufacture of Non-metallic Mineral Products	144
黑色金属冶炼及压延加工业	Smelting and Pressing of Ferrous Metals	18
有色金属冶炼及压延加工业	Smelting and Pressing of Nonferrous Metals	71
金属制品业	Manufacture of Metal Products	471
通用设备制造业	Manufacture of General-purpose Machinery	421
专用设备制造业	Manufacture of Special-purpose Machinery	566
汽车制造业	Manufacfuer of Automobiles	56
铁路、船舶、航空航天和其他运输设备制造业	Manufacture of Railways Ships Aerospace and Other Transport Equipment	72
电气机械及器材制造业	Manufacture of Electrical Machinery and Equipment	1 202
计算机、通信和其他电子设备制造业	Manufacture of Communication Equipment, Computers and Other Electronic Equipment	2 411
仪器仪表制造业	Manufacture of Measuring Instruments	282
其他制造业	Other Manufacturing	85
废弃资源综合利用业	Recycling and Disposal of Waste	3
金属制品、机械和设备修理业	Manufacture of Metal Products,Machinery and Equipment Repair	11
电力、热力的生产和供应业	Production and Supply of Electric Power and Heat Power	22
燃气生产和供应业	Production and Supply of Gas	4
水的生产和供应业	Production and Supply of Water	28

4－7 续表1 continued（10 000 yuan）

工业总产值(当年价格) Gross Industrial Output Value (at current prices)	工业销售产值(当年价格) Sales Value of Industry (Current Prices)	资产总计 Total Asset	应收帐款 Value of Debts Receivable
630 363	626 822	598 230	12 639
986 121	899 679	835 989	169 828
2 664 981	2 449 697	2 732 773	452 447
1 117 979	1 101 748	931 506	297 789
160 762	152 848	161 130	33 011
1 483 458	1 478 156	1 887 662	249 773
1 493 891	1 482 783	1 452 091	431 962
2 407 136	2 303 937	3 435 869	739 111
11 008 604	10 640 327	11 704 359	2 173 142
800 415	736 468	582 143	52 415
3 011 969	3 046 542	4 629 885	858 347
2 754 798	2 427 078	6 613 975	728 407
54 750	53 854	24 827	6 694
7 813 711	7 622 871	6 383 810	2 075 308
3 310 431	3 251 514	4 955 596	1 277 874
301 860	292 017	376 658	66 930
4 516 238	4 620 985	2 872 335	389 501
5 671 684	5 558 461	5 279 452	1 647 878
8 532 778	8 359 613	9 002 026	2 639 068
10 951 623	10 555 013	13 201 883	3 264 664
7 494 609	7 406 267	12 257 400	3 660 188
1 493 829	1 426 556	1 883 771	272 285
26 007 773	25 176 158	32 971 222	7 688 976
191 962 973	185 561 413	173 214 978	52 414 515
4 745 553	4 672 090	6 806 972	1 801 655
1 139 326	1 125 733	929 883	182 421
15 281	15 540	26 518	1 677
154 517	148 025	205 719	88 358
8 757 944	8 752 372	11 923 659	348 434
1 237 252	1 241 746	2 143 858	44 974
1 250 385	1 226 676	4 479 739	123 323

单位：万元

类　别	Item	负债合计 Total Liabilities	主营业务收入 Prime Operating Revenue
总　计	**Total**	**196 419 562**	**308 216 750**
一、按登记注册类型分	**Grouped by Registration**		
1. 内资企业	Domestic Investment Enterprise	129 117 410	192 441 280
国有企业	State-owned	302 864	399 980
集体企业	Collective-owned	641	5 377
股份合作企业	Cooperative Shares Enterprise		
联营企业	Joint owned	2 956	9 373
有限责任公司	Companies Limited with Liabilities	54 543 196	93 248 346
股份有限公司	Companies Limited by Shares	31 062 889	35 634 582
私营企业	Private	43 203 741	63 139 971
其他内资企业	Others	1 123	3 652
2. 港、澳、台投资企业	Funded by Entrepreneur from Hongkong,Macao and Taiwan	48 374 729	76 678 569
3. 外商投资企业	Foreign Funded	18 927 423	39 096 901
二、按轻、重工业分	**Grouped by Light and Heavy Industry**		
1. 轻工业	Light Industry	36 244 393	56 762 101
2. 重工业	Heavy Industry	160 175 169	251 454 649
三、按企业规模分	**Grouped by Size of Enterprises**		
1. 大型企业	Large Enterprises	120 795 033	190 643 389
2. 中型企业	Medium-sized Enterprises	33 617 832	56 526 711
3. 小型企业	Small Enterprises	42 006 697	61 046 650
#纯小型企业	#Pure Small Enterprises	36 910 388	56 777 413
微型企业	Micro Enterprises	5 096 309	4 269 238
四、按工业行业大类分	**Grouped by Sector**		
煤炭开采和洗选业	Mining and Washing of Coal		
石油和天然气开采业	Extraction of Petroleum and Natural Gas	2 320 379	2 581 777
黑色金属矿采选业	Mining and Processing of Ferrous Metal Ores		
有色金属矿采选业	Mining and Processing of Nonferrous Metal Ores		
非金属矿采选业	Mining and Processing of Nonmetal Ores		
开采专业及辅助性活动	Mining and Auxiliary Activities	127 381	117 821
其他采矿业	Mining and Processing of Other Ores		
农副食品加工业	Processing of Food from Agricultural Products	919 449	2 620 491
食品制造业	Manufacture of Foods	350 706	600 661
酒、饮料和精制茶制造业	Manufacture of Wine, Beverages and Refined Tea	674 235	1 449 545

4—7 续表2 continued (10 000 yuan)

主营业务成本 Prime Operating Cost	销售费用 Prime Operating Expense	管理费用 Management Expenses	财务费用 Financial Expenses	利润总额 Total Profits
247 176 147	**13 413 559**	**27 417 877**	**2 253 059**	**21 013 273**
147 068 643	10 272 476	21 515 791	1 636 213	13 192 538
348 702	5 551	20 828	5 563	19 595
4 516	1	610		308
8 644	455	60	2	173
67 898 041	5 652 115	12 853 762	578 096	6 226 746
26 476 020	2 573 173	3 855 230	445 703	3 131 249
52 329 193	2 041 146	4 785 226	606 850	3 814 458
3 527	35	75	− 1	9
66 401 753	2 022 484	3 968 769	370 865	4 901 482
33 705 751	1 118 599	1 933 317	245 981	2 919 253
45 515 849	3 188 761	3 896 363	557 212	3 721 352
201 660 298	10 224 798	23 521 514	1 695 847	17 291 921
149 475 029	9 425 475	18 864 364	1 117 631	14 538 253
45 945 135	2 181 453	4 161 830	525 441	3 574 205
51 755 983	1 806 631	4 391 683	609 987	2 900 815
48 443 227	1 770 942	4 132 948	474 969	2 327 804
3 312 756	35 689	258 735	135 018	573 011
1 306 184	5 030	56 620	25 976	1 038 545
110 385	299	6 490	− 374	4 906
2 346 787	74 828	69 084	6 087	126 743
439 582	83 816	49 663	4 901	21 455
920 001	413 735	45 145	− 9 798	66 066

单位：万元

类　　别	Item	负债合计 Total Liabilities
烟草制品业	Manufacture of Tobacco	87 640
纺织业	Manufacture of Textile	382 282
纺织服装、服饰业	Manufacture of Textile Wearing Apparel,Footware and Caps	1 435 807
皮革、毛皮、羽毛及其制品和制鞋业	Manufacture of Leather, Fur, Feather and Related Products	493 679
木材加工及木、竹、藤、棕、草制品业	Processing of Timber, Manufacture of Wood, Bamboo, Rattan, Palm Fiber & Straw Products	117 004
家具制造业	Manufacture of Furniture	1 087 125
造纸及纸制品业	Manufacture of Paper and Paper Products	717 237
印刷和记录媒介复制业	Printing and Record Medium Reproduction	1 581 635
文教、工美、体育和娱乐用品制造业	Manufacture of Cultural, Educational and Sports Articles	8 438 084
石油加工、炼焦及核燃料加工业	Processing of Petroleum, Coking and Nuclear Fuel Processing	137 476
化学原料及化学制品制造业	Manufacture of Raw Chemical Materials and Chemical Products	2 292 006
医药制造业	Manufacture of Medicines	2 818 057
化学纤维制造业	Manufacture of Chemical Fibers	10 375
橡胶和塑料制品业	Manufacture of Rubber	3 517 487
非金属矿物制品业	Manufacture of Non-metallic Mineral Products	2 550 685
黑色金属冶炼及压延加工业	Smelting and Pressing of Ferrous Metals	221 498
有色金属冶炼及压延加工业	Smelting and Pressing of Nonferrous Metals	2 488 217
金属制品业	Manufacture of Metal Products	2 858 601
通用设备制造业	Manufacture of General-purpose Machinery	4 826 693
专用设备制造业	Manufacture of Special-purpose Machinery	6 620 993
汽车制造业	Manufacfuer of Automobiles	9 962 049
铁路、船舶、航空航天和其他运输设备制造业	Manufacture of Railways Ships Aerospace and Other Transport Equipment	929 843
电气机械及器材制造业	Manufacture of Electrical Machinery and Equipment	17 204 200
计算机、通信和其他电子设备制造业	Manufacture of Communication Equipment, Computers and Other Electronic Equipment	107 810 197
仪器仪表制造业	Manufacture of Measuring Instruments	3 459 553
其他制造业	Other Manufacturing	461 694
废弃资源综合利用业	Recycling and Disposal of Waste	18 005
金属制品、机械和设备修理业	Manufacture of Metal Products,Machinery and Equipment Repair	103 909
电力、热力的生产和供应业	Production and Supply of Electric Power and Heat Power	6 361 854
燃气生产和供应业	Production and Supply of Gas	944 797
水的生产和供应业	Production and Supply of Water	2 088 730

4—7 续表3 continued (10 000 yuan)

主营业务收入 Prime Operating Revenue	主营业务成本 Prime Operating Cost	销售费用 Prime Operating Expense	管理费用 Management Expenses	财务费用 Financial Expenses	利润总额 Total Profits
626 822	184 349	9 722	23 890	- 3 923	66 326
903 544	717 455	70 499	57 773	4 777	62 978
2 431 864	1 661 446	342 812	279 936	14 353	114 981
1 099 161	917 053	23 482	119 720	3 038	49 151
153 465	131 740	4 506	11 332	3 590	2 201
1 530 008	1 260 764	92 338	106 311	12 304	55 997
1 499 573	1 316 387	44 378	92 791	13 408	36 149
2 300 069	1 834 899	85 949	206 195	22 180	225 068
11 272 289	10 239 059	198 626	422 279	146 899	409 714
750 363	389 758	87 171	37 591	791	217 201
3 047 597	2 489 384	149 357	231 299	38 953	175 269
2 508 138	1 039 423	649 712	267 447	48 269	607 712
56 503	48 704	1 067	4 073	347	1 949
7 537 237	6 459 480	164 692	561 131	42 428	309 027
3 256 660	2 790 743	101 264	193 078	42 689	182 476
280 459	255 850	6 408	9 383	5 952	11 637
4 983 584	4 759 371	23 068	144 795	15 185	81 198
5 204 413	4 364 665	136 280	429 170	26 776	301 607
8 280 517	6 720 099	325 959	631 253	32 540	623 404
10 514 430	7 265 977	752 246	1 197 318	110 375	1 306 684
6 935 027	6 016 200	253 396	457 391	125 497	69 793
1 390 677	1 277 537	29 196	88 569	11 249	39 179
25 152 124	21 148 684	778 527	1 835 878	287 934	1 453 807
181 997 300	145 443 952	8 055 468	18 930 722	921 233	10 911 226
4 792 005	3 557 324	315 065	512 294	54 130	503 664
1 122 760	846 290	31 373	82 471	11 698	150 913
15 540	12 076	99	1 154	482	1 621
154 191	113 494	4 584	18 371	2 045	18 723
8 636 272	7 194 036	2 769	121 806	158 898	1 114 809
1 146 640	884 466	53 259	28 722	12 416	236 662
1 267 224	712 543	42 581	86 733	59 755	414 433

4-8 规模以上工业企业主要经济效益指标（2017年）

MAIN INDICATORS ON ECONOMIC BENEFIT OF INDUSTRIAL ENTERPRISES ABOVE DESIGNATED SIZE（2017）

指标名称	Item	效益综合指数（%）Benefit Composite Index（%）	产品销售率(%) Sales Rate of Products (%)
总　　计	**Total**	**251.95**	**97.02**
一、按登记注册类型分	**Grouped by Registration**		
1．内资企业	Domestic Investment Enterprise	301.44	96.47
国有企业	State−owned	237.15	100.53
集体企业	Collective−owned	202.53	97.19
股份合作企业	Cooperative Shares Enterprise		
联营企业	Joint owned	1 051.84	100.00
有限责任公司	Companies Limited with Liabilities	469.74	98.81
股份有限公司	Companies Limited by Shares	333.55	91.55
私营企业	Private	192.25	96.21
其他内资企业	Others		99.45
2．港、澳、台投资企业	Funded by Entrepreneur from Hongkong,Macao and Taiwan	184.82	98.18
3. 外商投资企业	Foreign Funded	227.38	97.53
二、按轻、重工业分	**Grouped by Light and Heavy Industry**		
1．轻工业	Light Industry	176.96	96.44
2．重工业	Heavy Industry	284.08	97.15
三、按企业规模分	**Grouped by Size of Enterprises**		
1．大型企业	Large Enterprises	324.44	96.64
2．中型企业	Medium−sized Enterprises	177.71	97.42
3．小型企业	Small Enterprises	186.49	97.93
#纯小型企业	#Pure Small Enterprises	172.48	97.80
微型企业	Micro Enterprises	1 156.93	99.94
四、按工业行业大类分	**Grouped by Sector**		
煤炭开采和洗选业	Mining and Washing of Coal		
石油和天然气开采业	Extraction of Petroleum and Natural Gas	4 801.10	99.53
黑色金属矿采选业	Mining and Processing of Ferrous Metal Ores		
有色金属矿采选业	Mining and Processing of Nonferrous Metal Ores		
非金属矿采选业	Mining and Processing of Nonmetal Ores		
开采专业及辅助性活动	Mining and Auxiliary Activities	240.09	100.00
其他采矿业	Mining and Processing of Other Ores		
农副食品加工业	Processing of Food from Agricultural Products	222.12	99.17
食品制造业	Manufacture of Foods	158.43	99.31
酒、饮料和精制茶制造业	Manufacture of Wine, Beverages and Refined Tea	257.10	99.19

成本费用利润率(%) After-Tax Profits/Cost(%)	流动资产周转率(次) Turnover Times of Circulating Funds(time)	资产负债率（%） Assets-Liability Ratio (%)	总资产贡献率（%） Ratio of Total Assets to Industrial Output Value (%)	资本保值增值率（%） Ratio of Capital Appreciation（%）	全员劳动生产率（元/人） Total Labor Productivity（yuan/person）
7.13	**1.36**	**59.21**	**9.67**	**114.65**	**252 660**
7.19	1.28	59.08	9.74	125.08	332 859
5.15	1.11	68.63	8.89	20.77	271 183
6.01	9.12	33.41	16.07	94.37	36 418
1.89	2.75	78.45	12.86	11.33	1 603 828
7.03	1.50	64.00	12.71	115.19	602 432
9.20	0.97	49.05	7.24	126.02	386 972
6.31	1.23	62.12	8.39	141.86	160 566
0.24	2.39	71.43	1.32		190 874
6.65	1.42	61.83	8.72	110.70	148 353
7.76	1.72	54.14	11.35	81.87	204 240
6.84	1.23	54.43	9.10	96.51	138 727
7.19	1.39	60.41	9.81	121.23	303 100
7.98	1.42	60.31	10.69	115.99	362 789
6.70	1.29	51.11	8.93	111.13	136 936
4.91	1.24	63.94	7.29	115.11	169 406
4.21	1.24	63.93	6.99	115.79	151 455
15.08	1.24	64.06	9.45	109.91	1 701 397
74.51	11.73	73.59	47.16	123.59	7 058 932
4.20	0.91	22.82	0.88	101.22	288 053
5.02	2.15	49.27	9.43	108.20	205 390
3.70	1.58	61.53	9.32	100.20	120 625
4.77	1.75	61.69	17.33	155.44	237 249

指　标　名　称 Item		效益综合指数（%） Benefit Composite Index （%）	产品销售率(%) Sales Rate of Products (%)
烟草制品业	Manufacture of Tobacco	5 092.20	99.44
纺织业	Manufacture of Textile	208.87	91.23
纺织服装、服饰业	Manufacture of Textile Wearing Apparel, Footware and Caps	148.88	91.92
皮革、毛皮、羽毛及其制品和制鞋业	Manufacture of Leather, Fur, Feather and Related Products	144.20	98.55
木材加工及木、竹、藤、棕、草制品业	Processing of Timber, Manufacture of Wood, Bamboo, Rattan, Palm Fiber & Straw Products	129.84	95.08
家具制造业	Manufacture of Furniture	142.11	99.64
造纸及纸制品业	Manufacture of Paper and Paper Products	133.10	99.26
印刷和记录媒介复制业	Printing and Record Medium Reproduction	192.96	95.71
文教、工美、体育和娱乐用品制造业	Manufacture of Cultural, Educational and Sports Articles	133.75	96.65
石油加工、炼焦及核燃料加工业	Processing of Petroleum, Coking and Nuclear Fuel Processing	2 734.19	92.01
化学原料及化学制品制造业	Manufacture of Raw Chemical Materials and Chemical Products	191.50	101.15
医药制造业	Manufacture of Medicines	533.13	88.10
化学纤维制造业	Manufacture of Chemical Fibers	165.51	98.36
橡胶和塑料制品业	Manufacture of Rubber	152.68	97.56
非金属矿物制品业	Manufacture of Non-metallic Mineral Products	174.38	98.22
黑色金属冶炼及压延加工业	Smelting and Pressing of Ferrous Metals	220.70	96.74
有色金属冶炼及压延加工业	Smelting and Pressing of Nonferrous Metals	116.85	102.32
金属制品业	Manufacture of Metal Products	177.81	98.00
通用设备制造业	Manufacture of General-purpose Machinery	202.06	97.97
专用设备制造业	Manufacture of Special-purpose Machinery	247.91	96.38
汽车制造业	Manufacfuer of Automobiles	143.99	98.82
铁路、船舶、航空航天和其他运输设备制造业	Manufacture of Railways Ships Aerospace and Other Transport Equipment	158.29	95.50
电气机械及器材制造业	Manufacture of Electrical Machinery and Equipment	162.41	96.80
计算机、通信和其他电子设备制造业	Manufacture of Communication Equipment, Computers and Other Electronic Equipment	303.19	96.67
仪器仪表制造业	Manufacture of Measuring Instruments	210.78	98.45
其他制造业	Other Manufacturing	262.88	98.81
废弃资源综合利用业	Recycling and Disposal of Waste	224.66	101.69
金属制品、机械和设备修理业	Manufacture of Metal Products, Machinery and Equipment Repair	287.12	95.80
电力、热力的生产和供应业	Production and Supply of Electric Power and Heat Power	2 241.75	99.94
燃气生产和供应业	Production and Supply of Gas	908.01	100.36
水的生产和供应业	Production and Supply of Water	728.90	98.10

4-8 续表 continued

成本费用利润率(%) After-Tax Profits/Cost(%)	流动资产周转率(次) Turnover Times of Circulating Funds(time)	资产负债率（%） Assets-Liability Ratio (%)	总资产贡献率（%） Ratio of Total Assets to Industrial Output Value (%)	资本保值增值率（%） Ratio of Capital Appreciation（%）	全员劳动生产率（元/人） Total Labor Productivity（yuan/person）
30.59	1.19	14.65	80.90	103.03	7 878 091
7.40	1.62	45.73	10.21	106.98	176 975
4.95	1.35	52.54	8.70	122.24	98 784
4.55	1.66	53.00	10.10	68.58	94 511
1.46	1.39	72.61	6.48	53.34	115 993
3.79	1.12	57.59	6.42	134.39	101 214
2.46	1.62	49.39	5.30	90.07	99 781
10.37	1.10	46.03	9.01	123.37	139 790
3.67	1.10	72.09	5.50	110.06	103 336
42.06	1.58	23.62	49.68	114.00	4 005 139
5.94	1.04	49.50	6.50	109.41	175 531
30.00	0.72	42.61	13.44	119.01	574 024
3.60	2.83	41.79	10.45	106.93	107 056
4.17	1.62	55.10	8.12	104.90	109 864
5.82	0.94	51.47	5.92	142.44	144 844
4.12	1.26	58.81	5.58	94.10	238 666
1.64	1.92	86.63	4.12	140.67	78 197
6.00	1.35	54.15	9.67	113.69	137 511
7.99	1.17	53.62	9.52	118.41	167 490
13.59	1.12	50.15	13.02	125.36	197 123
1.00	0.81	81.27	2.19	102.31	157 550
2.78	1.20	49.36	3.71	93.09	151 272
5.90	1.17	52.18	6.55	110.43	126 259
6.20	1.45	62.24	9.63	115.46	342 659
11.16	1.00	50.82	10.22	114.04	163 610
15.39	1.64	49.65	19.18	137.92	179 849
11.74	1.71	67.90	10.32	99.00	177 521
13.41	0.99	50.51	11.30	117.19	272 297
14.85	2.54	53.35	13.67	103.53	3 458 002
23.25	2.04	44.07	14.31	283.82	1 171 444
44.97	1.04	46.63	12.53	111.84	800 781

4-9 规模以上国有工业企业主要经济指标（2017年）
MAIN ECONOMIC INDICATORS OF STATE-HOLDING INDUSTRIAL ENTERPRISES ABOVE DESIGNATED SIZE（2017）

单位：万元

项　目	Item	企业单位数(个) Number of Enterprises (unit)	工业总产值(当年价) Gross Industrial Output Value (at current prices)
总 计	**Total**	**6**	**395 285**
一、按登记注册类型分	**Grouped by Registration**		
1.内资企业	Domestic Investment Enterprise	6	395 285
国有企业	State-owned	6	395 285
集体企业	Collective-owned		
股份合作企业	Cooperative Shares Enterprise		
联营企业	Joint owned		
有限责任公司	Companies Limited with Liabilities		
股份有限公司	Companies Limited by Shares		
私营企业	Private		
其他内资企业	Others		
2.港、澳、台投资企业	Funded by Entrepreneur from Hongkong,Macao and Taiwan		
3.外商投资企业	Foreign Funded		
二、按轻、重工业分	**Grouped by Light and Heavy Industry**		
1.轻工业	Light Industry	3	33 029
2.重工业	Heavy Industry	3	362 256
三、按企业规模分	**Grouped by Size of Enterprises**		
1.大型企业	Large Enterprises	1	259 575
2.中型企业	Medium-sized Enterprises	1	23 196
3.小型企业	Small Enterprises	4	112 514
#纯小型企业	#Pure Small Enterprises	4	112 514
微型企业	Micro Enterprises		
四、按工业行业大类分	**Grouped by Sector**		
煤炭开采和洗选业	Mining and Washing of Coal		
石油和天然气开采业	Extraction of Petroleum and Natural Gas		
黑色金属矿采选业	Mining and Processing of Ferrous Metal Ores		
有色金属矿采选业	Mining and Processing of Nonferrous Metal Ores		
非金属矿采选业	Mining and Processing of Nonmetal Ores		
开采专业及辅助性活动	Mining and Auxiliary Activities		
其他采矿业	Mining and Processing of Other Ores		
农副食品加工业	Processing of Food from Agricultural Products		
食品制造业	Manufacture of Foods		
酒、饮料和精制茶制造业	Manufacture of Wine, Beverages and Refined Tea		

(10 000 yuan)

资产总计 Total Assets	流动资产合计 Total Current Assets	固定资产净值 Net Value of Fixed Assets	主营业务收入 Principal Business Revenue	利润总额 Total Profits
441 297	**361 782**	**361 644**	**399 980**	**19 595**
441 297	361 782	361 644	399 980	19 595
441 297	361 782	361 644	399 980	19 595
97 249	85 421	62 833	35 058	5 539
344 048	276 361	298 811	364 922	14 056
200 343	182 687	197 310	261 086	13 294
30 036	28 290	28 539	24 246	462
210 918	150 805	135 795	114 648	5 839
210 918	150 805	135 795	114 648	5 839

单位：万元

项　目 Item		企业单位数 (个) Number of Enterprises (unit)	工业总产值 (当年价) Gross Industrial Output Value (at current prices)
烟草制品业	Manufacture of Tobacco		
纺织业	Manufacture of Textile		
纺织服装、服饰业	Manufacture of Textile Wearing Apparel,Footware and Caps		
皮革、毛皮、羽毛及其制品和制鞋业	Manufacture of Leather, Fur, Feather and Related Products		
木材加工及木、竹、藤、棕、草制品业	Processing of Timber, Manufacture of Wood, Bamboo, Rattan, Palm Fiber & Straw Products		
家具制造业	Manufacture of Furniture		
造纸及纸制品业	Manufacture of Paper and Paper Products		
印刷和记录媒介复制业	Printing and Record Medium Reproduction	3	33 029
文教、工美、体育和娱乐用品制造业	Manufacture of Cultural, Educational and Sports Articles		
石油加工、炼焦及核燃料加工业	Processing of Petroleum, Coking and Nuclear Fuel Processing		
化学原料及化学制品制造业	Manufacture of Raw Chemical Materials and Chemical Products		
医药制造业	Manufacture of Medicines		
化学纤维制造业	Manufacture of Chemical Fibers		
橡胶和塑料制品业	Manufacture of Rubber		
非金属矿物制品业	Manufacture of Non-metallic Mineral Products		
黑色金属冶炼及压延加工业	Smelting and Pressing of Ferrous Metals		
有色金属冶炼及压延加工业	Smelting and Pressing of Nonferrous Metals		
金属制品业	Manufacture of Metal Products		
通用设备制造业	Manufacture of General-purpose Machinery		
专用设备制造业	Manufacture of Special-purpose Machinery		
汽车制造业	Manufacfuer of Automobiles		
铁路、船舶、航空航天和其他运输设备制造业	Manufacture of Railways Ships Aerospace and Other Transport Equipment		
电气机械及器材制造业	Manufacture of Electrical Machinery and Equipment		
计算机、通信和其他电子设备制造业	Manufacture of Communication Equipment, Computers and Other Electronic Equipment	2	282 771
仪器仪表制造业	Manufacture of Measuring Instruments		
其他制造业	Other Manufacturing		
废弃资源综合利用业	Recycling and Disposal of Waste		
金属制品、机械和设备修理业	Manufacture of Metal Products,Machinery and Equipment Repair		
电力、热力的生产和供应业	Production and Supply of Electric Power and Heat Power	1	79 485
燃气生产和供应业	Production and Supply of Gas		
水的生产和供应业	Production and Supply of Water		

4-9 续表 continued (10 000 yuan)

资产总计 Total Assets	流动资产合计 Total Current Assets	固定资产净值 Net Value of Fixed Assets	主营业务收入 Principal Business Revenue	利润总额 Total Profits
97 249	85 421	62 833	35 058	5 539
230 379	210 976	225 849	285 331	13 756
113 669	65 385	72 962	79 591	300

4-10 规模以上集体工业企业主要经济指标（2017年）
MAIN ECONOMIC INDICATORS OF COLLECTIVE-OWNED INDUSTRIAL ENTERPRISES ABOVE DESIGNATED SIZE （2017）

单位：万元

项 目	Item	企业单位数(个) Number of Enterprises (unit)	工业总产值(当年价) Gross Industrial Output Value (at current prices)
总 计	**Total**	**2**	**5 821**
一、按登记注册类型分	**Grouped by Registration**		
1.内资企业	Domestic Investment Enterprise	2	5 821
国有企业	State-owned		
集体企业	Collective-owned	2	5 821
股份合作企业	Cooperative Shares Enterprise		
联营企业	Joint owned		
有限责任公司	Companies Limited with Liabilities		
股份有限公司	Companies Limited by Shares		
私营企业	Private		
其他内资企业	Others		
2.港、澳、台投资企业	Funded by Entrepreneur from Hongkong,Macao and Taiwan		
3.外商投资企业	Foreign Funded		
二、按轻、重工业分	**Grouped by Light and Heavy Industry**		
1.轻工业	Light Industry	1	3 448
2.重工业	Heavy Industry	1	2 373
三、按企业规模分	**Grouped by Size of Enterprises**		
1.大型企业	Large Enterprises		
2.中型企业	Medium-sized Enterprises	1	3 448
3.小型企业	Small Enterprises	1	2 373
#纯小型企业	#Pure Small Enterprises	1	2 373
微型企业	Micro Enterprises		
四、按工业行业大类分	**Grouped by Sector**		
煤炭开采和洗选业	Mining and Washing of Coal		
石油和天然气开采业	Extraction of Petroleum and Natural Gas		
黑色金属矿采选业	Mining and Processing of Ferrous Metal Ores		
有色金属矿采选业	Mining and Processing of Nonferrous Metal Ores		
非金属矿采选业	Mining and Processing of Nonmetal Ores		
开采专业及辅助性活动	Mining and Auxiliary Activities		
其他采矿业	Mining and Processing of Other Ores		
农副食品加工业	Processing of Food from Agricultural Products		
食品制造业	Manufacture of Foods		
酒、饮料和精制茶制造业	Manufacture of Wine, Beverages and Refined Tea		

(10 000 yuan)

资产总计 Total Assets	流动资产合计 Total Current Assets	固定资产净值 Net Value of Fixed Assets	主营业务收入 Principal Business Revenue	利润总额 Total Profits
1 917	**589**	**1 902**	**5 377**	**308**
1 917	589	1 902	5 377	308
1 917	589	1 902	5 377	308
1 836	509	1 821	3 003	255
81	80	81	2 374	53
1 836	509	1 821	3 003	255
81	80	81	2 374	53
81	80	81	2 374	53

单位：万元

项 目	Item	企业单位数（个）Number of Enterprises (unit)	工业总产值（当年价）Gross Industrial Output Value (at current prices)
烟草制品业	Manufacture of Tobacco		
纺织业	Manufacture of Textile		
纺织服装、服饰业	Manufacture of Textile Wearing Apparel,Footware and Caps	1	3 448
皮革、毛皮、羽毛及其制品和制鞋业	Manufacture of Leather, Fur, Feather and Related Products		
木材加工及木、竹、藤、棕、草制品业	Processing of Timber, Manufacture of Wood, Bamboo, Rattan, Palm Fiber & Straw Products		
家具制造业	Manufacture of Furniture		
造纸及纸制品业	Manufacture of Paper and Paper Products		
印刷和记录媒介复制业	Printing and Record Medium Reproduction		
文教、工美、体育和娱乐用品制造业	Manufacture of Cultural, Educational and Sports Articles		
石油加工、炼焦及核燃料加工业	Processing of Petroleum, Coking and Nuclear Fuel Processing		
化学原料及化学制品制造业	Manufacture of Raw Chemical Materials and Chemical Products		
医药制造业	Manufacture of Medicines		
化学纤维制造业	Manufacture of Chemical Fibers		
橡胶和塑料制品业	Manufacture of Rubber		
非金属矿物制品业	Manufacture of Non-metallic Mineral Products		
黑色金属冶炼及压延加工业	Smelting and Pressing of Ferrous Metals		
有色金属冶炼及压延加工业	Smelting and Pressing of Nonferrous Metals		
金属制品业	Manufacture of Metal Products		
通用设备制造业	Manufacture of General-purpose Machinery		
专用设备制造业	Manufacture of Special-purpose Machinery		
汽车制造业	Manufacfuer of Automobiles		
铁路、船舶、航空航天和其他运输设备制造业	Manufacture of Railways Ships Aerospace and Other Transport Equipment		
电气机械及器材制造业	Manufacture of Electrical Machinery and Equipment		
计算机、通信和其他电子设备制造业	Manufacture of Communication Equipment, Computers and Other Electronic Equipment	1	2 373
仪器仪表制造业	Manufacture of Measuring Instruments		
其他制造业	Other Manufacturing		
废弃资源综合利用业	Recycling and Disposal of Waste		
金属制品、机械和设备修理业	Manufacture of Metal Products Machinery and Equipment Repair		
电力、热力的生产和供应业	Production and Supply of Electric Power and Heat Power		
燃气生产和供应业	Production and Supply of Gas		
水的生产和供应业	Production and Supply of Water		

4-10 续表 continued（10 000 yuan）

资产总计 Total Assets	流动资产合计 Total Current Assets	固定资产净值 Net Value of Fixed Assets	主营业务收入 Principal Business Revenue	利润总额 Total Profits
1 836	509	1 821	3 003	255
81	80	81	2 374	53

4-11 规模以上股份有限工业企业主要经济指标（2017年）

MAIN ECONOMIC INDICATORS OF SHARE-HOLDING INDUSTRIAL ENTERPRISES LIMITED ABOVE DESIGNATED SIZE（2017）

单位：万元

项 目	Item	企业单位数(个) Number of Enterprises (unit)	工业总产值(当年价) Gross Industrial Output Value (at current prices)
总 计	**Total**	**361**	**41 949 546**
一、按登记注册类型分	**Grouped by Registration**		
1.内资企业	Domestic Investment Enterprise	361	41 949 546
国有企业	State-owned		
集体企业	Collective-owned		
股份合作企业	Cooperative Shares Enterprise		
联营企业	Joint owned		
有限责任公司	Companies Limited with Liabilities		
股份有限公司	Companies Limited by Shares	361	41 949 546
私营企业	Private		
其他内资企业	Others		
2.港、澳、台投资企业	Funded by Entrepreneur from Hongkong,Macao and Taiwan		
3.外商投资企业	Foreign Funded		
二、按轻、重工业分	**Grouped by Light and Heavy Industry**		
1.轻工业	Light Industry	86	4 312 419
2.重工业	Heavy Industry	275	37 637 127
三、按企业规模分	**Grouped by Size of Enterprises**		
1.大型企业	Large Enterprises	62	32 454 065
2.中型企业	Medium-sized Enterprises	102	6 065 548
3.小型企业	Small Enterprises	197	3 429 933
#纯小型企业	#Pure Small Enterprises	194	3 405 563
微型企业	Micro Enterprises	3	24 370
四、按工业行业大类分	**Grouped by Sector**		
煤炭开采和洗选业	Mining and Washing of Coal		
石油和天然气开采业	Extraction of Petroleum and Natural Gas		
黑色金属矿采选业	Mining and Processing of Ferrous Metal Ores		
有色金属矿采选业	Mining and Processing of Nonferrous Metal Ores		
非金属矿采选业	Mining and Processing of Nonmetal Ores		
开采专业及辅助性活动	Mining and Auxiliary Activities		
其他采矿业	Mining and Processing of Other Ores		
农副食品加工业	Processing of Food from Agricultural Products	3	138 288
食品制造业	Manufacture of Foods		
酒、饮料和精制茶制造业	Manufacture of Wine, Beverages and Refined Tea		

（10 000 yuan）

资产总计 Total Assets	流动资产合计 Total Current Assets	固定资产净值 Net Value of Fixed Assets	主营业务收入 Principal Business Revenue	利润总额 Total Profits
63 332 961	**37 319 761**	**59 371 995**	**35 634 582**	**3 131 249**
63 332 961	37 319 761	59 371 995	35 634 582	3 131 249
63 332 961	37 319 761	59 371 995	35 634 582	3 131 249
9 943 181	4 558 529	9 422 182	4 117 850	866 167
53 389 780	32 761 232	49 949 813	31 516 732	2 265 082
41 357 713	25 017 435	38 337 791	26 206 720	2 183 423
15 475 121	8 212 625	14 822 102	5 981 992	630 411
6 500 127	4 089 701	6 212 102	3 445 870	317 415
6 483 703	4 077 046	6 195 927	3 417 257	315 978
16 424	12 655	16 175	28 613	1 437
358 609	82 187	357 225	198 013	17 886

单位：万元

项 目	Item	企业单位数(个) Number of Enterprises (unit)	工业总产值(当年价) Gross Industrial Output Value (at current prices)
烟草制品业	Manufacture of Tobacco		
纺织业	Manufacture of Textile		
纺织服装、服饰业	Manufacture of Textile Wearing Apparel,Footware and Caps	4	354 490
皮革、毛皮、羽毛及其制品和制鞋业	Manufacture of Leather, Fur, Feather and Related Products	1	3 238
木材加工及木、竹、藤、棕、草制品业	Processing of Timber, Manufacture of Wood, Bamboo, Rattan, Palm Fiber & Straw Products	1	27 406
家具制造业	Manufacture of Furniture	2	95 187
造纸及纸制品业	Manufacture of Paper and Paper Products	2	71 540
印刷和记录媒介复制业	Printing and Record Medium Reproduction	2	471 922
文教、工美、体育和娱乐用品制造业	Manufacture of Cultural, Educational and Sports Articles		
石油加工、炼焦及核燃料加工业	Processing of Petroleum, Coking and Nuclear Fuel Processing	2	47 635
化学原料及化学制品制造业	Manufacture of Raw Chemical Materials and Chemical Products	11	466 479
医药制造业	Manufacture of Medicines	7	529 077
化学纤维制造业	Manufacture of Chemical Fibers		
橡胶和塑料制品业	Manufacture of Rubber	16	307 150
非金属矿物制品业	Manufacture of Non-metallic Mineral Products	5	454 284
黑色金属冶炼及压延加工业	Smelting and Pressing of Ferrous Metals		
有色金属冶炼及压延加工业	Smelting and Pressing of Nonferrous Metals	1	102 289
金属制品业	Manufacture of Metal Products	18	448 097
通用设备制造业	Manufacture of General-purpose Machinery	19	887 515
专用设备制造业	Manufacture of Special-purpose Machinery	34	3 333 487
汽车制造业	Manufacfuer of Automobiles	6	707 117
铁路、船舶、航空航天和其他运输设备制造业	Manufacture of Railways Ships Aerospace and Other Transport Equipment	1	12 221
电气机械及器材制造业	Manufacture of Electrical Machinery and Equipment	55	2 341 125
计算机、通信和其他电子设备制造业	Manufacture of Communication Equipment, Computers and Other Electronic Equipment	138	29 515 882
仪器仪表制造业	Manufacture of Measuring Instruments	26	861 360
其他制造业	Other Manufacturing	2	105 702
废弃资源综合利用业	Recycling and Disposal of Waste		
金属制品、机械和设备修理业	Manufacture of Metal Products,Machinery and Equipment Repair		
电力、热力的生产和供应业	Production and Supply of Electric Power and Heat Power	1	79 449
燃气生产和供应业	Production and Supply of Gas	1	558 603
水的生产和供应业	Production and Supply of Water	3	30 005

4-11 续表 continued（10 000 yuan）

资产总计 Total Assets	流动资产合计 Total Current Assets	固定资产净值 Net Value of Fixed Assets	主营业务收入 Principal Business Revenue	利润总额 Total Profits
1 035 637	439 860	1 016 518	292 100	39 804
3 865	3 852	3 862	3 845	125
30 942	13 515	30 599	24 502	878
177 843	122 106	170 882	111 538	15 290
458 545	112 527	447 760	82 354	10 275
1 351 868	551 919	1 294 260	408 546	136 399
64 558	43 809	62 601	41 404	3 927
2 416 522	1 304 740	2 373 718	495 962	46 156
1 957 253	692 541	1 846 184	472 712	153 351
513 570	281 925	440 585	313 426	13 807
710 109	461 522	683 779	428 362	39 900
149 783	100 518	142 372	98 641	12 597
433 719	308 830	343 725	440 620	37 813
1 751 087	1 187 633	1 717 429	770 258	95 298
4 959 061	3 103 722	4 692 326	3 166 245	641 725
1 019 042	726 778	965 300	704 079	10 751
29 233	25 276	29 155	12 221	1 376
6 289 785	2 694 748	6 082 481	2 456 486	238 997
35 414 937	23 189 315	32 701 731	23 435 190	1 371 526
2 389 528	1 274 733	2 329 087	960 131	121 784
227 753	117 228	204 112	92 575	22 101
42 830	26 146	22 376	79 449	10 235
1 477 393	410 697	1 350 933	516 629	83 104
69 489	43 633	62 995	29 292	6 148

4-12 规模以上“三资”工业企业主要经济指标（2017年）

MAIN ECONOMIC INDICATORS OF FOREIGN-FUNDED INDUSTRIAL ENTERPRISES ABOVE DESIGNATED SIZE（2017）

单位：万元

项　目	Item	企业单位数（个） Number of Enterprises (unit)	工业总产值（当年价） Gross Industrial Output Value (at current prices)
总 计	**Total**	**2 437**	**118 676 234**
一、按登记注册类型分	**Grouped by Registration**		
1.内资企业	Domestic Investment Enterprise		
国有企业	State-owned		
集体企业	Collective-owned		
股份合作企业	Cooperative Shares Enterprise		
联营企业	Joint owned		
有限责任公司	Companies Limited with Liabilities		
股份有限公司	Companies Limited by Shares		
私营企业	Private		
其他内资企业	Others		
2.港、澳、台投资企业	Funded by Entrepreneur from Hongkong,Macao and Taiwan	1 819	79 411 208
3.外商投资企业	Foreign Funded	618	39 265 026
二、按轻、重工业分	**Grouped by Light and Heavy Industry**		
1.轻工业	Light Industry	1 075	27 561 154
2.重工业	Heavy Industry	1 362	91 115 080
三、按企业规模分	**Grouped by Size of Enterprises**		
1.大型企业	Large Enterprises	219	77 956 112
2.中型企业	Medium-sized Enterprises	727	25 200 876
3.小型企业	Small Enterprises	1 491	15 519 246
#纯小型企业	#Pure Small Enterprises	1 413	13 701 454
微型企业	Micro Enterprises	78	1 817 792
四、按工业行业大类分	**Grouped by Sector**		
煤炭开采和洗选业	Mining and Washing of Coal		
石油和天然气开采业	Extraction of Petroleum and Natural Gas	2	2 471 612
黑色金属矿采选业	Mining and Processing of Ferrous Metal Ores		
有色金属矿采选业	Mining and Processing of Nonferrous Metal Ores		
非金属矿采选业	Mining and Processing of Nonmetal Ores		
开采专业及辅助性活动	Mining and Auxiliary Activities	1	19 634
其他采矿业	Mining and Processing of Other Ores		
农副食品加工业	Processing of Food from Agricultural Products	18	1 467 022
食品制造业	Manufacture of Foods	14	286 387
酒、饮料和精制茶制造业	Manufacture of Wine, Beverages and Refined Tea	12	1 686 755

(10 000 yuan)

资产总计 Total Assets	流动资产合计 Total Current Assets	固定资产净值 Net Value of Fixed Assets	主营业务收入 Principal Business Revenue	利润总额 Total Profits
113 197 875	**78 251 364**	**87 550 570**	**115 775 470**	**7 820 734**
78 237 561	55 006 324	60 817 400	76 678 569	4 901 482
34 960 314	23 245 040	26 733 170	39 096 901	2 919 252
27 750 265	19 805 373	23 675 495	26 704 386	1 459 052
85 447 610	58 445 991	63 875 075	89 071 084	6 361 682
75 294 792	50 834 128	59 480 680	75 454 500	5 101 932
22 164 930	15 368 793	17 502 538	24 762 446	1 754 838
15 738 153	12 048 443	10 567 352	15 558 524	963 964
14 203 905	10 905 346	11 756 433	13 725 078	678 699
1 534 248	1 143 097	− 1 189 081	1 833 446	285 265
3 153 260	220 097	− 2 943 615	2 581 777	1 038 545
31 212	20 284	5 120	19 634	3 861
1 025 723	795 278	833 475	1 559 062	76 126
247 323	156 909	178 750	289 348	19 823
1 016 581	784 414	762 927	1 392 941	65 962

单位：万元

项　目	Item	企业单位数（个）Number of Enterprises (unit)	工业总产值（当年价）Gross Industrial Output Value (at current prices)
烟草制品业	Manufacture of Tobacco		
纺织业	Manufacture of Textile	23	356 195
纺织服装、服饰业	Manufacture of Textile Wearing Apparel,Footware and Caps	84	1 121 732
皮革、毛皮、羽毛及其制品和制鞋业	Manufacture of Leather, Fur, Feather and Related Products	44	750 759
木材加工及木、竹、藤、棕、草制品业	Processing of Timber, Manufacture of Wood, Bamboo, Rattan, Palm Fiber & Straw Products	3	13 756
家具制造业	Manufacture of Furniture	39	602 171
造纸及纸制品业	Manufacture of Paper and Paper Products	58	645 878
印刷和记录媒介复制业	Printing and Record Medium Reproduction	69	1 009 840
文教、工美、体育和娱乐用品制造业	Manufacture of Cultural, Educational and Sports Articles	142	5 105 498
石油加工、炼焦及核燃料加工业	Processing of Petroleum, Coking and Nuclear Fuel Processing	1	711 344
化学原料及化学制品制造业	Manufacture of Raw Chemical Materials and Chemical Products	67	1 636 903
医药制造业	Manufacture of Medicines	22	1 380 211
化学纤维制造业	Manufacture of Chemical Fibers	1	18 288
橡胶和塑料制品业	Manufacture of Rubber	260	5 140 447
非金属矿物制品业	Manufacture of Non-metallic Mineral Products	29	1 282 106
黑色金属冶炼及压延加工业	Smelting and Pressing of Ferrous Metals	6	107 246
有色金属冶炼及压延加工业	Smelting and Pressing of Nonferrous Metals	31	1 644 084
金属制品业	Manufacture of Metal Products	155	2 883 302
通用设备制造业	Manufacture of General-purpose Machinery	138	4 425 624
专用设备制造业	Manufacture of Special-purpose Machinery	153	3 505 450
汽车制造业	Manufacfuer of Automobiles	21	6 324 004
铁路、船舶、航空航天和其他运输设备制造业	Manufacture of Railways Ships Aerospace and Other Transport Equipment	36	963 259
电气机械及器材制造业	Manufacture of Electrical Machinery and Equipment	332	9 625 319
计算机、通信和其他电子设备制造业	Manufacture of Communication Equipment, Computers and Other Electronic Equipment	545	58 082 911
仪器仪表制造业	Manufacture of Measuring Instruments	83	1 524 255
其他制造业	Other Manufacturing	32	512 189
废弃资源综合利用业	Recycling and Disposal of Waste		
金属制品、机械和设备修理业	Manufacture of Metal Products,Machinery and Equipment Repair	6	134 365
电力、热力的生产和供应业	Production and Supply of Electric Power and Heat Power	6	1 020 912
燃气生产和供应业	Production and Supply of Gas	1	659 819
水的生产和供应业	Production and Supply of Water	3	756 963

资产总计 Total Assets	流动资产合计 Total Current Assets	固定资产净值 Net Value of Fixed Assets	主营业务收入 Principal Business Revenue	利润总额 Total Profits
271 322	204 898	187 758	352 161	6 147
863 351	648 522	718 452	1 142 648	20 926
688 835	462 643	588 177	745 208	47 465
5 521	4 375	4 496	13 756	−1 006
643 277	483 093	523 219	598 583	25 580
486 026	390 649	364 915	651 588	9 927
1 047 002	790 307	729 964	964 218	55 032
4 936 022	4 346 892	4 626 344	5 107 836	255 310
492 375	406 903	443 700	676 741	213 237
1 236 812	889 478	1 000 642	1 657 635	75 295
1 774 849	1 068 666	1 621 898	1 144 847	291 005
3 853	3 474	3 508	16 656	141
3 832 458	2 884 858	2 882 835	4 918 536	187 970
1 571 921	1 213 895	1 088 810	1 269 202	58 792
82 568	62 967	48 991	98 019	5 643
713 575	625 936	679 655	1 751 589	37 798
2 432 053	1 721 838	1 746 247	2 437 356	199 095
3 493 801	2 929 206	2 872 826	4 494 060	273 853
3 084 053	2 357 503	2 523 465	3 444 017	243 605
10 618 828	7 654 952	9 885 897	5 783 745	30 508
1 503 175	911 947	1 250 728	865 372	10 235
11 407 454	7 419 104	10 367 370	9 505 687	354 287
47 080 973	34 166 430	40 175 076	56 915 198	2 850 911
1 826 648	1 456 552	1 643 052	1 521 123	154 032
329 837	288 227	292 921	511 885	106 683
185 740	142 878	161 726	129 966	18 281
3 074 499	1 757 353	−725 613	1 809 224	609 883
648 779	192 605	303 887	611 181	152 650
3 388 172	788 237	2 702 968	794 675	323 136

4-13 规模以上私营工业企业主要经济指标（2017年）

MAIN ECONOMIC INDICATORS OF PRIVATE INDUSTRIAL ENTERPRISES ABOVE DESIGNATED SIZE（2017）

单位：万元

项　目	Item	企业单位数（个）Number of Enterprises (unit)	工业总产值（当年价）Gross Industrial Output Value (at current prices)
总　计	**Total**	**4 104**	**65 716 991**
一、按登记注册类型分	**Grouped by Registration**		
1．内资企业	Domestic Investment Enterprise	4 104	65 716 991
国有企业	State-owned		
集体企业	Collective-owned		
股份合作企业	Cooperative Shares Enterprise		
联营企业	Joint owned		
有限责任公司	Companies Limited with Liabilities		
股份有限公司	Companies Limited by Shares		
私营企业	Private	4 104	65 716 991
其他内资企业	Others		
2．港、澳、台投资企业	Funded by Entrepreneur from Hongkong,Macao and Taiwan		
3．外商投资企业	Foreign Funded		
二、按轻、重工业分	**Grouped by Light and Heavy Industry**		
1．轻工业	Light Industry	1 342	18 108 302
2．重工业	Heavy Industry	2 762	47 608 689
三、按企业规模分	**Grouped by Size of Enterprises**		
1．大型企业	Large Enterprises	75	18 752 305
2．中型企业	Medium-sized Enterprises	580	17 715 673
3．小型企业	Small Enterprises	3 449	29 249 013
#纯小型企业	#Pure Small Enterprises	3 316	28 571 453
微型企业	Micro Enterprises	133	677 560
四、按工业行业大类分	**Grouped by Sector**		
煤炭开采和洗选业	Mining and Washing of Coal		
石油和天然气开采业	Extraction of Petroleum and Natural Gas		
黑色金属矿采选业	Mining and Processing of Ferrous Metal Ores		
有色金属矿采选业	Mining and Processing of Nonferrous Metal Ores		
非金属矿采选业	Mining and Processing of Nonmetal Ores		
开采专业及辅助性活动	Mining and Auxiliary Activities		
其他采矿业	Mining and Processing of Other Ores		
农副食品加工业	Processing of Food from Agricultural Products	14	213 598
食品制造业	Manufacture of Foods	19	121 106
酒、饮料和精制茶制造业	Manufacture of Wine, Beverages and Refined Tea	4	25 972

(10 000 yuan)

资产总计 Total Assets	流动资产合计 Total Current Assets	固定资产净值 Net Value of Fixed Assets	主营业务收入 Principal Business Revenue	利润总额 Total Profits
69 549 326	**51 919 912**	**64 702 371**	**63 139 971**	**3 814 458**
69 549 326	51 919 912	64 702 371	63 139 971	3 814 458
69 549 326	51 919 912	64 702 371	63 139 971	3 814 458
20 561 227	16 337 902	19 550 387	17 162 653	857 010
48 988 099	35 582 010	45 151 984	45 977 318	2 957 448
22 529 102	14 189 321	20 164 621	16 893 140	1 769 160
19 383 488	14 628 993	18 295 219	16 913 970	1 120 112
27 636 736	23 101 598	26 242 531	29 332 861	925 186
25 707 147	21 939 952	24 332 745	28 631 913	891 067
1 929 589	1 161 646	1 909 786	700 948	34 119
221 204	181 871	212 117	218 492	9 699
135 250	114 401	124 411	122 384	− 306
59 090	39 077	52 486	44 364	51

单位：万元

项　目	Item	企业单位数（个）Number of Enterprises (unit)	工业总产值（当年价）Gross Industrial Output Value (at current prices)
烟草制品业	Manufacture of Tobacco		
纺织业	Manufacture of Textile	31	412 875
纺织服装、服饰业	Manufacture of Textile Wearing Apparel,Footware and Caps	77	603 556
皮革、毛皮、羽毛及其制品和制鞋业	Manufacture of Leather, Fur, Feather and Related Products	49	308 135
木材加工及木、竹、藤、棕、草制品业	Processing of Timber, Manufacture of Wood, Bamboo, Rattan, Palm Fiber & Straw Products	15	110 173
家具制造业	Manufacture of Furniture	75	719 666
造纸及纸制品业	Manufacture of Paper and Paper Products	81	677 085
印刷和记录媒介复制业	Printing and Record Medium Reproduction	87	657 819
文教、工美、体育和娱乐用品制造业	Manufacture of Cultural, Educational and Sports Articles	163	4 297 387
石油加工、炼焦及核燃料加工业	Processing of Petroleum, Coking and Nuclear Fuel Processing	3	41 436
化学原料及化学制品制造业	Manufacture of Raw Chemical Materials and Chemical Products	91	754 933
医药制造业	Manufacture of Medicines	14	345 041
化学纤维制造业	Manufacture of Chemical Fibers	3	36 463
橡胶和塑料制品业	Manufacture of Rubber	228	1 943 921
非金属矿物制品业	Manufacture of Non-metallic Mineral Products	81	811 202
黑色金属冶炼及压延加工业	Smelting and Pressing of Ferrous Metals	9	183 732
有色金属冶炼及压延加工业	Smelting and Pressing of Nonferrous Metals	32	2 729 734
金属制品业	Manufacture of Metal Products	243	1 813 625
通用设备制造业	Manufacture of General-purpose Machinery	220	2 627 223
专用设备制造业	Manufacture of Special-purpose Machinery	307	3 149 155
汽车制造业	Manufacfuer of Automobiles	22	403 882
铁路、船舶、航空航天和其他运输设备制造业	Manufacture of Railways Ships Aerospace and Other Transport Equipment	27	405 475
电气机械及器材制造业	Manufacture of Electrical Machinery and Equipment	668	9 945 388
计算机、通信和其他电子设备制造业	Manufacture of Communication Equipment, Computers and Other Electronic Equipment	1 367	30 363 934
仪器仪表制造业	Manufacture of Measuring Instruments	125	1 560 962
其他制造业	Other Manufacturing	42	420 222
废弃资源综合利用业	Recycling and Disposal of Waste	2	13 121
金属制品、机械和设备修理业	Manufacture of Metal Products,Machinery and Equipment Repair	4	16 911
电力、热力的生产和供应业	Production and Supply of Electric Power and Heat Power	1	3 265
燃气生产和供应业	Production and Supply of Gas		
水的生产和供应业	Production and Supply of Water		

4-13 续表 continued (10 000 yuan)

资产总计 Total Assets	流动资产合计 Total Current Assets	固定资产净值 Net Value of Fixed Assets	主营业务收入 Principal Business Revenue	利润总额 Total Profits
484 641	287 336	461 561	384 495	38 927
588 737	519 762	558 914	558 453	15 747
206 303	178 585	193 356	298 096	3 757
122 378	90 700	115 119	105 780	2 295
788 115	596 341	750 707	754 443	16 560
451 142	377 800	398 049	666 443	14 620
612 533	484 289	479 892	661 396	27 314
4 985 688	4 528 082	4 896 391	4 304 362	136 537
25 211	24 756	24 958	32 218	37
824 581	649 626	768 016	739 162	47 476
2 195 190	1 386 292	2 138 301	379 276	66 890
20 974	16 517	17 142	39 847	1 808
1 647 129	1 304 588	1 466 846	1 902 666	97 907
1 821 981	1 082 793	1 720 983	805 383	50 625
272 040	144 375	238 988	169 466	5 937
1 987 138	1 856 329	1 963 552	3 095 459	31 159
1 744 482	1 369 250	1 597 786	1 809 388	55 802
3 179 250	2 586 274	3 044 609	2 431 981	231 245
3 760 582	3 047 278	3 583 636	3 018 170	306 955
504 839	413 564	488 697	377 055	25 443
281 689	203 077	258 438	404 519	24 405
11 124 522	8 585 699	10 641 875	9 114 099	577 559
29 637 446	20 387 327	26 745 558	28 690 270	1 851 479
1 538 151	1 213 348	1 455 864	1 559 401	155 625
276 522	223 464	254 918	415 470	16 139
24 386	7 377	23 460	13 185	1 611
19 068	16 420	16 996	20 983	266
9 069	3 316	8 746	3 265	890

4-14 规模以上大中型工业企业主要经济指标（2017年）

MAIN ECONOMIC INDICATORS OF LARGE AND MEDIUM-SIZED INDUSTRIAL ENTERPRISES ABOVE DESIGNATED SIZE（2017）

单位：万元

项 目	Item	企业单位数(个) Number of Enterprises (unit)	工业总产值(当年价) Gross Industrial Output Value (at current prices)
总 计	**Total**	**2 006**	**261 168 140**
一、按登记注册类型分	**Grouped by Registration**		
1.内资企业	Domestic Investment Enterprise	1 060	158 011 152
国有企业	State-owned	2	282 771
集体企业	Collective-owned	1	3 448
股份合作企业	Cooperative Shares Enterprise		
联营企业	Joint owned		
有限责任公司	Companies Limited with Liabilities	238	82 737 343
股份有限公司	Companies Limited by Shares	164	38 519 612
私营企业	Private	655	36 467 978
其他内资企业	Others		
2.港、澳、台投资企业	Funded by Entrepreneur from Hongkong,Macao and Taiwan	692	68 865 526
3.外商投资企业	Foreign Funded	254	34 291 462
二、按轻、重工业分	**Grouped by Light and Heavy Industry**		
1.轻工业	Light Industry	741	41 606 487
2.重工业	Heavy Industry	1 265	219 561 653
三、按企业规模分	**Grouped by Size of Enterprises**		
1.大型企业	Large Enterprises	401	203 063 218
2.中型企业	Medium-sized Enterprises	1 605	58 104 922
3.小型企业	Small Enterprises		
#纯小型企业	#Pure Small Enterprises		
微型企业	Micro Enterprises		
四、按工业行业大类分	**Grouped by Sector**		
煤炭开采和洗选业	Mining and Washing of Coal		
石油和天然气开采业	Extraction of Petroleum and Natural Gas	1	2 448 969
黑色金属矿采选业	Mining and Processing of Ferrous Metal Ores		
有色金属矿采选业	Mining and Processing of Nonferrous Metal Ores		
非金属矿采选业	Mining and Processing of Nonmetal Ores		
开采专业及辅助性活动	Mining and Auxiliary Activities	1	98 187
其他采矿业	Mining and Processing of Other Ores		
农副食品加工业	Processing of Food from Agricultural Products	9	1 472 280
食品制造业	Manufacture of Foods	10	382 149
酒、饮料和精制茶制造业	Manufacture of Wine, Beverages and Refined Tea	6	1 588 182

(10 000 yuan)

资产总计 Total Assets	流动资产合计 Total Current Assets	固定资产净值 Net Value of Fixed Assets	主营业务收入 Principal Business Revenue	利润总额 Total Profits
266 053 692	**181 131 974**	**230 599 599**	**247 170 099**	**18 112 458**
168 593 970	114 929 054	153 616 382	146 953 153	11 255 688
230 379	210 977	225 849	285 331	13 756
1 837	509	1 821	3 003	255
69 616 330	52 669 194	61 768 978	80 668 997	5 538 571
56 832 834	33 230 060	53 159 894	32 188 712	2 813 834
41 912 590	28 818 314	38 459 840	33 807 110	2 889 272
67 793 326	47 388 059	54 875 192	66 227 393	4 162 294
29 666 396	18 814 861	22 108 025	33 989 553	2 694 476
48 476 365	32 783 684	43 659 554	39 146 186	3 201 779
217 577 327	148 348 290	186 940 045	208 023 913	14 910 679
200 282 033	136 808 804	172 356 078	190 643 389	14 538 253
65 771 659	44 323 170	58 243 521	56 526 710	3 574 205
3 092 112	184 244	− 2 891 431	2 559 134	1 033 083
526 904	109 486	471 242	98 187	1 045
758 791	539 342	661 025	1 526 255	52 427
344 013	220 736	250 363	406 389	18 265
768 047	607 345	602 497	1 312 968	52 970

单位：万元

项　目 Item		企业单位数(个) Number of Enterprises (unit)	工业总产值(当年价) Gross Industrial Output Value (at current prices)
烟草制品业	Manufacture of Tobacco	1	630 363
纺织业	Manufacture of Textile	14	768 082
纺织服装、服饰业	Manufacture of Textile Wearing Apparel,Footware and Caps	71	2 101 454
皮革、毛皮、羽毛及其制品和制鞋业	Manufacture of Leather, Fur, Feather and Related Products	24	815 167
木材加工及木、竹、藤、棕、草制品业	Processing of Timber, Manufacture of Wood, Bamboo, Rattan, Palm Fiber & Straw Products	1	21 282
家具制造业	Manufacture of Furniture	37	1 019 976
造纸及纸制品业	Manufacture of Paper and Paper Products	21	562 730
印刷和记录媒介复制业	Printing and Record Medium Reproduction	37	1 536 113
文教、工美、体育和娱乐用品制造业	Manufacture of Cultural, Educational and Sports Articles	114	6 851 400
石油加工、炼焦及核燃料加工业	Processing of Petroleum, Coking and Nuclear Fuel Processing	1	711 344
化学原料及化学制品制造业	Manufacture of Raw Chemical Materials and Chemical Products	20	988 710
医药制造业	Manufacture of Medicines	19	2 259 275
化学纤维制造业	Manufacture of Chemical Fibers	2	42 553
橡胶和塑料制品业	Manufacture of Rubber	135	5 188 645
非金属矿物制品业	Manufacture of Non-metallic Mineral Products	24	1 851 041
黑色金属冶炼及压延加工业	Smelting and Pressing of Ferrous Metals	1	96 608
有色金属冶炼及压延加工业	Smelting and Pressing of Nonferrous Metals	5	1 294 471
金属制品业	Manufacture of Metal Products	93	3 124 402
通用设备制造业	Manufacture of General-purpose Machinery	101	6 034 598
专用设备制造业	Manufacture of Special-purpose Machinery	144	7 756 484
汽车制造业	Manufacfuer of Automobiles	22	7 239 385
铁路、船舶、航空航天和其他运输设备制造业	Manufacture of Railways Ships Aerospace and Other Transport Equipment	15	1 040 963
电气机械及器材制造业	Manufacture of Electrical Machinery and Equipment	303	18 922 738
计算机、通信和其他电子设备制造业	Manufacture of Communication Equipment, Computers and Other Electronic Equipment	686	172 574 975
仪器仪表制造业	Manufacture of Measuring Instruments	58	2 795 854
其他制造业	Other Manufacturing	13	639 267
废弃资源综合利用业	Recycling and Disposal of Waste		
金属制品、机械和设备修理业	Manufacture of Metal Products,Machinery and Equipment Repair	4	108 289
电力、热力的生产和供应业	Production and Supply of Electric Power and Heat Power	3	5 944 913
燃气生产和供应业	Production and Supply of Gas	2	1 218 422
水的生产和供应业	Production and Supply of Water	8	1 038 872

4-14 续表 continued（10 000 yuan）

资产总计 Total Assets	流动资产合计 Total Current Assets	固定资产净值 Net Value of Fixed Assets	主营业务收入 Principal Business Revenue	利润总额 Total Profits
598 230	529 490	439 809	626 822	66 326
670 843	424 003	590 826	681 075	61 275
2 183 390	1 338 509	2 019 262	1 865 928	109 632
775 882	531 667	666 948	806 023	47 689
20 022	18 211	19 832	21 282	−85
1 378 853	1 001 776	1 232 383	1 046 788	54 364
766 076	354 013	676 950	570 798	20 126
2 482 387	1 388 031	2 116 738	1 420 821	189 080
6 834 429	6 020 915	6 485 811	6 788 679	384 792
492 375	406 903	443 700	676 741	213 237
2 398 763	1 382 708	2 266 515	1 014 441	52 369
5 774 450	2 998 541	5 433 229	2 086 864	521 781
19 941	16 405	16 602	41 801	1 796
4 175 325	3 006 333	3 212 031	4 901 715	221 956
2 395 681	1 803 113	1 897 688	1 798 804	113 428
219 986	102 769	188 944	88 409	14
516 557	449 236	501 825	1 399 642	27 848
3 134 430	2 159 311	2 444 167	2 685 996	237 725
6 296 891	4 838 335	5 640 834	5 837 344	450 285
9 101 546	6 415 152	8 293 365	7 371 387	1 048 505
11 960 769	8 604 653	11 187 955	6 672 334	57 021
1 384 375	834 845	1 136 343	935 530	28 720
26 008 393	16 386 868	24 521 553	17 891 849	1 230 209
154 404 715	111 995 880	139 625 781	162 457 594	10 428 674
4 640 641	3 061 483	4 397 843	2 839 475	319 869
578 645	395 996	523 543	618 220	133 631
129 072	100 600	108 033	104 171	11 777
5 097 776	1 269 898	748 090	5 829 644	321 791
2 126 172	603 302	1 654 819	1 127 810	235 754
3 997 213	1 031 877	3 014 484	1 059 183	365 080

4-15 主要工业产品产量

PRODUCTION OF MAIN INDUSTRIAL PRODUCTS

年 份 Year	自来水生产量 (万立方米) Tap Water (10 000 cu.m)	发电量 (万千瓦小时) Electricity (10 000 kwh)	小麦粉 (吨) Flour (ton)	啤 酒 (千升) Beer (kiloliter)	卷 烟 (万支) Cigarettes (10 000 pieces)	化学纤维 (吨) Chemical Fiber (ton)	布 (万米) Cloth (10 000 m)
1979		609					
1980		437					
1981		608					
1982		1 152					
1983		1 322					
1984		1 261			27 570		
1985		1 012			45 500		
1986	7 051	3 130			52 225		
1987	8 617	4 408			75 000	3 731	280
1988	13 060	2 508	16 794		252 255	4 190	925
1989	19 962	1 124	17 285		303 825	4 451	380
1990	19 736	31 065	21 155		380 820	5 050	631
1991	24 446	107 727	35 151		430 000	7 694	1 872
1992	23 785	195 007	44 302	57 256	442 500	7 637	30 484
1993	30 335	416 568	72 252	76 715	472 575	14 194	3 907
1994	43 425	1 739 463	75 536	82 128	472 915	19 768	2 674
1995	50 151	1 652 038	92 977	101 425	522 800	22 348	4 413
1996	53 691	1 873 881	219 700	125 302	594 120	17 576	106
1997	60 408	1 960 433	273 300	131 346	629 205	20 243	2 375
1998	62 585	2 150 147	250 000	152 279	756 095	13 271	1 716
1999	66 816	2 380 518	287 400	150 880	943 600	14 543	3 200
2000	75 547	2 618 545	229 000	250 417	1 044 490	14 368	2 356
2001	93 047	2 737 802	360 000	275 180	1 145 465	13 805	1 940
2002	113 315	3 515 696	346 000	334 590	1 175 810	13 821	2 247
2003	123 709	4 846 256	328 200	396 150	1 207 066	14 281	1 317
2004	119 510	5 220 982	313 300	477 766	1 277 700	15 083	2 697
2005	148 221	5 685 750	350 325	581 161	1 373 606	8 497	3 885
2006	141 218	5 472 103	351 289	574 554	1 454 359	4 913	2 210
2007	148 349	5 578 728	360 171	561 371	1 605 650	8 382	2 857
2008	150 221	5 844 154	368 498	473 027	1 656 000	1 115	2 541
2009	137 824	5 677 546	339 457	524 696	1 753 150	2 284	464
2010	153 218	5 778 497	324 406	597 184	1 817 025	7 627	1 904
2011	155 802	6 784 694	306 664	653 279	1 877 085	3 310	716
2012	159 944	7 001 845	442 134	623 503	1 919 220	4 548	775
2013	159 177	6 796 228	457 511	558 856	1 951 555	4 988	1 398
2014	162 415	6 939 097	355 599	513 032	1 937 700	6 037	1 474
2015	148 257	6 819 392	365 403	445 595	1 890 210	5 621	687
2016	171 064	6 942 888	369 579	423 210	1 860 920	4 579	664
2017	176 876	8 415 444	426 107	362 720	1 835 540	6 426	482

4-15 续表 1 continued

年 份 Year	印染布 (万米) Printed and Dyed Fabric (10 000 m)	服 装 (万件) Garments (10 000 pieces)	塑料制品 (吨) Plastic Products (ton)
1979			
1980			
1981			
1982			
1983			
1984	4 321	649	16 419
1985	5 271	1 004	
1986	5 731	7 988	16 419
1987	6 655	8 008	28 572
1988	6 708	12 828	44 359
1989	8 344	9 931	73 945
1990	9 212	29 333	103 779
1991	14 869	16 437	233 094
1992	16 161	18 857	244 000
1993	22 918	27 026	290 508
1994	7 627	36 314	375 757
1995	20 991	25 938	449 183
1996	22 543	38 196	411 132
1997	18 522	32 089	387 692
1998	20 191	32 119	256 327
1999	16 670	25 667	378 099
2000	13 614	24 242	464 617
2001	13 338	14 509	722 024
2002	14 082	14 344	611 619
2003	15 502	18 559	669 683
2004	12 873	17 536	644 751
2005	11 351	25 281	760 206
2006	8 917	32 104	1 276 641
2007	3 531	31 611	1 119 397
2008	1 865	31 711	1 296 995
2009	1 322	35 441	1 396 805
2010	1 593	27 217	1 190 914
2011	498	19 212	1 337 546
2012	440	17 408	1 024 870
2013	325	15 130	888 056
2014	1 155	17 005	836 216
2015	1 291	21 628	728 073
2016	1 992	20 023	711 435
2017	2 065	17 628	700 522

4-15 续表 2 continued

年 份 Year	平板玻璃 (万重量箱) Plate Glass (10 000 wt.cases)	铝材 (吨) Aluminium (ton)	两轮脚踏自行车(万辆) Bicycles (10 000 sets)	表 (万只) Watches (10 000 units)	照相机 (万台) Cameras (10 000 sets)	家用电风扇 (万台) Electric Fans (10 000 sets)	电话单机 (万部) Telephone Sets (10 000 units)
1979							
1980							
1981							
1982							
1983							
1984			2.03	339.68		0.57	9.77
1985			4.31	3 447.58		40.87	123.22
1986		5 566	14.13	11 020.66	160.15	66.60	144.75
1987	58	6 805	41.29	11 688.16	44.24	248.01	498.94
1988	186	6 808	60.39	11 014.49	348.25	368.60	815.76
1989	230	7 399	82.01	8 318.00	159.96	323.31	926.10
1990	207	10 799	128.20	10 060.00	519.95	379.30	1 019.21
1991	238	14 361	257.78	9 646.00	423.12	407.58	1 360.80
1992	269	18 985	272.08	17 593.65	813.76	152.73	1 461.59
1993	265	21 540	288.41	22 875.39	1 247.89	433.59	2 292.50
1994	259	19 618	238.94	27 344.89	1 277.61	1 132.43	2 592.38
1995	272	19 633	215.56	24 542.05	252.57	907.35	3 902.49
1996	272	25 356	140.52	28 667.91	1 636.74	818.76	4 080.80
1997	385	23 874	123.38	16 629.66	1 531.48	845.18	4 506.65
1998	238	19 632	156.96	12 665.44	2 346.95	650.48	2 741.97
1999	273	24 408	210.99	11 593.89	1 551.80	544.74	2 711.82
2000	288	27 271	239.60	9 126.00	942.83	901.04	2 809.58
2001	217	29 379	172.66	7 908.37	642.03	753.09	2 965.67
2002	317	46 746	319.67	7 575.78	312.83	1 129.22	4 091.29
2003	322	56 805	636.70	7 100.70	428.95	1 202.76	4 947.64
2004	367	43 274	586.47	5 790.44	341.25	1 127.19	4 894.31
2005	725	43 823	665.75	7 183.60	1 207.88	958.54	6 579.87
2006	634	61 578	742.84	8 021.58	1 082.41	1 425.82	7 444.34
2007	940	6 1606	593.53	7 003.35	880.47	1 403.87	7 055.94
2008	1 009	7 7847	615.28	6 438.34	887.06	1 559.63	6 283.11
2009	759	48 087	398.60	7 991.26	793.86	1 457.34	5 312.90
2010	349	53 653	486.50	8 515.91	785.71	1 393.28	5 559.25
2011	669	35 014	438.43	7 155.89	631.57	1 975.53	3 229.52
2012	718	13 930	379.08	6 557.43	493.35	1 771.45	3 382.70
2013	658	8 580	347.82	6 399.28	404.51	1 809.56	3 139.46
2014	10	10 454	310.95	7 953.13	317.91	1 790.29	2 711.63
2015	5	6 292	279.77	7 659.11	223.61	1 639.74	2 362.04
2016		4 171	224.41	6 819.88	220.00	1 469.59	1 801.72
2017		4 382	258.41	6 208.91	180.33	1 248.95	1 372.17

4-15 续表 3 continued

年　份 Year	微型计算机设备 (台) Micro Computers (unit)	打印机 (万部) Printers (10 000 units)	彩色电视机（万台） Color TV Sets (10 000 sets)
1979			
1980			
1981			0.70
1982			0.62
1983	71.00		1.23
1984	4 357		18.25
1985	1 575		48.10
1986	6 617		61.39
1987	2 728		101.64
1988	2 788		155.90
1989	15 955		137.38
1990	17 622		228.67
1991	62 440		288.08
1992	31 357		272.12
1993	27 836		269.33
1994	51 877		251.42
1995	194 131	194.84	373.50
1996	312 687	193.06	540.62
1997	568 681	433.50	519.63
1998	464 614	584.76	491.85
1999	834 476	315.68	834.13
2000	1 074 486	507.62	753.97
2001	1 642 151	695.00	659.50
2002	3 076 052	469.20	1 297.35
2003	4 866 723	570.30	1 820.33
2004	7 350 491	592.73	1 857.02
2005	11 435 877	984.50	1 964.43
2006	13 633 633	835.33	2 071.14
2007	8 947 600	1 041.78	1 803.85
2008	9 662 828	1 452.97	2 003.47
2009	18 023 372	1 493.84	1 910.03
2010	34 032 969	1 973.98	2 043.61
2011	41 718 350	1 810.97	2 203.07
2012	52 285 567	2 266.73	3 237.51
2013	19 100 994	1 721.10	3 320.12
2014	26 073 252	1 607.62	3 714.14
2015	27 793 649	1 304.84	3 545.93
2016	29 567 574	1 203.61	3 883.49
2017	27 067 302	874.06	3 695.43

年 份 Year	电子元件 (万只) Electronic Units (10 000 units)	硬盘存储器 (万部) Hard Drives (10 000 units)	集成电路 (万块) Semiconductor Integrated Circuit (10 000 units)	程控交换机 (万线) Telephone Exchanges (10 000 lines)
1979				
1980				
1981				
1982				
1983				
1984				
1985				
1986	15 584			
1987	7 823			
1988	73 316			
1989	112 921		513	
1990	309 649		998	
1991	332 657		1 357	
1992	522 291		1 164	
1993	708 147		1 520	105.30
1994	1 561 900		2 263	209.70
1995	9 681 839	199.47	14 558	269.13
1996	1 403 557	440.86	22 471	331.74
1997	1 491 620	841.39	14 346	647.35
1998	1 390 107	770.54	23 976	1 515.69
1999	262 057	699.36	64 232	1 962.38
2000	527 216	867.07	87 598	3 535.33
2001	746 630	1 116.60	96 122	2 994.30
2002	1 334 537	480.04	134 966	1 856.47
2003	1 294 335	766.60	182 340	2 919.57
2004	549 722	831.71	255 504	1 976.65
2005	2 600 991	2 267.05	268 006	2 644.04
2006	10 104 734	2 035.33	604 302	1 625.75
2007	11 445 606	3 746.12	619 532	1 747.76
2008	9 138 530	5 225.41	828 381	1 960.98
2009	10 557 452	5 509.84	737 265	1 745.46
2010	21 862 763	6 866.21	1 240 820	1 526.23
2011	21 382 825	7 149.85	1 589 988	2 155.78
2012	17 486 985	8 218.81	1 424 912	1 213.55
2013	17 415 795	6 850.58	1 455 794	1 645.30
2014	14 921 810	6 264.78	1 481 497	1 527.43
2015	11 191 275	4 440.19	1 311 268	1 179.82
2016	12 516 547	4 194.02	1 810 728	1 030.74
2017	14 055 332	2 146.46	2 185 951	752.01

4-16 全社会能耗水平

ENERGY CONSUMPTION LEVEL OF THE WHOLE SOCIETY

年 份 Year	单位GDP能耗 Energy Consumption per Unit of GDP		单位工业增加值能耗 Energy Consumption per Unit of Value-added of Industry		单位GDP电耗 Electricity Consumption per Unit of GDP	
	指标值 （吨标准煤/万元） Equivalent value (ton of SCE/ 10 000 yuan)	增长速度 Growth Rate (%)	指标值 （吨标准煤/万元） Equivalent value (ton of SCE/ 10 000 yuan)	增长速度 Growth Rate (%)	指标值 （千瓦时/万元） Equivalent value (Kwh/10 000 yuan)	增长速度 Growth Rate (%)
2005	0.593		0.598		889.10	
2006	0.576	−2.81	0.572	−3.04	844.10	−5.06
2007	0.560	−2.76	0.551	−3.76	848.80	0.54
2008	0.544	−2.90	0.530	−4.46	785.50	−7.46
2009	0.529	−2.76	0.511	−3.59	712.37	−9.33
2010	0.513	−2.94	0.492	−3.72	720.33	1.12
2011	0.472	−4.39		−24.02		−4.69
2012	0.451	−4.51		−12.68		−3.28
2013	0.428	−5.12		−9.49		−8.30
2014		−4.35		−8.45		−0.65
2015		−3.26		−11.07		−5.01
2016		−4.21		−4.98		−4.17
2017		−4.23		−0.75		−4.82

注：单位GDP能耗数据2005−2009年采用的GDP为2005年可比价，2010−2015年采用的是2010年可比价，2016年及以后采用的是2015年可比价。

Note：The data of Energy Consumption per Unit of GDP from 2005 to 2009 are calculated at 2005 constant prices of GDP,from 2010 to 2015 at 2010 constant prices of GDP,2016 at 2015 constant prices of GDP，from 2016 at 2015 constant prices of GDP.

4-17　主要能源按工业行业分组消费量（2017年）

CONSUMPTION OF ENERGY BY SECTOR（2017）

单位：吨　　（ton）

项　目	Item	原　煤 Coal	原　油 Crude Oil	汽　油 Gasoline	煤　油 Kerosene
全部规模以上工业企业	**Total Consumption**	**9 142 427.38**	**175 986.30**	**71 996.72**	**466.94**
一、按轻、重工业分	**Grouped by Light and Heavy Industry**				
1．轻工业	Light Industry	2 000.00		21 222.84	290.20
2．重工业	Heavy Industry	9 140 427.38	175 986.30	50 773.88	176.74
二、按工业行业大类分	**Grouped by Sector**				
(一)采矿业	Mining and Quarrying		175 986.30	25.39	
煤炭开采和洗选业	Mining and Washing of Coal				
石油和天然气开采业	Extraction of Petroleum and Natural Gas		175 986.30	2.93	
黑色金属矿采选业	Mining and Processing of Ferrous Metal Ores				
有色金属矿采选业	Mining and Processing of Nonferrous Metal Ores				
非金属矿采选业	Mining and Processing of Nonmetal Ores				
开采专业及辅助性活动	Mining and Auxiliary Activities			22.46	
其他采矿业	Mining and Processing of Other Ores				
(二)制造业	Manufacturing	4 459.85		70 058.10	466.94
农副食品加工业	Processing of Food from Agricultural Products	1 615.00		314.12	
食品制造业	Manufacture of Foods			113.64	
酒、饮料和精制茶制造业	Manufacture of Wine, Beverages and Refined Tea			134.24	
烟草制品业	Manufacture of Tobacco			108.61	
纺织业	Manufacture of Textile			315.77	
纺织服装、服饰业	Manufacture of Textile Wearing Apparel,Footware and Caps			1 202.43	
皮革、毛皮、羽毛及其制品和制鞋业	Manufacture of Leather, Fur, Feather and Related Products			565.89	
木材加工及木、竹、藤、棕、草制品业	Processing of Timber, Manufacture of Wood, Bamboo, Rattan, Palm Fiber & Straw Products			162.95	
家具制造业	Manufacture of Furniture			1 103.13	
造纸及纸制品业	Manufacture of Paper and Paper Products	385.00		1 172.78	
印刷和记录媒介复制业	Printing and Record Medium Reproduction			2 017.94	

注：　本表使用新的《国民经济行业分类》（GB/T 4754−2017）

Note：Data in this table are classified according to the new Industry Classification for National Economic Activities(GB/T 4754−2017).

单位：吨　　4-17 续表 1 continued（ton）

项　目	Item	原 煤 Coal	原 油 Crude Oil	汽 油 Gasoline	煤 油 Kerosene
文教、工美、体育和娱乐用品制造业	Manufacture of Cultural, Educational and Sports Articles			2 573.19	
石油、煤炭及其他燃料加工业	Petroleum, Coal and Other Fuel Processing Industry			205.18	
化学原料及化学制品制造业	Manufacture of Raw Chemical Materials and Chemical Products	2 236.15		1 985.41	284.00
医药制造业	Manufacture of Medicines			342.31	
化学纤维制造业	Manufacture of Chemical Fibers			8.55	
橡胶和塑料制品业	Manufacture of Rubber			5 484.35	1.40
非金属矿物制品业	Manufacture of Non-metallic Mineral Products			1 028.47	
黑色金属冶炼及压延加工业	Smelting and Pressing of Ferrous Metals			131.34	
有色金属冶炼及压延加工业	Smelting and Pressing of Nonferrous Metals			759.32	
金属制品业	Manufacture of Metal Products	215.20		3 253.36	38.32
通用设备制造业	Manufacture of General-purpose Machinery			6 463.05	70.99
专用设备制造业	Manufacture of Special-purpose Machinery	8.50		7 114.02	0.30
汽车制造业	Manufacfuer of Automobiles			1 651.72	8.85
铁路、船舶、航空航天和其他运输设备制造业	Manufacture of Railways Ships Aerospace and Other Transport Equipment			328.25	2.40
电气机械及器材制造业	Manufacture of Electrical Machinery and Equipment			9 413.48	
计算机、通信和其他电子设备制造业	Manufacture of Communication Equipment, Computers and Other Electronic Equipment			19 467.38	58.28
仪器仪表制造业	Manufacture of Measuring Instruments			2 052.37	2.40
其他制造业	Other Manufacturing			449.55	
废弃资源综合利用业	Recycling and Disposal of Waste				
金属制品、机械和设备修理业	Manufacture of Metal Products,Machinery and Equipment Repair			73.28	
(三)电力、燃气及水的生产和供应业	Production and Distribution of Electricity Heat,Gas and Water	9 137 967.53		1 913.23	
电力、热力的生产和供应业	Production and Supply of Electric Power and Heat Power	9 137 967.53		821.32	
燃气生产和供应业	Production and Supply of Gas			136.46	
水的生产和供应业	Production and Supply of Water			955.45	

单位：吨 4-17 续表 2 continued（ton）

项 目	Item	柴 油 Diesel Oil	燃料油 Fuel Oil	液化石油气 Liquefied Petroleum Gas	天然气（万立方米） Natural Gas (10 000 cu.m)	电 力（万千瓦时） Electricity (10 000 Kwh)
全部规模以上工业企业	**Total Consumption**	**160 560.28**	**2 272.40**	**10 852.55**	**320 219.19**	**3 252 827.87**
一、按轻、重工业分	**Grouped by Light and Heavy Industry**					
1．轻工业	Light Industry	26 427.32	173.18	6 454.81	9 832.57	768 276.39
2．重工业	Heavy Industry	134 132.96	2 099.22	4 397.74	310 386.62	2 484 551.48
二、按工业行业大类分	**Grouped by Sector**					
(一)采矿业	Mining and Quarrying	59 177.06	823.00		14 786.32	702.62
煤炭开采和洗选业	Mining and Washing of Coal					
石油和天然气开采业	Extraction of Petroleum and Natural Gas	57 247.00	823.00		14 786.32	672.48
黑色金属矿采选业	Mining and Processing of Ferrous Metal Ores					
有色金属矿采选业	Mining and Processing of Nonferrous Metal Ores					
非金属矿采选业	Mining and Processing of Nonmetal Ores					
开采专业及辅助性活动	Mining and Auxiliary Activities	1 930.06				30.14
其他采矿业	Mining and Processing of Other Ores					
(二)制造业	Manufacturing	99 317.17	1 449.40	10 840.45	19 817.77	2 728 775.00
农副食品加工业	Processing of Food from Agricultural Products	870.64		218.56	653.98	17 288.10
食品制造业	Manufacture of Foods	408.43		249.07	962.55	11 832.58
酒、饮料和精制茶制造业	Manufacture of Wine, Beverages and Refined Tea	124.65		84.30	1 624.88	10 975.05
烟草制品业	Manufacture of Tobacco	5.17			133.51	1 593.07
纺织业	Manufacture of Textile	548.98	5.60	1.76	624.52	19 428.02
纺织服装、服饰业	Manufacture of Textile Wearing Apparel,Footware and Caps	1 304.43	0.60		310.07	27 611.48
皮革、毛皮、羽毛及其制品和制鞋业	Manufacture of Leather, Fur, Feather and Related Products	347.91		12.42	96.11	12 890.00
木材加工及木、竹、藤、棕、草制品业	Processing of Timber, Manufacture of Wood, Bamboo, Rattan, Palm Fiber & Straw Products	391.06		369.09	30.61	2 711.58
家具制造业	Manufacture of Furniture	1 066.44		605.84	13.24	20 381.32
造纸及纸制品业	Manufacture of Paper and Paper Products	4 397.87		452.80	558.33	27 882.51
印刷和记录媒介复制业	Printing and Record Medium Reproduction	1 670.55		19.71	192.80	46 971.74

单位：吨

4-17 续表 3 continued (ton)

项　目	Item	柴 油 Oiesel Oil	燃料油 Fuel Oil	液化石油气 Liquefied Petroleum Gas	天然气 (万立方米) Natural Gas (10 000 cu.m)	电 力 (万千瓦时) Electricity (10 000 Kwh)
文教、工美、体育和娱乐用品制造业	Manufacture of Cultural, Educational and Sports Articles	2 056.39	55.44	201.40	517.43	58 727.47
石油、煤炭及其他燃料加工业	Petroleum, Coal and Other Fuel Processing Industry	55.17			18.10	187.75
化学原料及化学制品制造业	Manufacture of Raw Chemical Materials and Chemical Products	3 745.71		46.42	134.39	45 720.51
医药制造业	Manufacture of Medicines	415.69			1 557.05	24 523.68
化学纤维制造业	Manufacture of Chemical Fibers			224.44	105.00	2 639.22
橡胶和塑料制品业	Manufacture of Rubber	8 488.34		1 129.90	2 255.47	254 003.61
非金属矿物制品业	Manufacture of Non-metallic Mineral Products	34 656.06	26.54	100.80	735.08	96 340.13
黑色金属冶炼及压延加工业	Smelting and Pressing of Ferrous Metals	48.89			858.23	7 640.88
有色金属冶炼及压延加工业	Smelting and Pressing of Nonferrous Metals	1 581.64	600.13	1.94	851.04	15 999.44
金属制品业	Manufacture of Metal Products	5 360.80	91.08	1 284.51	1 721.16	136 785.56
通用设备制造业	Manufacture of General-purpose Machinery	4 478.37		773.47	306.19	73 076.63
专用设备制造业	Manufacture of Special-purpose Machinery	2 927.93	124.94	284.01	199.79	98 354.55
汽车制造业	Manufacfuer of Automobiles	781.78		127.34	850.26	53 351.76
铁路、船舶、航空航天和其他运输设备制造业	Manufacture of Railways Ships Aerospace and Other Transport Equipment	7 109.56		2 945.38	996.14	28 940.30
电气机械及器材制造业	Manufacture of Electrical Machinery and Equipment	5 350.22	1.70	594.39	637.86	338 722.45
计算机、通信和其他电子设备制造业	Manufacture of Communication Equipment, Computers and Other Electronic Equipment	9 739.53	543.37	1 079.26	2 814.64	1 233 465.39
仪器仪表制造业	Manufacture of Measuring Instruments	553.25		2.40	18.95	45 667.13
其他制造业	Other Manufacturing	346.38		31.24	40.40	9 094.24
废弃资源综合利用业	Recycling and Disposal of Waste					295.00
金属制品、机械和设备修理业	Manufacture of Metal Products,Machinery and Equipment Repair	485.33				5 673.85
(三)电力、燃气及水的生产和供应业	Production and Distribution of Electricity Heat,Gas and Water	2 066.05		12.10	285 615.10	523 350.25
电力、热力的生产和供应业	Production and Supply of Electric Power and Heat Power	1 435.22			283 302.35	406 532.77
燃气生产和供应业	Production and Supply of Gas	298.35			2 036.75	9 939.92
水的生产和供应业	Production and Supply of Water	332.48		12.10	276.00	106 877.56

4-18 综合能源平衡表
OVERALL ENERGY BALANCE SHEET

单位：万吨标准煤 (10 000 tons of SCE)

项 目	Item	2011	2012	2013	2014	2015	2016	2017
可供本地区消费的能源量	**Total Energy Available for Consumption by Locality**	**3415.15**	**3507.01**	**3594.42**	**3711.72**	**3 909.91**	**4 080.91**	**4 272.64**
年初库存量	Stock at the Year-beginning	189.71	187.37	188.61	172.85	189.17	183.55	148.19
一次能源生产量	Primary Energy Output	2769.58	2541.63	2669.65	2761.70	3 007.01	2 999.29	2 919.57
外省调入量	Allocation from Other Provinces	3334.15	3486.23	3523.55	3685.25	3 515.37	3 575.25	3 728.24
进口量	Imports	161.36	132.19	129.83	134.79	400.47	350.08	426.57
境内轮船和飞机在境外加油量	Petroleum Consumed by Chinese Airplanes and Ships Abroad	2.73	2.97	3.17	2.54	3.10	12.01	15.12
本省调出量(-)	Allocation over Other Provinces(-)	-2770.67	-2543.19	-2637.41	-2756.28	-2 928.88	-2 829.85	-2 785.17
出口量(-)	Exports(-)	-63.30	-91.22	-89.31	-80.49	-76.41	-35.91	-29.16
境外轮船和飞机在境内加油量(-)	Petroleum Consumed by Foreign Airplanes and Ships in China(-)	-21.02	-20.38	-20.82	-19.48	-16.36	-24.80	-15.05
年末库存量(-)	Stock at the Year-end(-)	-187.37	-188.61	-172.85	-189.17	-183.55	-148.72	-135.67
加工转换投入(-)产出(+)量	**Input Output in Processing and Transformation**	**-0.11**	**-0.03**			**-0.13**	**-0.18**	**-0.22**
火力发电	Thermal Power							
供热	Heating	-0.11	-0.03			-0.13	-0.18	-0.22
洗选煤	Coal Washing							
炼焦	Coking							
炼油	Petroleum Refining							
制气	Gas Production							
回收能	Recovery of Energy							

单位：万吨标准煤

4-18 续表（10 000 tons of SCE）

项　目	Item	2011	2012	2013	2014	2015	2016	2017
损失量	**Losses**	**59.94**	**93.74**	**96.01**	**95.19**	**73.08**	**84.29**	**99.70**
#运输和输配损失	Losses in Transmission	59.94	93.74	96.01	95.19	73.08	84.29	99.70
终端消费量	**End-use**	**3355.10**	**3413.24**	**3498.41**	**3616.53**	**3836.70**	**3 996.43**	**4 172.72**
第一产业	Primary Industry	7.17	6.48	0.92	11.13	10.86	15.08	8.11
农、林、牧、渔业	Farming, Forestry, Animal Husbandry and Fishery	7.17	6.48	0.92	11.13	10.86	15.08	8.11
第二产业	Secondary Industry	1411.16	1410.34	1487.16	1685.27	1697.91	1 632.88	1 603.45
工业	Industry	1375.95	1375.03	1442.67	1640.22	1651.18	1 580.90	1 567.96
#用作原材料、燃料	As Raw Materials and Fuel	8.16	1.64	1.64	0.99	1.08	0.94	0.23
建筑业	Construction	35.22	35.31	44.49	45.06	46.73	51.99	35.50
第三产业	Tertiary Industry	1473.70	1469.17	1440.91	1337.70	1512.50	1 662.84	1 817.08
交通运输仓储及邮电通信业	Transport, Storage, Postal and Telecommunication Services	740.47	708.14	713.11	629.76	732.83	808.80	881.62
批发和零售贸易业、餐饮业	Wholesale and Retail Trade and Catering	402.67	404.37	387.89	373.27	420.53	456.94	468.50
其他	ServicesOthers	330.56	356.66	339.92	334.67	359.14	397.10	466.96
生活消费	Residential Consumption	463.07	527.25	569.42	582.42	615.43	685.63	744.09
城镇	Urban Areas	463.07	527.25	569.42	582.42	615.43	685.63	742.80
乡村	Rural Areas							1.29
消费量合计	**Total Energy Consumption**	**3415.15**	**3507.01**	**3594.42**	**3711.72**	**3909.91**	**4 080.91**	**4 272.64**

4-19 各区单位GDP能耗增长速度

GROWTH RATE OF ENERGY CONSUMPTION PER UNIT OF GDP BY DISTRICT

单位：% (%)

地 区	Region	2009	2010	2011	2012	2013	2014	2015	2016	2017
全 市	**Total**	**-2.76**	**-2.94**	**-4.39**	**-4.51**	**-5.12**	**-4.35**	**-3.26**	**-4.21**	**-4.23**
福田区	Futian	−2.76	−2.82	−3.45	−3.75	−4.24	−3.54	−2.50	−3.73	−3.80
罗湖区	Luohu	−2.56	−2.93	−3.21	−3.43	−3.81	−3.30	−2.49	−3.73	−3.80
盐田区	Yantian	−2.58	−4.05	−4.37	−4.62	−5.27	−4.51	−3.47	−4.37	−4.48
南山区	Nanshan	−2.76	−2.67	−4.36	−4.62	−5.27	−4.51	−3.42	−4.37	−4.48
宝安区	Baoan	−2.98	−3.93	−4.61	−4.76	−6.02	−5.10	−3.83	−4.45	−4.45
龙岗区	Longgang	−2.98	−3.33	−4.61	−4.79	−5.71	−4.81	−3.88	−4.45	−4.40
龙华区	Longhua					−4.97	−4.30	−3.23	−4.44	−4.40
坪山区	Pingshan			−4.28	−4.46	−5.09	−4.38	−3.35	−4.20	−4.30
光明新区	Guangming			−4.41	−4.42	−5.19	−4.39	−3.21	−4.20	−4.30
大鹏新区	Dapeng					−5.08	−4.32	−3.15	−4.32	−4.40
深汕特别合作区	ShenshanSpecial Cooperation Zone									−8.32

注：1、2009、2010年宝安区数据含光明、龙华新区，龙岗区数据含坪山、大鹏新区。
Note: The data of Guangming and Longhua are included in Baoan;The data of Pingshan and Dapeng are included in Longgang in 2009-2010.
2、2011、2012年宝安区数据含龙华新区，龙岗区数据含大鹏新区。
The data of Longhua are included in Baoan;The data of Dapeng are included in Longgang in 2011-2012.

4-20 能源加工转换效率

EFFICIENCY OF ENERGY CONVERSION

单位：%　　　　　　　　　　　　　　　　　　　　　　　　　　　　　　（%）

年 份 Year	火力发电 Thermal Power Generation	供热 Heating
2005	40.23	
2006	40.16	
2007	39.74	
2008	40.26	
2009	41.78	
2010	43.54	
2011	43.26	69.18
2012	42.54	70.22
2013	41.53	
2014	42.18	
2015	42.30	69.53
2016	43.10	63.90
2017	43.50	68.00

4-21 能源消费弹性系数

ELASTICITY RATIO OF ENERGY CONSUMPTION

年 份 Year	能源消费 比上年增长 (%) Growth Rate of Energy Consumption over Preceding Year(%)	电力消费 比上年增长(%) Growth Rate of Electricity Consumption over Preceding Year(%)	地区生产总值 比上年增长(%) Growth Rate of Gross Domestic Product(GDP) over Preceding Year(%)	能源消费弹性系数 Elasticity Ratio of Energy Consumption	电力消费弹性系数 Elasticity Ratio of Electricity Consumption
2005	9.8	12.8	15.3	0.64	0.84
2006	13.3	10.7	16.7	0.80	0.64
2007	11.6	16.5	14.8	0.79	1.12
2008	8.8	2.8	12.3	0.72	0.23
2009	7.8	0.3	11.3	0.69	0.03
2010	9.1	13.3	12.2	0.74	1.09
2011	4.5	4.9	10.0	0.45	0.49
2012	2.7	3.7	10.2	0.26	0.37
2013	2.5	1.1	10.6	0.24	0.10
2014	3.3	8.1	8.8	0.37	0.92
2015	5.3	2.3	8.9	0.60	0.26
2016	4.4	4.4	9.1	0.48	0.49
2017	4.2	3.6	8.8	0.48	0.40

主要统计指标解释

工业 指从事自然资源的开采，对采掘品和农产品进行加工和再加工的物质生产部门。具体包括：(1)对自然资源的开采，如采矿、晒盐、森林采伐等（但不包括禽兽捕猎和水产捕捞）；(2)对农副产品的加工、再加工，如粮油加工、食品加工、轧花、缫丝、纺织、制革等；(3)对采掘品的加工、再加工，如炼铁、炼钢、化工生产、石油加工、机器制造、木材加工等，以及电力、自来水、煤气的生产和供应等；(4)对工业品的修理、翻新，如机器设备的修理、交通运输工具（包括小卧车）的修理等。

1984年以前农村的村及村以下办工业归属农业，1984年以后划归工业。

轻工业 指主要提供生活消费品和制作手工工具的工业。按其所使用的原料不同，可分为两大类：(1)以农产品为原料的轻工业，是指直接或间接以农产品为基本原料的轻工业。主要包括食品制造、饮料制造、烟草加工、纺织、缝纫、皮革和毛皮制作、造纸以及印刷等工业；(2)以非农产品为原料的轻工业，是指以工业品为原料的轻工业。主要包括文教体育用品、化学药品制造、合成纤维制造、日用化学制品、日用玻璃制品、日用金属制品、手工工具制造、医疗器械制造、文化和办公用机械制造等工业。

重工业 是指为国民经济各部门提供物质技术基础的主要生产资料的工业。按其生产性质和产品用途，可分为下列三类：(1)采掘（伐）工业，是指对自然资源的开采，包括石油开采、煤炭开采、金属矿开采、非金属矿开采和木材采伐等工业；(2)原材料工业，指向国民经济各部门提供基本材料、动力和燃料的工业。包括金属冶炼及加工、炼焦及焦炭化学、化工原料、水泥、人造板以及电力、石油和煤炭加工等工业；(3)加工工业，是指对工业原材料进行再加工制造的工业。包括装备国民经济各部门的机械设备制造工业、金属结构、水泥制品等工业，以及为农业提供的生产资料如化肥、农药等工业。　　根据上述划分原则，修理业中以重工业产品为修理作业对象的划为重工业，反之划为轻工业。

工业总产值 是以货币表现的工业企业在一定时期内生产的已出售或可供出售工业产品总量，它反映一定时间内工业生产的总规模和总水平。它包括：在本企业内不再进行加工，经检验、包装入库（规定不需包装的产品除外）的成品价值，对外加工费收入，自制半成品、在产品期末期初差额价值。工业总产值采用“工厂法”计算，即以工业企业作为一个整体，按企业工业生产活动的最终成果来计算，企业内部不允许重复计算，不能把企业内部各个车间（分厂）生产的成果相加。但在企业之间、行业之间、地区之间存在着重复计算。

轻重工业总产值的划分也是按“工厂法”计算的，即一个工业企业在正常情况下生产的主要产品的性质属于轻工业，则该企业的全部总产值作为轻工业总产值；一个工业企业生产的主要产品的性质属于重工业，则该企业的全部总产值作为重工业总产值。

工业销售产值（当年价格） 是以货币形式表现的，工业企业在本年内销售的本企业生产的工业产品或提供工业性劳务价值的总价值量。工业销售产值包括的内容为：

1. 销售成品价值：指企业在报告期内实际销售（包括本期生产和非本期生产）的全部成品、半成品的总价值，即按报告期产品的实际销售数量乘以不含增值税（销项税额）的产品实际销售平均单价计算。销售成品价值中包括企业生产的自制设备及提供给本企业在建工程、其他非工业部门和生活福利部门等单位使用的成品价值，但不包括用订货者来料加工，并且只收取加工费的成品（半成品）价值。

2. 对外加工费收入：指企业在报告期内完成的对外承接的工业品加工（包括用定货者来料加工的产品）的加工费收入；对外工业品修理作业可收取的加工费收入和对内非工业部门提供的加工修理、设备安装等收入。对外加工费收入按不含增值税（销项税额）的价格计算。

对于以对外加工生产为主，对外加工费收入所占比重较大的企业，如果对外加工费收入出现跨年度支付的情况，为保证总产值生产口径计算的准确性，则应将对外加工费收入按实际情况调整，记录本年应实际收取的对外加工费收入。

工业增加值 是指工业行业在报告期内以货币表现的工业生产活动的最终成果，是企业全部生产活动的总成果扣除了在生产过程中消耗或转移的物质产品和劳务价值后的余额，是企业生产过程中新增加的价值。

计算工业增加值通常采用两种方法。

一是“生产法”，即从工业生产过程中产品和劳务价值形成的角度入手，剔除生产环节中间投入的价值，从而得到新增价值的方法。公式为：

工业增加值＝工业总产值－工业中间投入＋本期应交增值税

二是“收入法”，即从工业生产过程中创造的原始收入初次分配的角度，对工业生产活动最终成果进行核算的一种方法，其计算公式为：

工业增加值＝固定资产折旧＋劳动者报酬＋生产税净额＋营业盈余

应收账款净额 指企业因销售商品、产品、提供劳务等，应向购货单位或接受劳务单位收取款项。该指标根据会计“资产负债表”中“应收账款”项的年末数填报。

资产合计 指企业拥有或控制的能以货币计量的经济资源，包括各种财产、债权和其他权利。资产按其流动性(即资产的变现能力和支付能力)划分为：流动资产、长期投资、固定资产、无形资产、递延资产和其他资产。

负债合计 指企业所承担的能以货币计量，将以资产或劳务偿付的债务，偿还形式包括货币、资产或提供劳务。负债一般按偿还期长短分为流动负债和长期负债。

主营业务收入 是企业销售产品的销售收入和提供劳务等经营业务取得的业务收入。

主营业务成本 是指企业销售产品和提供劳务等主要经济业务的实际成本。

营业费用 指企业在销售商品过程中发生的各项费用以及为销售本企业商品而专设的销售机构（含销售网点、售后服务网点等）的经营费用。包括运输费、装卸费、包装费、保险费、广告费、业务费、差旅费、招待费、社保费等。

主营业务税金及附加 是指企业销售产品和提供劳务等主要经营业务应负担的城市维护建设税、消费税、资源税和教育费附加。

管理费用 指企业为组织和管理企业生产经营所发生的管理费用，包括企业的董事会和行政管理部门在企业经营管理中发生的，或者应当由企业统一负担的各项管理费用。包括行政管理部门职工工资、福利费、差旅费、办公费、会议费、印刷费、水电费、社保费、招待费、技术转让费等。

财务费用 指企业为筹集生产经营所需资金而发生的费用，包括企业生产经营期间发生的利息支出（减利息收入）、汇兑损失（减汇兑收益）以及相关的手续费等。

利润总额 指企业在生产经营过程中各种收入扣除各种耗费后的盈余，反映企业在报告期内实现的亏盈总额，包括营业利润、补贴收入、投资净收益和营业外收支净额。

利税总额 指企业利润总额、产品销售税金及附加和应交增值税之和。

成本费用利润率　是指工业企业投入生产成本及费用的经济效益，同时也反映企业降低成本所取得的经济效益。计算公式为：

$$\text{成本费用利润率（\%）}=\frac{\text{利润总额}}{\text{成本费用总额}}\times 100\%$$

成本费用总额为主营业务成本和营业费用、管理费用、财务费用三项期间费用。

流动资金周转率　是指一定时期内流动资产完成的周转次数，反映投入工业企业流动资金的周转速度，一般以一年时间内周转多少次表示。计算公式为：

$$\text{流动资产周转率（次）}=\frac{\text{主营业务收入}}{\text{流动资产平均余额}}$$

全员劳动生产率　是指反映企业的生产效率和劳动投入的经济效益。一般用平均每人一年创造的工业增加值表示。计算公式为：

$$\text{全员劳动生产率（元/人）}=\frac{\text{工业增加值}}{\text{全部职工平均人数}}\times 100\%$$

全部职工平均人数为企业在报告期内全部从业人员的平均人数，计算公式为：

$$\text{全部从业人员年平均人数}=\frac{\text{1至12月全部从业人员平均人数之和}}{12}$$

或：

$$\text{全部从业人员年平均人数}=\frac{\text{1至12月各月月初、月末全部从业人员之和}}{24}$$

资产负债率　是指反映企业经营风险的大小，反映企业利用债权人提供的资金从事经营活动的能力。计算公式为：

$$\text{资产负债率（\%）}=\frac{\text{负债总计}}{\text{资产总计}}\times 100\%$$

资产及负债均为报告期末数。

总资产贡献率　是指企业一定时期内全部资产获利能力，是企业经营业绩和管理水平的集中体现，是评价和考核企业盈利能力的核心指标。计算公式为：

$$\text{总资产贡献率（\%）}=\frac{\text{利润总额}+\text{税金}+\text{利息支出}}{\text{平均资产总额}}\times 100\%$$

税金总额为产品销售税金及附加与应交增值税之和，平均资产总额为期初、期末资产总计的算术平均值 。

资本保值增值率　是反映企业净资产变动状况的一个重要指标，是企业发展能力的集中体现。它是指期末所有者权益总额与上年同期期末所有者权益总额的比率。计算公式为：

$$\text{资本保值增值率（\%）}=\frac{\text{报告期期末所有者权益}}{\text{上年同期期末所有者权益}}\times 100\%$$

所有者权益等于资产总计减负债总计。

单位国内生产总值能耗　指一定时期内，一个国家或地区每生产一个单位的国内生产总值所消耗的能源。计算公式为：

$$\text{单位国内生产总值能耗}=\frac{\text{能源消费总量}}{\text{国内生产总值}}$$

单位国内生产总值电耗　指一定时期内，一个国家或地区每生产一个单位的国内生产总值所消耗的电力。计算公式为：

$$\text{单位国内生产总值电耗}=\frac{\text{全社会用电量}}{\text{国内生产总值}}$$

单位工业增加值能耗　指一定时期内，一个国家或地区每生产一个单位的工业增加值所消耗的能源。计算公式为：

$$\text{单位工业增加值能耗}=\frac{\text{工业能源消费量}}{\text{工业增加值}}$$

能源消费总量　指一定时期内全国（地区）生产和生活消费的各种能源的总和，是观察能源消费水平、构成和增长速度的总量指标，能源消费总量包括原煤和原油及其制品、天然气、电力。不包括低热值燃料、生物质能和太阳能等的利用。能源消费总量分为三部分，即终端能源消费量、能源加工转换损失量和损失量。

(1) 终端能源消费量　指一定时期内全国（地区）生产和生活消费的各种能源在扣除了用于加工转换二次能源消费量和损失量以后的数量。

(2) 能源加工转换损失量　指一定时期内全国（地区）投入加工转换的各种能源数量之和与产出各种能源产品之和的差额。它是观察能源在加工转换过程中损失量变化的指标。

(3) 能源损失量　指一定时期内能源在输送、分配、储存过程中发生的损失和由客观原因造成的各种损失量。不包括各种气体能源放空、放散量。

能源消费弹性系数　是反映能源消费增长速度与国民经济增长速度之间比例关系的指标。计算公式：

$$能源消费弹性系数=\frac{能源消费增长速度}{国民经济增长速度}$$

电力消费弹性系数　是反映电力消费增长速度与国民经济增长速度之间比例关系的指标。计算公式：

$$电力消费弹性系数=\frac{电力消费量增长速度}{国民经济增长速度}$$

能源加工转换效率　指一定时期内能源经过加工、转换后，产出的各种能源产品的数量与同期内投入加工转换的各种能源数量的比率。它是观察能源加工转换装置和生产工艺先进与落后、管理水平高低等的重要指标。计算公式：

$$能源加工转换效率=\frac{能源加工、转换产出量}{能源加工、转换投入量}\times100\%$$

Explanatory Notes on Main Statistical Indicators

Industry refers to the material production sector which is engaged in extraction of natural resources and processing and reprocessing of minerals and agricultural products, including (1) extraction of natural resources, such as mining, salt production, and logging (but excluding hunting and fishing); (2) processing and reprocessing of farm and sideline produces, such as rice husking, flour milling, wine making, oil pressing, cotton ginning, silk reeling, spinning and weaving, and leather making; (3) manufacture of industrial products, such as steel making, iron smelting, chemicals manufacturing, petroleum processing, machine building, timber processing; and production and supply of electricity, water and gas; (4) repair and renovation of industrial products, such as the repair of machinery and means of transport (including cars).

Prior to 1984, industrial enterprises run by villages and cooperative organizations under village were classified into agriculture. Since 1984, these enterprises have been grouped into industry.

Light Industry refers to the industry that produces consumer goods and hand tools. It consists of two categories, depending on the materials used:

(1) Industries using farm products as raw materials. These are branches of light industry which directly or indirectly use farm products as basic raw materials, including the manufacture of food and beverages, tobacco processing, textile, clothing, fur and leather manufacturing, paper making, printing, etc.

(2) Industries using non–farm products as raw materials. These are branches of light industry which use manufactured goods as raw materials, including the manufacture of cultural, educational and sports articles, chemicals, synthetic fiber, chemical products for daily use, glass products for daily use, metal products for daily use, hand tools, medical apparatus and instruments, and the manufacture of cultural and clerical machinery.

Heavy Industry refers to the industry which produces capital goods and provides various sectors of the national economy with necessary material and technical basis. It consists of the following three branches according to the purpose of production or the use of products:

(1) Mining, quarrying and logging industry refers to the industry that extracts natural resources, including extraction of petroleum, coal, metal and non–metal ores, and logging.

(2) Raw materials industry refers to the industry that provides various sectors of the national economy with raw materials, fuels and power. It includes smelting and processing of metals, coking and coke chemistry, chemical materials and building materials such as cement, plywood, and power, petroleum refining and coal dressing.

(3) Manufacturing industry refers to the industry that processes raw materials. It includes machine–building industry which equips sectors of the national economy, industries of metal structure and cement products, industries producing means of agricultural production, such as chemical fertilizers and pesticides.

According to the above principle of classification, repairing trades engaged primarily in repairing products of heavy industry are classified into heavy industry, while those engaged in repairing products of light industry are classified into light industry.

Gross Industrial Output Value refers to the total volume of industrial products sold or available for sale in monetary terms during a given period, which reflects the total achievements and overall scale of industrial production during a given period. It includes the value of the finished products in the enterprises, which are not to be further processed and have been inspected, packed and put in storage (where applicable), the income from external processing and the value gain of semi–finished products at the end of the reference period over the beginning. The gross industrial output value is calculated by the factory approach, i.e. the whole industrial enterprise is regarded as the basic accounting unit in calculating the gross industrial output value. No double calculations are to be made within the same enterprise and the output value of different workshops (branch factories) should not be added. However, this approach does not exclude the possibility of double calculations between enterprises, sectors and regions.

Output value of light and heavy industries is also classified by the factory approach. Under normal conditions, if the major products of an industrial enterprise belong to light industry products, the gross output value of that enterprise is classified wholly into light industry; the same principle applies to heavy industry.

Sales Value of Industry (Current Price) refers to the total value of industrial products sold or industrial services provided in monetary terms within the current year. It includes:

(1) Sales Value of Finished Products. Sale value of finished products refers to the total value of finished and semi–finished products sold within the reporting period (including those produced within and outside the period). It equals the actual sales volume of products sold within the reporting period timing the actual average sales price (excluding value added or sales tax). It includes the equipment made by the enterprise itself, as well as the finished products provided to the projects under construction, non–industrial departments and welfare department, and excludes the value of finished or semi–finished products of external processing with supplied materials that produces only processing charges.

(2) Income from External Processing refers to income from contracted external processing of industrial products (including processing of industrial products using materials from the clients), and the income from industrial repairing work provided to other units. Income from external processing is calculated using information from the item "products sales income" in the enterprise accounting at the prices excluding value–added tax.

For an enterprise whose main business is external processing and the charges of external processing constitute a large proportion of its income, in case of cross–year payment, the income of external processing charges shall be adjusted and the actual income of external processing charges of the current year shall be recorded to ensure the accuracy of the coverage of gross industrial output.

Value-added of Industry refers to the final results of industrial production of industrial enterprises in monetary terms during the reference period. It equals to the total achievements of all industrial production minus the goods and services consumed or transferred during the industrial production of enterprises, in other terms the newly added value during the industrial production of enterprises. It is calculated by the following two approaches:

a) The production approach. The value added is calculated by taking the value of industrial intermediate input out of the final value of products and labor services that comes from industrial production. The formula used is:

Value–added of industry = gross industrial output—industrial intermediate input + value–added tax

b) The income approach. It is calculation of the final value of industrial activities by approaching the primary distribution of the primary income of industrial production. The formula used is:

Value–added of industry = depreciation of fixed assets + remuneration of laborers + net production tax+ operating surplus

Account Receivable refers to accounts receivable from purchasers or receivers due to the delivery of goods, products or services. The index is recorded in accordance with the year–end figure of Account Receivable of the balance sheet.

Total Assets refer to all economic resources, in monetary terms that is owned or controlled by enterprises including properties, creditors' equity and other economic rights of all forms. Classified by the degree of equitability, total assets include circulating assets, long-term investment, fixed assets, intangible assets and deferred assets, and other assets.

Total Liabilities refer to payable liabilities of enterprises that have to be repaid in terms of money, assets or labor services. In terms of payment, it can be classified as liquid liabilities, long-term liabilities and deferred taxes,etc.

Prime Operating Revenue refers to the revenue from the principal business, including the sales of products and from rendering of industrial services by industrial enterprises.

Prime Operating Cost refers to the actual cost of products sold and industrial services provided by industrial enterprises.

Business Cost refers to the costs from sales of commodities and the operational costs of sales agencies (including sales stores and service centers, etc.), including the costs of transport, loading, packaging, advertising, business operation, travelling, reception, social security, etc.

Tax and Extra Charges on Principal Business refer to the tax on city maintenance and construction, consumption tax, resources tax and extra charges for education, which should be borne by the enterprises in selling products and providing industrial services.

Management Cost refers to the costs of organizing and managing enterprise operation, including the operational cost of the board of directors and the executive body in management that shall be borne by the enterprise. Management costs include staff wages, welfare, the costs of administration, meeting, printing, water and electricity, social security, reception, technology transfer, etc.

Financial Cost refers to the cost from raising fund for production and operation, including expenditure of interests, loss of momentary exchange and related charges.

Total Profits refer to the profits gained by the enterprises.

Total Pre-Tax Profits refers to the sum of total profits, sales tax as well as additional and payable value-added taxes.

Ratio of Profits to Industrial Costs refers to the ratio of profits realized in a given period to the total production costs of industrial enterprises in the same period, which also reflects the economic benefit attained by the enterprises from reduced costs. This ratio is calculated as follows:

$$\text{Ratio of Profits to Industrial Costs(\%)} = \left(\frac{\text{Total Profits}}{\text{Total Costs}}\right) \times 100\%$$

where Total costs are the sum of cost of products sold, marketing cost, management cost and financial cost.

Number of Times of Turnover of Circulating Funds refers to the number of times in which turnover of circulating funds is completed in a given period of time, which reflects the speed of the turnover of circulating funds. It is expressed as times of turnover within a year and is calculated as follows:

$$\begin{array}{c}\text{Number of Times of}\\ \text{Turnover of Circulating Funds}\end{array} = \left(\frac{\text{Sales Revenue of Products}}{\begin{array}{c}\text{Average Balance of Total Number of}\\ \text{Times of Turnover of Circulating Funds}\end{array}}\right) \times 100\%$$

Value-added Labor Productivity reflects the production efficiency of the enterprise and economic benefit of its labor input. It is usually expressed as the industrial value–added created by an average member of an industrial enterprise in a year. The formula used is:

$$\begin{array}{c}\text{Value - added Labor Productivity}\\ \text{(yuan/person)}\end{array} = \left(\frac{\text{Value - added of Industry}}{\text{Average Number of Staff and Workers}}\right)\times 100\%$$

Average Number of Staff and Workers refers to the average number of all employed persons by an industrial enterprise within the reference period. The formula used is:

$$\text{verage Number of Staff and Workers} = \frac{\text{Sum of Average Monthly Numbers from January to December}}{12}$$

Or

$$\begin{array}{c}\text{verage Number of}\\ \text{Staff and Workers}\end{array} = \frac{\text{Sum of Average Numbers at the Beginning and End of Each Month from January to December}}{24}$$

Assets-Liability Ratio reflects both the operation risk and the capability of the enterprise in making use of the capital from the creditors. It is calculated as follows: where both assets and debts are figures at the end of the reference period.

$$\text{Assets - Liability Ratio(\%)} = \left(\frac{\text{Total Debts}}{\text{Total Assets}}\right)\times 100\%$$

Ratio of Total Assets to Industrial Output Value refers to the profit–making capability of all assets of the enterprise. As a core indicator for the evaluation and assessment of the profit–making potential of the enterprise, it is a focused reflection of the performance and management efficiency of the enterprise. This ratio is calculated as follows: where Total Taxes are the sum of tax and extra charges on the sales of products and value–added tax payable; and Average Assets are the arithmetic mean of beginning assets and ending assets.

$$\begin{array}{c}\text{Ratio of Total Assets to}\\ \text{Industrial Output Value}\end{array} = \left(\frac{\text{Total Profits + Total Taxes + Interst Expenditure}}{\text{Average Assets}}\right)\times 100\%$$

Assets-Liability Ratio reflects both the operation risk and the capability of the enterprise in making use of the capital from the creditors. It is calculated as follows: where both assets and debts are figures at the end of the reference period.

$$\text{Assets - Liability Ratio(\%)} = \left(\frac{\text{Total Debts}}{\text{Total Assets}}\right)\times 100\%$$

Ratio of Capital Maintenance and Appreciation is an important indicator of the changes of net assets of an enterprise and a focused reflection of the development capability of enterprises. It is the ratio of total creditors' equity at the end of the reference period to that of the same period of the previous year, calculated as follows:

$$\begin{array}{c}\text{Ratio of Capital Maintenance}\\ \text{and Appreciatin}\end{array} = \left(\frac{\text{Total Creditors' Equity at the End of the Reference Period}}{\text{Total Creditors' Equity ofthe Same Period of the Previous Year}}\right)\times 100\%$$

where Creditors' equity is equal to the total assets of the enterprise minus its total liabilities.

Energy Consumption per Unit of GDP refers to the energy consumption per unit of Gross Domestic Product in a country or the Gross Regional Product in a region in the same reference period. The formula is:

$$\begin{array}{c}\text{Energy Consumption}\\ \text{per Unit of GDP}\end{array} = \frac{\text{Total Energy Consumption}}{\text{Cross Domestic Product}}$$

Electricity Consumption per Unit of GDP refers to the electricity consumption per unit of Gross Domestic Product in a country or the Gross Regional Product in a region in the same reference period. The formula is:

$$\begin{array}{c}\text{Electricity Consumption}\\ \text{per Unitof GDP}\end{array} = \frac{\text{Total Electricity Consumption}}{\text{Cross Domestic Product}}$$

Energy Consumption per Unit of Industrial Value-added refers to the energy consumption per unit of industrial value-added in a country or region in the same reference period. The formula is:

$$\frac{\text{Energy Consumption}}{\text{Unit of Industrial Value-added}} = \frac{\text{Total Energy Consumption}}{\text{Industrial Value-added}}$$

Total Domestic Energy Consumption refers to the total consumption of energy of various kinds by production sectors and households in the country (region) in a given period of time. It is a comprehensive indicator of the scale, composition and development speed of energy consumption. The total energy consumption includes that of coal, crude oil and their products, natural gas and electricity, but excludes the consumption of fuel of low calorific value, bioenergy and solar energy. Total domestic energy consumption can be divided into three parts:

(1) Final Energy Consumption: This refers to the total energy consumption by production sectors and households in the country (region) in a given period of time, excluding primary energy consumption and loss in the process of conversion into secondary energy.

(2)Loss During the Process of Energy Conversion: This refers to the total input of various kinds of energy for conversion minus the total output of various kinds of energy in the country (region) in a given period of time. It is an indicator of the loss that occurs during the process of energy conversion.

(3)Loss: This refers to the total loss of energy during the course of energy transmission, distribution and storage and the loss caused by any objective reason in a given period of time, excluding the loss of various kinds of gas due to gas discharges and stocktaking.

Elasticity Ratio of Energy Consumption is an indicator of the relationship between the growth rate of energy consumption and the growth rate of the national economy. The formula is:

$$\text{Elasticity Ratio of Energy Consumption} = \frac{\text{Growth Rate of Energy Consumption}}{\text{Growth Rate of National Economy}}$$

Elasticity Ratio of Electricity Consumption is an indicator of the relationship between the growth rate of electricity consumption and the growth rate of the national economy. The formula is:

$$\text{Elasticity Ratio of Electricity Consumption} = \frac{\text{Growth Rate of Electricity Consumption}}{\text{Growth Rate of National Economy}}$$

Efficiency of Energy Processing and Conversion refers to the ratio of the total output of energy products of various kinds after processing and conversion to the total input of energy of various kinds for processing and conversion in the same reference period. It is an important indicator of the current conditions of energy processing and conversion equipment, production technique and management. The formula is:

$$\text{Efficiency of Energy Processing \& Conversion} = \frac{\text{Output of Energy after Processing \& Conversion}}{\text{Input of Energy for Processing \& Conversion}} \times 100\%$$

05 第五部分

建筑业

CONSTRUCTION

CHAPTER

5-1 建筑企业主要经济指标

MAIN ECONOMIC INDICATORS ON CONSTRUCTION ENTERPRISES

指 标	Indicators	2013	2014	2015	2016	2017
建筑业企业个数（个）	Number of Construction Enterprises(unit)	862	778	817	849	931
年末从业人员（万人）	Number of Year-end Employed Persons(10 000persons)	53.99	45.47	60.32	60.62	65.64
资产合计（亿元）	Total Assets(100 million yuan)	2 194.62	2 475.79	2 849.27	3 435.09	4 478.55
固定资产原价（亿元）	Original Value of Fixed Assets(100 million yuan)	175.40	183.02	180.29	189.13	200.28
自有机械设备台数（万台）	Number of Machinery and Equipment Owned(10 000 sets)	6.42		4.19	4.16	5.11
自有机械净值（亿元）	Net value of Machinery and Equipment Owned(100 million yuan)	38.58		16.34	30.05	29.03
自有机械设备总功率（万千瓦）	Total Power of Machiner and Equipment Owned(10 000 kw)	130.45		134.82	104.77	143.30
建筑业总产值（亿元）	Gross Output Value of Construction (100 million yuan)	2 430.60	2 194.74	2 237.99	2 346.95	2 797.38
# 建筑工程产值（亿元）	Output Value of Construction(100 million yuan)	2 106.54	1 869.74	1 905.58	1 878.48	2 234.17
安装工程产值（亿元）	Output Value of Installation(100 million yuan)	260.23	249.39	237.87	345.99	428.06
其他产值（亿元）	Others(100 million yuan)	63.83	75.61	94.54	122.48	135.16
本年固定资产折旧（亿元）	Depreciation of Fixed Assets in the year (100 million yuan)	12.69	12.01	10.57	13.10	11.03
本年应付工资总额（亿元）	Total Wages in the Year(100 million yuan)	353.79	346.32	348.90	389.87	403.14
工程结算税金及附加（亿元）	Taxes and Extra Charges on Project Settle Accounts(100 million yuan)	79.23	77.48	78.36	40.35	14.89
管理费用中的税金（亿元）	Taxes in Management Expenses(100 million yuan)	1.67	1.51	2.24	2.50	
营业利润（亿元）	Operating Profit(100 million yuan)	100.39	99.91	110.82	100.95	112.29
房屋建筑施工面积（万平方米）	Floor Space of Buildings Under Construction (10 000 sq.m)	11 502.80	7 015.83	7 682.65	8 501.07	9 240.74
房屋建筑竣工面积（万平方米）	Floor Space of Buildings Completed(10 000 sq.m)	2 009.86	1 141.54	1 260.81	1 212.85	1 673.39
利润总额（亿元）	Total Profits(100 million yuan)	101.74	101.13	115.08	110.39	118.27
按总产值计算劳动生产率（元/人）	In Terms of Gross Output ValueOverall Labor Productivity(yuan/person)	353 144	354 576	353 004	375 253	386 146
产值利润率（%）	Ration of Profit to Gross Output Value(%)	4.19	4.61	5.14	5.88	4.01

5-2 建筑业总产值

GROSS OUTPUT VALUE OF CONSTRUCTION

单位：万元　　　　(10 000 yuan)

指 标	Indicators	2013	2014	2015	2016	2017
总 计	**Total**	**24 306 003**	**21 947 367**	**22 379 924**	**23 469 541**	**27 973 830**
按登记注册类型分组	**Grouped by Type of Registration**					
1、内资企业	Domestic Funded Enterprises	23 917 914	21 482 097	21 966 435	23 003 775	27 471 478
国有企业	State－owned Enterprises	1 840 246	1 005 111	894 502	592 366	1 390 035
集体企业	Collective-owned Enterprises	12 272	7 505	10 391	11 091	20 613
股份合作企业	Cooperative Operation with Share Holding					680
联营企业	Joint Enterprises	62 110	2 395			
国有联营企业	State-owned Joint	3 707	2 395			
集体联营企业	Collective-owned Joint	9 092				
国有与集体联营	State-owned and Collective-owned Joint	49 311				
其他联营企业	Others					
有限责任公司	Limited Liability Companies	11 780 473	10 045 076	10 946 351	10 513 452	11 544 453
国有独资公司	State Exclusively Funded Companies	3 593 489	1 674 397	1 710 399	2 084 146	2 269 198
其他有限责任公司	Others	8 186 984	8 370 678	9 235 953	8 429 306	9 275 255
股份有限公司	Limited Share-holding Companies	4 371 574	4 321 020	4 327 705	4 843 194	6 018 791
私营企业	Private Enterprises	5 851 239	6 100 991	5 787 485	7 037 470	8 493 752
私营独资企业	Private Exclusively Funded Enterprises	25 125	138	7 502	3 504	5 289
私营合作企业	Private Partnership Enterprises	1 361	1 405	17 923	2 031	3 233
私营有限责任公司	Private Limited Liability Companies	5 448 715	5 647 762	5 396 571	6 566 512	7 594 978
私营股份有限公司	Private Limited Share-holding Companies	376 038	451 686	365 489	465 423	890 251
其他企业	Others				6 204	3 154
2、港、澳、台商投资企业	Enterprises Funded by Entrepreneurs from Hong Kong, Macao and Taiwan	347 722	446 070	336 242	367 364	405 396
3、外商投资企业	Foreign Funded Enterprises	40 368	19 199	77 247	98 402	96 956

5-3 分行业建筑业生产情况（2017年）

STATISTICS ON CONSTRUCTION BY SECTOR（2017）

单位：万元、万平方米 （10 000 yuan, 10 000 sq. m）

指 标	Indicators	总 计 Total	房屋建筑业 Building	土木工程建筑业 Civil Engineering	建筑安装业 Construction installation	建筑装饰和其他建筑业 Construction Decoration and Other Construction
企业个数（个）	Number of Enterprise(unit)	931	209	200	236	286
签订的合同额	Contractual Value	78 636 397	26 485 674	22 649 227	8 044 573	21 456 923
建筑业总产值	Gross Output Value of Construction	27 973 830	9 349 357	3 990 071	3 693 940	10 940 462
#装饰装修产值	Decorate and Materials Construction	9 965 061	640 526	283 067	382 357	8 659 112
#在外省完成的产值	Output Value of buildings Completed outside of Guangdong province	10 403 920	2 546 771	1 080 602	920 559	5 855 989
#建筑工程产值	Output Value of Contraction	22 341 675	8 207 599	2 990 370	2 048 906	9 094 800
安装工程产值	Output Value of Installation	4 280 585	627 612	493 771	1 573 415	1 585 787
其他产值	Others	1 351 571	514 147	505 930	71 619	259 875
竣工产值	Output Value of buildings Completed	13 430 714	4 250 893	2 430 212	1 297 365	5 452 244
房屋建筑施工面积	Floor Space of Buildings Under Construction	9 241	8 901	99	240	1
#本年新开工面积	Floor Space of Newly-started Buildings in this Year	3 142	2 955	44	142	1
自有施工机械设备年末总台数（台）	Number of Machinery and Equipment Owned(10 000 sets)	51 128	7 195	10 353	5 967	27 613
自有施工机械设备年末总功率（万千瓦）	Total Power of Machiner and Equipment Owned(10 000 kw)	143	31	69	10	34
自有施工机械设备年末净值	Net value of Machinery and Equipment Owned	290 279	91 823	120 172	25 620	52 664
计算劳动生产率的平均人数（人）	Average Number of Employed Persons in Calculation of Labor Productivity(person)	724 436	227 942	128 451	75 599	292 444
全员劳动生产率（万元/人）	Overall Labor Productivity (10 000 yuan/person)	39	41	31	49	37

5-4 分登记注册类型建筑业生产情况（2017年）

STATISTICS ON CONSTRUCTION BY TYPE OF REGISTRATION（2017）

单位：万元、万平方米 （10 000 yuan, 10 000 sq. m）

指 标	Indicators	总 计 Total	内资企业 Domestic Funded	#国有 State-owned	#集体 Collctive Owned	港澳台商投资企业 Hong Kong,Macao and Taiwan Funded	外商投资企业股份有限公司 Foreign Funded Share-holding Corporations Ltd.
企业个数（个）	Number of Enterprises(unit)	931	908	9	2	20	3
#有工作量的企业个数	Number of Enterprises with Workload	931	908	9	2	20	3
签订的合同额	Contractual Value	78 636 397	74 802 038	3 659 874	14 210	3 670 492	163 867
建筑业总产值	Gross Output Value of Construction	27 973 830	27 471 478	1 390 035	20 613	405 396	96 956
#装饰装修产值	Decorate and Materials Construction	9 965 061	9 720 743	48 827		220 624	23 694
#在外省完成的产值	Output Value of buildings Completed outside of Guangdong province	10 403 920	10 174 571	114 797		159 096	70 254
#建筑工程产值	Output Value of Contraction	22 341 675	22 021 980	1 389 647	9 389	296 001	23 694
安装工程产值	Output Value of Installation	4 280 585	4 098 424	388		108 936	73 224
其他产值	Others	1 351 571	1 351 074		11 224	459	38
竣工产值	Output Value of buildings Completed	13 430 714	12 805 357	355 831		556 020	69 337
房屋建筑施工面积	Floor Space of Buildings Under Construction	9 240.74	8 624.71	2 234.92		616.03	
#本年新开工面积	Floor Space of Newly-started Buildings in this Year	3 141.98	3 088.98	1 183.00		53.00	
房屋建筑竣工面积	Floor Space of Buildings Completed	1 673.39	1 585.49	55.19		87.90	
自有施工机械设备年末总台数（台）	Number of Machinery and Equipment(year-end)(unit)	51 128	50 654	539	80	412	62
自有施工机械设备年末总功率（万千瓦）	Total Power of Machinery and Equipment(10 000 kw)	143.30	141.35	2.63	0.01	1.88	0.03
自有施工机械设备年末净值	Net value of Machinery and Equipment Owned	290 279	288 501	11 089	1 989	1 504	274
计算劳动生产率的平均人数（人）	Average Number of Employed Persons in Calculation of Labor Productivity(person)	724 436	709 290	61 412	212	11 993	3 153
全员劳动生产率（万元/人）	Overall Labor Productivity (10 000 yuan/person)	39	39	23	97	34	31

5-5 分行业建筑业财务状况（2017年）

FINANCIAL CONDITIONS OF CONSTRUCTION BY SECTOR（2017）

单位：万元 （10 000 yuan）

指 标	Indicators	总 计 Total	房屋建筑业 Building	土木工程建筑业 Civil Engineering	建筑安装业 Construction installation	建筑装饰和其他建筑业 Construction Decoration and Other Construction
年末资产负债	**Asset and Liabilities at Year-end**					
流动资产	Circulating Assets	39 077 684	16 201 582	5 592 304	5 029 072	12 254 726
#存货	Inventory	5 064 046	2 257 768	657 764	1 131 666	1 016 849
固定资产合计	Total Fixed Assets	1 447 211	505 878	356 994	188 306	396 033
固定资产原价	Original Value of Fixed Assets	2 002 845	624 558	627 214	252 625	498 449
累计折旧	Accumulative Total Depreciation	917 786	266 805	324 677	139 912	186 392
#本年折旧	Depreciation Within the Year	110 291	25 921	40 165	17 005	27 201
在建工程	Project under Construction	273 482	113 909	47 639	55 032	56 902
资产合计	Total Assets	44 785 518	18 328 083	6 571 815	5 717 124	14 168 495
流动负债	Liquid Liabilities	27 286 380	12 397 323	4 294 916	3 536 201	7 057 940
非流动负债	Non-Liquid Liabities	1 838 300	1 003 962	184 571	142 519	507 248
负债合计	Total Liabilities	29 751 975	13 714 471	4 550 706	3 724 348	7 762 451
所有者权益	Creditors' Equity	15 031 962	4 611 635	2 021 110	1 993 173	6 406 044
#实收资本	Actual Capital Hold	6 683 485	2 782 339	1 356 204	939 745	1 605 197
国家资本	State Capital	907 015	344 393	309 178	226 622	26 823
集体资本	Collective Capital	175 921	50 726	44 453	14 705	66 037
法人资本	Corporation Capital	3 179 512	1 813 959	353 548	331 337	680 669
个人资本	Individual Capital	2 378 744	573 262	647 634	336 928	820 921
港澳台资本	Capital from HongKong,Macao and Taiwan	20 309		1 392	13 307	5 609
外商资本	Foreign Capital	21 985			16 846	5 139
损益及分配	**Expenditure,Income and Distribution**					
工程结算收入	Revenue of Project Settlement Accounts	29 418 125	9 552 607	4 873 395	3 756 298	11 235 825
工程结算成本	Costs of Project Settlement Accounts	26 438 641	8 823 686	4 435 459	3 191 614	9 987 882
工程结算税金及附加	Taxes and Extra Charges on Project Settle Accounts	148 908	42 535	31 606	13 791	60 977
其他业务利润	Other Profits from Business	3 597	1 163	1 526	184	724
管理费用及财务费用	Management and Financial Expenditures	1 529 792	460 270	237 972	279 917	551 633
营业利润	Operating Surplus	1 122 907	228 574	173 371	284 615	436 346
利润总额	Total Profits	1 182 741	273 223	175 261	287 621	446 636
应交所得税	Income Taxes Payable	221 491	61 909	29 966	41 706	87 910

5-6 分登记注册类型建筑业财务状况（2017年）

FINANCIAL CONDITIONS OF CONSTRUCTION BY TYPE OF REGISTRATION（2017）

单位：万元 （10 000 yuan）

指 标	Indicators	总 计 Total	内资企业 Domestic Funded	#国有 State-owned	#集体 Collctive Owned	港澳台商投资企业 Hong Kong,Macao and Taiwan Funded	外商投资企业 Foreign Funded
年末资产负债	**Asset and Liabilities at Year-end**						
流动资产	Circulating Assets	39 077 684	36 309 403	1 053 163	2 648	1 918 099	850 182
#存货	Inventory	5 064 046	4 839 198	238 221		221 854	2 994
固定资产合计	Total Fixed Assets	1 447 211	1 413 141	75 247	299	25 014	9 056
固定资产原价	Original Value of Fixed Assets	2 002 845	1 951 124	71 760	1 068	38 576	13 145
累计折旧	Accumulative Total Depreciation	917 786	899 770	47 348	768	13 796	4 220
#本年折旧	Depreciation Within the Year	110 291	109 147	5 077		380	765
在建工程	Project Under Construction	273 482	273 278	50 835		74	131
资产合计	Total Assets	44 785 518	41 843 360	1 265 239	2 987	2 054 587	887 572
流动负债	Liquid Liabilities	27 286 380	25 115 231	862 013	65	1 649 497	521 652
非流动负债	Non-Liquid Liabities	1 838 300	1 719 140	10 312		118 300	860
负债合计	Total Liabilities	29 751 975	27 455 579	957 730	65	1 773 885	522 511
所有者权益	Creditors'Equity	15 031 962	14 386 200	307 508	2 922	280 702	365 060
#实收资本	Actual Capital Hold	6 683 485	6 537 471	147 610	200	69 265	76 749
国家资本	State Capital	907 015	865 177	147 610		41 839	
集体资本	Collective Capital	175 921	175 921		200		
法人资本	Corporation Capital	3 179 512	3 124 701			7 142	47 668
个人资本	Individual Capital	2 378 744	2 370 359			8 385	
港澳台资本	Capital from HongKong,Macao and Taiwan	20 309	893			11 435	7 981
外商资本	Foreign Capital	21 985	421			464	21 100
损益及分配	**Expenditure,Income and Distribution**						
工程结算收入	Revenue of Project Settlement Accounts	29 418 125	28 771 386	726 343	11 289	518 435	128 304
工程结算成本	Costs of Project Settlement Accounts	26 438 641	25 919 713	680 664	9 235	441 642	77 286
工程结算税金及附加	Taxes and Extra Charges on Project Settle Accounts	148 908	145 094	2 305	53	3 133	682
其他业务利润	Other Profits from Business	33 655	33 376	843	-10	257	21
管理费用及财务费用	Management and Financial Expenditures	1 529 792	1 450 194	14 150	562	42 661	36 937
营业利润	Operating Profits	1 122 907	1 024 146	36 693	1 439	27 980	70 782
利润总额	Total Profits	1 182 741	1 083 374	36 507	1 439	28 240	71 127
应交所得税	Income Taxes Payable	221 491	215 018	6 212	374	3 782	2 691

5-7 分行业劳务分包建筑企业经营情况（2017年）

MANAGEMENT SITUATIONS OF CONSTRUCTION ENTERPRISE OF SERVICE SUBCONTRACTING BY SECTOR（2017）

单位：万元 （10 000 yuan）

指 标	Indicators	总 计 Total	房屋建筑业 Building	土木工程建筑业 Civil Engineering	建筑安装业 Construction installation	建筑装饰和其他建筑业 Construction Decoration and Other Construction
企业个数（个）	Number of Enterprise(unit)	58	18	8	12	20
#有工作量的企业个数	Number of Enterprises with Workload	58	18	8	12	20
生产情况	**Production**					
建筑业总产值	Gross Output Value of Construction	735 957	159 652	14 287	132 155	429 863
计算建筑业劳动生产率的平均人数(人)	Average Number of Employed Persons in Calculation of Labor Productivity(person)	81 685	16 751	7 688	35 806	21 440
财务状况	**Finance**					
固定资产原价	Fixed Assets	4 898	2 555	459	615	1 270
本年折旧	Depreciation Within the Year	642	343	27	38	234
资产总计	Total Assets	330 957	83 938	62 096	70 404	114 519
负债合计	Total Liabilities	265 137	65 020	51 844	50 279	97 994
实收资本	Actual Capital Hold	51 968	15 789	8 550	17 156	10 473
损益及分配	Expenditure,Income and Distribution					
营业收入合计	Operating Revenue	1 205 805	161 382	99 988	514 847	429 588
#主营业务收入（工程结算收入）	Revenue of Project Settlement Accounts	820 832	161 382	99 988	129 977	429 484
主营业务成本（工程结算成本）	Costs of Project Settlement Accounts	739 488	117 380	92 584	124 124	405 399
主营业务税金及附加（工程结算税金及附加）	Taxes and Extra Charges on Project Settle Accounts	3 602	818	520	360	1 904
费用合计（营业费用、管理费用、财务费用）	Total Expenditures(expenditure for operating,management and finance)	14 487	3 612	1 806	4 115	4 954
营业利润	Operating Profits	8 321	1 373	469	5 085	1 394
利润总额	Total Profits	8 194	1 352	485	4 972	1 386
从业人员劳动报酬	Laborers Remuneration of Employed Persons	352 203	106 144	76 420	68 370	101 269

5-8 总承包和专业承包建筑业企业生产情况

PRODUCTION SITUATIONS OF GENERAL AND SPECIALIZED CONTRACTTING CONSTRUCTION ENTERPRISE

指 标	Indicators	2013	2014	2015	2016	2017
企业个数（个）	Number of Enterprise(unit)	862	778	734	804	931
#有工作量的企业个数	Number of Enterprises in Work	815	735	732	803	931
签订的合同额（万元）	Contractual Value(10 000 yuan)	51 037 712	44 661 836	51 548 765	73 088 157	78 636 397
建筑业总产值 （万元）	Gross Output Value of Construction (10 000 yuan)	24 306 003	21 947 367	22 379 924	23 469 541	27 973 830
#装饰装修产值	Decorate and Materials Construction	9 126 191	9 322 131	8 549 706	8 916 677	9 965 061
#在外省完成的产值	Output Value of Buildings Completed outside of Guangdong province	9 557 089	10 125 983	9 805 416	9 157 373	10 403 920
#建筑工程产值	Output Value of Contraction	21 065 426	18 697 375	19 055 814	18 784 835	22 341 675
安装工程产值	Output Value of Installation	2 602 278	2 493 923	2 378 744	3 459 952	4 280 585
其他产值	Others	638 300	756 068	945 367	1 224 754	1 351 571
竣工产值（万元）	Output Value of buildings Completed (10 000 yuan)	11 527 589	9 046 153	12 860 541	9 115 042	13 430 714
房屋建筑施工面积（万平方米）	Floor Space of Buildings Under Construction (10 000 sq.m)	11 503	7 016	7 683	8 501	9 241
#本年新开工面积	Floor Space of Newly-started Buildings in this Year	4 016	2 172	1 833	2 696	3 142
#实行投标承包面积	Floor Space of Contracted Projects through Biddimg	7 602	5 791	6 292	5 744	
#本年新开工面积	Floor Space of Newly-started Buildings in this Year	3 185	1 604			
房屋建筑竣工面积（万平方米）	Floor Space of Buildings Completed (10 000 sq.m)	2 010	1 142	1 261	1 213	1 673
自有施工机械设备年末总台数（台）	Number of Machinery and Equipment (year-end)(unit)	64 194		41 888	41 603	51 128
自有施工机械设备年末总功率（万千瓦）	Total Power of Machinery and Equipment (10 000 kw)	131		165	105	143
自有施工机械设备年末净值（万元）	Net Value of Machinery and Equipment (10 000 yuan)	385 751			300 578	290 279
计算劳动生产率的平均人数（人）	Average Number of Employed Persons in Calculation of Labor Productivity(person)	688 275	618 975	633 913	625 433	724 436
全员劳动生产率（万元/人）	Overall Labor Productivity(10 000 yuan/person)	35	35	35	38	39

5-9 总承包和专业承包建筑业企业财务状况

FINANCIAL SITUATIONS OF GENERAL AND SPECIALIZED CONTRACTTING CONSTRUCTION ENTERPRISE

单位：万元 (10 000 yuan)

指 标	Indicators	2013	2014	2015	2016	2017
年末资产负债	**Asset and Liabilities at Year-end**					
流动资产	Circulating Assets	18 799 457	20 780 810	24 253 968	29 234 932	39 077 684
#存货	Inventory	3 494 291	4 060 250	4 828 482	4 842 875	5 064 046
固定资产合计	Total Fixed Assets	1 222 584	1 414 850	1 347 074	1 375 273	1 447 211
固定资产原价	Original Value of Fixed Assets	1 753 975	1 830 211	1 802 916	1 891 265	2 002 845
累计折旧	Accumulative Total Depreciation	800 126	816 045	827 036	928 994	917 786
#本年折旧	Depreciation Within the Year	126 884	120 099	105 671	130 973	110 291
在建工程	Project Under Construction	126 106	167 454	239 179	299 894	273 482
资产合计	Total Assets	21 946 239	24 757 915	28 492 725	34 350 892	44 785 518
流动负债	Liquid Liabilities	13 784 765	15 029 638	16 796 161	19 557 260	27 286 380
非流动负债	Non-Liquid Liabities	587 419	1 128 102	1 159 424	1 560 451	1 838 300
负债合计	Total Liabilities	14 737 794	16 456 114	19 246 842	21 618 648	29 751 975
所有者权益	Creditors' Equity	7 208 444	8 301 801	10 099 663	12 731 928	15 031 962
#实收资本	Actual Capital Hold	3 766 766	4 652 044	5 294 095	5 531 962	6 683 485
国家资本	State Capital	408 608	470 877	356 124	573 223	907 015
集体资本	Collective Capital	113 871	134 594	104 793	96 063	175 921
法人资本	Corporation Capital	1 745 741	2 325 493	2 972 897	2 863 098	3 179 512
个人资本	Individual Capital	1 449 211	1 673 343	1 815 655	1 953 899	2 378 744
港澳台资本	Capital from HongKong,Macao and Taiwan	45 523	43 068	38 286	39 319	20 309
外商资本	Foreign Capital	3 813	4 670	6 340	6 359	21 985
损益及分配	**Expenditure,Income and Distribution**					
工程结算收入	Revenue of Project Settlement Accounts	25 430 460	23 970 082	24 278 977	26 639 202	29 418 125
工程结算成本	Costs of Project Settlement Accounts	22 431 465	20 970 275	21 200 088	23 838 557	26 438 641
工程结算税金及附加	Taxes and Extra Charges on Project Settle Accounts	792 254	774 805	939 890	403 543	148 908
其他业务利润	Other Profits from Business	59 483	55 419	50 841	38 396	33 655
管理费用及财务费用	Management and Financial Expenditures	1 025 062	1 127 625	1 165 745	1 389 578	1 529 792
营业利润	Operating Surplus	1 003 889	999 104	1 108 191	1 009 543	1 122 907
利润总额	Total Profits	1 017 423	1 011 331	1 150 755	1 103 947	1 182 741
应交所得税	Income Taxes Payable	217 706	230 688	285 417	223 102	221 491

5-10 劳务分包建筑企业经营情况

MANAGEMENT SITUATIONS OF CONSTRUCTION ENTERPRISE OF SERVICE SUBCONTRACTING

单位：万元　　　　　　　　　　　　　　　　　　　　　　　　　　　　　　　　　　　　（10 000 yuan）

指　标	Indicators	2012	2013	2014	2015	2016	2017
企业个数（个）	Number of Enterprise(unit)	26	36	39	41	45	58
#有工作量的企业个数	Number of Enterprises in Work	21	30	34	41	45	58
生产情况	**Production**						
建筑业总产值	Gross Output Value of Construction	160 790	311 489	226 201	372 066	458 769	735 957
计算建筑业劳动生产率的平均人数(人)	Average Number of Employed Persons in Calculation of Labor Productivity(person)	6 108	22 953	25 022	23 995	61 869	81 685
财务状况	**Finance**						
固定资产原价	Original Value of Fixed Assets	3 009	52 780	2 430	4 439	3 794	4 898
本年折旧	Depreciation Within the Year	865	612	450	279	348	642
资产总计	Total Assets	152 363	196 233	102 074	137 387	19 714	330 957
负债合计	Total Liabilities	135 538	176 079	70 309	106 770	160 693	265 137
实收资本	Actual Capital Hold	8 168	16 734	14 726	19 643	27 924	51 968
损益及分配	Expenditure,Income and Distribution						
营业收入合计	Operating Revenue	168 479	359 674	243 285	347 864	894 817	1 205 805
#主营业务收入（工程结算收入）	Revenue of Project Settlement Accounts	168 475	359 673	243 285	347 545	526 170	820 832
主营业务成本（工程结算成本）	Costs of Project Settlement Accounts	165 939	335 943	220 066	320 293	493 106	739 488
主营业务税金及附加（工程结算税金及附加）	Taxes and Extra Charges on Project Settle Accounts	5 501	12 240	8 223	11 225	8 326	3 602
费用合计（营业费用、管理费用、财务费用）	Total Expenditures(expenditure for operating, management and finance)	5 167	8 378	4 945	9 213	10 748	14 487
营业利润	Operating Surplus	2 368	2 084	5 649	4 302	8 608	8 321
利润总额	Total Profits	2 212	2 063	5 336	4 361	6 668	8 194

主要统计指标解释

建筑业总产值 是以货币表现的建筑业企业在一定时期内生产的建筑业产品和服务的总和。建筑业总产值包括三部分内容：

⑴建筑工程产值：指列入建筑工程预算内的各种工程价值。

⑵设备安装工程产值：指设备安装工程价值，但不包括设备本身的价值。

⑶其他产值：建筑业总产值中除建筑工程、安装工程以外的产值。包括房屋构筑物修理产值、非标准设备制造产值、总包企业向分包企业收取的管理费以及不能明确划分的施工活动所完成的产值。

①房屋构筑物修理产值：指房屋和构筑物的修理所完成的价值，但不包括被修理房屋构筑物的本身价值和生产设备的修理价值。

②非标准设备制造产值：指加工制造没有定型的非标准生产设备的加工费和原材料价值以及附属加工厂为本企业承建工程制作的非标准设备的价值。

管理费用中税金 指企业按规定从管理费用中支付的各种税金,包括房产税、土地使用税、车船使用税、印花税等。

利税总额=工程结算税金及附加+管理费用中税金+利润总额

建筑业全员劳动生产率=建筑业总产值÷计算建筑业劳动生产率的平均人数

房屋施工面积 指在报告期内施工的全部房屋建筑面积，它包括本期新开工的房屋面积、上期跨入本期继续施工的房屋面积、上期停缓建在本期恢复施工的房屋面积、本期竣工的房屋面积以及本期施工后又停缓建的房屋面积。

计算建筑业劳动生产率的平均人数 指建筑业企业(或单位)报告期实际拥有的、与建筑施工活动有关的人员的平均人数，包括参加本企业(或单位)建筑施工活动的非本企业(或单位)人员，但不包括企业内部社会服务性机构的人员以及由本企业支付工资但所从事的工作与本企业生产基本无关的人员。

工程结算税金及附加 指因从事建筑业生产活动，取得工程价款结算收入而按规定应该交纳的营业税、城市维护建设税等以及随同营业税金一并计算交纳的教育费附加等。

利润总额 指企业在生产经营过程中各种收入扣除各种耗费后的盈余，反映企业在报告期内实现的亏盈总额，包括营业利润、补贴收入、投资净收益和营业外收支净额。

Explanatory Notes on Main Statistical Indicators

Gross Output Value of Construction refers to the sum in monetary terms of construction products and services completed by construction enterprises during a given period of time. It includes:

(1) Output value of construction projects, which is the value of various projects covered by the project budgets;

(2)Output value of equipment installation projects refers to the value of the installation of equipment. It does not include the value of the equipment itself.

(3) Other output values, which are output values other than output value of construction projects and output value of installation projects, including output value of house and building repair, output value of non−standard equipment manufacture, management expenses received by overall contractor enterprises from subcontractor enterprises and output value completed in unclassified construction activities.

①Output value of house and building repair is the value created through the repairs of houses and buildings, excluding the value of houses or buildings being repaired and the value of the repair of production equipment.

②Output value of non−standard equipment manufacture is the value of non−standard production equipment with unique specifications (including raw materials and manufacturing costs), and equipment manufactured by subsidiary workshops for construction projects contracted by construction enterprises.

Taxes from Management Expenses refer to the taxes which should be borne by the enterprises from management expenses, including property tax, land use tax, vehicle and vessel use tax, and stamp tax.
Total Pre−tax Profits = Taxes and Extra Charges on Project Settlement Accounts + Taxes from Management Expenses + Total Profits

Overall Labor Productivity of Construction = Gross Output Value of Construction ÷ Average Number of Persons for Labor Productivity Calculation

Floor Space of Buildings under Construction refers to the floor space of buildings under construction during the reference period, including newly started buildings, buildings started earlier and continued into the reference period, buildings suspended in preceding periods but resumed during the reference period, buildings completed during the reference period, and buildings started and then suspended during the reference period.

Average Number of Persons for Labor Productivity Calculation of the Construction Industry refers to the average number of persons actually employed in the construction enterprises (units) and engaged in related activities of construction in the reference period, including non−staff personnel engaged in the construction activities of the enterprises (units), but excluding personnel employed in social service institutions of the enterprises and those receiving remunerations therefrom but engaged in activities basically irrelevant to the production of the enterprises.

Taxes and Extra Charges on Project Settlement Accounts refer to business tax, city maintenance and construction tax and extra charges for education calculated and paid with business tax, which should be borne by the enterprises obtaining project settlement incomes from the production activities of construction.

Total Profits refer to the surplus of various incomes in the production and operation of the enterprises after deducting all expenses. This reflects the total profits or losses realized by the enterprises in the reference period, including profits from operation, income from subsidies, net investment earnings and net income from activities other than operations.

06 第六部分

运输和邮电

TRANSPORT,POSTAL AND TELECOMMUNICATION SERVICES

CHAPTER

6-1 全社会客货运输（吞吐）量
PASSENGER AND FREIGHT TRAFFIC

项　目	Item	2013	2014	2015	2016	2017
一、货运量（万吨）	**Freight Traffic (10 000 tons)**	**27 512**	**29 382**	**32 475**	**31 164**	**32 269**
1. 铁路	Railways	389	124	67	72	71
2. 公路	Highways	20 071	20 990	24 774	23 787	23 953
3. 水运	Waterways	6 984	8 193	7 557	7 211	8 147
4. 民航	Civil Aviation	69	75	77	94	99
二、机场货物吞吐量（万吨）	**Cargo Handled at Airport (10 000 tons)**	**91**	**96**	**101**	**113**	**116**
三、货物周转量(亿吨公里)	**Turnover Volume of Freight Traffic (100 million ton-km)**	**1 999.07**	**2386.35**	**2253.07**	**2246.86**	**2302.53**
1. 铁路	Railways	2.07	1.10	0.67	0.67	0.74
2. 公路	Highways	284.80	301.93	324.91	368.05	383.07
3. 水运	Waterways	1 702.17	2 072.33	1 916.20	1 864.06	1 903.75
4. 民航	Civil Aviation	10.03	10.99	11.29	14.08	14.97
四、客运量(万人)	**Passenger Traffic (10 000 persons)**	**12 059**	**15 103**	**16 511**	**17 009**	**18 142**
1. 铁路	Railways	2 543	4 740	5 532	6 616	7 042
2. 公路	Highways	5 986	6 370	6 574	5 585	6 001
3. 水运	Waterways	401	461	466	454	466
4. 民航	Civil Aviation	3 129	3 532	3 939	4 354	4 633
五、机场旅客吞吐量(万人)	**Passenger Departing at Airport (10 000 persons)**	**3 227**	**3 627**	**3 972**	**4 198**	**4 561**
六、旅客周转量(亿人公里)	**Turnover Volume of Passenger Traffic (100 million person-km)**	**632.02**	**805.55**	**953.21**	**1 026.99**	**1 092.39**
1. 铁路	Railways	34.61	138.76	177.51	201.51	210.16
2. 公路	Highways	127.96	135.80	142.28	116.60	123.63
3. 水运	Waterways	1.74	2.05	2.03	2.00	2.14
4. 民航	Civil Aviation	467.71	528.94	631.39	706.88	756.46
七、港口	**Harbor**					
1. 泊位数(个)	Berths (unit)	159	153	156	152	155
#万吨级	10 000 Ton Class	67	67	67	72	74
2. 货物吞吐量(万吨)	Cargo Handled at Seaports (10 000 tons)	23 398	22 324	21 706	21 410	24 136
#蛇口港区	Shekou Seaport	7 234	6 380	5 975	5 825	7 913
赤湾港区	Chiwan Seaport	5 984	5 340	5 483	5 555	5 648
妈湾港区	Mawan Seaport	1 801	1 435	1 011	983	771
盐田港区	Yantian Seaport	6 156	6 686	6 740	6 421	7 108
内河港区	Neihe Seaport	22	23	14	12	165

注：2007年、2009年、2012年、2014年货运量、货物周转量、客运量、旅客周转量分别有口径调整。
Note: The statistical ranges of Freight Traffic, Turnover Volume of Freight Traffic, Passenger Traffic and Turnover Volume of Traffic are changed in 2007, 2009, 2012 and 2014, the data in the same period last year have been adjusted by the same caliber.

6-2 全社会客货运输和邮电业务量（一）

PASSENGER AND FREIGHT TRAFFIC，REVENUE FROM POSTAL AND TELECOMMUNICATIONS SERVICES

年 份 Year	机场货邮行吞吐量 （万吨） Cargo Handled at Airport (10 000 tons)	机场旅客吞吐量 (万人) Passenger Departing at Airport (10 000 persons)	货运量 (万吨) Freight Traffic (10 000 tons)	货物周转量 (亿吨公里) Turnover Volume of Freight Traffic (100 million ton-km)	客运量 (万人) Passenger Traffic (10 000 persons)
1986			1 521	15	3 973
1987			1 627	14	4 268
1988			1 704	22	5 858
1989			1 383	36	6 349
1990			1 349	26	8 833
1991		2	1 486	44	6 400
1992	2	166	1 801	55	8 153
1993	4	255	2 050	74	10 218
1994	6	319	2 604	78	8 531
1995	8	412	3 542	223	8 261
1996	9	435	3 647	233	8 281
1997	10	444	3 853	232	8 515
1998	11	515	4 050	213	8 484
1999	16	525	4 274	197	8 754
2000	21	642	4 697	206	9 346
2001	25	777	5 147	204	9 869
2002	33	935	5 683	211	10 632
2003	41	1 084	6 478	244	10 471
2004	50	1 424	7 168	283	12 019
2005	55	1 574	8 249	322	12 602
2006	56	1 836	11 429	731	13 965
2007	62	2 062	13 678	794	15 056
2008	60	2 140	19 570	1 094	154 283
2009	61	2 449	22 367	1 137	146 316
2010	81	2 671	26 174	1 654	156 203
2011	83	2 825	28 901	1 956	168 447
2012	85	2 957	28 678	1 981	184 982
2013	91	3 227	27 512	1 999	12 059
2014	96	3 627	29 382	2 386	15 103
2015	101	3 972	32 475	2 253	16 511
2016	113	4 198	31 164	2 247	17 009
2017	116	4 561	32 269	2 303	18 142

6-2 全社会客货运输和邮电业务量（二）
PASSENGER AND FREIGHT TRAFFIC，REVENUE FROM POSTAL AND TELECOMMUNICATIONS SERVICES

年 份 Year	旅客周转量 (亿人公里) Turnover Volume of Passenger Traffic (100 million person-km)	港口货物吞吐量 (万吨) Cargo Handled at Seaports (10 000 tons)	港口集装箱吞吐量 （万标箱） Cargo Handled at Seaports (10 000 TEU)	# 出口 Exports	邮电业务总量 (万元) Revenue from Postal and Telecommunications Services (10 000 yuan)
1979		10			138
1980		30			190
1981		70			340
1982		91			420
1983		141			567
1984		210			923
1985		327			1 761
1986	9	302			2 633
1987	14	485			4 880
1988	19	734	1		14 826
1989	22	956	2		21 293
1990	27	1 292	2		55 356
1991	19	1 563	5		84 927
1992	41	1 956	11		114 492
1993	48	2 541	13		174 045
1994	79	3 002	18	11	259 432
1995	82	3 080	28	16	368 945
1996	83	3 021	59	32	462 261
1997	83	3 357	115	63	610 111
1998	82	3 444	195	104	764 658
1999	87	4 663	299	158	982 686
2000	99	5 697	400	210	1 336 000
2001	112	6 643	508	266	1 419 000
2002	131	8 767	762	396	1 644 200
2003	145	11 220	1 065	552	1 980 300
2004	186	13 537	1 366	713	2 660 100
2005	226	15 351	1 620	841	3 208 000
2006	268	17 598	1 847	961	3 795 000
2007	311	19 994	2 110	1 101	5 135 400
2008	485	21 125	2 142	1 087	6 117 500
2009	544	19 365	1 825	937	6 765 200
2010	635	22 098	2 251	1 154	2 937 000
2011	693	22 325	2 257	1 169	3 562 600
2012	802	22 807	2 294	1 173	5 635 800
2013	632	23 398	2 328	1 208	6 229 900
2014	806	22 324	2 404	1 247	7 619 900
2015	953	21 706	2 420	1 236	10 403 200
2016	1 027	21 410	2 398	1 239	17 150 200
2017	1 092	24 136	2 521	1 278	16 455 500

注：　邮电业务总量1989年以前按1980年不变价格计算，1990-2000年按1990年不变价格计算；2001-2009年按2000年不变价格计算；2011-2016年按2010年不变价计算，2010年数据相应调整；2017年起，电信业务量按2015年不变价计算，邮政业务量仍按2010年不变价计算。

Note: Revenue from Postal and Telecommunications Services in 1989, calculated at 1980 constant prices; from 1990 to 2000 at 1990 constant prices; 2001-2009 at 2000 constant prices; 2011-2016 calculated at 2010 constant prices, 2010 data has adjusted;from 2017, Business Volume of Telecommunication Services is calculated at 2015 constant prices,Business Volume of Postal Services is calculated at 2010 constant prices.

6-3 全社会客货运输和邮电业务量指数

INDICES OF PASSENGER AND FREIGHT TRAFFIC，REVENUE FROM POSTAL AND TELECOMMUNICATIONS SERVICES

(以上年为100) (preceding year=100)

年 份 Year	货运量 Freight Traffic	货物周转量 Turnover Volume of Freight Traffic	客运量 Passenger Traffic	旅客周转量 Turnover Volume of Passenger Traffic	港口货物吞吐量 Cargo Handled at Seaports	邮电业务总量 Revenue from Postal and Telecommunications Services
1980					300.0	137.7
1981					233.3	178.9
1982					130.0	123.5
1983					154.9	135.0
1984					148.9	162.8
1985					155.7	190.8
1986					92.4	149.5
1987	107.0	94.0	93.1	165.2	160.6	185.3
1988	104.7	153.6	137.3	133.9	151.3	303.8
1989	81.2	164.7	108.4	115.7	130.2	143.6
1990	97.5	72.0	139.1	123.0	135.1	151.7
1991	110.2	169.2	72.5	69.7	121.0	153.4
1992	121.2	125.3	127.1	219.4	125.1	134.8
1993	113.8	136.3	125.6	116.6	129.9	152.0
1994	127.0	104.8	81.5	161.2	118.1	149.1
1995	136.0	285.8	96.8	103.9	102.6	142.2
1996	103.0	104.5	100.2	100.8	98.1	125.3
1997	105.6	99.5	102.8	100.1	111.1	132.0
1998	105.1	91.8	99.6	99.3	102.6	125.3
1999	105.6	92.8	103.2	105.2	135.4	128.5
2000	109.9	104.3	106.8	114.8	122.2	136.0
2001	109.6	99.3	105.6	112.4	116.6	106.2
2002	110.4	103.2	107.7	117.3	132.0	115.9
2003	114.0	115.5	98.5	110.8	128.0	120.4
2004	110.6	116.0	114.8	128.1	120.7	134.3
2005	115.1	114.0	104.8	121.3	113.4	120.6
2006	113.3	117.2	110.8	118.8	114.6	118.3
2007	119.7	108.6	107.8	116.0	113.6	123.4
2008	108.9	93.9	105.6	116.3	105.7	119.1
2009	114.3	103.9	94.8	112.1	91.7	110.6
2010	117.0	145.5	106.8	116.7	114.1	120.7
2011	110.4	118.2	107.8	113.6	101.0	121.3
2012	99.2	101.3	109.8	115.7	102.2	118.6
2013	103.5	106.1	109.0	107.1	102.6	126.5
2014	106.8	119.4	125.2	127.5	95.4	122.3
2015	110.5	94.4	109.3	118.3	97.2	130.4
2016	96.0	99.7	103.0	107.7	98.6	164.1
2017	103.5	102.5	106.7	106.4	112.7	153.3

注：本表指数均按可比口径计算。

Note: The index in this table are calculated at comparable caliber.

6-4 全社会民用车辆和运输船舶拥有量

NUMBER OF CIVIL MOTOR VEHICLES AND TRANSPORT VESSELS OWNED

项 目	Item	2012	2013	2014	2015	2016	2017
民用车辆总计(辆)	**Total Civil Motor Vehicles (unit)**	**2 249 216**	**2 622 873**	**3 153 902**	**3 193 498**	**3 225 879**	**3 265 998**
一、民用汽车(辆)	Civil Automobile (unit)	2 210 821	2 583 869	3 111 488	3 147 043	3 178 832	3 214 434
1. 载客汽车(辆)	Buses and Cars (unit)	1 901 268	2 254 157	2 776 710	2 817 908	2 828 974	2 827 106
载客量(客位)	Number of Seats in Buses and Cars(seat)	15 037 055	17 828 640	21 973 631	16 612 523	16 606 573	17 088 098
#大型(辆)	Large Scales (unit)	37 486	36 167	35 109	33 764	38 329	44 571
载客量(客位)	Number of Seats(seat)	1 465 603	1 414 036	1 376 671	1 635 274	1 851 291	2 312 149
2. 普通载货汽车(辆)	Ordinary Trucks (unit)	296 849	316 104	320 778	314 730	335 476	372 024
载重量(吨位)	Capacity(ton)	1 788 999	1 905 102	1 945 272	1 785 759	1 905 504	915 073
#大型(辆)	Heavy (unit)	52 699	61 711	68 851	71 165	80 366	91 887
载重量(吨位)	Capacity (ton)	573 689	671 695	750 612	411 299	875 186	583 366
3. 其他专用汽车(辆)	Other Special Motor Vehicles (unit)	12 704	13 608	14 000	14 405	14 382	15 304
4. 特种汽车(辆)	Particular Motor Vehicles	235	235	235		14 382	
二、摩托车(辆)	Motorcycle(unit)	5 589	6 018	6 752	7 535	6 221	6 814
三、货挂车(辆)	Trailer Trucks(unit)	32 802	32 982	35 658	38 916	40 826	44 750
四、其他(辆)	Other (unit)	4	4	4	4		
民用运输船舶总计(艘)	**Total Civil Transport Vessels (unit)**	**245**	**252**	**265**	**269**	**277**	**295**
一、机动船艘数(艘)	Motor Vessels (unit)	241	245	261	265	273	291
载客量(客位)	Number of Seats (seat)	3 993	5 912	4 533	4 892	5 431	5 942
净载重量(吨位)	Dead Weight Tonnage (ton)	3 659 336	3 836 423	3 802 578	3 781 309	3 801 680	3 780 781
总功率(千瓦)	Total Power (kw)	810 554	858 502	880 739	887 538	908 786	964 226
1. 客船艘数(艘)	Passenger Transport Vessels (unit)	18	21	22	24	26	29
载客量(客位)	Number of Seats (seat)	3 993	5 912	4 533	4 892	5 431	5 942
2. 货船艘数(艘)	Freight Transport Vessels (unit)	218	221	228	232	238	253
净载重量(吨位)	Dead Weight Tonnage (ton)	3 659 336	3 836 044	3 802 164	3 780 844	3 801 175	3 780 204
3. 拖船艘数(艘)	Tugboats (unit)	5	10	11	9	9	9
二、驳船艘数(艘)	Barges (unit)	4	7	4	4	4	4
净载重量(吨位)	Dead Weight Tonnage(ton)	10 000	15 456	10 000	10 000	10 000	10 000

6-5 邮电业务量及邮电通讯设施

BUSINESS VOLUME OF POSTAL AND TELECOMMUNICATIONS SERVICES, FACILITIES OF POST AND TELECOMMUNICATIONS

项 目	Item	2013	2014	2015	2016	2017
邮电业务总量(亿元)	Business Volume of Post and Telecommunications (100 million yuan)	622.99	761.99	1040.32	1 715.02	1645.55
#邮政（快递）业务量(亿元）	Business Volume of Post(100 million yuan)			429.52	666.67	375.49
函件(万件)	Mail (10 000 pcs)	14 612	14 734	17 623	21 179	22 134
包件(万件)	Parcels (10 000 pcs)	190	133	28	12	10
订销报纸期发数(万份)	Number of Newspapers Circulation (10 000pcs)	38	32	34	32	33
订销报纸累计份数(万份)	Total Copy of Newspapers (10 000 pcs)	11 024	10 051	9 023	8 709	8 847
订销杂志期发数(万份)	Number of Magazines Circulation (10 000 pcs)	49	38	44	37	38
订销杂志累计份数(万份)	Total Copy of Magazines (10 000 pcs)	785	735	710	642	651
固定电话用户(万户)	Number of Installed Telephone Subscribers (subscribers)	532.42	529.51	754.12	644.18	478.30
移动电话用户(万户)	Number of Mobile Telephones Subscribers (10 000 subscribers)	2 766	3 377	2 621	2 505	2 679
互联网宽带网用户(万户)	Internet Subscribers Nunber of Wide Band(10 000 subscriders)	584	630	674	632	483
邮政.电信局、所(处)	Number of Post and Telecommunications Offices(Unit)	797	679	678	745	541
邮运邮路总条数(条)	Total Number of Mail Routes (route)	73	96	105	157	242
邮路长度(单程)(公里)	Length of Postal Routes (km)	10 194	10 522	10 538	12 583	32 964
城市投递段道长度(单程)(公里)	Length of City Delivery Routes (km)	21 650	22 115	23 075	33 306	41 700
全市固定电话交换机总容量(万门)	Total Capacity of Telephone Exchanges (10 000 lines)	570	570	570	570	286
全市移动电话交换机容量(万门)	Total Capacity of Mobile Telephone Exchanges (10 000 lines)	2 812	2 812	2 812	2 812	4 929

6-6 年末公路通车里程到达数（按技术等级）

LENGTHS OF OPERATION MILEAGE AT YEAR-END（GROUPED BY GRADE）

单位：公里 （km）

年 份 Year	公路里程总计 Operation Mileage	高速公路 Express Way	一级公路 First Class Highways	二级公路 Second Class Highwsys	三级公路 Third Class Highwsys	四级公路 Fourth Class Highwsys
1980	746			3	120	508
1981	736			14	103	504
1982	743			17	111	501
1983	745			17	152	461
1984	786			17	173	482
1985	791			19	194	463
1986	810			19	202	515
1987	803			19	267	454
1988	835			16	286	476
1989	837		13	14	279	475
1990	832		13	12	276	496
1991	827		56	12	236	488
1992	907		58	11	235	567
1993	917		81	11	221	568
1994	972	28	121	39	210	538
1995	1 103	110	202	68	185	503
1996	1 169	110	246	84	174	519
1997	1 214	133	267	88	177	514
1998	1 258	155	355	178	216	352
1999	1 344	176	401	195	214	355
2000	1 357	176	420	197	196	365
2001	1 361	186	525	257	180	213
2002	1 510	196	575	282	255	202
2003	1 540	203	590	282	255	210
2004	1 540	203	588	280	260	210
2005	1 580	245	588	280	258	210
2006	1 930	268	860	366	274	162
2007	1 938	269	867	351	284	167
2008	1 619	340	703	259	217	100
2009	1 619	340	703	259	217	100
2010	1 617	340	691	270	217	100
2011	1 618	340	691	270	217	100
2012	1 659	390	686	270	209	105
2013	1 680	420	685	270	209	96
2014	1 647	421	665	256	209	96
2015	1 644	421	665	256	207	96
2016	1 638	420	664	255	203	96
2017	1 634	420	677	239	202	96

注： 从2008年开始，公路里程统计口径有调整。
Note: From 2008, the statistical coverage of operaton mileage have been adjusted.

主要统计指标解释

铁路营业里程 又称营业长度(包括正式营业和临时营业里程)，指办理客货运输业务的铁路正线总长度。凡是全线或部分建成双线及以上的线路，以第一线的实际长度计算；复线、站线、段管线、岔线和特殊用途线以及不计算运费的联络线都不计算营业里程。该指标可以反映铁路运输业基础设施的发展水平，也是计算客货周转量、运输密度和机车车辆运用效率等指标的基础资料。

公路通车里程 指在一定时期内实际达到《公路工程[WTBZ]技术标准JTJ01-88》规定的等级公路，并经公路主管部门正式验收交付使用的公路里程数。包括大中城市的郊区公路以及通过小城镇街道部分的公路里程和桥梁、渡口的长度，不包括大中城市的街道、厂矿、林区生产用道和农业生产用道的里程。两条或多条公路共同经由同一路段，只计算一次，不得重复计算里程长度。该指标可以反映公路建设的发展规模，也是计算运输网密度等指标的基础资料。

内河航道里程 也称内河通航里程，指在一定时期内，能通航运输船舶及排筏的天然河流、湖泊水库、运河及通航渠道的长度。包括全年季节性通航累计三个月以上的航道，不包括仅供零散流放竹、木排的河道。该指标可以反映内河水运网的规模、水平和发展情况。

民用航空航线里程 指民航运输定期班机飞行的航线长度的总和。航线长度按机场之间的距离计算，通常有两种计算方法：一是将每条航线长度相加称为重复计算航线里程；一是将两线或两条以上航线经过同一区段里程，只计算一次航线长度称为不重复计算航线里程。一般常用的是后者，该指标可以确切反映民航运输网的规模，是表明民航事业为国民经济服务和方便人民生活程度的主要指标。

货(客)运量 指在一定时期内，各种运输工具实际运送的货物(旅客)数量。该指标是反映运输业为国民经济和人民生活服务的数量指标，也是制定和检查运输生产计划、研究运输发展规模和速度的重要指标。货运按吨计算，客运按人计算。货物不论运输距离长短、货物类别，均按实际重量统计。旅客不论行程远近或票价多少，均按一人一次客运量统计；半价票、小孩票也按一人统计。

货物(旅客)周转量 指在一定时期内，由各种运输工具运送的货物(旅客)数量与其相应运输距离的乘积之总和。该指标可以反映运输业生产的总成果，也是编制和检查运输生产计划，计算运输效率、劳动生产率以及核算运输单位成本的主要基础资料。计算货物(旅客)周转量通常按发出站与到达站之间的最短距离，也就是计费距离计算。计算公式为：

货物（旅客）周转量=∑（货物（旅客）运输量×运输距离）

港口货物吞吐量 指经水运进出港区范围，并经过装卸的货物数量，包括邮件及办理托运手续的行李、包裹以及补给运输船舶的燃料、物料和淡水。货物吞吐量按货物流向分为进口、出口吞吐量，按货物交流性质分为外贸货物吞吐量和国内贸易货物吞吐量。货物吞吐量的货类构成及其流向，是衡量港口生产能力大小的重要指标。

民用汽车 指报告期末，在公安交通管理部门按照《机动车注册登记工作规范》，已注册登记领有民用车辆牌照的全部汽车数量。汽车统计的主要分类：根据汽车结构分为载客汽车、载货汽车及其他汽车；根据汽车所有者不同分为个人(私人)汽车、单位汽车；根据汽车的使用性质分为营运汽车、非营运汽车；根据汽车大小规格不同载客汽车分为大型、中型、小型和微型，载货汽车分为重型、中型、轻型和微型。

邮电业务总量 指以价值量形式表现的邮电通信企业为社会提供各类邮电通信服务的总数量。邮电业务量按专业分类包括函件、包件、汇票、报刊发行、邮政快件、特快专递、邮政储蓄、集邮、公众电报、用户电报、传真、长途电话、出租电路、无线寻呼、移动电话、分组交换数据通信、出租代维等。计算方法为各类产品乘以相应的平均单价(不变价)之和，再加上出租电路和设备、代用户维护电话交换机和线路等的服务收入。该指标综合反映了一定时期邮电业务发展的总成果，是研究邮电业务量构成和发展趋势的重要指标。计算公式为：

邮电业务总量=∑（各类邮电业务量×不变单价）+出租代维及其他业务收入 =邮政业务总量+通信业务总量

移动电话用户 指通过移动电话交换机进入移动电话网、占用移动电话号码的各类电话用户。包括签约用户和智能网预付费用户。一个移动电话号码统计为一户。

本地电话用户 指接入本地电信运营商固定电话网上的电话用户。包括：住宅用户、单位用户、公用电话用户等。按电话用户位置又分为城市电话用户和乡村电话用户。按通信手段又分为固定电话用户和无线市话用户。1997年以前，“城市（内）电话用户”是指接入县城及县以上城市的电话网上的电话用户；“乡（农）村电话用户”是指接入县邮电局农话台及县以下农村电话交换点，以县城为中心(除市话用户外)联通县、乡(镇)、行政村、村民小组的用户。从1997年起，电话用户数分组调整为以用户所在区域划分为“城市电话用户”和“乡村电话用户”，与过去的按市内电话和农村电话划分方法不同。

国际互联网总用户 包括互联网窄带拨号用户和互联网宽带接入用户。互联网窄带拨号用户又分为互联网注册拨号用户、互联网主叫电话记费用户、互联网上网卡用户等几种。互联网注册拨号用户指由基础电信运营商用户提供的，使用固定帐号上网的一种方式，由用户到运营商的营业厅或业务代理商处申请办理，获得拨号上网帐号及密码，用户根据该帐号及密码拨叫上网特服号，通过认证获得动态IP地址接入宽带互联网。互联网主叫电话记费用户指用户不需要到运营商的营业厅或业务代理商处申请办理，只需要拨打某一运营商已经开通的主叫特服号码即可上网，上网费用随主叫电话收取。互联网上网卡用户指使用上网卡上的帐号和密码认证，通过PSTN、N-ISDN等方式接入宽带互联网的用户。互联网宽带接入用户指采用分组交换网、DDN网、帧中继/ATM网以及模拟专线、数字专线等方式，不经过基础电信运营商的宽带IP城域网，直接接入宽带互联网节点的用户，不含XDSL、专线和LAN专线用户。

本地交换设备容量 指安装在电信运营企业内用于接续本地固定电话的电话交换机容量，包括现用和备用的人工或自动交换机的全部容量。包括局用交换机容量、接入网设备容量（含无线市话）和用户交换机容量。

移动电话交换机容量 指移动电话交换机根据一定话务模型和交换机处理能力计算出来的最大同时服务用户的数量。

Explanatory Notes on Main Statistical Indicators

Length of Railways in Operation refers to the total length of the trunk line under passenger and freight transportation (including both regular operations and temporary operations). In the case of wholly or partially double– or multi–track railways, calculation is based on the actual length of the first track, regardless of other tracks, station sidings, tracks under the charge of stations, branch lines, special–purpose lines and connecting lines. The length of railways in operation is an important indicator of the development of infrastructure for railway transport, as well as the foundation for the calculation of passenger–kilometers and freight ton–kilometers, traffic density and utilization efficiency of locomotives and carriages.

Length of Highways refers to the length of highways built in conformity with the grades specified by the Technical Standards JTJ01–88 for Highway Engineering, formally checked and accepted by highway authorities and put into use. The length of highways includes that of suburban highways at large and medium–sized cities and highways passing through streets at small cities and towns, as well as the span of bridges and ferries. However, it does not include the length of streets in large and medium–sized cities and highways built for production purposes at factories, mines, forest areas and agricultural areas. If two or more highways share the same segment, the length of the shared segment is only calculated for once and no duplication is allowed. The length of highways is an important indicator of the scale of development of highway construction, as well as the foundation for the calculation of transport network density and other indicators.

Length of Navigable Inland Waterways refers to the length of natural rivers, lakes, reservoirs, canals, and ditches open to navigation during a given period, which enables the transport by ships and rafts. This includes channels open to seasonal navigation for an accumulative period of over 3 months in a year, but excludes river courses used exclusively for wood or bamboo rafts on an irregular basis. This indicator reflects the scale, level and development situation of the inland waterway network.

Length of Civil Aviation Routes refers to the length of all routes for regular civil aviation flights. Calculation of route lengths is based on the distance between airports, usually in either of the following ways: duplicated calculation of route lengths, which directly sums up the length of every single air route; or singular calculation of route lengths, which calculates the same segments of aviation routes shared by two or more routes only once. In general practice, the latter is used, as it can precisely reflect the size of the civil aviation network and indicate the extent to which civil aviation serves the national economy and the needs of the people.

Freight (Passenger) Traffic refers to the volume of freight (passengers) transported with various means. This indicator provides a quantitative measure of how the transport industry serves the national economy and the needs of the people, as well as an important reference for drafting and checking production plans in the transport industry and for studying the scale and speed of development in the transport industry. Freight transport is calculated in tons and passenger traffic is calculated in the number of persons. Freight transport is calculated in the actual weight of goods regardless of traveling distances and types of freight; while passenger traffic is calculated as the number of individuals traveling once, regardless of traveling distances, ticket prices, whether the passengers are traveling with half–price tickets or child tickets.

Freight Ton-kilometers (Passenger-kilometers) refer to the sum of the products of the volume of transported cargo (passengers) multiplied by the transport distance. These are important indicators of the total achievements of the transport industry, as well as the major foundation for drafting and checking production plans in the transport industry and for calculating the efficiency, labor productivity and the cost of transport enterprises. Normally, the shortest distance between the departure station and the destination station (i.e. the payable distance) is the basis to calculate the freight ton-kilometers and passenger-kilometers on. These indicators are calculated as follows: Freight Ton-kilometers (Passenger-kilometers) = $\sum$(Freight (Passenger) Traffic $\times$ Transport Distance)

Volume of Freight Handled in Ports refers to the volume of cargo passing in and out of the harbor area that undergoes the loading and unloading processes, including mails, checked baggage and bales, as well as fuel, material and fresh water supplies to ships. The volume of freight handled may be classified by direction of flow as import volume and export volume, or by nature of cargo as volume of freight for domestic trade and volume of freight for foreign trade. The classification of volume of freight handled and its direction of flow are important indicators of the production capacity of ports.

Possession of Civil Motor Vehicles refers to the total number of vehicles that are registered at transport management offices under the public security authorities and provided with civil vehicle licenses and tags according to the Work Standard for Motor Vehicles Registration at the end of the reference period. Major categories of vehicle are: passenger vehicles, freight vehicles and other vehicles in terms of structure; private vehicles and organization-owned vehicles in terms of ownership; commercial vehicles and non-commercial vehicles in terms of use; large, medium, small and mini passenger vehicles, and heavy, medium, light and mini trucks in terms of size.

Business Volume of Postal and Telecommunication Services refers to the total amount of postal and telecommunication services, expressed in value terms, provided by postal and telecommunication enterprises for the society. Postal and telecommunication services can be classified as letters, parcels, remittance, delivery of newspapers and magazines, fast mail service, express mail service, savings deposits, stamps for collection, public and individual telegraph service, facsimiles, long-distance telephone service, leasing of telephone lines, urban paging service, mobile telephone service, data communication through packet networks, network elements lease and maintenance, etc. To calculate the volume, the business volume of each product is multiplied by its average unit price (at constant prices), summed, and added to income from other services such as leasing of telephone lines and equipment, maintenance of telephone switchboards and lines on behalf of customers. This indicator reflects the overall achievements of postal and telecommunication services during a given period, and is an important reference for studying the composition of business volume and the development trend of postal and telecommunication services. This volume is calculated as follows:

Business Volume of Postal and Telecommunication Services = $\sum$(Business Volume of Each Product $\times$ Constant Unit Price) + Income from Leasing, Maintenance, and Other Services = Business Volume of Postal Services + Business Volume of Telecommunication Services

Mobile Telephone Subscribers refer to persons who own mobile telephone numbers and are connected with the mobile telephone communication network through mobile telephone switchboards, including contracted subscribers and pre-paid subscribers for intelligent network. One mobile telephone number is calculated as one subscriber.

Local Telephone Subscribers refer to subscribers that are connected to the local telecommunication service provider through fix line network, including household subscribers, institutional subscribers and public telephones. They are also classified as urban subscribers and rural subscribers according to locations, or fixed-line subscribers and wireless subscribers according to the means of telecommunication. Before 1997, urban subscribers referred to those connected to urban telephone networks in county towns and cities, while rural subscribers referred to those connected to rural telephone stations at or below the county level, clustered around the county town (excluding urban subscribers), and further connected to the county, towns and townships, administrative villages and villagers' groups. Since 1997, the classification of telephone subscribers into urban telephone subscribers and rural telephone subscribers was modified on the basis of geographical location of the subscribers, which is different from the previous distinction between urban telephones and rural telephones.

Number of Internet Subscribers include both narrow-band dial-up users and broad-band access users of the internet. Narrow-band dial-up users are further classified into registered dial-up users, pay-per-calling users, and pre-pay card users. Registered dial-up service enables internet access through fixed accounts provided by basic telecommunication operators. Users of this service apply to the operators or their agents for accounts and passwords, with which they dial special numbers for internet connection and acquire dynamic IP addresses through authentification to gain access to the broad-band internet. Pay-per-calling service implies that instead of applying to the operators or their agents, users only need to dial a certain operator's special numbers to gain access to the internet and pay internet fees together with their calling fees. Pre-pay card users refer to those connected to the broad-band internet through PSTN and N-ISDN networks with accounts and passwords provided by the pre-pay cards. Broad-band access users (exclusive of XDSL and LAN users) refer to users directly connected to broad-band internet nodes through packet networks, DDN networks, frame relay/ATM networks, and special analog or digital lines, bypassing the broad-band IP MAN provided by basic telecommunication operators.

Capacity of Local Telephone Exchanges refers to the capacity of telephone exchanges installed in the offices of telecommunication service providers for communication between fixed telephones. It includes the capacity of both manual and automatic exchanges in use and for stand-by purpose. It consists of the capacity of office telephone exchanges, access network equipment (including wireless city call) and subscriber exchanges.

Capacity of Mobile Telephone Exchanges refers to the maximum number of subscribers that can be served simultaneously, calculated according to a certain calling model and the handling capacity of the mobile telephone exchanges.

07 第七部分

农业

AGRICULTURE

CHAPTER

7-1 农业总产值

GROSS OUTPUT VALUE OF AGRICULTURE

单位：万元 （10 000 yuan）

年 份 Year	农业总产值 Gross Output Value of Agriculture	种植业 Planting	林 业 Forestry	牧 业 Animal Husbandry	渔 业 Fishery	农林牧渔服务业 Services of Farming,Forestry,Animal Husbandry and Fishery
1979	13 106	6 494	85	1 598	433	4 496
1980	16 938	6 913	69	2 186	1 084	6 686
1981	24 181	8 515	153	5 677	1 869	7 967
1982	26 929	9 402	281	7 540	2 744	6 962
1983	29 083	10 930	207	7 832	3 400	6 714
1984	40 416	13 931	912	10 346	7 895	7 332
1985	45 821	15 641	1 371	14 444	7 875	6 490
1986	49 552	18 947	1 259	17 132	10 956	1 258
1987	73 772	26 631	1 678	28 869	14 339	2 255
1988	99 404	32 296	1 315	42 202	19 852	3 739
1989	108 015	31 412	1 253	54 389	19 010	1 951
1990	119 205	37 622	1 716	52 550	24 043	3 274
1991	143 063	40 697	4 097	63 117	31 025	4 127
1992	185 297	57 458	5 637	81 532	36 334	4 335
1993	192 880	49 977	3 519	94 969	38 506	5 909
1994	224 776	54 363	2 334	110 150	52 322	5 607
1995	232 653	58 407	2 207	125 623	43 173	3 243
1996	273 246	70 642	2 989	141 464	52 080	6 071
1997	270 889	73 030	3 792	124 140	64 676	5 250
1998	298 174	79 738	6 773	139 244	65 967	6 452
1999	299 662	91 560	5 312	126 799	68 401	7 590
2000	311 359	95 289	5 560	128 417	72 522	9 571
2001	327 111	105 153	5 060	127 565	76 213	13 120
2002	340 757	115 021	4 790	135 377	76 279	9 290
2003	337 406	111 989	6 557	135 940	76 935	5 985
2004	299 939	96 930	6 409	102 689	88 516	5 395
2005	217 369	53 152	4 861	75 334	76 831	7 191
2006	180 017	38 280	3 930	66 538	59 615	11 654
2007	171 380	43 415	6 682	64 678	42 875	13 730
2008	187 859	45 786	5 474	69 383	53 131	14 084
2009	154 760	42 590	2 062	55 992	39 550	14 564
2010	150 467	48 707	1 606	43 734	38 918	17 502
2011	152 533	46 535	2 159	48 691	37 855	17 293
2012	148 572	45 024	1 298	43 669	42 291	16 290
2013	139 479	53 307	757	36 547	44 149	4 719
2014	129 156	37 842	1 307	26 292	58 352	5 363
2015	159 515	32 799	1 975	22 422	95 487	6 831
2016	167 329	51 853	3 222	18 319	85 918	8 017
2017	388 609	123 414	2 379	29 013	214 992	18 811

注： 本表按当年价格计算

Note:The data in this table are calculated at current prices.

7-2 农业总产值构成

COMPOSITION OF GROSS OUTPUT VALUE OF AGRICULTURE

单位：%　　　　(%)

年 份 Year	总 计 Total	种植业 Planting	林 业 Forestry	牧 业 Animal Husbandry	渔 业 Fishery	农林牧渔服务业 Services of Farming,Forestry,Animal Husbandry and Fishery
1979	100.0	49.6	0.6	12.2	3.3	34.3
1980	100.0	40.8	0.4	12.9	6.4	39.5
1981	100.0	35.2	0.6	23.5	7.7	33.0
1982	100.0	34.9	1.0	28.0	10.2	25.9
1983	100.0	37.6	0.7	26.9	11.7	23.1
1984	100.0	34.5	2.3	25.6	19.5	18.1
1985	100.0	34.1	3.0	31.5	17.2	14.2
1986	100.0	38.2	2.6	34.6	22.1	2.5
1987	100.0	36.1	2.3	39.1	19.4	3.1
1988	100.0	32.5	1.3	42.5	20.0	3.7
1989	100.0	29.1	1.2	50.3	17.6	1.8
1990	100.0	31.6	1.4	44.1	20.2	2.7
1991	100.0	28.4	2.9	44.1	21.7	2.9
1992	100.0	31.0	3.0	44.0	19.6	2.4
1993	100.0	25.9	1.8	49.2	20.0	3.1
1994	100.0	24.2	1.0	49.0	23.3	2.5
1995	100.0	25.1	0.9	54.0	18.6	1.4
1996	100.0	25.9	1.1	51.8	19.0	2.2
1997	100.0	27.0	1.4	45.8	23.9	1.9
1998	100.0	26.7	2.3	46.7	22.1	2.2
1999	100.0	30.6	1.8	42.3	22.8	2.5
2000	100.0	30.6	1.8	41.2	23.3	3.1
2001	100.0	32.1	1.6	39.0	23.3	4.0
2002	100.0	33.8	1.4	39.7	22.4	2.7
2003	100.0	33.2	1.9	40.3	22.8	1.8
2004	100.0	32.3	2.1	34.2	29.5	1.8
2005	100.0	24.5	2.2	34.7	35.3	3.3
2006	100.0	21.3	2.2	37.0	33.1	6.5
2007	100.0	25.3	3.9	37.7	25.0	8.0
2008	100.0	24.4	2.9	36.9	28.3	7.5
2009	100.0	27.5	1.3	36.2	25.6	9.4
2010	100.0	32.4	1.1	29.1	25.9	11.5
2011	100.0	30.5	1.4	31.9	24.8	11.4
2012	100.0	30.3	0.9	29.4	28.5	11.0
2013	100.0	38.2	0.5	26.2	31.7	3.4
2014	100.0	29.3	1.0	20.4	45.2	4.2
2015	100.0	20.6	1.2	14.1	59.9	4.3
2016	100.0	31.0	1.9	10.9	51.3	4.8
2017	100.0	31.8	0.6	7.5	55.3	4.8

7-3 农业总产值及其指数

GROSS OUTPUT VALUE OF AGRICULTURE AND ITS INDICES

年 份 Year	农业总产值(万元) 当年价格 Gross Output Value of Agriculture (10 000yuan) At Current Prices	以上年为100 Preceding Year=100
1979	13 106	
1980	16 938	85.4
1981	24 181	119.1
1982	26 929	108.1
1983	29 083	98.4
1984	40 416	102.3
1985	45 821	119.2
1986	49 552	116.5
1987	73 772	111.8
1988	99 404	119.4
1989	108 015	112.1
1990	119 205	115.2
1991	143 063	109.3
1992	185 297	99.2
1993	192 880	92.9
1994	224 776	96.1
1995	232 653	101.0
1996	273 246	114.2
1997	270 889	101.7
1998	298 174	104.3
1999	299 662	107.9
2000	311 359	102.4
2001	327 111	103.7
2002	340 757	107.0
2003	337 406	109.8
2004	299 939	111.7
2005	217 369	87.8
2006	180 017	75.3
2007	171 380	89.2
2008	187 859	84.0
2009	154 760	87.1
2010	150 467	92.2
2011	152 533	94.0
2012	148 572	103.1
2013	139 479	70.8
2014	129 156	92.2
2015	159 515	108.6
2016	167 329	96.3
2017	388 609	122.7

注： 2005年起国家统计报表制度中取消1990年不变价，增长速度按可比口径计算。

Note: Since 2005, the national statistical reporting system has cancelled the index, Gross Output Value of Agriculture (at 1990 constant prices), the growth rates are calculated at comparable coverage.

7-4　农作物播种面积

TOTAL SOWN AREAS OF FARM CROPS

单位：亩　　　　(mu)

年　份 Year	一、农作物总播种面积 Total Sown Areas	#粮食作物合　计 Grain Crops	#薯　类 Tubers	#经济作物合　计 Cash Crops	#花　生 Peanuts
1979	953 300	758 100	55 095	165 800	107 148
1980	808 500	646 000	38 663	125 500	100 186
1981	728 400	576 000	27 457	119 200	96 606
1982	739 500	536 000	27 219	125 200	97 152
1983	711 300	536 400	27 700	95 103	65 700
1984	705 078	507 255	28 036	91 147	68 523
1985	625 716	379 247	22 690	85 356	61 095
1986	632 747	363 895	22 755	89 810	60 765
1987	617 290	331 531	24 911	84 466	57 508
1988	607 146	284 545	19 370	77 678	51 331
1989	591 309	280 930	18 897	71 134	51 120
1990	573 090	261 454	18 177	67 306	52 035
1991	523 174	194 055	19 529	63 530	49 146
1992	355 244	103 946	13 348	31 910	30 545
1993	191 711	21 361	6 711	12 118	9 579
1994	163 838	16 136	6 029	5 022	4 544
1995	164 870	16 970	6 814	5 031	3 965
1996	205 078	19 448	9 444	6 151	4 675
1997	175 250	14 907	7 183	5 386	3 854
1998	180 525	11 742	5 946	6 770	3 224
1999	177 372	10 354	5 381	5 616	2 680
2000	187 401	9 714	5 559	5 138	2 842
2001	184 038	8 023	5 194	4 098	2 568
2002	159 063	6 480	4 442	3 357	1 142
2003	164 363	4 679	2 490	1 227	807
2004	147 094	5 304	2 955	2 870	260
2005	106 167	1 572	815	310	300
2006	90 614	305	175	105	100
2007	95 596	290	240	236	220
2008	109 423	438	365	10764	20
2009	103 673	163	150	914	42
2010	96 090	151	136	67	41
2011	90 803	52	44	50	41
2012	87 311	12	12	2 255	19
2013	81 472	155	13	8	8
2014	73 775	144	14	513	5
2015	72 358	152	50	6 702	9
2016	74 165	95	47	1 430	8
2017	179 190	34 718	4 760	5 169	4 319

单位：亩　　　　　　　　　　　　　　　　　　　　　　　　　　　　7-4 续表 continued（mu）

年　份 Year	# 其它作物 合　计 Other Crops	# 蔬　菜 Vegetable	二、茶园面积 Area of Tea Plantations (year-end)	三、果园面积 Area of Orchards (year-end)	# 柑桔橙 Citrus	# 荔　枝 Litchi
1979	22 813	14 798		55 604	6 248	18 600
1980	28 802	15 712		56 701	8 169	19 760
1981	24 327	17 935		55 353	7 476	21 021
1982	68 296	44 020		56 040	6 331	25 399
1983	72 219	66 048		85 897	15 154	4 687
1984	98 843	86 037		85 567	11 204	39 384
1985	154 494	139 353		108 418	16 889	44 979
1986	172 688	160 467		168 790	38 698	70 782
1987	196 065	185 202		218 396	59 358	91 744
1988	240 104	223 191		236 876	69 972	100 912
1989	235 349	217 929		245 516	71 429	107 979
1990	240 865	231 308		256 110	72 632	109 477
1991	261 772	244 591		254 021	73 350	111 324
1992	217 456	201 422		227 207	60 844	104 390
1993	157 909	144 468		191 838	50 147	92 227
1994	142 640	133 284	460	188 411	44 124	97 613
1995	142 849	135 212	3 003	185 285	36 267	98 358
1996	179 479	167 063	2 976	195 926	32 532	111 332
1997	154 957	145 591	2 968	216 996	26 733	136 123
1998	162 013	153 026	2 440	215 058	26 240	136 006
1999	161 402	152 890	2 435	218 811	22 013	144 201
2000	172 549	166 916	2 355	224 820	19 551	152 804
2001	171 917	168 147	353	209 232	16 406	142 580
2002	149 226	147 278	348	191 031	9 949	130 896
2003	158 457	156 899	350	159 817	11 066	102 095
2004	138 920	137 887		150 523	6 830	109 407
2005	104 285	104 059		149 175	5 908	111 154
2006	90 204	89 478		127 809	2 249	100 771
2007	95 070	94 891	312	64 630	1 728	43 004
2008	98 221	98 023	350	46 273	1 088	32 882
2009	102 596	98 505	340	55 508	548	44 320
2010	95 872	95 371	340	53 567	629	43 279
2011	90 701	89 908	340	50 813	484	41 501
2012	85 044	84 704	340	46 990	391	39 088
2013	81 309	81 057	350	38 035	234	32 087
2014	73 118	67 975	340	36 825	204	31 000
2015	65 504	65 249	340	35 474	282	30 658
2016	72 640	72 342	340	32 287	205	26 939
2017	139 123	137 558	1 040	95 170	5 787	65 051

7-5 主要农业产品产量

YIELD OF MAJOR FARM CROPS

单位：吨　　(ton)

年份 Year	粮食 Grain	#稻谷 Rice	#薯类 Tubers	花生 Peanuts	蔬菜 Vegetable	茶叶 Tea	水果 Fruits	#柑桔橙 Citrus	#荔枝 Litchi
1979	132 584	127 559	4 285	6 877	8 639		2 401	157	742
1980	126 461	123 022	3 003	7 323	14 593		2 280	388	1 127
1981	116 489	114 070	2 310	8 641	22 772		3 245	284	1 534
1982	124 189	121 026	3 046	9 276	34 484		2 866	571	798
1983	126 977	122 936	3 906	5 761	74 251		3 575	1 105	839
1984	126 960	123 205	3 595	6 060	107 820		5 752	1 579	1 829
1985	94 465	90 106	4 026	5 208	162 898		6 420	1 726	1 559
1986	92 495	88 369	3 787	5 894	151 629		13 249	3 467	3 522
1987	85 534	80 110	5 081	5 634	159 937		18 180	5 368	1 336
1988	76 263	72 114	3 850	5 275	182 190		21 324	7 931	2 366
1989	82 215	77 928	3 974	5 777	193 367		23 928	10 910	1 293
1990	81 018	75 380	5 161	6 107	227 346		39 986	23 769	4 184
1991	59 138	52 847	5 418	6 284	238 716		52 392	35 195	2 855
1992	32 906	27 924	4 211	3 874	201 517		59 505	36 082	8 230
1993	6 950	3 838	2 077	1 315	151 421		45 807	31 968	2 791
1994	5 166	1 660	1 676	652	141 899	2	42 744	26 949	4 886
1995	4 887	1 848	1 700	613	147 171	4	40 914	22 973	5 674
1996	6 586	1 801	2 557	735	193 966	4	36 961	21 148	5 944
1997	4 990	954	1 793	595	169 683	5	39 775	21 509	7 546
1998	3 781	743	1 367	496	185 747	8	34 310	22 042	2 055
1999	3 412	555	1 235	444	183 517	9	43 183	19 662	13 516
2000	3 700	429	1 579	556	210 479	14	27 498	14 114	4 513
2001	3 966	248	2 331	548	194 849	11	24 835	10 571	5 250
2002	3 094	31	1 219	384	217185	12	35 279	7 085	18 393
2003	1 850	8	773	184	201 395	11	29 087	8 323	8 753
2004	2 028	6	936	98	162 788		28 028	5 334	14 486
2005	599	4	248	67	141 652		25 843	3 546	15 008
2006	59		49	6	111 509		12 793	839	7 852
2007	55		46	42	121 539		7 389	503	4 016
2008	110		92	4	114 086	3	4 520	487	2 076
2009	52		46	9	107 203	2	3 921	134	2 315
2010	49		42	8	110 739	2	3 179	163	1 952
2011	18		11	8	101 783	2	2 873	205	1 933
2012	5		5	4	103 941	3	2 695	190	1 835
2013	59		3	6	101 324	2	1 745	122	1 141
2014	77		65	5	67 167	2	2 120	77	1 420
2015	63		63	5	63 030	2	4 014	62	2 901
2016	108		60	2	82 423	2	12 304	23	9 537
2017	7 955	7 497	330	505	149 544	42	41 292	6 584	12 069

7-6 农作物亩产量

OUTPUT OF FARM CROPS PER MU

单位：千克　　　　（kg）

年 份 Year	粮 食 Grain	薯 类 Tubers	花 生 Peanuts	蔬 菜 Vegetable	茶 叶 Tea	水 果 Fruits	柑桔橙 Citrus	荔 枝 Litchi
1979	175	78	64	584				
1980	196	78	73	929				
1981	202	84	89	1 269				
1982	232	112	95	783				
1983	237	141	87	1 124				
1984	251	128	88	1 253				
1985	249	178	85	1 169				
1986	254	166	97	945				
1987	258	204	98	864				
1988	268	199	103	816				
1989	293	210	113	887				
1990	310	284	117	983				
1991	305	277	128	976				
1992	317	315	127	1 000				
1993	325	309	137	1 048				
1994	340	302	107	1 064	4.76	467	786	50.1
1995	288	249	155	1 088	6.45	414	765	57.7
1996	339	271	157	1 161	6.06	345	799	53.4
1997	335	257	154	1 165	6.30	307	897	55.4
1998	322	230	154	1 214	3.40	456	840	15.1
1999	330	230	166	1 200	3.70	322	958	93.7
2000	381	284	196	1 261	5.94	122	722	29.5
2001	494	449	213	1 266	31.16	119	644	36.8
2002	477	274	336	1 475	34.48	185	712	140.5
2003	395	310	228	1 284	31.43	182	752	85.7
2004	382	317	377	1 181		186	781	132.4
2005	381	304	223	1 361		173	135	135.0
2006	193	280	60	1 246		100	370	77.9
2007	190	192	191	1 281	6.41	114	291	93.4
2008	251	252	200	1 164	8.57	98	448	63.1
2009	319	307	214	1 088	5.88	71	245	52.2
2010	325	309	195	1 161	5.88	59	259	45.0
2011	346	250	195	1 132	5.88	57	424	46.6
2012	417	417	211	1 227	8.82	57	486	46.9
2013	381	231	750	1 250	5.71	46	521	35.6
2014	535	4 642	1 000	988	5.88	58	378	45.8
2015	414	1 260	555	966	5.88	113	220	94.6
2016	1 137	1 277	250	1 139	5.88	381	112	354.0
2017	229	69	117	1 087	40.40	434	1 138	185.5

7-7 畜牧业、林业和渔业

ANIMAL HUSBANDRY, FORESTRY AND FISHERY

年 份 Year	畜 牧 业 Animal Husbandry				
	牛年末头数(头) Year-end Number of Cattle (head)	#奶 牛 Milk Cows	牛奶产量(吨) Milk Output (ton)	生猪饲养量(万头) Raised Hogs (the whole year) (10 000 heads)	生猪年末存栏量(万头) Raised Hogs (Year-end) (10 000 heads)
1979	25 633	465	1 622	22.90	11.69
1980	24 451	2 365	2 876	15.58	8.42
1981	28 917	3 066	5 214	10.69	6.06
1982	31 301	3 233	6 852	15.61	8.51
1983	31 200	3 642	7 411	17.60	9.40
1984	30 716	4 506	9 830	18.59	8.89
1985	28 474	5 352	10 815	20.34	9.58
1986	27 685	6 204	12 837	25.41	12.29
1987	26 587	6 460	14 237	36.02	16.94
1988	24 759	6 764	13 720	52.20	21.90
1989	24 618	7 384	16 729	65.28	24.45
1990	24 105	7 715	18 887	59.37	22.58
1991	20 660	7 380	20 566	64.23	22.07
1992	16 451	7 059	20 592	61.36	20.89
1993	11 460	7 107	20 255	62.39	20.77
1994	9 780	7 235	20 080	64.49	23.38
1995	9 960	7 955	19 475	68.09	25.76
1996	9 509	8 152	20 420	75.61	27.35
1997	8 900	7 478	18 857	80.26	30.52
1998	8 625	7 575	19 851	89.36	30.09
1999	8 881	7 990	22 480	85.98	28.16
2000	9 808	9 094	24 926	93.02	26.88
2001	9 661	8 883	22 176	92.23	27.08
2002	9 740	9 285	22 802	96.11	31.42
2003	8 196	6 780	24 128	79.31	18.56
2004	8 579	8 511	22 018	63.17	12.49
2005	7 857	7 832	19 567	68.69	17.15
2006	8 009	7 980	18 727	60.66	13.73
2007	7 625	7 585	18 130	53.19	16.25
2008	6 772	5 681	16 150	48.36	15.92
2009	5 035	5 035	10 699	41.04	11.21
2010	6 487	6 479	15 000	29.37	6.93
2011	6 610	6 580	14 310	27.39	6.98
2012	5 671	5 671	13 322	24.96	6.49
2013	5 523	5 523	13 759	18.06	5.88
2014	4 211	4 211	11 805	10.06	3.09
2015	3 656	3 656	12 973	6.71	1.56
2016	2 110	2 110	8 485	4.25	1.35
2017	2 688	2 120	8 364	10.72	3.71

7-7 续表 1 continued

年 份 Year	畜 牧 业 Animal Husbandry					造林面积(万亩) Areas of Forestation (10 000 mu)
	肉猪全年出栏量(万头) Slaughtered Fattened Hogs of the Year (10 000 heads)	家禽饲养量(万只) Raised Poultry (10 000 heads)	# 出栏量 Slaughtered Fattened Poultry	鲜蛋(吨) Fresh eggs (ton)	当年出售肉类总产量(吨) Total Output of Meat Sold (ton)	
1979	11.21	99.59	69.71	57	6 726	1.84
1980	7.16	160.90	112.63	88	4 296	1.65
1981	4.63	321.84	257.42	119	2 778	1.38
1982	7.10	578.61	506.31	265	4 260	2.62
1983	8.20	786.79	586.40	1 352	4 920	2.37
1984	9.70	857.31	686.27	1 137	12 648	1.78
1985	10.76	1 305.20	944.32	1 085	22 932	16.85
1986	13.12	1 548.94	1 115.77	1 169	25 323	4.01
1987	19.08	1 955.78	1 371.76	805	33 935	15.38
1988	30.30	2 634.80	1 892.70	1 335	47 449	13.32
1989	40.83	3 101.80	2 291.00	1 212	65 300	5.33
1990	36.79	3 330.80	2 445.20	1 895	62 513	5.92
1991	42.16	3 522.27	2 964.39	3 462	79 022	13.10
1992	40.47	4 063.21	2 911.96	4 172	74 081	0.62
1993	41.62	3 534.32	2 668.70	2 472	77 254	0.15
1994	41.11	2 988.07	2 280.63	2 100	67 043	1.10
1995	42.33	2 635.46	2 015.59	2 120	70 277	1.85
1996	48.26	2 111.72	1 633.59	1 351	64 280	3.74
1997	49.74	2 142.36	2 142.36	1 333	65 911	6.27
1998	59.27	2 900.24	2 462.97	1 421	82 947	4.93
1999	57.82	3 090.74	2 616.25	1 130	77 608	3.44
2000	66.14	2 340.20	1 953.85	1 546	79 893	3.30
2001	65.15	2 503.53	1 871.64	922	73 495	2.63
2002	64.68	2 158.62	1 803.00	380	75 531	2.47
2003	60.74	1 698.14	1 515.24	289	66 730	4.96
2004	50.68	1 329.01	1 159.61	292	55 810	3.41
2005	51.55	1 156.99	999.48	110	46 846	3.05
2006	46.93	934.53	811.00	20	42 478	2.45
2007	37.94	866.48	679.75	1 176	32 016	7.35
2008	32.44	903.06	764.50	838	27 458	
2009	29.83	913.76	732.78	282	25 525	1.85
2010	22.44	703.03	568.39	406	18 992	1.87
2011	20.40	582.74	456.06	654	17 142	1.55
2012	18.47	509.96	438.10	902	15 066	1.30
2013	12.18	264.01	184.47	304	11 149	0.81
2014	6.97	287.86	247.71	242	6 422	0.29
2015	5.15	260.64	225.18	27	4 597	0.34
2016	2.90	178.46	151.59		3 278	0.01
2017	7.01	168.47	127.90	0.1	8 019	0.61

年 份 Year	渔 业 Fishery							
	水产品生产总量(吨) Total Output of Aquatic Products(ton)	1、海水产品 Seawater Aquatic Products	#鱼 类 Fish	2、淡水产品 Freshwater Aquatic Products	#鱼 类 Fish	养殖面积(万亩) Cultured Areas of Aquatic (10 000 mu)	1、海水面积 Seawater	2、淡水面积 Freshwater
1979	7 039	6 068		971				1.13
1980	7 667	5 315		2 352				3.27
1981	7 410	5 048		2 362				3.54
1982	10 406	6 128		4 278				4.24
1983	12 303							
1984	16 086							4.68
1985	16 762	4 485		12 277				8.84
1986	23 654	5 595	3 716	18 059		19.33	7.88	11.45
1987	26 889	17 363		9 526		21.16	13.40	7.76
1988	31 535	20 923	16 515	10 612	6 860	20.92	7.53	13.39
1989	32 148	20 153	16 454	11 995	11 995	21.36	14.18	7.18
1990	38 587	24 239	18 420	14 348	13 793	21.88	14.73	7.15
1991	41 740	12 076	8 402	29 664	29 664	16.91	7.81	9.10
1992	44 349	27 558	18 488	16 791	15 836	18.77	13.64	5.13
1993	31 104	11 527	8 423	19 577	19 577	11.77	5.90	5.87
1994	28 196	10 661	6 733	17 535	17 535			
1995	37 394	30 041	26 438	7 353	7 353			
1996	41 183	21 957	17 718	19 226	19 188	16.00	13.60	2.40
1997	55 569	47 687	32 229	7 882	7 773	13.47	10.82	2.65
1998	58 315	50 352	32 371	7 963	7 962	13.61	10.52	3.09
1999	59 764	52 410	34 888	7 354	7 334	11.19	8.16	3.03
2000	59 881	51 191	31 649	8 690	8 690	11.41	8.50	2.91
2001	65 784	56 566	32 850	9 218	9 218	10.84	7.20	3.64
2002	64 059	54 757	22 248	9 302	9 116	9.31	6.59	2.72
2003	85 324	77 506	50 446	7 818	7 610	8.81	6.89	1.92
2004	96 682	88 718	67 553	7 964	6 899	7.33	5.61	1.71
2005	81 764	74 560	55 435	7 204	7 038	7.19	5.84	1.35
2006	56 126	51 411	33 443	4 715	4 697	6.91	5.86	1.05
2007	34 068	31 173	21 708	2 895	2 765	4.67	3.93	0.74
2008	38 468	37 126	27 547	1 342	1 232	3.76	3.07	0.69
2009	30 329	28 544	17 391	1 785	1 714	3.03	2.62	0.41
2010	27 230	25 302	13 010	1 928	1 838	2.92	2.51	0.41
2011	24 929	23 488	13 795	1 441	1 306	2.92	2.51	0.41
2012	28 738	27 430	17 784	1 308	1 253	1.75	1.50	0.25
2013	19 107	18 062	14 287	1 045	990	1.71	1.50	0.21
2014	27 205	26 285	17 867	920	865	0.57	0.41	0.16
2015	39 777	38 796	30 407	981	918	0.46	0.39	0.07
2016	39 855	39 525	31 138	330	330	0.45	0.40	0.05
2017	82 905	80 164	54 335	2 741	2 683	0.31	0.31	

主要统计指标解释

农林牧渔业总产值 是以货币表现的农林牧渔业的全部产品总量和对农林牧渔业生产活动进行的各种支持性服务活动的价值。它反映一定时期内农林牧渔业生产总规模和总成果，是观察农林牧渔业生产水平和发展速度，研究农林牧渔业内部比例关系、农林牧渔业与工业、农林牧渔业与国家建设、人民生活比例关系的重要指标，同时也是计算农林牧渔业劳动生产率和农林牧渔业增加值的基础资料。

农林牧渔业总产值的计算，一般采用“产品法”，即凡有产品产量的，都按单位产品价格乘产量的办法求得每种产品产量的产值，然后相加求得各业的产值，最后各业相加求出农林牧渔业总产值。

农作物播种面积 是指一定生产季节结束时实际播种或移植有农作物的面积。播种面积的大小，反映农作物的生产规模和耕地的利用程度。正确地核算播种面积，对于组织农业生产活动，计算农作物产量，研究农作物的种植结构和分布情况以及制定各项增产技术措施，都是非常必要的。

播种面积的统计年度，凡是能在本日历年度内（自1月1日至12月31日）收获的农作物（包括上年秋冬播和本年春播、夏播以及南方地区的晚秋播而在本年收获的全部作物）播种面积，都包括在内。

粮食产量 指全社会的产量。包括国有经济经营的、集体统一经营的和农民家庭经营的粮食产量，还包括工矿企业办的农场和其他生产单位的产量。粮食除包括稻谷、小麦、玉米、高粱、谷子及其他杂粮外，还包括薯类和豆类。其产量计算方法，豆类按去豆荚后的干豆计算；薯类(包括甘薯和马铃薯，不包括芋头和木薯)1963年以前按每4公斤鲜薯折1公斤粮食计算，从1964年开始改为按5公斤鲜薯折1公斤粮食计算。城市郊区作为蔬菜的薯类(如马铃薯等)按鲜品计算，并且不作粮食统计。其他粮食一律按脱粒后的原粮计算。1989年以前全国粮食产量数据主要靠全面报表取得，1989年开始使用抽样调查数据。

水产品产量 指人工养殖的水产品和天然生长的水产品的捕捞量。包括海水的鱼类、虾蟹类、贝类和藻类以及内陆水域的鱼类、虾蟹类和贝类，不包括淡水生植物。水产品产量是通过各级水产和统计部门逐级上报取得数据。1995年及以前，贝类中牡蛎按鲜肉计算；蚶、蛤、蛙按 5 斤鲜品折 1 斤计算。1996年以后则统一按鲜品计算。

耕地面积 年初可以用来种植农作物、经常进行耕锄的田地，除包括熟地、当年新开荒地、连续撂荒未满三年的耕地和当年的休闲地（轮歇地）外，还包括以种植农作物为主并附带种植桑树、茶树、果树和其他林木的土地，以及沿海、沿湖地区已围垦利用的“海涂”、“湖田”等面积。但不包括属于专业性的桑园、茶园、果木苗圃、林地、芦苇地、天然或人工草地面积。

Explanatory Notes on Main Statistical Indicators

Gross Output Value of Agriculture refers to the total volume of products of farming, forestry, animal husbandry, and fishery and the value of various services supporting the production of farming, forestry, animal husbandry and fishery in monetary terms, which reflects the total scale and total results of farming, forestry, animal husbandry and fishery production during a given period of time. It is an important indicator to observe the production level and development speed of farming, forestry, animal husbandry and fishery, to study the internal structure of farming, forestry, animal husbandry and fishery, and to review the proportionate relationship of farming, forestry, animal husbandry and fishery to industry, to national construction and to people’ s life. It is also the foundation for calculating the labor productivity and value–added of farming, forestry, animal husbandry and fishery.

Generally, the gross output value of farming, forestry, animal husbandry and fishery is calculated with the production approach. Where applicable, the gross output value of each single product is obtained by multiplying the output of each product by its price. These values are then summed up to obtain the output value of each sector. The sum of output values of all sectors is the gross output value of farming, forestry, animal husbandry and fishery.

Area of Regularly Cultivated Land refers to farmland among the total land resources which is exclusively used for farming and is under regular cultivation with harvest in normal years. Included are currently cultivated land, land that has been abandoned or put in idle for less than 3 years and is available for recultivation at any time, newly–claimed land that has been put into cultivation for more than 3 years, and ditches, trenches, roads, and ridges with a width of less than 1 meter. Excluded under this category are steep slope land over 25 degrees under temporary cultivation, stretches or scattered plots temporarily claimed along river bends, lake sides or banks of reservoirs, as well as land that has been designated under the “Green for Grain” programmes of the state and provincial governments but is still temporarily under cultivation. Regularly cultivated land is classified into basic farmland and odd pieces of land used for cultivation.

Grain Output refers to the total output in the whole country including grains produced by State farms, collective units, rural households, as well as by farms affiliated to industrial and mining enterprises and other production units. Grain includes rice, wheat, corn, sorghum, millet and other miscellaneous grains as well as tubers and beans. Output of beans refers to dry beans without pods. The output of tubers (sweet potatoes and potatoes, not including taros and cassava) are converted into that of grain at the ratio 4:1, i.e. 4 kilograms of fresh tubers were equivalent to 1 kilogram of grain up to 1963. Since 1964 the ratio for conversion has been 5:1. Tubers supplied as vegetables (such as potatoes) in cities and suburbs are calculated as fresh vegetables and their output is not included in the output of grain. Output of all other grains refers to husked grain. Data on grain production before 1989 were obtained through the Comprehensive Statistical Reporting System. Since 1989, data from sample surveys are used.

Output of Aquatic Products refers to catches of both artificially cultured and naturally grown aquatic products, including fish, shrimps, crabs and shellfish in sea and inland water as well as seaweed. Freshwater plants are not included. Data on output of aquatic products are reported by aquatic product and statistical agencies level by level. Before 1995, among the shellfish, oyster was counted as fresh meat; 5 kilograms of ark shell, clams and frogs are equivalent to 1 kilogram of fresh aquatic products; they have all been counted as fresh aquatic products since 1996.

Cultivated Area (Area under cultivation) refers to farmland which is plowed constantly for growing crops, including cultivated land, newly cultivated land in the current year, farmland left without cultivation for less than three years and fallow land in the current year, rotation land, farmland with some mulberry trees, tea trees, fruit trees, and other trees and cultivated seashore land, lake land, and etc.. The land of mulberry plantation, tea plantation, orchards, nurseries of young plants, forest land, reed land, natural and man–made grassland are not included in cultivated land.

08 第八部分

固定资产投资

INVESTMENT IN FIXED ASSETS

CHAPTER

8-1 固定资产投资主要指标

MAIN INDICATORS OF INVESTMENT IN FIXED ASSETS

项 目	Item	2000	2010	2014	2015	2016	2017
投资完成额(亿元)	**Investment (100 million yuan)**	**677.12**	**1 944.70**	**2 717.42**	**3 298.31**	**4 078.16**	**5 147.32**
#房地产开发	Real Estate Development	260.97	458.47	1 069.49	1 331.03	1 756.52	2 135.86
按登记注册类型分	Grouped by Status of Registration						
内资	Domestic	367.20	1 615.49	2 435.24	2 707.40	3 385.83	4 464.60
国有	State-owned	216.77	819.70	757.85	800.47	931.74	1 355.83
集体	Collective-owned	44.21	44.24	98.48	30.94	17.15	19.16
其他	Others	106.21	751.55	1 578.92	1 875.98	2 436.94	3 089.61
港澳台投资	Funds from Hong Kong, Macao and Taiwan	194.69	237.61	163.49	350.98	475.70	513.45
外商投资	Foreign Funded	115.23	91.60	118.69	239.96	216.64	169.27
按构成分	Grouped by Use of Funds						
建筑工程	Construction		1 149.37	1 704.29	1 842.10	2 248.22	2 680.94
安装工程	Installation		141.95	188.15	287.08	301.93	319.14
设备工具器具购置	Purchase of Equipments and Instruments		375.36	401.75	439.31	488.36	656.19
其他费用	Others		278.02	423.23	729.81	1 039.66	1 491.05
按三次产业分	Grouped by Three Strata of Industry						
第一产业	Primary Industry		64.00	0.39	0.62	0.13	0.21
第二产业	Secondary Industry		480.86	521.22	591.05	695.47	911.23
第三产业	Tertiary Industry		1 463.21	2 195.81	2 706.64	3 382.56	4 235.88
按财务拨款合计(亿元)	**Grouped by Source of Funds (100 million yuan)**	**267.36**	**2 339.36**	**3 498.04**	**5 396.20**	**5 645.43**	**2 627.83**
国家预算资金	State and Local Budget	2.36	9.14	415.26	434.24	452.49	783.97
国内贷款	Domestic Loans	21.27	539.62	702.88	1 021.69	1 159.09	392.98
债券	Securities		1.08		0.03	4.90	1.67
利用外资	Foreign Investment	18.25	46.48	27.01	10.72	1.18	13.25
自筹资金	Self-raising Funds	213.72	1 293.40	1 796.44	2 478.02	2 397.14	1 334.91
其他资金	Others	11.75	449.64	556.45	1 451.50	1 630.62	101.05
房屋建筑面积(万平方米)	**Floor Space of Buildings (10 000 sq.m)**						
施工面积	Floor Space under Construction	3 591.22	5 178.84	6 249.70	7 010.06	6 677.50	7 560.49
竣工面积	Floor Space Completed	1 287.21	692.70	954.77	818.86	587.81	351.23
商品房屋销售面积(万平方米)	**Floor Space of Commercial Buildings(10 000 sq.m)**	**611.37**	**465.59**	**532.57**	**831.46**	**736.19**	**671.03**
#住宅	Residential Buildings	556.82	413.80	474.81	747.83	660.08	520.97

8-2 固定资产投资额

INVESTMENT IN FIXED ASSETS

单位：万元 (10 000 yuan)

年 份 Year	固定资产投资额 Investment in Fixed Assets	非房地产开发项目 Non-Real Estate Development	房地产开发项目 Real Estate Development
1979	5 938	5 938	
1980	13 801	13 801	
1981	29 684	29 684	
1982	73 750	73 750	
1983	108 320	108 320	
1984	194 572	194 572	
1985	333 235	333 235	
1986	248 551	248 551	
1987	285 193	285 193	
1988	436 191	436 191	
1989	499 919	499 919	
1990	623 380	511 380	112 000
1991	912 324	656 724	255 600
1992	1 782 322	1 067 422	714 900
1993	2 477 875	1 450 175	1 027 700
1994	2 819 413	1 514 813	1 304 600
1995	2 758 243	1 727 875	1 030 368
1996	3 275 270	2 027 019	1 248 251
1997	3 930 657	2 564 112	1 366 545
1998	4 803 901	3 129 047	1 674 854
1999	5 695 878	3 543 337	2 152 541
2000	6 771 205	4 161 511	2 609 694
2001	6 863 749	3 707 385	3 156 364
2002	7 881 459	3 997 014	3 884 445
2003	9 491 016	5 364 380	4 126 636
2004	10 925 571	6 583 139	4 342 432
2005	11 823 245	7 586 380	4 236 865
2006	12 736 693	8 115 753	4 620 940
2007	13 450 037	8 839 615	4 610 422
2008	14 676 043	10 271 146	4 404 897
2009	17 091 514	12 716 924	4 374 590
2010	19 447 008	14 862 315	4 584 693
2011	20 609 180	15 461 818	5 147 362
2012	23 144 319	15 775 898	7 368 421
2013	24 901 970	16 132 968	8 769 002
2014	27 174 226	16 479 371	10 694 855
2015	32 983 076	19 672 743	13 310 333
2016	40 781 638	23 216 429	17 565 209
2017	51 473 152	30 114 587	21 358 565

8-3 固定资产投资额指数

INDICES OF INVESTMENT IN FIXED ASSETS

（以上年为100） (preceding year=100)

年 份 Year	固定资产投资额 Investment in Fixed Assets	非房地产开发项目 Non-Real Estate Development	房地产开发项目 Real Estate Development
1980	232.4	232.4	
1981	215.1	215.1	
1982	248.5	248.5	
1983	146.9	146.9	
1984	179.6	179.6	
1985	171.3	171.3	
1986	74.6	74.6	
1987	114.7	114.7	
1988	152.9	152.9	
1989	114.6	114.6	
1990	124.7	124.7	
1991	146.4	128.4	228.2
1992	195.4	162.5	279.7
1993	139.0	135.9	143.8
1994	113.8	104.5	126.9
1995	97.8	114.1	79.0
1996	118.7	117.3	121.1
1997	120.0	126.5	109.5
1998	122.2	122.0	122.6
1999	118.6	113.2	128.5
2000	118.9	117.4	121.2
2001	101.4	89.1	120.9
2002	114.8	107.8	123.1
2003	120.4	134.2	106.2
2004	115.1	122.7	105.2
2005	108.2	115.2	97.6
2006	107.7	107.0	109.1
2007	105.6	108.9	99.8
2008	109.1	116.2	95.5
2009	116.5	123.8	99.3
2010	113.8	116.9	104.8
2011	106.0	104.0	112.3
2012	112.3	102.0	143.1
2013	107.6	102.3	119.0
2014	109.1	102.1	122.0
2015	121.4	119.4	124.5
2016	123.6	118.0	132.0
2017	123.8	125.4	121.6

8-4 新增固定资产

NEWLY INCREASED FIXED ASSETS

单位：万元　　(10 000 yuan)

年 份 Year	固定资产投资额 Investment in Fixed Assets	非房地产开发项目 Non-Real Estate Development	房地产开发项目 Real Estate Development
1979	3 201	3 201	
1980	7 753	7 753	
1981	19 032	19 032	
1982	42 369	42 369	
1983	81 902	81 902	
1984	149 020	149 020	
1985	190 359	190 359	
1986	192 016	192 016	
1987	185 758	185 758	
1988	269 475	269 475	
1989	384 183	384 183	
1990	379 167	310 915	68 252
1991	573 793	490 199	83 594
1992	682 768	556 594	126 174
1993	1 010 590	798 022	212 568
1994	1 542 090	1 199 729	342 361
1995	1 634 350	981 780	652 570
1996	2 549 663	1 302 786	1 246 877
1997	2 997 015	1 952 308	1 044 707
1998	3 865 634	2 189 077	1 676 557
1999	4 556 303	2 661 567	1 894 736
2000	5 474 627	2 981 399	2 493 228
2001	5 378 592	2 651 070	2 727 522
2002	6 153 318	2 720 727	3 432 591
2003	5 527 718	2 454 025	3 073 693
2004	6 863 722	3 905 969	2 957 753
2005	8 870 417	4 610 708	4 259 709
2006	7 476 770	3 913 902	3 562 868
2007	7 644 448	5 176 711	2 467 737
2008	6 827 922	3 897 679	2 930 243
2009	6 424 221	4 032 767	2 391 454
2010	8 258 270	5 950 452	2 307 818
2011	13 103 117	11 304 379	1 798 738
2012	16 695 671	13 076 993	3 618 678
2013	23 742 351	19 783 173	3 959 178
2014	23 740 961	19 606 539	4 134 422
2015	14 785 593	10 792 355	3 993 238
2016	19 150 135	15 035 087	4 115 048
2017	10 390 404	7 504 016	2 886 388

8-5 固定资产投资额（按区域分）

INVESTMENT IN FIXED ASSETS（GROUPED BY DISTRICT）

单位：万元

年 份 Year	全市 Total	福田区 Futian	罗湖区 Luohu	盐田区 Yantian	南山区 Nanshan	大宝安 Original Baoan
1998	4 803 901	1 784 698	651 825	281 358	1 114 038	555 262
1999	5 695 878	2 074 046	852 818	358 135	1 214 324	669 676
2000	6 771 205	2 295 119	994 334	376 515	1 462 357	888 938
2001	6 863 749	2 306 192	831 700	481 386	1 465 527	973 073
2002	7 881 459	2 464 975	870 025	491 513	1 612 012	1 213 488
2003	9 491 016	2 559 087	969 324	547 965	1 923 414	1 803 186
2004	10 925 571	2 585 071	966 473	554 665	2 297 922	2 332 793
2005	11 823 245	2 052 337	834 046	526 955	2 656 686	2 906 828
2006	12 736 693	1 801 066	762 101	609 949	2 899 380	3 331 725
2007	13 450 037	1 701 123	707 931	708 264	2 691 670	3 841 235
2008	14 676 043	1 602 214	643 690	730 332	2 571 590	4 676 889
2009	17 091 514	1 683 418	683 182	872 004	2 705 194	5 846 894
2010	19 447 008	1 744 163	731 777	873 096	2 871 308	6 902 828
2011	20 609 180	1 737 597	756 050	850 994	2 860 146	7 608 192
2012	23 144 319	1 604 050	860 784	900 942	3 120 392	8 851 825
2013	24 901 970	1 652 532	891 661	919 145	3 294 549	9 662 238
2014	27 174 226	1 811 806	951 102	921 701	4 159 002	10 488 710
2015	32 983 076	2 353 842	1 259 008	995 926	6 339 870	12 263 409
2016	40 781 638	3 000 289	1 843 702	1 225 743	8 879 664	14 477 957
2017	51 473 152	3 745 056	2 289 818	1 486 533	10 967 612	11 886 199

注：2007年以来，深圳陆续设立功能新区及新行政区，表中大宝安区数据2011年及以前为原宝安区数据，2012-2016年包含宝安区、龙华新区和光明新区，2017年包含宝安区和光明新区。大龙岗区数据2011年及以前为原龙岗区数据，2012-2016年包含龙岗区、坪山新区和大鹏新区，2017年包含龙岗区和大鹏新区。

Note:Since 2007, functional zones and new administrative districts have been established in Shenzhen. The data of Original Baoan were the data of Baoan in 2011 and before, included Baoan Longhua and Guangming in 2012-2016, included Baoan and Guangming in 2017. The data of Original Longgang were the data of Longgang in 2011 and before, l, included Longgang, Pingshan and Dapeng in 2012-2016, included Longgang and Dapeng in 2017.

（10 000 yuan）

宝安区 Baoan	光明新区 Guangming	龙华区 Longhua	大龙岗 Original Longgang	龙岗区 Longgang	坪山区 Pingshan	大鹏新区 Dapeng	深汕特别合作区 ShenshanSpecial Cooperation Zone
			416 720				
			526 879				
			753 943				
			805 871				
			1 229 446				
			1 688 040				
			2 188 647				
			2 846 392				
			3 332 472				
			3 799 814				
			4 451 328				
			5 300 822				
			6 323 836				
			6 796 201				
3 715 334	2 046 433	3 090 057	7 806 327	5 234 668	1 882 445	689 215	
4 289 041	2 212 184	3 161 012	8 481 845	5 763 807	2 016 046	701 991	
4 606 802	2 311 908	3 570 000	8 841 905	6 020 000	2 141 905	680 000	
5 457 214	2 692 767	4 113 428	9 771 021	6 580 947	2 468 152	721 922	
6 504 842	3 024 869	4 948 246	11 354 283	7 636 984	2 978 899	738 400	
8 170 568	3 715 631	6 182 721	10 243 457	9 466 863	3 776 637	776 594	895 119

8-6 固定资产投资额指数（按区域分）

INVESTMENT IN FIXED ASSETS（GROUPED BY DISTRICT）

以上年为100

年 份 Year	全市 Total	福田区 Futian	罗湖区 Luohu	盐田区 Yantian	南山区 Nanshan	大宝安 Original Baoan
1999	118.6	116.2	130.8	127.3	109.0	120.6
2000	118.9	110.7	116.6	105.1	120.4	132.7
2001	101.4	100.5	83.6	127.9	100.2	109.5
2002	114.8	106.9	104.6	102.1	110.0	124.7
2003	120.4	103.8	111.4	111.5	119.3	148.6
2004	115.1	101.0	99.7	101.2	119.5	129.4
2005	108.2	79.4	86.3	95.0	115.6	124.6
2006	107.7	87.8	91.4	115.7	109.1	114.6
2007	105.6	94.5	92.9	116.1	92.8	115.3
2008	109.1	94.2	90.9	103.1	95.5	121.8
2009	116.5	105.1	106.1	119.4	105.2	125.0
2010	113.8	103.6	107.1	100.1	106.1	118.1
2011	106.0	99.6	103.3	97.5	99.6	110.2
2012	112.3	92.3	113.9	105.9	109.1	116.3
2013	107.6	103.0	103.6	102.0	105.6	109.2
2014	109.1	109.6	106.7	100.3	126.2	108.6
2015	121.4	129.9	132.4	108.1	152.4	116.9
2016	123.6	127.5	146.4	123.1	140.1	118.1
2017	123.8	124.8	124.2	121.3	123.5	82.1

（Preceding Year=100）

宝安区 Baoan	光明新区 Guangming	龙华区 Longhua	大龙岗 Original Longgang	龙岗区 Longgang	坪山区 Pingshan	大鹏新区 Dapeng	深汕特别合作区 ShenshanSpecial Cooperation Zone
			126.4				
			143.1				
			106.9				
			152.6				
			137.3				
			129.7				
			130.1				
			117.1				
			114.0				
			117.1				
			119.1				
			119.3				
			107.5				
			114.9				
115.4	108.1	102.3	108.7	110.1	107.1	101.9	
107.4	104.5	112.9	104.2	104.4	106.2	96.9	
118.5	116.5	115.2	110.5	109.3	115.2	106.2	
119.2	112.3	120.3	116.2	116.0	120.7	102.3	
125.6	122.8	124.9	90.2	124.0	126.8	105.2	111.5

8-7 固定资产投资额比重（按区域分）

INVESTMENT IN FIXED ASSETS（GROUPED BY DISTRICT）

单位：%

年 份 Year	全市 Total	福田区 Futian	罗湖区 Luohu	盐田区 Yantian	南山区 Nanshan	大宝安 Original Baoan
1998	100	37.2	13.6	5.9	23.2	11.6
1999	100	36.4	15.0	6.3	21.3	11.8
2000	100	33.9	14.7	5.6	21.6	13.1
2001	100	33.6	12.1	7.0	21.4	14.2
2002	100	31.3	11.0	6.2	20.5	15.4
2003	100	27.0	10.2	5.8	20.3	19.0
2004	100	23.7	8.8	5.1	21.0	21.4
2005	100	17.4	7.1	4.5	22.5	24.4
2006	100	14.1	6.0	4.8	22.8	26.2
2007	100	12.6	5.3	5.3	20.0	28.6
2008	100	10.9	4.4	5.0	17.5	31.9
2009	100	9.9	4.0	5.1	15.8	34.2
2010	100	9.0	3.8	4.5	14.8	35.5
2011	100	8.4	3.7	4.1	13.9	36.9
2012	100	6.9	3.7	3.9	13.5	38.2
2013	100	6.6	3.6	3.7	13.2	38.8
2014	100	6.7	3.5	3.4	15.3	38.6
2015	100	7.1	3.8	3.0	19.2	37.2
2016	100	7.4	4.5	3.0	21.8	35.5
2017	100	7.3	4.4	2.9	21.3	23.1

(%)

宝安区 Baoan	光明新区 Guangming	龙华区 Longhua	大龙岗 Original Longgang	龙岗区 Longgang	坪山区 Pingshan	大鹏新区 Dapeng	深汕特别合作区 ShenshanSpecial Cooperation Zone
			8.5				
			9.2				
			11.1				
			11.7				
			15.6				
			17.7				
			20.0				
			24.1				
			26.1				
			28.2				
			30.3				
			31.0				
			32.5				
			33.0				
16.1	8.8	13.4	33.7	22.6	8.1	3.0	
17.2	8.9	12.7	34.1	23.1	8.1	2.8	
17.0	8.5	13.1	32.5	22.2	7.9	2.5	
16.5	8.2	12.5	29.6	20.0	7.5	2.2	
16.0	7.4	12.1	27.8	18.7	7.3	1.8	
15.9	7.2	12.0	19.9	18.4	7.3	1.5	1.7

8-8 固定资产投资额（按注册登记类型分）

INVESTMENT IN FIXED ASSETS（GROUPED BY REGISTRATION）

单位：万元　　　　（10 000 yuan）

年 份 Year	固定资产投资额 Investment in fixed Assets	一、内资 Domestic Funded	1、国有 State-Owned	2、集体 Collective-Owned	3、其他 Others	二、港奥台商投资 Hong Kong Macao and Taiwan Funded	三、外商投资 Foreign Funded
1979	5 938	5 391	4 110	860	421	248	299
1980	13 801	8 409	6 845	924	640	3 579	1 813
1981	29 684	16 151	14 258	1 137	756	11 015	2 518
1982	73 750	54 612	51 482	2 709	421	16 323	2 815
1983	108 320	86 108	75 816	8 474	1 818	17 694	4 518
1984	194 572	168 074	140 588	23 696	3 790	17 340	9 158
1985	333 235	297 170	245 842	39 015	12 313	20 915	15 150
1986	248 551	125 166	72 584	32 840	19 742	98 200	25 185
1987	285 193	250 537	165 487	47 277	37 773	22 575	12 081
1988	436 191	401 717	294 817	49 678	57 222	23 514	10 960
1989	499 919	447 840	287 180	30 465	130 195	31 542	20 537
1990	623 380	487 758	301 877	25 914	159 967	83 548	52 074
1991	912 324	735 836	418 180	59 741	257 915	94 825	81 663
1992	1 782 322	1 349 003	568 761	223 405	556 837	254 846	178 473
1993	2 477 875	1 703 516	881 874	151 916	669 726	458 878	315 481
1994	2 819 413	1 846 715	1 087 544	119 369	639 802	556 818	415 880
1995	2 758 243	1 558 671	918 745	185 967	453 959	681 384	518 188
1996	3 275 270	1 901 137	1 187 634	262 762	450 741	758 385	615 748
1997	3 930 657	2 259 954	1 388 745	279 365	591 844	954 855	715 848
1998	4 803 901	3 036 128	1 684 184	381 675	970 269	951 888	815 885
1999	5 695 878	3 330 187	1 873 574	397 505	1 059 108	1 413 844	951 847
2000	6 771 205	3 671 964	2 167 704	442 142	1 062 119	1 946 939	1 152 302
2001	6 863 749	3 893 984	2 518 731	431 227	944 026	1 813 885	1 155 880
2002	7 881 459	4 365 422	2 618 368	482 987	1 264 067	2 158 160	1 357 877
2003	9 491 016	5 984 381	3 418 138	571 194	1 995 049	2 054 818	1 451 817
2004	10 925 571	7 305 407	3 838 617	415 432	3 051 358	1 983 450	1 636 714
2005	11 823 245	6 675 211	3 598 150	341 891	2 735 170	3 543 523	1 604 511
2006	12 736 693	7 785 744	3 596 112	235 900	3 953 732	3 439 316	1 511 633
2007	13 450 037	10 215 553	4 092 695	252 854	5 870 004	2 519 847	714 637
2008	14 676 043	11 960 565	4 895 884	350 265	6 714 416	1 863 138	852 340
2009	17 091 514	14 633 903	7 237 030	427 378	6 969 495	1 795 818	661 793
2010	19 447 008	16 154 888	8 197 032	442 385	7 515 471	2 376 101	916 019
2011	20 609 180	17 763 827	7 764 961	540 611	9 458 255	1 895 709	949 644
2012	23 144 319	19 824 400	7 857 353	1 021 661	10 945 387	1 695 817	1 624 102
2013	24 901 970	22 154 182	8 158 149	768 788	13 227 244	1 608 089	1 139 699
2014	27 174 226	24 352 413	7 578 465	984 780	15 789 168	1 634 875	1 186 938
2015	32 983 076	27 073 984	8 004 729	309 416	18 759 839	3 509 511	2 399 581
2016	40 781 638	33 858 250	9 317 375	171 476	24 369 399	4 756 995	2 166 393
2017	51 473 152	44 645 966	13 558 291	191 608	30 896 067	5 134 531	1 692 655

8-9 固定资产投资额（按国民经济行业分）
INVESTMENT IN FIXED ASSETS
（GROUPED BY NATIONAL ECONOMIC INDUSTRIES）

单位：万元　　　　　　　　　　　　　　　　　　　　　　　　　　（10 000 yuan）

年　份 Year	合　计 Total	农、林、牧、渔业 Agriculture, Forestry,Animal Husbandry and Fishery	采矿业 Mining	制造业 Manufacturing	电力、热力、燃气及水的生产和供应业 Production and Distribution of Electricity,Gas and Water	建筑业 Construction	交通运输、仓储和邮政业 Transportation, Storage and Post Services
1979	5 938	976		914	768	125	210
1980	13 801	657		5 502	267	248	1 300
1981	29 684	717		6 270	311	107	314
1982	73 750	2 006		6 979	327	373	2 421
1983	108 320	642	1 350	12 721	520	1 261	5 627
1984	194 572	1 666	381	19 019	10 937	3 979	8 136
1985	333 235	3 740	1 140	44 108	15 702	9 682	17 730
1986	248 551	2 361	1 472	53 675	4 423	2 962	12 436
1987	285 193	3 153		51 266	7 568	1 827	13 871
1988	436 191	3 956		110 542	16 243	3 771	26 629
1989	499 919	3 507		117 117	16 081	27 549	51 206
1990	623 380	2 406		174 876	89 188	8 907	61 162
1991	912 324	3 441	1 218	143 202	92 008	3 334	93 946
1992	1 782 322	6 797	750	215 431	113 037	8 758	154 369
1993	2 477 875	10 015	400	185 472	173 144	41 103	187 473
1994	2 819 413	9 807		210 708	139 951	76 569	299 651
1995	2 758 243	5 853		220 538	172 412	41 884	249 416
1996	3 275 270	9 780		301 243	225 157	11 608	294 605
1997	3 930 657	13 981		499 175	199 653	23 626	398 958
1998	4 803 901	16 010		514 783	97 153	49 719	417 028
1999	5 695 878	27 308		827 523	62 005	59 999	282 095
2000	6 771 205	50 262		1 073 096	96 709	66 014	402 068
2001	6 863 749	18 961	18 232	921 987	225 730	1 860	308 935
2002	7 881 459	12 555	28 302	1 155 888	255 944	8 628	261 890
2003	9 491 016	39 351	14 200	1 322 534	300 911	142 764	823 019
2004	10 925 571	7 360	14 500	2 217 311	584 674	129 666	734 274
2005	11 823 245	2 202	25 507	2 576 414	1 146 860		1 266 531
2006	12 736 693		18 800	3 076 921	1 177 081		1 674 594
2007	13 450 037		4 128	3 299 384	867 973		2 477 602
2008	14 676 043	972		2 922 701	937 328		2 819 570
2009	17 091 514	612		2 585 970	1 270 305		3 936 762
2010	19 447 008	6 355		3 713 345	1 095 246		3 650 747
2011	20 609 180	560	89 697	3 735 060	874 776	35 300	3 362 286
2012	23 144 319	40 586	11 450	4 235 209	881 840	8 705	2 531 346
2013	24 901 970	30 554		3 216 092	471 980	28 394	4 232 213
2014	27 174 226	3 915		4 559 359	646 350	6 500	3 458 632
2015	32 983 076	6 177	4 800	5 130 386	772 856	2 450	3 975 359
2016	40 781 638	2 645	1 120	6 173 043	741 557	45 903	4 471 867
2017	51 473 152	2 058		7 959 371	1 199 530		5 087 547

单位：万元

年 份 Year	信息传输、软件和信息技术服务业 Information Transmission, Software and Information Technology	批发和零售业 Wholesale and Retail Trades	住宿和餐饮业 Hotels and Catering Services	金融业 Financial Intermediation	房地产业 Real Estate	租赁和商务服务业 Leasing and Business Services
1979	76	293	196	36	860	
1980	200	706	470	77	924	198
1981	273	1 315	876	142	4 976	2 163
1982	374	4 538	3 025	263	14 171	3 898
1983	1 304	6 916	4 610	492	23 283	5 573
1984	1 885	14 521	9 680	1 728	68 750	3 601
1985	4 108	24 720	16 480	4 955	111 786	6 739
1986	2 881	11 747	7 831	7 178	72 621	4 135
1987	3 213	6 888	4 592	5 205	125 492	2 211
1988	6 169	13 451	8 967	245	159 157	6 771
1989	11 863	9 744	6 496	3 824	129 225	4 995
1990	14 169	4 956	3 304	227	183 965	3 952
1991	21 764	10 011	4 290	602	360 664	15 451
1992	35 763	15 894	6 812	510	1 015 721	15 009
1993	43 432	11 570	4 958	7 228	1 349 517	70 612
1994	69 421	16 283	6 979	8 335	1 549 057	56 036
1995	57 783	52 302	22 415	18 831	1 372 717	59 129
1996	68 252	86 951	21 738	25 269	1 684 223	50 300
1997	92 427	31 722	21 148	5 521	1 868 125	83 618
1998	96 613	45 386	13 590	2 700	2 456 547	85 012
1999	65 353	44 934	13 290	4 300	2 892 745	73 386
2000	93 148	102 111	13 442		3 535 104	68 517
2001	71 572	68 760	12 467		3 804 223	53 577
2002	60 672	72 290	6 534	12 201	4 767 812	34 236
2003	190 670	41 454	390	7 405	5 476 471	12 035
2004	274 577	113 253	25 358	8 368	5 333 539	20 958
2005	208 685	191 398	29 677	35 221	4 727 520	80 171
2006	130 074	122 476	68 756	16 012	5 081 415	97 864
2007	143 341	158 903	35 388	20 353	5 065 939	20 232
2008	102 947	158 967	79 945	87 431	5 332 191	25 067
2009	185 047	93 534	69 205	125 028	5 576 991	124 738
2010	399 191	97 562	56 945	268 366	5 683 900	129 478
2011	439 977	232 832	159 983	134 437	6 921 631	194 986
2012	485 930	252 711	264 720	576 335	9 772 924	546 415
2013	334 227	232 424	151 749	418 977	12 493 426	434 174
2014	296 324	302 970	229 376	424 268	13 740 389	218 605
2015	450 733	304 935	152 984	706 695	16 626 711	835 531
2016	1 002 031	229 429	69 131	738 313	20 957 492	735 698
2017	918 338	306 643	78 312	571 835	26 024 012	1 354 934

8-9 续表 continued（10 000 yuan）

科学研究和技术服务业 Scientific Research and Technical Services	水利、环境和公共设施管理业 Management of Water Conservancy, Environment and Public Facilities	居民服务、修理和其他服务业 Services to Househdds, Repair and Other Services	教育 Education	卫生和社会工作 Health and Social Work	文化、体育和娱乐业 Culture,Sports and Entertainment	公共管理、社会保障和社会组织 Public Management, Social Security and Social Organizations
115	451					918
163	742	49	178	152	520	1 448
335	8 112	541	346	179	1 018	1 689
473	14 788	975	889	430	9 070	8 750
632	21 185	1 393	800	909	9 202	11 250
1 611	13 566	900	6 550	1 845	11 447	14 751
1 623	25 416	1 685	6 476	5 135	14 250	17 550
1 994	15 778	1 034	8 417	2 400	18 028	18 269
3 210	18 945	553	4 555	2 124	13 033	16 347
4 095	25 516	1 693	4 660	3 072	10 442	29 340
4 196	19 649	1 249	10 501	3 746	46 549	32 422
4 197	19 119	988	7 284	2 978	25 935	15 767
8 100	61 600	3 863	10 378	15 133	41 972	22 565
7 413	64 934	3 752	11 543	11 175	61 041	34 363
8 265	269 784	17 653	11 164	17 390	45 541	22 336
9 486	219 584	14 009	15 189	17 801	45 443	54 354
10 585	244 839	14 782	25 420	25 368	66 758	96 811
14 605	215 867	12 575	36 422	26 595	73 602	116 478
11 696	369 717	10 905	69 645	34 224	80 337	116 179
12 603	642 082	8 253	84 941	59 412	75 140	126 929
18 361	914 870	3 346	93 427	59 706	119 484	133 746
28 030	734 979	2 925	103 635	63 372	101 472	236 320
42 027	812 146	1 394	101 440	53 614	161 057	185 767
25 896	702 155	1 559	115 296	39 970	144 006	175 625
18 851	511 305	797	128 813	27 734	245 927	186 385
35 088	805 325	440	143 475	67 599	222 613	187 193
23 372	882 529		122 331	77 008	170 238	257 580
20 124	816 526	233	117 027	43 507	163 889	111 394
23 591	525 399	5 025	82 554	70 585	166 525	483 115
183 067	1 242 672	17 890	64 773	88 256	309 706	302 560
165 492	1 630 780	21 466	114 297	216 342	408 172	566 773
314 390	2 624 514	1 679	297 274	220 735	536 523	350 758
166 843	2 953 149	7 515	441 901	205 028	418 773	234 446
132 214	2 107 159	14 252	448 928	251 958	243 331	338 306
186 457	1 777 870	16 101	249 662	248 246	241 180	138 245
303 053	2 266 448	18 648	290 175	175 951	135 385	97 678
564 827	2 357 466	40 359	397 416	438 386	181 139	33 866
650 858	3 367 794	32 555	712 437	381 306	341 224	127 235
833 938	5 130 943	29 337	915 137	566 308	214 746	280 163

8-10 固定资产投资额指数（按注册登记类型分）

INVESTMENT IN FIXED ASSETS（GROUPED BY REGISTRATION）

以上年为100 （Preceding Year=100）

年 份 Year	固定资产投资额 Investment in fixed Assets	一、内资 Domestic Funded	1、国有 State-Owned	2、集体 Collective-Owned	3、其他 Others	二、港澳台商投资 Hongkong Macao and Taiwan Funded	三、外商投资 Foreign Funded
1980	232.4	156.0	166.5	107.4	152.0	1 443.1	606.4
1981	215.1	192.1	208.3	123.1	118.1	307.8	138.9
1982	248.5	338.1	361.1	238.3	55.7	148.2	111.8
1983	146.9	157.7	147.3	312.8	431.8	108.4	160.5
1984	179.6	195.2	185.4	279.6	208.5	98.0	202.7
1985	171.3	176.8	174.9	164.6	324.9	120.6	165.4
1986	74.6	42.1	29.5	84.2	160.3	469.5	166.2
1987	114.7	200.2	228.0	144.0	191.3	23.0	48.0
1988	152.9	160.3	178.2	105.1	151.5	104.2	90.7
1989	114.6	111.5	97.4	61.3	227.5	134.1	187.4
1990	124.7	108.9	105.1	85.1	122.9	264.9	253.6
1991	146.4	150.9	138.5	230.5	161.2	113.5	156.8
1992	195.4	183.3	136.0	374.0	215.9	268.8	218.5
1993	139.0	126.3	155.1	68.0	120.3	180.1	176.8
1994	113.8	108.4	123.3	78.6	95.5	121.3	131.8
1995	97.8	84.4	84.5	155.8	71.0	122.4	124.6
1996	118.7	122.0	129.3	141.3	99.3	111.3	118.8
1997	120.0	118.9	116.9	106.3	131.3	125.9	116.3
1998	122.2	134.3	121.3	136.6	163.9	99.7	114.0
1999	118.6	109.7	111.2	104.1	109.2	148.5	116.7
2000	118.9	110.3	115.7	111.2	100.3	137.7	121.1
2001	101.4	106.0	116.2	97.5	88.9	93.2	100.3
2002	114.8	112.1	104.0	112.0	133.9	119.0	117.5
2003	120.4	137.1	130.5	118.3	157.8	95.2	106.9
2004	115.1	122.1	112.3	72.7	152.9	96.5	112.7
2005	108.2	91.4	93.7	82.3	89.6	178.7	98.0
2006	107.7	116.6	99.9	69.0	144.6	97.1	94.2
2007	105.6	131.2	113.8	107.2	148.5	73.3	47.3
2008	109.1	117.1	119.6	138.5	114.4	73.9	119.3
2009	116.5	122.4	147.8	122.0	103.8	96.4	77.6
2010	113.8	110.4	113.3	103.5	107.8	132.3	138.4
2011	106.0	110.0	94.7	122.2	125.9	79.8	103.7
2012	112.3	111.6	101.2	189.0	115.7	89.5	171.0
2013	107.6	111.8	103.8	75.2	120.8	94.8	70.2
2014	109.1	109.9	92.9	128.1	119.4	101.7	104.1
2015	121.4	111.5	135.1	97.2	101.1	232.4	170.7
2016	123.6	125.1	116.4	55.4	129.9	135.5	90.3
2017	123.8	129.3	142.4	82.3	124.7	105.6	77.7

8-11 固定资产投资额比重（按注册登记类型分）
INVESTMENT IN FIXED ASSETS（GROUPED BY REGISTRATION）

以上年为100 （Preceding Year=100）

年份 Year	固定资产投资额 Investment in Fixed Assets	一、内资 Domestic Funded	1、国有 State-owned	2、集体 Collective-owned	3、其他 Others	二、港澳台商投资 Hongkong Macao and Taiwan Funded	三、外商投资 Foreign Funded
1979	100	90.8	69.2	14.5	7.1	4.2	5.0
1980	100	60.9	49.6	6.7	4.6	25.9	13.1
1981	100	54.4	48.0	3.8	2.5	37.1	8.5
1982	100	74.1	69.8	3.7	0.6	22.1	3.8
1983	100	79.5	70.0	7.8	1.7	16.3	4.2
1984	100	86.4	72.3	12.2	1.9	8.9	4.7
1985	100	89.2	73.8	11.7	3.7	6.3	4.5
1986	100	50.4	29.2	13.2	7.9	39.5	10.1
1987	100	87.8	58.0	16.6	13.2	7.9	4.2
1988	100	92.1	67.6	11.4	13.1	5.4	2.5
1989	100	89.6	57.4	6.1	26.0	6.3	4.1
1990	100	78.2	48.4	4.2	25.7	13.4	8.4
1991	100	80.7	45.8	6.5	28.3	10.4	9.0
1992	100	75.7	31.9	12.5	31.2	14.3	10.0
1993	100	68.7	35.6	6.1	27.0	18.5	12.7
1994	100	65.5	38.6	4.2	22.7	19.7	14.8
1995	100	56.5	33.3	6.7	16.5	24.7	18.8
1996	100	58.0	36.3	8.0	13.8	23.2	18.8
1997	100	57.5	35.3	7.1	15.1	24.3	18.2
1998	100	63.2	35.1	7.9	20.2	19.8	17.0
1999	100	58.5	32.9	7.0	18.6	24.8	16.7
2000	100	54.2	32.0	6.5	15.7	28.8	17.0
2001	100	56.7	36.7	6.3	13.8	26.4	16.8
2002	100	55.4	33.2	6.1	16.0	27.4	17.2
2003	100	63.1	36.0	6.0	21.0	21.7	15.3
2004	100	66.9	35.1	3.8	27.9	18.2	15.0
2005	100	56.5	30.4	2.9	23.1	30.0	13.6
2006	100	61.1	28.2	1.9	31.0	27.0	11.9
2007	100	76.0	30.4	1.9	43.6	18.7	5.3
2008	100	81.5	33.4	2.4	45.6	12.7	5.8
2009	100	85.6	42.3	2.5	40.8	10.5	3.9
2010	100	83.1	42.2	2.3	38.6	12.2	4.7
2011	100	86.2	37.7	2.6	45.9	9.2	4.6
2012	100	85.7	33.9	4.4	47.3	7.3	7.0
2013	100	89.0	32.8	3.1	53.1	6.5	4.6
2014	100	89.6	27.9	3.6	58.1	6.0	4.4
2015	100	82.3	31.0	2.9	48.4	11.5	6.1
2016	100	83.0	22.8	0.4	59.8	11.7	5.3
2017	100	86.7	26.3	0.4	60.0	10.0	3.3

8-12 固定资产投资财务拨款额

FINANCIAL APPROPRIATION OF INVESTMENT IN INVESTMENT IN FIXED ASSETS

单位：万元 （10 000 yuan）

年 份 Year	财务拨款额 Financial Appropriation	国家预算内资金 State Budgetary Appropriations	国内贷款 Domestic Loans	债券 Securities	利用外资 Foreign Investment	自筹资金 Self-Raising	其他资金 Others
1990	499 843	2 635	115 044		164 068	181 413	36 683
1991	586 178	2 000	192 603		123 358	211 958	56 259
1992	768 887	500	230 860		87 252	370 673	79 602
1993	1 239 162		246 153	21 049	156 054	673 895	142 011
1994	1 326 714		175 767	10 339	174 809	830 151	135 648
1995	1 390 619		167 510		230 560	909 593	82 956
1996	1 524 924		190 060		324 436	931 551	78 877
1997	2 029 449		157 498		522 576	1 287 817	61 558
1998	2 144 748	4 730	192 894		128 538	1 737 315	81 271
1999	2 543 350	48 750	294 627		224 075	1 847 630	128 268
2000	2 673 582	23 649	212 704		182 471	2 137 226	117 532
2001	2 792 446	65 777	361 639	1 003	133 277	2 176 172	54 578
2002	2 923 151	7 155	382 960		275 091	2 221 310	36 635
2003	4 106 574	5 758	575 824	12 679	304 191	3 122 514	85 608
2004	5 461 589	29 969	836 874	8 372	466 319	3 854 633	265 422
2005	6 523 298	122 562	1 168 344		723 298	4 365 455	143 639
2006	7 699 392	39 406	1 742 102	3 147	1 068 750	4 748 365	97 622
2007	7 625 452	75 661	2 260 603	6 224	1 147 060	3 767 578	368 326
2008	19 604 290	7 529	5 169 912	8 530	898 838	10 453 339	3 066 142
2009	22 228 999	103 243	5 859 884	11 700	575 875	11 314 575	4 363 722
2010	23 393 550	91 371	5 396 249	10 791	464 782	12 933 971	4 496 386
2011	25 475 927	46 837	5 696 200		285 628	15 724 903	3 722 359
2012	28 588 964	3 591 502	4 969 891		425 251	15 217 060	4 385 260
2013	35 634 881	3 405 535	6 742 394		464 653	16 668 724	8 353 575
2014	34 980 412	4 152 602	7 028 834		270 135	17 964 386	5 564 455
2015	53 961 984	4 342 426	10 216 861	271	107 242	24 780 179	14 515 005
2016	56 454 255	4 524 896	11 590 897	48 999	11 848	23 971 413	16 306 202
2017	58 608 832	7 839 661	15 899 111	16 700	211 672	21 273 460	13 368 228

8-13　各区按登记注册类型分固定资产投资（2017年）

INVESTMENT IN FIXED ASSETS BY STATUS OF REGISTRATION AND DISTRICT（2017）

单位：万元　　　　(10 000 yuan)

地 区 District		总计 Total	一、内资 Funded	1、国有 State-owned	2、集体 Collective-owned	3、其他 Others	二、港澳台商投资 Hongkong Macao and Taiwan Funded	三、外商投资 Foreign Funded
全市总计	**Total**	**51 473 152**	**44 645 966**	**13 558 291**	**191 608**	**30 896 067**	**5 134 531**	**1 692 655**
福田区	Futian	3 745 056	3 583 232	1 602 396	6 000	1 974 836	154 032	7 792
罗湖区	Luohu	2 289 818	1 894 890	550 286	8 832	1 335 772	341 103	53 825
盐田区	Yantian	1 486 533	1 245 676	500 135	10 168	735 373	210 463	30 394
南山区	Nanshan	10 967 612	8 150 672	2 673 467	19 967	5 457 238	2 048 656	768 284
宝安区	Baoan	8 170 568	7 208 237	2 855 405	55 311	4 297 521	626 114	336 217
龙岗区	Longgang	9 466 863	8 627 428	2 169 134	41 184	6 417 110	773 290	66 145
龙华区	Longhua	6 182 721	5 850 868	992 605	19 586	4 838 677	200 162	131 691
坪山区	Pingshan	3 776 637	3 546 501	607 256	1 200	2 938 045	212 792	17 344
光明新区	Guangming	3 715 631	2 910 377	852 868	9 943	2 047 566	530 980	274 274
大鹏新区	Dapeng	776 594	762 546	400 654	1 348	360 544	7 359	6 689
深汕特别合作区	ShenshanSpecial Cooperation Zone	895 119	865 539	354 085	18 069	493 385	29 580	

8-14 各区按主要行业分固定资产投资（2017年）
INVESTMENT IN FIXED ASSETS IN BY DISTRICT AND SECTOR（2017）

单位：万元　　　　　　(10 000 yuan)

地 区	District	合计 Total	农、林、牧、渔业 Agriculture, Forestry, Animal Husbandry and Fishery	采矿业 Mining	制造业 Manufa-cturing	电力、燃气及水的生产和供应业 Production and Supply of Electricity, Gas and Water	建筑业 Construction	交通运输、仓储和邮政业 Transport, Storage and Post
全市总计	**Total**	**51 473 152**	**2 058**		**7 959 371**	**1 199 530**		**5 087 547**
福田区	Futian	3 745 056			65 159	38 894		546 237
罗湖区	Luohu	2 289 818			7 453	62 448		214 059
盐田区	Yantian	1 486 533			355 528	85 503		71 148
南山区	Nanshan	10 967 612			43 615	88 429		857 743
宝安区	Baoan	8 170 568			1 138 378	179 782		1 527 405
龙岗区	Longgang	9 466 863			1 537 810	201 794		1 115 609
龙华区	Longhua	6 182 721			1 326 140	60 974		491 883
坪山区	Pingshan	3 776 637			1 364 623	59 181		52 849
光明新区	Guangming	3 715 631			1 772 956	312 895		41 729
大鹏新区	Dapeng	776 594	2 058		91 834	80 391		51 900
深汕特别合作区	ShenshanSpecial Cooperation Zone	895 119			255 875	29 239		116 985

单位：万元　　　　8-14 续表1　continued(10 000 yuan)

地　区 District		信息传输、软件和信息技术服务业 Information Transmission, Software and Information Technology	批发和零售业 Wholesale and Retail Trades	住宿和餐饮业 Hotels and Catering Services	金融业 Financial Interme-diation	房地产业 Real Estate	租赁和商务服务业 Leasing and Business Services	科学研究和技术服务业 Scientific Research and Technical Services
全市总计	**Total**	**918 338**	**306 643**	**78 312**	**571 835**	**26 024 012**	**1 354 934**	**833 938**
福田区	Futian	10 123			215 462	2 407 858	137 316	94 030
罗湖区	Luohu	1	85 884			1 604 618	11 550	1 900
盐田区	Yantian	217 152		4 740		515 866	13 200	94 015
南山区	Nanshan	343 451	48 330		332 982	7 415 844	365 360	216 017
宝安区	Baoan	73 511	26 699	5 689	11 270	3 177 556	481 092	110 544
龙岗区	Longgang	101 638	65 364	30 231	12 121	4 662 834	58 902	105 063
龙华区	Longhua	63 920	65 879	12 493		3 470 393	6 624	34 195
坪山区	Pingshan					1 471 107	218 895	4 704
光明新区	Guangming	57 181	14 487	8 861		946 336	507	84 896
大鹏新区	Dapeng	1 113		10 467		263 447	1 100	18 192
深汕特别合作区	ShenshanSpecial Cooperation Zone	50 248		5 831		88 153	60 388	70 382

单位：万元 8-14 续表2 continued(10 000 yuan)

地 区 District		水利、环境和公共设施管理业 Management of Water Conservancy, Environment and Public Facilities	居民服务、修理和其他服务业 Services to Househdds, Repair and Other Services	教育 Education	卫生和社会工作 Health and Social Work	文化、体育和娱乐业 Culture, Sports and Entert-ainment	公共管理、社会保障和社会组织 Public Management, Social Security and Social Organizations
全市总计	**Total**	**5 130 943**	**29 337**	**915 137**	**566 308**	**214 746**	**280 163**
福田区	Futian	126 812		25 646	70 345	3 587	3 587
罗湖区	Luohu	184 832		49 289	24 798	6 026	36 960
盐田区	Yantian	81 146		26 448	10 128	4 022	7 637
南山区	Nanshan	803 975		329 315	84 721	37 830	
宝安区	Baoan	1 297 134		95 026	17 873	13 864	14 745
龙岗区	Longgang	1 018 916	23 952	200 528	166 651	44 445	121 005
龙华区	Longhua	453 969		78 458	65 205	11 107	41 481
坪山区	Pingshan	445 120		40 483	44 691	55 732	19 252
光明新区	Guangming	303 982		56 950	72 486	30 181	12 184
大鹏新区	Dapeng	227 451		12 994	9 410	922	5 315
深汕特别合作区	ShenshanSpecial Cooperation Zone	187 606	5 385			7 030	17 997

8-15 国有经济固定资产投资主要指标

MAIN INDICATORS OF INVESTMENT IN FIXED ASSETS OF STATE-OWNED ECONOMY

单位：亿元 (100 million yuan)

项 目	Item	2013	2014	2015	2016	2017
建设项目个数(个)	**Number of Projects(unit)**					
施工项目	Projects under Construction	858	846	1 042	975	2 019
全部建成投产项目	Projects Completed and Put into Use	352	410	550	512	557
投资总额	**Total Investment**	**815.81**	**757.85**	**800.47**	**931.74**	**1 355.83**
#住宅	Residential Buildings	32.80	29.65	43.02	10.32	21.93
按构成分	Grouped by Structure of Investment					
建筑安装工程	Construction and Installation	580.85	576.85	700.74	723.18	1 044.63
设备工具器具购置	Purchase of Equipment and Instruments	60.68	72.58	150.98	73.55	96.25
其他费用	Others	140.01	108.42	172.21	135.01	214.95
按建设性质分	Grouped by Type of Construction					
#新建	New Construction	686.28	658.58	990.08	787.24	1 164.93
#扩建	Expansion	15.88	20.52	27.70	33.94	43.38
#改建	Reconstruction	79.38	78.75	6.15	55.29	62.17
按资金来源分	Grouped by Source of Funds	1 040.74	953.58	1 187.33	868.52	1 228.24
国家预算内资金	State Budget	330.50	315.05	405.32	410.32	758.76
国内贷款	Domestic Loans	123.86	138.52	187.92	115.85	247.52
利用外资	Foreign Investment				0.05	1.55
自筹资金	Self-raising Funds	400.45	386.85	502.29	223.22	316.75
其他资金	Others	185.93	113.16	91.80	119.08	36.91
新增固定资产	**Newly Increased Fixed Assets**	**580.96**	**412.25**	**600.54**	**186.93**	**393.12**
房屋建筑面积(万平方米)	**Floor Space of Buildings(10 000 sq.m)**					
施工面积	Floor Space under Construction	952.52	758.58	924.38	636.22	1 146.82
竣工面积	Floor Space Completed	250.80	240.04	304.05	41.02	28.71
#住宅	Residential Buildings	6.18	5.87	8.00	5.16	11.42

注：建设项目个数不含房地产开发部分。
Note: Number of projects exclude real estate development.

8-16 基础产业和基础设施完成投资额

COMPLETED INVESTMENT IN BASIC INDUSTRIES AND NFRASTRUCTURE

单位：亿元 (100 million yuan)

项目	Item	2014	2015	2016	2017
基础产业投资完成额	Completed Investment in Basic Industries	597.73	725.52	869.62	1 173.31
#基础设施投资	Investment in Infrastructure	589.08	713.50	864.95	1 163.45
（一）电力、燃气及水的生产和供应业	Production and Supply of Electric Power,Gas and Water	64.64	77.29	74.16	119.95
（二）交通运输、仓储和邮政业	Transport , Storage and Postal Services	345.86	397.54	447.19	508.75
#交通运输业	Transport Service	326.76	386.42	390.15	473.30
1、铁路运输业	Railway Transport	21.35	12.58	8.04	10.32
2、道路运输业	Road Transport	230.75	280.52	296.61	352.96
# 城市公共交通业	Urban Public Transport	171.53	213.42	229.71	265.86
3、水上运输业	Waterway Trarsport	3.83	2.50	32.32	31.24
4、航空运输业	Air Transport	70.83	90.82	53.18	78.79
5、管道运输业	Pipeline Transport				
（三）信息传输、计算机服务和软件业	Information Trarismission,Computer Services and Software	29.63	45.07	100.20	91.83
（四）水利、环境和公共设施管理业	Management of Water Conservarcy,Environment and Public Facilities	226.64	235.75	336.78	513.09
#水利管理投资	Investment of Water Conservancy	15.05	16.00	55.51	79.21
1、防洪管理	Flood Prevention Management	10.88	9.88	10.30	19.92
2、水资源管理	Water Resources Management	2.07	2.87	4.00	2.82
3、其他水利管理	Other Water Conservacy	2.10	3.25	38.21	55.87
#能源产业投资	Investment of Energy Industry		61.51	66.19	99.93
1、煤炭开采和洗选业	Mining and Washing of Coal				
2、石油和天然气开采业	Extraction of Petroleum and Natual Gas			0.01	
3、石油加工炼焦及核燃料加工业	Processing of Petroleum, Coking and Nuclear Fuel Processing			0.17	
4、电力、热力的生产和供应业	Production and Supply of Electric Power and Heat Power	36.76	45.18	51.12	91.25
5、燃气的生产和供应业	Production and Supply of Gas	17.91	16.33	14.90	8.67

8-17 各区固定资产投资财务拨款资金来源主要指标（2017年）

MAIN INDICATORS OF SOURCES OF FUNDS FOR INVESTMENT BY DISTRICT（2017）

单位：万元　　(10 000 yuan)

地 区	District	本年资金来源小计 Source of Sub-total Funds	国家预算内资金 State Budget	国内贷款 Domestic Loans	债券 Bonds	利用外资 Foreign Investment	自筹资金 Self-raising Fund	其他资金 Others
全市总计	**Total**	**58 608 832**	**7 839 661**	**15 899 111**	**16 700**	**211 672**	**21 273 460**	**13 368 228**
福田区	Futian	8 306 516	667 092	3 616 006		39 070	1 637 020	2 347 328
罗湖区	Luohu	3 548 428	1 342 535	939 208			482 053	784 632
盐田区	Yantian	1 934 285	231 189	370 554		3 000	692 542	637 000
南山区	Nanshan	10 474 564	662 407	2 027 662	1 500	80 091	5 814 234	1 888 670
宝安区	Baoan	10 074 239	1 975 061	2 214 330		36 131	3 277 790	2 570 927
龙岗区	Longgang	11 168 601	1 409 065	3 149 572	15 200	6 260	3 762 157	2 826 347
龙华区	Longhua	5 440 206	636 607	1 553 451		42 120	2 245 739	962 289
坪山区	Pingshan	3 027 512	270 184	741 384			1 471 688	544 256
光明新区	Guangming	3 164 134	543 966	994 736			1 038 145	587 287
大鹏新区	Dapeng	619 620	101 555	122 541			215 898	174 626
深汕特别合作区	ShenshanSpecial Cooperation Zone	850 727		169 667			636 194	44 866

8-18 各区按构成和建设性质分城镇固定资产投资（2017年）

INVESTMENT IN FIXED ASSETS IN URBAN AREA BY COMPOSITION OF FUNDS, TYPE OF CONSTRUCTION AND DISTRICT（2017）

单位：万元　　　　(10 000 yuan)

地区 District		投资额 Total Investment	按构成分 By Composition of Funds			按建设性质分 By Type of Construction		
			建筑安装工程 Construction and Installation	设备、工器具购置 Purchase of Equipment and Instruments	其他费用 Others	#新建 New Construction	#扩建 Expansion	#改建、技术改造 Reconstruction and Technological Transformation
全市总计	**Total**	**51 473 152**	**30 000 795**	**6 561 907**	**14 910 450**	**45 989 355**	**1 412 859**	**2 932 537**
福田区	Futian	3 745 056	2 441 821	316 925	986 310	4 116 394	6 320	73 626
罗湖区	Luohu	2 289 818	1 169 432	38 132	1 082 254	2 137 444	6 386	86 417
盐田区	Yantian	1 486 533	937 581	267 124	281 828	1 094 827	21 279	238 676
南山区	Nanshan	10 967 612	6 017 316	187 202	4 763 094	10 145 708	244 653	447 977
宝安区	Baoan	8 170 568	5 475 445	1 377 163	1 317 960	7 049 059	212 032	574 795
龙岗区	Longgang	9 466 863	6 320 326	1 477 869	1 668 668	8 948 307	306 322	387 299
龙华区	Longhua	6 182 721	3 067 802	1 197 615	1 917 304	5 777 130	109 988	327 988
坪山区	Pingshan	3 776 637	1 564 838	673 125	1 538 674	2 720 248	149 161	224 676
光明新区	Guangming	3 715 631	1 864 050	800 249	1 051 332	2 491 179	291 347	514 553
大鹏新区	Dapeng	776 594	510 421	111 870	154 303	711 268	22 720	48 330
深汕特别合作区	ShenshanSpecial Cooperation Zone	895 119	631 763	114 633	148 723	797 791	42 651	8 200

8-19 房屋施工建筑面积

FLOOR SPACE OF BUILDINGS UNDER CONSTRUCTION

单位：万平方米 （10 000 sq.m）

年份 Year	合计 Total	非房地产开发项目 Non-Real Estate Development	房地产开发项目 Real Estate Development
1979	29.26	29.26	
1980	52.36	52.36	
1981	96.88	96.88	
1982	250.71	250.71	
1983	368.40	368.40	
1984	644.59	644.59	
1985	1 030.94	1 030.94	
1986	940.39	771.29	
1987	887.21	642.48	
1988	1 161.77	888.29	
1989	1 088.02	926.36	
1990	848.65	408.71	304.62
1991	1 257.19	533.66	467.82
1992	1 813.80	532.45	950.06
1993	2 319.40	566.70	1 396.44
1994	2 733.59	704.15	1 298.82
1995	2 733.59	951.68	1 371.06
1996	2 878.53	965.41	1 495.27
1997	2 775.82	847.14	1 454.17
1998	3 218.81	862.96	1 656.65
1999	3 369.43	829.19	1 834.13
2000	3 591.22	790.57	2 134.95
2001	4 137.47	977.07	2 392.77
2002	4 467.16	861.88	2 776.29
2003	5 567.66	1 277.01	2 838.22
2004	5 856.65	2 177.17	3 120.25
2005	4 841.55	1 624.60	3 058.90
2006	4 512.66	1 204.30	3 122.10
2007	4 184.86	920.16	3 149.56
2008	4 619.53	1 116.83	3 276.30
2009	5 257.21	2 144.85	3 112.36
2010	5 178.84	2 238.90	2 939.94
2011	5 162.10	2 286.12	2 875.98
2012	5 259.50	2 042.81	3 216.69
2013	6 308.89	2 305.40	4 003.49
2014	6 249.70	1 757.52	4 492.18
2015	7 010.06	2 031.65	4 978.41
2016	6 677.50	1 503.51	5 173.99
2017	7 560.49	1 851.16	5 709.34

8-20 房屋竣工建筑面积
FLOOR SPACE OF BUILDINGS COMPLETED

单位：万平方米 （10 000 sq.m）

年 份 Year	合 计 Total	非房地产开发项目 Non-Real Estate Development	房地产开发项目 Real Estate Development
1979	13.01	13.01	
1980	34.63	34.63	
1981	54.59	54.59	
1982	92.67	92.67	
1983	146.86	146.86	
1984	266.63	266.63	
1985	320.94	320.94	
1986	453.07	453.07	
1987	464.69	464.69	
1988	567.38	567.38	
1989	563.01	563.01	
1990	383.42	250.01	133.41
1991	539.20	388.76	150.44
1992	682.29	483.89	198.40
1993	781.07	499.61	281.46
1994	783.62	472.52	311.10
1995	838.46	526.91	311.55
1996	964.52	570.20	394.32
1997	942.91	615.87	327.04
1998	1 211.89	748.58	463.31
1999	1 267.00	764.85	502.15
2000	1 287.21	655.16	632.05
2001	1 526.90	798.93	727.97
2002	1 668.25	776.01	892.24
2003	2 228.44	1 208.13	1 020.31
2004	2 155.82	1 143.43	1 012.39
2005	1 488.86	543.08	945.78
2006	1 184.00	335.11	848.89
2007	905.56	269.54	636.02
2008	877.18	247.45	629.73
2009	712.58	310.57	402.01
2010	692.70	348.27	344.43
2011	962.10	637.10	325.00
2012	815.47	389.72	425.75
2013	895.76	542.21	353.55
2014	954.77	529.46	425.31
2015	818.86	458.65	360.21
2016	587.81	97.78	490.03
2017	351.23	66.17	285.06

8-21 竣工房屋价值
VALUE OF BUILDINGS COMPLETED

单位：万元 （10 000 yuan）

年 份 Year	合 计 Total	非房地产开发项目 Non-Real Estate Development	房地产开发项目 Real Estate Development
1979	1 207	1 207	
1980	4 607	4 607	
1981	9 189	9 189	
1982	20 865	20 865	
1983	37 164	37 164	
1984	79 318	79 318	
1985	103 970	103 970	
1986	157 701	157 701	
1987	151 670	151 670	
1988	348 453	348 453	
1989	276 535	276 535	
1990	210 323	143 647	66 676
1991	308 940	209 291	99 649
1992	601 150	441 123	160 027
1993	640 545	402 632	237 913
1994	784 100	450 155	333 945
1995	1 343 491	589 564	753 927
1996	1 825 063	689 196	1 135 867
1997	1 745 964	831 798	914 166
1998	2 416 223	951 213	1 465 010
1999	2 670 993	1 196 580	1 474 413
2000	2 955 291	895 867	2 059 424
2001	2 795 702	1 029 008	1 766 694
2002	3 601 624	992 766	2 608 858
2003	4 260 940	1 578 186	2 682 754
2004	3 421 757	1 121 432	2 300 325
2005	3 632 843	673 980	2 958 863
2006	3 594 969	419 621	3 175 348
2007	2 933 541	523 025	2 410 516
2008	2 862 722	206 362	2 656 360
2009	2 993 216	585 173	2 408 043
2010	2 663 742	573 198	2 090 544
2011	3 340 401	1 731 089	1 609 312
2012	3 384 230	788 002	2 596 228
2013	4 851 340	2 101 465	2 749 875
2014	3 858 122	1 110 096	2 748 026
2015	4 238 203	1 222 205	3 015 998
2016	4 166 251	546 280	3 619 971
2017	3 040 094	255 529	2 784 565

8-22 住宅投资

INVESTMENT IN RESIDENTIAL HOUSING

单位：万元　　　　　　　　　　　　　　　　　　　　（10 000 yuan）

年 份 Year	合 计 Total	非房地产开发项目 Non-Real Estate Development	房地产开发项目 Real Estate Development
1979	914	914	
1980	2 838	2 838	
1981	6 428	6 428	
1982	19 021	19 021	
1983	27 640	27 640	
1984	38 406	38 406	
1985	64 863	64 863	
1986	46 940	46 940	
1987	54 629	54 629	
1988	114 993	114 993	
1989	123 617	123 617	
1990	184 564	113 964	70 600
1991	368 786	215 386	153 400
1992	886 272	435 872	450 400
1993	913 193	245 193	668 000
1994	1 131 517	257 417	874 100
1995	937 427	308 927	628 500
1996	1 101 662	315 262	786 400
1997	1 135 054	280 005	855 049
1998	1 500 548	501 698	998 850
1999	1 874 853	461 747	1 413 106
2000	2 185 195	398 406	1 786 789
2001	2 471 512	374 412	2 097 100
2002	3 046 579	337 379	2 709 200
2003	2 987 720	485 806	2 501 914
2004	3 018 249	459 849	2 558 400
2005	2 785 401	130 001	2 655 400
2006	3 384 498	134 044	3 250 454
2007	3 468 913	151 346	3 317 567
2008	3 494 643	344 854	3 149 789
2009	3 456 595	558 747	2 897 848
2010	3 601 242	552 364	3 048 878
2011	4 055 301	523 183	3 532 118
2012	5 422 058	676 077	4 745 981
2013	6 544 510	603 463	5 941 047
2014	7 779 946	477 182	7 302 764
2015	9 239 015	267 684	8 971 331
2016	10 612 596	167 234	10 445 362
2017	23 970 296	68 430	23 901 866

8-23 住宅施工建筑面积

FLOOR SPACE OF RESIDENTIAL HOUSING UNDER CONSTRUCTION

单位：万平方米 （10 000 sq. m）

年 份 Year	合 计 Total	非房地产开发项目 Non-Real Estate Development	房地产开发项目 Real Estate Development
1979	13.41	13.41	
1980	27.81	27.81	
1981	43.34	43.34	
1982	128.3	128.3	
1983	156.68	156.68	
1984	258.52	258.52	
1985	362.7	362.7	
1986	366.59	366.59	
1987	339.69	339.69	
1988	447.03	447.03	
1989	434.43	434.43	
1990	393.02	200.87	192.15
1991	630.97	351.97	279
1992	1 040.81	439.71	601.1
1993	1 302.24	392.73	909.51
1994	1 344.78	475.92	868.86
1995	1 443.75	599.55	844.2
1996	1 474.14	533.53	940.61
1997	1 365.44	399.26	966.18
1998	1 866.76	719.79	1 146.97
1999	1 944.88	589.26	1 355.62
2000	2 059.39	482.5	1 576.89
2001	2 261.63	471.14	1 790.49
2002	2 575.33	450.47	2 124.86
2003	2 824.41	751.52	2 072.89
2004	2 944.42	686.74	2 257.68
2005	2 343.55	190.97	2 152.58
2006	2 292.72	135.33	2 157.39
2007	2 302.93	125.15	2 177.78
2008	2 487.73	277.37	2 210.36
2009	2 490.16	402.69	2 087.47
2010	2 510.02	484.88	2 025.14
2011	2 252.60	286.97	1 965.63
2012	2 547.67	440.08	2 107.59
2013	3 067.52	459.23	2 608.29
2014	3 165.22	295.22	2 870.00
2015	3 343.16	186.17	3 156.99
2016	3 195.56	116.28	3 079.28
2017	3 076.68	87.26	2 989.42

8-24 住宅竣工建筑面积

FLOOR SPACE OF RESIDENTIAL HOUSING COMPLETED

单位：万平方米 （10 000 sq.m）

年 份 Year	合 计 Total	非房地产开发项目 Non-Real Estate Development	房地产开发项目 Real Estate Development
1979	5.26	5.26	
1980	17.85	17.85	
1981	23.41	23.41	
1982	45.57	45.57	
1983	62.42	62.42	
1984	123.76	123.76	
1985	139.31	139.31	
1986	197.15	197.15	
1987	199.09	199.09	
1988	245.10	245.10	
1989	236.98	236.98	
1990	204.77	120.37	84.40
1991	305.17	213.95	91.22
1992	416.31	285.41	130.90
1993	440.36	243.61	196.75
1994	438.83	232.33	206.50
1995	485.23	268.85	216.38
1996	565.86	315.35	250.51
1997	512.24	269.05	243.19
1998	729.48	373.18	356.30
1999	800.60	388.14	412.46
2000	755.59	231.04	524.55
2001	852.58	279.37	573.21
2002	1 000.19	301.87	698.32
2003	1 290.61	473.99	816.62
2004	1 245.59	473.39	772.20
2005	781.54	77.10	704.44
2006	627.31	45.44	581.87
2007	507.71	70.57	437.14
2008	519.72	75.95	443.77
2009	415.18	145.64	269.54
2010	376.03	124.92	251.11
2011	283.34	50.68	232.66
2012	310.85	21.45	289.40
2013	229.38	33.05	196.33
2014	336.24	66.98	269.26
2015	206.60	4.23	202.37
2016	302.26	21.62	280.64
2017	183.89	0.10	183.79

8-25 住宅竣工价值

VALUE OF RESIDENTIAL HOUSING COMPLETED

单位：万元 （10 000 yuan）

年 份 Year	合 计 Total	非房地产开发项目 Non-Real Estate Development	房地产开发项目 Real Estate Development
1979	449	449	
1980	2 440	2 440	
1981	4 322	4 322	
1982	9 873	9 873	
1983	15 043	15 043	
1984	37 418	37 418	
1985	38 341	38 341	
1986	54 880	54 880	
1987	46 707	46 707	
1988	88 625	88 625	
1989	109 242	109 242	
1990	105 056	54 141	50 915
1991	180 594	97 555	83 039
1992	256 111	126 101	130 010
1993	351 941	183 002	168 939
1994	432 365	197 797	234 568
1995	754 577	256 370	498 207
1996	918 088	320 698	597 390
1997	879 347	280 726	598 621
1998	1 426 708	381 849	1 044 859
1999	1 604 378	413 281	1 191 097
2000	2 023 916	295 545	1 728 371
2001	1 768 793	360 468	1 408 325
2002	2 317 417	256 691	2 060 726
2003	2 718 868	573 862	2 145 006
2004	2 140 997	349 310	1 791 687
2005	2 249 795	105 330	2 144 465
2006	2 166 187	35 346	2 130 841
2007	1 782 456	126 881	1 655 575
2008	2 859 458	403 511	2 455 947
2009	1 954 702	174 664	1 780 038
2010	1 809 542	145 208	1 664 334
2011	1 304 387	140 743	1 163 644
2012	1 731 885	41 786	1 690 099
2013	1 624 371	112 366	1 512 005
2014	2 098 830	182 101	1 916 729
2015	1 710 751	12 941	1 697 810
2016	2 240 657	44 430	2 196 227
2017	1 707 425	180	1 707 245

8-26 固定资产投资完成情况主要指标

MAIN INDICATORS OF INVESTMENT IN FIXED ASSETS

单位：亿元 (100 million yuan)

指 标	Indicators	2014	2015	2016	2017
一、计划总投资及项目个数	**Total Planned Investment and Project Number**				
1、计划总投资	Total Planned Investment	14 165.50	15 150.63	19 722.11	30 509.75
其中：本年新开工项目	New Projects under Construction in Current Year	3 381.77	3 611.23	4 195.35	2 047.08
2、施工项目个数（个）	Number of Projects under Construction(unit)	2 928	2 984	3 090	3 840
其中：本年新开工（个）	Newly Started Projects of the Year(unit)	1 522	1 576	1 724	1 942
本年投产项目个数（个）	Number of Projects Put into Use in Current Year	1 895	1 381	1 447	1 329
二、本年完成投资	**Investment Completed in Current Year**	**2 717.42**	**3 298.31**	**4 078.16**	**5147.31**
（一）按登记注册类型分组	Grouped by Registration Status				
1、内资	Domestic-funded	2 435.24	2 715.84	3 385.83	4 464.60
国有经济	State-owned	757.85	1 023.93	530.63	1 355.83
集体经济	Collective-owned	98.48	95.70	.19	19.16
其他内资经济	Others	1 578.91	1 596.22	2 855.00	3 089.61
2、港澳台商投资	Funds from Hong Kong,Macao and Taiwan	163.49	379.89	475.70	513.45
3、外商投资	Foreign-funded	118.69	202.58	216.64	169.27
（二）按建设性质分	Grouped by Type of Construction				
#新建	New Construction	2 392.52	2 521.82	3 557.04	4 598.94
#扩建	Expansion	53.81	431.22	112.54	141.29
#改建和技术改造	Reconstruction and Technical Reconstruction	271.09	345.27	321.10	293.25
（三）按构成分	Grouped by Use of Funds				
1、建筑工程	Construction	1 704.29	1 842.10	2 248.22	2 680.94
2、安装工程	Installation	188.15	287.08	301.93	319.14
3、设备工器具购置	Purchase of Equipment and Instruments	401.75	439.31	488.36	656.19
4、其他费用	Other Expenses	423.23	729.81	1 039.66	1 491.05
（四）按主要产业分	Grouped by Major Industries				
#文化产业	Culture and Arts	96.06	109.09	155.44	178.21
新闻服务	Press Service				
出版发行和版权服务	Publication and Copyright Service	0.73			3.82
广播、电视、电影服务	Radio, Television and Film Service	0.93	1.10	21.03	5.29
文化艺术服务	Culture and Art Service	6.84	15.62	13.62	10.93
网络文化服务	Internet Service	4.10	13.99	5.60	9.88
文化休闲娱乐服务	Cultural and Entertaining Service	5.71	4.54	20.41	24.32
其他文化服务	Other Cultural Services	5.75	7.83	54.45	82.70
文化用品、设备相关文化产品生产	Production of Related Cultural Products and Equipments	46.00	31.20	40.32	41.28
#信息产业	Information Industry	209.40	311.32	448.48	568.07
电子信息设备制造	Manufacture of Electronic Information Equipment	167.73	261.14	324.89	469.63
电子信息设备销售和租赁	Sales and Leasing of Electronic Information Equipment	0.66	0.36	1.30	0.11

注： 计划总投资及项目个数不含房地产开发部分。
Note: The data of total planned investment and project number exclude the data of real estate development.

指 标	Indicators	2014	2015	2016	2017
电子信息传输服务	Information Transmission Services	27.02	31.86	51.33	53.85
计算机服务和软件业	Computer Services and Software	12.61	14.16	49.17	37.98
其他信息相关服务	Other Information Related Service	1.38	3.80	21.79	6.50
1、第一产业	Primary Industry	0.39	0.62	0.13	0.21
2、第二产业	Secondary Industry	521.22	591.05	695.47	911.23
#工业合计	Total Industries	520.57	590.80	691.57	915.89
#工业九大产业	Nine Main Industrial Sectors	416.10	475.39	554.85	688.60
电子信息业	Electronic Information	198.10	261.14	294.43	455.72
电气机械及专用设备	Electrical Machinery and Special- Equipment	80.06	90.72	177.11	157.62
石油及化学	Petroleum and Chemistry	6.44	14.51	9.69	14.01
纺织及服装	Textile and Garments	18.83	6.58	1.58	6.19
食品饮料	Food and Beverage	5.06	2.54	4.14	4.60
建筑材料	Construction Materials	11.43	7.23	2.54	8.26
森工造纸	Paper Manufacturing	6.70		1.18	0.55
医药	Medicine	20.17	22.15	14.48	18.23
汽车	Automobile	69.32	70.52	49.71	23.42
3、第三产业	Tertiary Industry	2195.81	2 706.64	3 382.56	4 235.88
（五）按国民经济行业分	Grouped by Economic Sector				
农、林、牧、渔业	Agriculture,Forestry,Animal Husbandry and Fishery	0.39	0.62	0.26	0.21
采矿业	Mining		0.48	0.11	
制造业	Manufacturing	455.94	513.04	617.30	795.94
电力、燃气及水的生产和供应业	Production and Supply of Electric Power,Gas and Water	64.64	77.29	74.16	119.95
建筑业	Construction	0.65	0.25	4.59	
交通运输、仓储和邮政业	Transport,Storage and Postal Services	345.86	397.54	447.19	508.75
信息传输、软件和信息技术服务业	Information Transmission, Software and Information Technology	29.63	45.07	100.20	91.83
批发和零售业	Wholesale and Retail Trades	30.30	30.49	22.94	30.66
住宿与饮食业	Hotels and Catering Services	22.94	15.30	6.91	7.83
金融业	Financial Intermediation	42.43	70.67	73.83	57.18
房地产业	Real Estate	1374.06	1 662.67	2 095.75	2 602.40
租赁和商务服务业	Leasing and Business Services	21.86	83.55	73.57	135.49
科学研究和技术服务业	Scientific Research and Technical Services	30.30	56.48	65.09	83.39
水利、环境和公共设施管理业	Management of Water Conservancy,Environment and Public Facilities	226.64	235.75	336.78	513.09
居民服务、修理和其他服务业	Services to Househdds, Repair and Other Services	1.86	4.04	3.26	2.93
教育	Education	29.02	39.74	71.24	91.51
卫生和社会工作	Health and Social Work	17.60	43.84	38.13	56.63
文化、体育和娱乐业	Culture,Sports and Recreation	13.54	18.11	34.12	21.47
公共管理、社会保障和社会组织	Public Management,Social Security and Social Organizations	9.76	3.39	12.72	28.02
国际组织	International Organizations				

单位：亿元 8-26 续表2 (100 million yuan)

指 标	Indicators	2014	2015	2016	2017
三、本年新增固定资产	**Newly Increased Fixed Assets in Current Year**	**2 374.10**	**1 478.56**	**1 915.01**	**1 039.04**
四、房屋面积	**Floor Space**				
本年施工房屋面积(万平方米)	Floor Space of Buildings Under Construction in Current Year(10 000sq.m)	6 249.70	7 010.06	6 677.50	7 560.49
其中：住宅(万平方米)	Residential Buildings(10 000sq.m)	3 165.22	3 343.16	3 195.56	3 076.68
本年竣工房屋面积(万平方米)	Floor Space of Buildings Completed in Current Year(10 000sq.m)	954.77	818.86	587.81	351.23
其中：住宅(万平方米)	Residential Buildings(10 000sq.m)	336.24	206.60	302.26	183.89
本年竣工房屋价值	Value of Buildings Completed in Current Year	385.81	423.82	416.63	304.01
其中：住宅	Residential Buildings	209.88	171.08	224.07	170.74
五、资金来源情况	**Source of Funds**				
（一）本年资金来源合计	Source of Total Funds This Year	4 370.12	6 283.52	6 827.12	3 026.66
上年末结余资金	Surplur Funds From the Year-end of Proceding Year	872.08	887.32	1 181.69	398.83
本年资金来源小计	Source of Sub-total Funds This Year	3 498.04	5 396.20	5 645.43	2 627.83
国家预算内资金	State Budget	415.26	434.24	452.49	783.97
国内贷款	Domestic Loans	702.88	1 021.69	1 159.09	392.98
债券	Bond		0.03	4.90	1.67
利用外资	Foreign Investment	27.01	10.72	1.18	13.25
其中：外商直接投资	Foreign Direct Investment	4.45	3.20	1.18	
自筹资金	Self-raising Funds	1 796.44	2 478.02	2 397.14	1 334.91
其他资金来源	Other Sources of Funds	556.45	1 451.50	1 630.62	101.05
（二）各项应付款合计	Total Payment Of This Year	511.53	678.68	765.95	493.82

8-27 各区固定资产投资

FIXED ASSET INVESTMENT BY DISTRICT

单位：万元 (10 000 yuan)

地 区	District	2014	2015	2016	2017	2017年增长率（%） Growth Rate
全市总计	**Total**	**27 174 226**	**32 983 076**	**40 781 638**	**51 473 152**	**23.8**
福田区	Futian	1 811 806	2 353 842	3 000 289	3 745 056	24.8
罗湖区	Luohu	951 102	1 259 008	1 843 702	2 289 818	24.2
盐田区	Yantian	921 701	995 926	1 225 743	1 486 533	21.3
南山区	Nanshan	4 159 002	6 339 870	8 879 664	10 967 612	23.5
宝安区	Baoan	4 606 802	5 457 214	6 504 842	8 170 568	25.6
龙岗区	Longgang	6 020 000	6 580 947	7 636 984	9 466 863	24.0
龙华区	Longhua	3 570 000	4 113 428	4 948 246	6 182 721	24.9
坪山区	Pingshan	2 141 905	2 468 152	2 978 899	3 776 637	26.8
光明新区	Guangming	2 311 908	2 692 767	3 024 869	3 715 631	22.8
大鹏新区	Dapeng	680 000	721 922	738 400	776 594	5.2
深汕特别合作区	ShenshanSpecial Cooperation Zone				895 119	11.5

主要统计指标解释

固定资产投资额　是以货币形式表现的在一定时期内建造和购置固定资产的工作量以及与此有关的费用的总称。它是反映固定资产投资规模、结构和发展速度的综合性指标，又是观察工程进度和考核投资效果的重要依据。固定资产投资包括国有经济单位投资、城乡集体及其他各种登记注册类型的单位投资和城乡居民个人投资。按照国家统计制度规定，固定资产投资统计范围包括：城镇和农村投资两大部分。城乡集体经济单位投资包括城镇集体所有制单位投资和农村集体所有制单位投资；其它各种经济类型单位投资包括联营经济、股份制经济、中外合资经济、中外合作经济、外资、与大陆合资经营、与大陆合作经营、港澳台独资及其它经济的单位投资；城乡居民个人投资包括城市、县城、镇、工矿区所辖范围内的个人建房和农村个人建房及购买生产性固定资产的投资。

1.城镇和农村建设项目投资月报统计范围为：城镇和农村各种登记注册类型的企业、事业、行政单位及个体户进行的计划总投资500万元及500万元以上的建设项目，包括城镇各种经济类型的建设项目和工矿区私人建房项目，以及农村非农户投资项目、农村农户建房和购置生产性设备投资。年报统计范围中的城镇和工矿区私人建房为市、县城、镇、工矿区所辖范围内的全部私人建房（不论其房主是否系本地的常住户口均应包括），其他部分与月报统计范围一致。年报统计范围中的农户固定资产投资为所辖范围内的全部私人建房和其他购置生产性设备等投资。

2.城镇建设项目投资在城乡分组中:“城镇”、农村非农户建设项目投资在城乡分组中“农村”，农村农户在城乡分组中填“农户”，汇总表中“农村”包含“农户”。

房地产开发投资　各种登记注册类型的房地产开发公司 、商品房建设公司及其他房地产开发单位统一开发的包括统代建、拆迁还建的住宅、厂房、仓库、饭店、宾馆、度假村、写字楼、办公楼等房屋建筑物和配套的服务设施、土地开发工程，如道路、给水、排水、供电 、供热、通讯、平整场地等基础设施工程的投资。包括实际从事房地产开发或经营活动的附营房地产开发单位。不包括单纯的土地交易活动。

新增生产能力（或工程效益）　指通过固定资产投资活动而增加的设计能力（或工程效益），是以实物形态表示的固定资产投资成果的指标，也是考核投资经济效果的重要依据之一。

住宅建筑面积　指施工和竣工房屋建筑面积中供居住用的房屋建筑面积。

房屋施工面积　指在报告期内施工的全部房屋建筑面积。包括本期新开工的面积和上期开工跨入本期继续施工的面积，以及上期已停建在本期恢复施工的房屋面积。本期竣工和本期施工后又停缓建的房屋，其建筑面积仍计入本期房屋施工面积中。

房屋竣工面积　指在报告期内房屋建筑按照设计要求已经全部完工，达到住人和使用条件，经验收鉴定合格（或达到竣工验收标准），正式移交使用的各栋房屋建筑面积的总和。

房屋建筑面积竣工率　是指一定时期内房屋竣工面积与施工面积的比率。它是从房屋建筑施工速度的角度反映投资效果的指标。

新增固定资产　指已经完成建造和购置过程，并已交付生产或使用单位的固定资产的价值。它是表示固定资产投资成果的价值指标，也是反映建设进度，计算固定资产投资效果的重要依据。

建设项目投产率　是建设周期的逆指标，是指一定时期内全部建成投产项目个数与同期施工项目个数的比率。它是从建设速度的角度反映投资效果的指标。

Explanatory Notes on Main Statistical Indicators

Amount of Investment in Fixed Assets refers to the sum in monetary terms of the volume of activities in the construction and purchase of fixed assets as well as related expenses. It is not only a comprehensive indicator of the size, proportional relations and developmental pace of investment in fixed assets, but also an important basis to follow the progress of projects and check the result of investment on. Total investment in fixed assets includes investment by state–owned units, urban and rural collective units, units of other types of ownership and individuals in urban and rural areas. According to China's current statistics system, investment in fixed assets is classified into two parts: urban and rural. Investment by urban and rural collective units includes investment by urban collective units and investment by rural collective units. Investment by units of other types of ownership includes investment by units of joint ownership economy, shareholding economy, Sino–foreign joint economy, Sino–foreign cooperative economy, economy exclusively funded by foreign investors, joint economy with the mainland, cooperative economy with the mainland, economy exclusively funded by compatriots from Hong Kong, Macao and Taiwan and units of other types of ownership. Investment by individuals in urban and rural areas includes investment in personal housing in areas under the jurisdiction of the city, county, town and special industrial and mining areas as well as investment in personal housing and purchase of productive fixed assets in rural areas.

Investment in Real Estate Development includes investment by real estate developers, commercial builders and other units of real estate development of various statuses of registration in the construction of house buildings, such as residential buildings, factory buildings, warehouses, restaurants, hotels, holiday resorts, office buildings, and complementary service facilities and land development projects, such as roads, water supply, water drainage, power supply, heating, telecommunications, land leveling and other projects of infrastructure. This indicator covers the activities of non–real estate companies engaged in real estate development or management, but excludes simple land transactions.

Newly Increased Production Capacity (or Project Efficiency) refers to the increase of designed capacity or project efficiency through investment in fixed assets, which is not only an indicator of the accomplishment in kind of investment in fixed assets but also an important basis to check the economic result of investment on..

Floor Space of Residential Buildings refers to the floor space of the residential buildings among the total space of buildings under construction or completed.

Floor Space under Construction refers to total floor space of all buildings under construction during the reference period, including floor space of newly started buildings during the reference period, floor space of construction extended from the previous period to the current period, and floor space of construction suspended during the previous period but resumed in the current period. Floor space of construction completed in the current period and floor space of construction started and then suspended in the current period are also included in floor space under construction.

Floor Space of Buildings Completed refers to total floor space of all buildings completed in the reference period, which have come up to the designed standards with proper conditions of residence and use, and have been examined and accepted (or met the standards for completion), and put into use.

Completion Rate of Floor Space of Buildings refers to the ratio of the floor space of buildings completed in a certain period of time to the floor space of buildings under construction in the same period, which reflects the investment result of the construction industry from the perspective of the speed of project construction.

Newly Increased Fixed Assets refer to the value of fixed assets which have been completed and transfered to production units or users. It is a value indicator of the achievements of investment in fixed assets as well as an important basis to evaluate the result of investment in fixed assets on.

Rate of Construction Projects Completed and Put into Use is the inverse indicator of construction period, referring to the ratio of the number of construction projects completed and put into use in certain period of time to the number of projects under construction in the same period. This reflects the investment efficiency from the perspective of the speed of project construction.

09 第九部分

房地产开发

REAL ESTATE EDEVELOPMENT

CHAPTER

9-1 房地产开发投资额（按投资去向分）

INVESTMENT IN REAL ESTATE DEVELOPMENT（GROUPED BY INVESTMENT DESTINATION）

单位：亿元 (100 million yuan)

年 份 Year	本年完成投资 Investment Completed This Year	土地购置费 Total Value of Land Purchased
1993	102.77	19.69
1994	130.46	20.28
1995	103.04	3.90
1996	124.83	5.72
1997	136.65	13.52
1998	167.49	24.18
1999	215.25	32.88
2000	260.97	36.87
2001	315.64	70.99
2002	388.44	71.01
2003	412.66	75.82
2004	434.24	71.80
2005	423.69	64.05
2006	462.09	43.86
2007	461.04	62.22
2008	440.49	65.98
2009	437.46	45.25
2010	458.46	60.98
2011	514.74	89.01
2012	736.84	129.77
2013	876.90	98.88
2014	1 069.49	195.67
2015	1 331.03	316.76
2016	1 756.52	416.81
2017	2 135.86	723.33

9-1 房地产开发投资额（按用途分）

INVESTMENT IN REAL ESTATE DEVELOPMENT(GROUPED BY USE)

单位：亿元 (100 million yuan)

年 份 Year	本年完成投资 Investment Completed This Year	住 宅 Residential Buildings	办公楼 Office Buildings	商业用房 Houses for Business Use	其 他 Others
1993	102.77	66.80	11.30	14.39	10.28
1994	130.46	87.41	13.05	18.26	11.74
1995	103.04	62.85	16.49	14.43	9.27
1996	124.83	78.64	19.97	16.23	9.99
1997	136.65	85.50	18.18	14.78	18.19
1998	167.49	99.89	12.10	19.97	35.53
1999	215.25	141.31	13.57	17.95	42.42
2000	260.97	178.68	13.62	22.90	45.77
2001	315.64	209.71	9.32	28.21	68.40
2002	388.44	270.92	13.00	35.26	69.26
2003	412.66	250.19	15.05	47.29	100.13
2004	434.24	255.84	24.51	57.43	96.46
2005	423.69	265.54	28.04	53.07	77.04
2006	462.09	325.05	30.63	67.40	39.01
2007	461.04	331.76	30.08	53.48	45.72
2008	440.49	314.98	26.12	51.96	47.43
2009	437.46	289.78	35.34	53.22	59.12
2010	458.46	304.88	37.98	59.35	56.32
2011	514.74	353.21	36.78	64.61	60.14
2012	736.84	474.60	27.00	90.11	145.13
2013	876.90	583.29	64.63	90.22	138.76
2014	1 069.49	730.28	104.22	118.22	116.77
2015	1 331.03	897.13	158.84	142.72	132.34
2016	1 756.52	1 044.54	310.44	246.45	155.09
2017	2 135.86	1 014.05	535.82	340.06	245.92

9-2 房地产开发投资额（按构成分）

INVESTMENT IN REAL ESTATE DEVELOPMENT（GROUPED BY COMPOSITION）

单位：亿元　　　　(100 million yuan)

年 份 Year	本年完成投资 Investment Completed This Year	建筑安装工程 Constructional Project	设备购置 Purchase of Equipment	其 他 Others
1993	102.77	93.06	4.77	4.94
1994	130.46	104.23	8.75	17.48
1995	103.04	79.32	6.75	16.97
1996	124.83	92.22	12.38	20.23
1997	136.65	98.41	6.36	31.89
1998	167.49	115.79	7.35	44.35
1999	215.25	150.26	10.47	54.53
2000	260.97	187.90	9.59	63.47
2001	315.64	217.69	6.39	91.56
2002	388.44	281.11	11.35	95.99
2003	412.66	298.08	12.63	101.95
2004	434.24	315.44	15.06	103.74
2005	423.69	314.11	11.40	98.17
2006	462.09	380.02	10.93	71.14
2007	461.04	356.66	6.61	97.77
2008	440.49	327.83	10.53	102.13
2009	437.46	352.79	8.87	75.80
2010	458.46	347.15	8.67	102.66
2011	514.74	358.98	10.08	145.68
2012	736.84	488.33	8.58	239.94
2013	876.90	684.81	10.39	181.70
2014	1 069.49	794.76	17.85	256.88
2015	1 331.03	892.03	26.75	412.25
2016	1 756.52	1 200.97	18.76	536.79
2017	2 135.86	1 193.23	32.54	910.09

9-2 房地产开发投资额（按区域分）

INVESTMENT IN REAL ESTATE DEVELOPMENT（GROUPED BY DISTRICT）

单位：亿元　　　　(100 million yuan)

年 份 Year	本年完成投资 Investment Completed This Year	福田区 Futian	罗湖区 Luohu	盐田区 Yantian	南山区 Nanshan	大宝安区 Original Baoan	宝安区 Baoan	龙华区 Longhua	光明新区 Guangming	大龙岗区 Original Longgang	龙岗区 Longgang	坪山区 Pingshan	大鹏新区 Dapeng	深汕特别合作区 ShenshanSpecial Cooperation Zone
1997	136.65	42.36	41.00		20.50	15.03				17.76				
1998	167.49	50.25	48.57	1.67	31.82	16.75				18.42				
1999	215.25	73.19	53.81	2.15	38.75	15.07				32.29				
2000	260.97	83.51	65.24	5.22	49.58	26.10				31.32				
2001	315.64	107.32	66.28	3.16	72.60	31.56				34.72				
2002	388.44	116.53	69.80	7.77	89.34	54.38				46.61				
2003	412.66	118.23	66.18	11.07	101.93	61.75				53.50				
2004	434.24	115.68	67.90	16.59	96.45	79.57				58.05				
2005	423.69	104.13	53.21	9.83	86.26	107.38				62.88				
2006	462.09	89.84	50.83	13.21	93.59	126.52				88.10				
2007	461.04	54.35	36.11	19.70	82.73	139.68				128.47				
2008	440.49	41.93	32.71	30.04	101.47	130.51				103.83				
2009	437.46	40.82	36.50	41.68	99.12	96.36				122.98				
2010	458.46	48.13	38.32	32.67	72.51	126.41				140.42				
2011	514.74	44.50	37.11	26.97	69.33	160.00				176.83				
2012	736.84	85.22	45.05	34.54	82.26	233.88	125.99	91.36	16.53	255.90	215.28	25.95	14.67	
2013	876.90	114.38	41.80	38.16	94.74	250.75	116.96	112.03	21.76	337.08	277.98	46.62	12.48	
2014	1 069.49	126.60	40.00	37.30	149.22	360.22	169.66	161.21	29.35	356.16	296.32	45.39	14.44	
2015	1 331.03	156.09	35.57	42.39	228.86	460.56	213.55	185.57	61.45	407.56	347.28	49.55	10.73	
2016	1 756.52	180.57	92.91	41.67	350.35	618.32	292.54	248.25	77.53	472.70	374.18	84.51	14.02	
2017	2 135.86	239.40	98.80	47.10	457.94	371.63	280.45	331.70	91.18	449.81	428.99	134.48	20.82	4.99

注：2007年以来，深圳陆续设立功能新区及新行政区，表中大宝安区数据2011年及以前为原宝安区数据，2012-2016年包含宝安区、龙华新区和光明新区，2017年包含宝安区和光明新区。大龙岗区数据2011年及以前为原龙岗区数据，2012-2016年包含龙岗区、坪山新区和大鹏新区，2017年包含龙岗区和大鹏新区。

Note：Since 2007, functional zones and new administrative districts have been established in Shenzhen.The data of Original Baoan were the data of Baoan in 2011 and before,included Baoan Longhua and Guangming in 2012-2016,included Baoan and Guangming in 2017.The data of Original Longgang were the data of Longgang in 2011 and before,1,included Longgang,Pingshan and Dapeng in 2012-2016,included Longgang and Dapeng in 2017.

9-3 房地产开发投资额（按注册登记类型分）

INVESTMENT IN REAL ESTATE DEVELOPMENT（GROUPED BY REGISTRATION）

单位：亿元 （100 million yuan）

年 份	Year	2009	2010	2011	2012	2013	2014	2015	2016	2017
合计	Total	437.46	458.46	514.74	736.84	887.71	1 069.49	1 331.03	1 756.52	2 135.86
1、内资企业	Domestic Investment Enterprises	316.06	331.23	418.35	599.72	739.96	892.77	1 096.32	1 494.14	1 852.08
国有企业	State-Owned	28.79	30.17	33.64	50.35	57.57	47.39	15.47	2.58	14.22
集体企业	Collective-Owned	1.70	1.78	0.77	0.00	3.11	6.66			1.66
股份合作企业	Shareholding	1.71	1.79	3.26	5.16	5.48	2.44	1.80	5.99	
联营企业	Joint Owned			0.13	0.04					
国有联营企业	State-Joint Owned	0.60	0.63							
集体联营企业	Collective-Joint Owned									
国有与集体联营企业	State Collective Joint Owned									
其他联营企业	Other Joint Owned	0.01	0.01		0.04					
有限责任公司	Limited-Liability Corporations	158.53	166.14	176.01	256.23	297.84	395.06	502.76	797.15	1 039.33
国有独资公司	Enterprises Solely Funded by the State	7.60	7.96		14.52			27.28	30.82	49.60
其他有限责任公司	Others	150.93	158.15		241.71			475.48	766.32	989.73
股份有限公司	Shareholding	46.85	49.10	45.80	66.67	54.35	66.74	87.65	61.17	53.09
私营企业	Private	73.10	76.61	149.58	218.97	314.90	374.44	456.59	625.43	740.82
其他内资	Others	0.98	1.03	9.16	2.31	6.71	0.04	32.05	1.82	2.96
2、港、澳、台商投资企业	Enterprises with Funds from Hong Kong,Macao and Taiwan	96.52	101.15	88.45	101.12	121.72	136.76	197.34	234.82	245.39
3、外商投资企业	Foreign Funded	24.88	26.07	7.94	36.00	26.03	39.96	37.38	27.56	38.38

9-4 房地产开发投资资金来源及构成

TOTAL CAPITAL SOURCE AND COMPOSITION OF REAL ESTATE DEVELOPMENT

单位：亿元 （100 million yuan）

年 份 Year	本年资金来源小计 Sud-total Capital Source of this Year	国内贷款 Domestic Loans	利用外资 Foreign Capital Utilized	自筹资金 Self-raising Capital	其他资金 Other Capital
1994	189.90	40.01		63.56	86.33
1995	147.83	31.43	28.14	49.41	38.85
1996	149.10	29.46	28.30	45.49	45.85
1997	168.11	30.91	20.14	61.20	55.86
1998	223.04	55.03	9.31	80.32	78.38
1999	252.88	59.59	4.64	83.31	105.34
2000	333.36	89.06	6.68	96.11	141.52
2001	391.47	102.64	8.93	131.38	148.52
2002	516.40	127.01	9.24	138.96	241.19
2003	644.70	166.37	8.02	179.19	291.12
2004	663.35	149.33	7.04	197.98	309.00
2005	694.01	159.87	2.38	216.49	315.27
2006	837.85	229.39	8.94	174.78	424.74
2007	847.90	169.83	11.78	241.42	424.87
2008	396.35	124.78	0.45	97.90	173.22
2009	881.76	258.83	1.39	171.95	449.59
2010	773.08	199.88	10.33	203.97	358.90
2011	818.81	199.85	2.06	294.03	322.87
2012	1 190.97	302.88	0.00	473.24	414.84
2013	1 686.91	441.09	0.12	456.97	788.73
2014	1 631.90	538.02	20.46	545.65	527.77
2015	2 938.53	730.79	3.21	783.13	1 421.41
2016	3 400.48	812.56		1 081.80	1 506.11
2017	3 233.05	1 196.93	7.91	792.43	1 235.77

9-5 商品房施工面积（按用途分）

TOTAL FLOOR SPACE UNDER CONSTRUCTION OF COMMODITY HOUSING （GROUPED BY USE）

单位：万平方米　　　　(10 000 sq.m)

年 份 Year	施工面积 Floor Space Under Construction	住 宅 Residential Buiding	办公楼 Office Building	商业用房 Houses For Business Use	其 他 Others
1991	467.82	279.00	47.72	73.62	67.48
1992	950.06	601.10	101.91	139.21	107.84
1993	1 396.44	909.51	152.43	199.92	134.58
1994	1 298.82	868.86	132.75	176.36	120.85
1995	1 371.06	844.20	214.51	187.71	124.64
1996	1 495.27	940.61	238.93	193.68	122.05
1997	1 454.17	966.18	181.76	185.17	121.06
1998	1 656.65	1 146.97	175.09	208.97	125.62
1999	1 834.13	1 355.62	137.58	201.34	139.59
2000	2 134.95	1 576.89	146.62	225.46	185.98
2001	2 392.77	1 790.49	115.10	255.38	231.80
2002	2 776.29	2 124.86	120.83	279.14	251.46
2003	2 838.22	2 072.89	134.29	317.74	313.30
2004	3 120.25	2 257.68	147.78	379.15	335.64
2005	3 058.90	2 152.58	155.67	370.34	380.31
2006	3 122.10	2 157.39	171.88	385.71	407.12
2007	3 149.56	2 177.78	189.65	335.98	446.15
2008	3 276.30	2 210.36	201.55	346.45	517.94
2009	3 112.36	2 087.47	189.09	328.27	507.53
2010	2 939.94	2 025.13	182.36	298.62	433.83
2011	2 875.98	1 965.63	171.46	298.47	440.42
2012	3 216.69	2 107.59	156.93	339.25	612.92
2013	4 003.49	2 608.29	261.51	383.62	750.06
2014	4 492.18	2 870.00	337.32	481.78	803.09
2015	4 978.41	3 156.99	467.48	614.59	739.35
2016	5 173.99	3 079.28	562.84	705.77	826.09
2017	5 709.34	2 989.42	911.54	821.27	987.11

9-5 商品房施工面积（按区域分）

TOTAL FLOOR SPACE UNDER CONSTRUCTION OF COMMODITY HOUSING（GROUPED BY DISTRICT）

单位：万平方米 （10 000 sq. m）

年 份 Year	施工面积 Floor Space Under Construction	福田区 Futian	罗湖区 Luohu	盐田区 Yantian	南山区 Nanshan	大宝安区 Original Baoan	宝安区 Baoan	龙华区 Longhua	光明新区 Guangming	大龙岗区 Original Longgang	龙岗区 Longgang	坪山区 Pingshan	大鹏新区 Dapeng	深汕特别合作区 ShenshanSpecial Cooperation Zone
1996	1 495.27	403.72	613.06		254.20	119.62				104.67				
1997	1 454.17	445.27	435.48		214.29	163.51				195.62				
1998	1 656.65	493.49	483.06	10.29	321.63	171.62				176.56				
1999	1 834.13	622.47	459.35	16.77	334.98	125.71				274.85				
2000	2 134.95	691.02	523.64	41.69	415.09	212.04				251.47				
2001	2 392.77	807.12	510.52	29.91	554.37	228.69				262.16				
2002	2 776.29	830.24	511.82	57.08	631.89	397.97				347.29				
2003	2 838.22	812.15	472.85	56.07	717.41	436.46				343.28				
2004	3 120.25	789.79	437.61	76.11	743.36	639.07				434.31				
2005	3 058.90	667.26	333.72	76.90	513.84	865.27				601.91				
2006	3 122.10	517.48	329.37	94.44	586.94	859.65				734.22				
2007	3 149.56	397.80	192.14	97.66	603.23	891.86				966.87				
2008	3 276.30	314.50	251.52	125.13	689.71	880.39				1 015.05				
2009	3 112.36	315.12	236.45	138.35	547.83	823.30				1 051.31				
2010	2 939.94	252.00	208.68	147.83	503.31	777.89				1 050.23				
2011	2 875.98	257.07	227.71	136.45	377.74	871.40				1 005.61				
2012	3 216.69	261.24	199.69	151.13	369.77	948.14	459.12	440.63	48.39	1 286.72	1 170.81	81.51	34.41	
2013	4 003.49	404.18	311.03	145.12	341.04	1 136.80	521.22	552.22	53.36	1 665.32	1 438.74	186.86	39.71	
2014	4 492.18	522.37	247.94	168.10	558.18	1 307.34	578.95	618.05	110.34	1 688.26	1 457.18	169.95	61.13	
2015	4 978.41	574.92	227.63	136.88	688.22	1 617.08	666.82	691.75	258.50	1 733.69	1 483.34	173.94	76.40	
2016	5 173.99	568.95	217.03	140.27	804.18	1 771.70	851.98	683.63	236.09	1 671.85	1 419.71	197.00	55.14	
2017	5 709.34	575.56	235.56	145.95	1 225.74	1 110.92	951.18	695.97	159.74	1 538.46	1 462.54	147.91	75.92	33.26

9-6 商品房新开工面积（按用途分）

FLOOR SPACE OF NEWLY STARTED OF COMMODITY HOUSING (GROUPED BY USE)

单位：万平方米　　　　(10 000 sq. m)

年 份 Year	新开工面积 Floor Space of Newly Started Buildings	住 宅 Residential Buildings	办公楼 Office Buildings	商业用房 Houses For Business Use	其 他 Others
1998	414.14	333.27	25.62	33.19	22.06
1999	580.56	492.81	6.98	31.94	48.83
2000	646.41	487.48	26.10	64.72	68.12
2001	999.71	792.24	26.96	83.74	96.77
2002	959.32	747.50	41.71	101.12	68.99
2003	932.86	645.18	35.89	119.88	131.91
2004	1 025.55	766.91	25.32	123.24	110.08
2005	1 054.19	753.90	39.89	127.15	133.25
2006	798.12	609.46	19.91	69.98	98.77
2007	876.40	621.91	40.06	72.94	141.49
2008	752.60	471.80	46.61	84.91	149.28
2009	489.18	328.04	29.82	60.70	70.62
2010	470.96	355.17	15.25	38.69	61.84
2011	537.99	367.32	18.54	54.76	97.37
2012	905.24	561.89	50.69	103.47	189.18
2013	1 366.40	910.13	114.88	120.68	220.70
2014	932.68	549.50	91.30	118.00	173.88
2015	1 208.27	777.32	126.79	153.91	150.24
2016	975.33	472.09	165.80	154.75	182.69
2017	1 001.53	446.31	261.28	138.09	155.86

9-6 商品房新开工面积（按区域分）

FLOOR SPACE OF NEWLY STARTED OF COMMODITY HOUSING (GROUPED BY DISTRICT)

单位：万平方米　　　　(10 000 sq. m)

	新开工面积 Floor Space of Newly Started Buildings	福田区 Futian	罗湖区 Luohu	盐田区 Yantian	南山区 Nanshan	大宝安区 Original Baoan	宝安区 Baoan	龙华区 Longhua	光明新区 Guangming	大龙岗区 Original Longgang	龙岗区 Longgang	坪山区 Pingshan	大鹏新区 Dapeng	深汕特别合作区 ShenshanSpecial Cooperation Zone
1998	414.14	114.77	101.25	0.56	82.98	47.37				67.21				
1999	580.56	201.65	119.44	2.84	114.81	47.33				94.49				
2000	646.41	169.62	103.02	26.03	168.21	96.96				82.57				
2001	999.71	299.01	132.88	6.74	305.10	140.30				115.68				
2002	959.32	238.00	136.41	25.56	242.46	175.92				140.97				
2003	932.86	220.77	158.89	24.30	210.84	199.54				118.52				
2004	1 025.55	152.62	112.05	34.14	201.34	307.07				218.33				
2005	1 054.19	208.29	24.81	37.99	205.98	319.96				257.16				
2006	798.12	69.00	15.49	42.61	123.74	271.85				275.43				
2007	876.40	38.69	36.93	25.03	211.70	203.18				360.87				
2008	752.60	52.23	87.76	57.60	153.94	195.60				205.47				
2009	489.18	24.29	44.61	34.27	144.97	126.67				114.36				
2010	470.96	25.97	4.10	10.04	70.63	225.06				135.16				
2011	537.99	33.69	13.98	35.46	42.06	230.90				181.90				
2012	905.24	93.28	58.61	61.27	88.03	195.98	103.76	69.48	22.74	408.07	379.06	12.23	16.79	
2013	1 366.40	187.83	103.63	16.11	83.03	312.42	120.91	160.74	22.77	662.77	559.01	97.35	5.57	
2014	932.68	91.01	28.91	24.91	227.56	364.18	145.68	161.34	57.16	196.11	178.28	9.64	8.18	
2015	1 208.27	159.92	14.33	11.25	176.85	468.83	221.40	163.39	84.04	377.10	343.42	25.48	8.20	
2016	975.33	32.51	61.48	39.07	179.27	383.80	236.73	139.81	7.26	279.20	214.70	56.33	8.16	
2017	1 001.53	135.77	23.60	19.76	214.32	210.53	206.34	64.36	4.19	226.51	205.73	75.97	20.78	30.70

9-7 商品房竣工面积（按用途分）

TOTAL FLOOR SPACE OF COMMERCIAL HOUSES COMPLETED (GROUPED BY USE)

单位：万平方米 (10 000 sq. m)

年 份 Year	竣工面积 Floor Space Completed	住 宅 Residential Buildings	办公楼 Office Buildings	商业用房 Houses For Business Use	其 他 Others
1991	150.44	91.22	7.93	11.21	40.08
1992	198.40	130.90	9.20	14.70	43.60
1993	281.46	196.75	11.51	21.32	51.88
1994	311.10	206.50	10.01	39.90	54.69
1995	311.55	216.38	34.24	36.98	23.95
1996	394.32	250.51	42.50	48.58	52.73
1997	327.04	243.19	34.22	29.57	20.06
1998	463.31	356.30	42.26	41.05	23.70
1999	502.15	412.46	16.89	37.05	35.75
2000	632.05	524.55	12.94	53.92	40.64
2001	727.97	573.21	27.74	53.84	73.18
2002	892.24	698.32	25.07	79.15	89.70
2003	1 020.31	816.62	24.43	95.63	83.63
2004	1 012.39	772.20	35.66	105.54	98.99
2005	945.78	704.44	18.70	96.67	125.97
2006	848.89	581.87	36.83	126.63	103.56
2007	636.02	437.14	32.38	73.99	92.51
2008	629.73	443.77	27.55	59.79	98.62
2009	402.01	269.54	25.05	32.20	75.22
2010	344.43	251.10	32.05	25.26	36.02
2011	325.00	232.66	20.97	35.89	35.48
2012	425.75	289.40	12.30	39.75	84.31
2013	353.55	196.33	30.84	53.35	73.03
2014	425.31	269.26	10.97	39.22	105.86
2015	360.21	202.37	47.48	31.69	78.67
2016	490.03	280.64	51.33	39.09	118.97
2017	285.06	183.79	34.41	31.96	34.90

9-7 商品房竣工面积（按区域分）

TOTAL FLOOR SPACE OF COMMERCIAL HOUSES COMPLETED（GROUPED BY DISTRICT）

单位：万平方米 (10 000 sq. m)

年 份 Year	竣工面积 Floor Space Completed	福田区 Futian	罗湖区 Luohu	盐田区 Yantian	南山区 Nanshan	大宝安区 Original Baoan	宝安区 Baoan	龙华区 Longhua	光明新区 Guangming	大龙岗区 Original Longgang	龙岗区 Longgang	坪山区 Pingshan	大鹏新区 Dapeng	深汕特别合作区 ShenshanSpecial Cooperation Zone
1997	327.04	109.89	81.31		68.72	30.75				36.37				
1998	463.31	137.29	105.53	2.67	103.33	58.96				55.53				
1999	502.15	159.44	100.38	5.09	75.99	46.81				114.44				
2000	632.05	161.53	142.36	13.09	113.69	96.68				104.70				
2001	727.97	225.65	215.53	2.61	152.54	42.44				89.20				
2002	892.24	208.95	186.66	21.10	234.61	117.81				123.11				
2003	1 020.31	275.96	155.56	17.25	278.90	155.27				137.37				
2004	1 012.39	258.59	106.41	21.20	343.98	173.98				108.23				
2005	945.78	203.91	149.96	37.16	157.39	213.12				184.24				
2006	848.89	176.37	91.89	27.36	159.17	228.39				165.71				
2007	636.02	110.74	15.15	26.01	126.68	245.68				111.76				
2008	629.73	32.97	59.61	8.51	214.86	179.03				134.75				
2009	402.01	58.69	0.57	26.98	93.58	100.63				121.56				
2010	344.43	20.12	0.24	9.87	70.60	120.97				122.63				
2011	325.00	24.12	65.63	16.00	21.76	57.36				140.13				
2012	425.75	50.32	8.28	6.41	73.97	151.25	72.29	78.97		135.52	121.16	14.36		
2013	353.55	53.21	68.79		35.39	98.08	67.56	30.52		98.08	66.98	27.90	3.20	
2014	425.31	14.47	24.65	35.91	73.03	161.65	25.03	109.16	27.46	115.60	110.29	5.31		
2015	360.21	80.07	24.73	19.02	47.81	120.36	14.36	106.00		68.22	52.60	1.00	14.62	
2016	490.03	141.19	3.03	11.41	113.32	151.61	89.15	38.17	24.29	69.48	69.48			
2017	285.06	44.29	19.48		55.43	114.15	114.15	0.18		51.52	51.52			

9-8 商品房销售面积（按用途分）

TOTAL FLOOR SPACE OF BUILDINGS SOLD(GROUPED BY USE)

单位：万平方米 (10 000 sq.m)

年 份 Year	销售面积 Floor Space of Buildings Sold	住 宅 Residential Buildings	办公楼 Office Buildings	商业用房 Houses For Business Use	其 他 Others
1991	112.54	97.13	2.10	0.63	12.68
1992	151.46	96.00	9.00	10.00	36.46
1993	180.17	140.89	5.85	9.58	23.85
1994	246.93	183.28	13.29	17.14	33.22
1995	274.59	209.07	17.37	16.89	31.26
1996	324.92	261.13	32.33	21.23	10.23
1997	405.44	336.70	28.88	27.40	12.46
1998	432.22	372.38	22.06	19.85	17.93
1999	541.84	492.51	15.02	26.20	8.11
2000	611.37	556.82	12.19	26.32	16.04
2001	643.47	593.72	11.01	27.40	11.34
2002	791.70	724.41	17.94	46.36	2.99
2003	877.85	811.90	19.54	39.37	7.04
2004	908.62	802.58	26.90	58.09	21.05
2005	993.20	901.13	28.49	53.48	10.10
2006	797.66	704.89	37.64	46.89	8.24
2007	555.11	500.35	20.87	30.64	3.25
2008	466.71	413.65	5.59	33.58	13.89
2009	762.16	717.40	19.63	18.07	7.07
2010	465.59	413.80	15.00	21.88	14.91
2011	496.89	469.43	9.90	16.96	0.60
2012	525.83	488.44	5.98	21.00	10.41
2013	588.58	527.16	21.31	19.05	21.06
2014	532.57	474.81	23.17	23.59	11.00
2015	831.46	747.83	56.54	19.84	7.25
2016	736.19	660.08	50.57	23.49	2.05
2017	671.03	520.97	98.56	27.22	24.29

9-8 商品房销售面积（按区域分）

TOTAL FLOOR SPACE OF BUILDINGS SOLD(GROUPED BY DISTRICT)

单位：万平方米 (10 000 sq.m)

年 份 Year	销售面积 Floor Space of Buildings Sold	福田区 Futian	罗湖区 Luohu	盐田区 Yantian	南山区 Nanshan	大宝安区 Original Baoan	宝安区 Baoan	龙华区 Longhua	光明新区 Guangming	大龙岗区 Original Longgang	龙岗区 Longgang	坪山区 Pingshan	大鹏新区 Dapeng	深汕特别合作区 ShenshanSpecial Cooperation Zone
1997	405.44	126.57	95.18		70.27	54.48				58.94				
1998	432.22	135.99	90.89	7.69	75.68	54.63				67.34				
1999	541.84	162.69	118.53	12.10	94.89	71.62				82.01				
2000	611.37	200.59	86.13	7.57	125.39	78.65				113.04				
2001	643.47	165.28	110.75	9.01	140.62	95.21				122.60				
2002	791.70	206.81	129.45	9.67	182.60	127.22				135.95				
2003	877.85	206.30	120.49	25.45	236.85	149.76				139.02				
2004	908.62	164.74	83.90	17.32	285.04	186.40				171.22				
2005	993.20	210.36	103.11	22.85	171.05	283.84				201.99				
2006	797.66	122.22	53.56	18.63	130.60	260.36				212.29				
2007	555.11	69.29	35.26	17.92	72.60	189.08				170.97				
2008	466.71	35.47	37.27	15.55	71.11	161.66				145.65				
2009	762.16	52.49	34.86	30.95	171.33	217.20				255.33				
2010	465.59	18.74	17.10	14.37	81.76	122.11				211.51				
2011	496.89	153.60	7.07	10.38	53.35	106.07				166.42				
2012	525.83	22.53	9.36	7.47	61.84	214.73	104.16	102.56	8.01	209.90	184.54	25.01	0.36	
2013	588.58	61.27	11.18	14.31	53.94	218.56	98.38	106.60	13.58	229.32	197.57	30.59	1.15	
2014	532.57	39.06	8.42	22.06	58.42	204.45	107.52	89.4	7.53	200.16	163.32	35.01	1.84	
2015	831.46	73.72	17.75	27.94	101.72	296.37	120.86	117.61	57.90	313.96	240.47	54.97	18.51	
2016	736.19	46.75	42.17	21.92	129.04	245.83	78.64	120.29	46.89	250.49	222.63	18.38	9.48	
2017	671.03	25.71	36.75	5.15	127.06	125.35	86.02	87.44	39.34	237.98	231.89	25.59	6.09	

9-9 商品住宅销售面积（按区域分）

TOTAL FLOOR SPACE OF RESIDENTIAL BUILDINGS SOLD (GROUPED BY DISTRICT)

单位：万平方米 (10 000 sq. m)

年份 Year	销售面积 Floor Space of Buildings Sold	福田区 Futian	罗湖区 Luohu	盐田区 Yantian	南山区 Nanshan	大宝安区 Original Baoan	宝安区 Baoan	龙华区 Longhua	光明新区 Guangming	大龙岗区 Original Longgang	龙岗区 Longgang	坪山区 Pingshan	大鹏新区 Dapeng	深汕特别合作区 ShenshanSpecial Cooperation Zone
1996	261.13	82.35	71.87		43.19	21.26				42.46				
1997	336.70	106.75	71.23		61.63	43.31				53.78				
1998	372.38	111.06	75.29	3.80	70.61	50.07				61.55				
1999	492.51	147.54	109.57	6.36	88.59	64.24				76.21				
2000	556.82	181.94	77.17	6.80	114.95	69.70				106.26				
2001	593.72	155.44	97.85	7.97	135.20	86.75				110.51				
2002	724.41	186.29	119.80	9.38	173.18	111.31				124.45				
2003	811.90	186.59	111.08	24.29	222.60	142.53				124.82				
2004	802.58	125.29	83.78	17.26	270.81	167.84				137.60				
2005	901.13	172.73	100.15	21.77	157.76	266.25				182.49				
2006	704.89	77.58	52.72	17.28	119.41	244.08				193.82				
2007	500.35	49.22	31.36	17.50	63.95	176.32				162.00				
2008	413.65	31.77	21.36	15.04	64.33	146.68				134.47				
2009	717.40	37.11	34.46	30.27	167.42	205.59				242.55				
2010	413.80	7.2	10.21	18.36	69.30	114.91				193.82				
2011	469.43	148.36	5.25	10.03	46.44	101.80				157.55				
2012	488.43	11.39	7.74	7.16	54.22	207.17	98.03	101.13	8.01	200.75	176.46	23.96	0.33	
2013	527.16	36.20	10.54	9.46	49.61	213.02	93.83	105.61	13.58	208.32	178.51	29.11	0.70	
2014	474.81	19.52	7.97	17.11	56.22	190.19	99.10	83.60	7.49	183.80	149.36	33.71	0.73	
2015	747.83	44.43	17.61	24.49	94.53	281.34	109.50	114.71	57.12	285.43	214.14	52.78	18.51	
2016	660.08	15.32	42.05	17.33	125.18	232.07	73.55	115.34	43.18	228.14	203.51	15.45	9.17	
2017	520.97	17.93	21.77	4.11	97.34	94.00	71.11	52.09	22.89	219.50	213.54	14.24	5.96	

9-10 办公楼销售面积（按区域分）

TOTAL FLOOR SPACE OF OFFICE BUILDINGS SOLD (GROUPED BY DISTRICT)

单位：万平方米 (10 000 sq. m)

年份 Year	销售面积 Floor Space of Buildings Sold	福田区 Futian	罗湖区 Luohu	盐田区 Yantian	南山区 Nanshan	大宝安区 Original Baoan	宝安区 Baoan	龙华区 Longhua	光明新区 Guangming	大龙岗区 Original Longgang	龙岗区 Longgang	坪山区 Pingshan	大鹏新区 Dapeng	深汕特别合作区 ShenshanSpecial Cooperation Zone
1996	32.33	8.80	14.35		9.18									
1997	28.88	9.34	13.06		3.59	1.39				1.50				
1998	22.06	12.11	7.60	0.31	0.94					1.10				
1999	15.02	9.30	3.70	1.33	0.63	0.06								
2000	12.19	6.15	3.95	0.05	1.50	0.13				0.41				
2001	11.01	2.91	5.77	0.14	0.66	0.01				1.52				
2002	17.94	12.63	3.39	0.29	1.37	0.02				0.24				
2003	19.54	13.72	2.16		1.68	1.45				0.53				
2004	26.90	23.11		26.90	3.66	0.01				0.12				
2005	28.49	22.19			5.04	0.54				0.72				
2006	37.64	31.85	0.06		5.22					0.51				
2007	20.87	15.51	0.61		3.80	0.87				0.08				
2008	5.59	2.27			1.65	1.67								
2009	19.63	12.65			2.24	4.46				0.28				
2010	15.00	5.80	4.19		0.27	3.21				1.53				
2011	9.90	4.68	0.37		4.51	0.34								
2012	5.98	1.68			3.60	0.51	0.51			0.19	0.19			
2013	21.31	13.70	0.64	1.39	3.63	0.36		0.36		1.59	1.59			
2014	23.17	9.69	0.46	2.10	2.06	6.03	2.53	3.50		2.84	2.84			
2015	56.54	23.19	0.14	3.21	5.92	7.39	7.02	0.37		16.69	16.69			
2016	50.57	30.30		2.37	2.52	5.69	4.16	1.53		9.68	8.95	0.73		
2017	98.56	7.50	12.20	1.03	16.48	16.52	10.12	27.56	6.40	5.96	5.96	11.30		

9-11 商业用房销售面积（按区域分）

TOTAL FLOOR SPACE OF COMMERCIAL BUILDINGS SOLD (GROUPED BY DISTRICT)

单位：万平方米 (10 000 sq. m)

年 份 Year	销售面积 Floor Space of Buildings Sold	福田区 Futian	罗湖区 Luohu	盐田区 Yantian	南山区 Nanshan	大宝安区 Original Baoan	宝安区 Baoan	龙华区 Longhua	光明新区 Guangming	大龙岗区 Original Longgang	龙岗区 Longgang	坪山区 Pingshan	大鹏新区 Dapeng	深汕特别合作区 ShenshanSpecial Cooperation Zone
1996	21.23	2.66	11.49		1.32	4.38				1.38				
1997	27.40	4.48	8.75		2.48	9.54				2.15				
1998	19.85	3.70	5.34	0.08	2.00	4.04				4.69				
1999	26.20	2.15	5.26	4.43	2.91	5.85				5.60				
2000	26.32	3.88	3.21	0.72	4.64	7.57				6.30				
2001	27.40	3.42	4.92	0.28	2.59	8.23				7.96				
2002	46.36	6.52	6.15		6.53	15.89				11.27				
2003	39.37	4.81	6.61	1.16	7.62	5.51				13.66				
2004	58.09	8.16	0.94	0.15	9.66	17.79				21.39				
2005	53.48	9.20	2.93	1.17	8.55	16.77				14.86				
2006	46.89	7.72	0.69	1.36	5.96	16.25				14.91				
2007	30.64	1.64	3.28	0.41	4.85	11.89				8.57				
2008	33.58	1.43	15.91	0.51	2.20	4.85				8.68				
2009	18.07	0.40	0.22	0.67	1.67	7.15				7.96				
2010	21.88	0.35	1.79	0.07	1.79	4.70				13.18				
2011	16.95	0.70	1.36	0.34	2.22	3.78				8.55				
2012	21.00	0.68	1.62	0.30	4.01	7.06	5.62	1.43		7.33	6.25	1.05	0.02	
2013	19.05	2.67		3.46	0.70	5.17	4.55	0.63		7.04	5.11	1.48	0.45	
2014	23.59	3.70		2.85	0.14	4.02	2.94	1.04	0.04	12.88	10.49	1.29	1.10	
2015	19.84	3.89		0.24	1.26	4.77	2.28	1.70	0.78	9.67	7.48	2.19		
2016	23.49	0.92	0.12	2.21	0.57	7.83	0.92	3.27	3.64	11.84	9.77	2.04	0.03	
2017	27.22	0.06	2.25	0.01	1.22	5.63	1.90	7.76	3.74	10.29	10.16		0.13	

9-12 商品房屋待售面积（按用途分）

TOTAL FLOOR SPACE OF COMMERCIALIZED BUILDINGS FOR SALE (GROUPED BY USE)

单位：万平方米 (10 000 sq. m)

年 份 Year	待售面积 Floor space of Commercialized Buildings	住 宅 Residential Buildings	办公楼 Office Buildings	商业用房 Houses For Business Use	其 他 Others
1996	328.68	191.94	40.31	55.20	41.23
1997	258.69	137.34	48.69	48.66	24.00
1998	296.94	158.88	55.96	56.73	25.37
1999	249.60	139.67	42.49	52.90	14.54
2000	272.62	170.92	47.17	48.49	6.04
2001	241.35	142.72	29.53	51.69	17.41
2002	311.03	206.50	23.03	59.99	21.51
2003	319.94	190.88	26.23	81.12	21.71
2004	251.53	138.15	21.62	68.45	23.31
2005	191.51	90.24	14.38	63.44	23.45
2006	185.41	69.63	23.98	66.41	25.39
2007	152.36	58.92	15.81	55.30	22.33
2008	231.58	121.17	15.02	69.22	26.17
2009	141.64	63.60	15.41	49.56	13.07
2010	134.36	53.15	9.00	51.82	20.39
2011	257.69	148.13	5.15	84.49	19.92
2012	310.05	188.94	16.89	80.14	24.09
2013	351.66	203.06	14.08	103.06	31.47
2014	319.85	191.95	16.09	96.27	15.54
2015	336.51	231.66	14.72	65.56	24.57
2016	272.98	140.17	29.86	77.44	25.52
2017	261.30	147.20	28.83	72.74	12.53

9-13 商品房屋待售面积（按区域分）

TOTAL FLOOR SPACE OF VACANT BUILDINGS（GROUPED BY DISTRICT）

单位：万平方米 (10 000 sq. m)

年 份 Year	待售面积 Floor space of Commercialized Buildings	福田区 Futian	罗湖区 Luohu	盐田区 Yantian	南山区 Nanshan	大宝安区 Original Baoan	宝安区 Baoan	龙华区 Longhua	光明新区 Guangming	大龙岗区 Original Longgang	龙岗区 Longgang	坪山区 Pingshan	大鹏新区 Dapeng	深汕特别合作区 ShenshanSpecial Cooperation Zone
1996	328.68	92.03	105.18		55.88	49.30				26.29				
1997	258.69	55.41	78.56		59.13	37.47				28.12				
1998	296.94	74.08	82.92	2.59	76.22	39.61				21.52				
1999	249.60	60.46	82.32	4.03	45.21	25.51				32.07				
2000	272.62	61.38	98.36	2.82	50.22	29.99				29.85				
2001	241.35	72.12	81.50	1.81	34.59	24.00				27.33				
2002	311.03	89.77	75.29	9.04	69.26	30.38				37.29				
2003	319.94	103.76	74.54	8.20	67.50	34.87				31.07				
2004	251.53	81.49	61.37	12.38	38.04	22.46				35.79				
2005	191.51	56.42	46.46	11.26	21.81	30.27				25.29				
2006	185.41	57.02	48.47	7.40	26.31	12.79				33.42				
2007	152.36	42.48	32.39	3.50	21.38	16.29				36.32				
2008	231.58	36.14	33.45	6.88	43.75	46.79				64.57				
2009	141.64	34.65	28.45	3.57	29.30	19.38				26.29				
2010	134.36	31.51	23.00	8.75	16.51	33.34				21.25				
2011	257.69	37.28	22.64	13.67	10.72	106.12				67.26				
2012	310.05	45.64	20.36	16.51	18.02	93.40	56.75	36.33	0.33	116.12	114.21	0.63	1.28	
2013	351.66	34.72	37.87	18.44	40.92	104.67	50.04	54.31	0.33	115.05	100.16	6.16	8.73	
2014	319.85	18.49	27.68	25.48	45.92	98.76	49.01	42.87	6.87	103.52	84.76	10.63	8.12	
2015	336.51	22.26	31.32	15.26	33.23	138.06	57.42	69.32	11.32	96.38	69.93	8.14	18.31	
2016	272.98	12.87	14.78	15.90	65.51	96.29	49.95	35.29	11.06	67.63	52.25		15.38	
2017	261.30	15.22	16.13	11.59	56.50	68.58	66.49	30.56	2.09	55.61	46.31	7.11	9.30	

9-14 商品房二级市场平均交易价格（按用途分）

AVERAGE SELLING PRICE OF COMMERCIAL HOUSES IN SECONDARY MARKET（GROUPED BY USE）

单位：元/平方米 (yuan/ sq. m)

年 份 Year	商品房二级市场平均交易价格 Average Selling Price of Commercial Houses in Secondary Market	住 宅 Residential Buildings	办公楼 Office Buildings	商业用房 Houses For Business Use	其 他 Others
1998	5 927	5 191	11 995	10 241	3 468
1999	5 503	5 004	10 504	11 195	3 743
2000	5 718	5 275	10 954	10 306	3 186
2001	5 779	5 517	13 717	11 916	4 126
2002	6 074	5 641	8 145	12 175	5 000
2003	6 215	5 879	8 678	11 624	2 804
2004	6 771	6 419	9 670	12 764	5 672
2005	7 582	6 996	12 374	15 083	6 869
2006	10 039	9 190	15 762	18 257	9 714
2007	14 050	13 370	23 535	19 103	10 203
2008	12 665	12 823	19 071	11 469	8 286
2009	15 214	14 858	23 919	20 826	12 768
2010	20 850	20 297	24 797	23 346	24 787
2011	20 674	19 038	39 481	31 654	28 603
2012	20 035	18 848	37 814	29 859	27 472
2013	23 776	21 808	36 402	18 059	28 337
2014	25 700	23 955	32 926	34 911	30 165
2015	35 071	33 406	46 327	42 552	26 273
2016	52 777	53 455	52 529	53 090	43 210
2017	54 430	54 455	49 977	60 365	35 514

注： 本表数据取自深圳市规划和国土资源委员会。
Note: The data of this table adopts from the records of Shenzhen Municipal Bureau of Planning and Land Resources.

9-14 商品房二级市场平均交易价格（按区域分）

AVERAGE SELLING PRICE OF COMMERCIAL HOUSES IN SECONDARY MARKET (GROUPED BY DISTRICT)

单位：元/平方米 (yuan/ sq. m)

年 份 Year	商品房二级市场平均交易价格 Average Selling Price of Commercial Houses in Secondary Market	福田区 Futian	罗湖区 Luohu	盐田区 Yantian	南山区 Nanshan	宝安区 Baoan	龙岗区 Longgang	龙华区 Longhua	坪山区 Pingshan	光明新区 Guangming	大鹏新区 Dapeng	深汕特别合作区 ShenshanSpecial Cooperation Zone
1999	5 503	6 299	8 763	3 379	4 472	3 222	3 226					
2000	5 718	7 048	8 047	6 437	4 682	3 452	3 976					
2001	5 779	7 171	6 272	4 079	6 007	3 256	3 537					
2002	6 145	7 981	7 048	5 360	5 930	4 302	3 925					
2003	6 215	7 787	7 444	6 111	6 041	3 866	4 046					
2004	6 771	8 324	7 953	9 003	6 738	4 989	5 067					
2005	7 582	9 565	8 548	7 896	8 929	5 799	5 889					
2006	10 039	15 485	10 115	9 793	12 855	8 626	6 906					
2007	14 050	20 639	17 834	14 293	18 196	12 256	10 785					
2008	12 665	16 946	14 011	24 748	17 230	11 425	9 136					
2009	15 214	24 338	22 674	25 349	19 751	13 677	9 822					
2010	20 850	27 691	26 016	40 780	31 463	19 752	14 288					
2011	20 674	39 481	26 118	20 869	35 936	18 236	15 010					
2012	20 035	33 852	29 928	29 924	34 924	18 288	14 526					
2013	23 776	42 843	34 715	25 964	41 636	21 616	17 621					
2014	25 700	44 171	40 866	31 358	41 406	24 221	18 938					
2015	35 071	55 570	47 518	34 725	57 700	34 971	26 728	33 005	16 764	19 648	17 051	
2016	52 777	64 750	58 211	46 220	76 077	57 369	39 723	43 853	30 271	31 289	27 531	
2017	54 430	84 869	63 937	55 230	86 411	57 149	37 520	53 235	32 310	32 692	37 639	

注：1、本表数据取自深圳市规划和国土资源委员会。
Note: The data of this table adopts from the records of Shenzhen Municipal Bureau of Planning and Land Resources.
2、2015年开始新宝安区和新龙岗区统计口径。
The statistical coverage in this table is New Baoan and New Longgang from 2015.

9-15 商品住宅二级市场平均交易价格（按区域分）

AVERAGE SELLING PRICE OF COMMERCIAL HOUSES IN SECONDARY MARKET (GROUPED BYDISTRICT)

单位：元/平方米 (yuan/ sq. m)

年 份 Year	住宅平均平均交易价格 Average Selling Price of Commercial Houses in Secondary Market	福田区 Futian	罗湖区 Luohu	盐田区 Yantian	南山区 Nanshan	宝安区 Baoan	龙岗区 Longgang	龙华区 Longhua	坪山区 Pingshan	光明新区 Guangming	大鹏新区 Dapeng	深汕特别合作区 ShenshanSpecial Cooperation Zone
1999	5 004	6 027	7 394	3 194	4 390	3 074	3 033					
2000	5 275	6 728	7 200	4 252	4 540	3 025	3 718					
2001	5 517	6 465	6 408	4 139	5 709	2 851	3 402					
2002	5 641	7 664	6 496	5 265	5 639	3 805	3 522					
2003	5 879	7 640	6 866	6 076	5 778	3 640	3 485					
2004	6 419	7 806	7 789	9 002	6 499	4 787	4 447					
2005	6 996	8 627	8 135	7 698	8 502	5 353	5 353					
2006	9 190	13 803	9 988	9 454	12 119	8 297	6 423					
2007	13 370	18 441	16 946	14 178	18 008	12 212	10 478					
2008	12 823	16 876	16 891	24 995	17 050	11 652	9 112					
2009	14 858	23 216	22 607	25 366	19 636	13 726	9 626					
2010	20 297	29 248	23 470	40 861	30 840	19 944	14 166					
2011	19 038	29 866	24 656	19 392	35 370	17 805	14 705					
2012	18 848	29 958	30 319	23 254	34 401	18 028	13 942					
2013	21 808	41 439	36 396	19 485	42 273	20 947	17 118					
2014	23 955	42 445	42 480	28 253	41 259	23 747	18 755					
2015	33 406	54 461	48 636	30 498	56 463	35 841	27 230	32 835	16 014	18 791	17 051	
2016	53 455	83 292	64 330	44 606	82 142	58 745	40 859	41 850	30 837	33 833	27 531	
2017	54 455	87 377	75 042	55 230	101 134	56 960	37 560	52 737	32 652	34 774	37 639	

注：1、本表数据取自深圳市规划和国土资源委的网上合同备案资料。
Note: The data of this table adopts from the records of Shenzhen Municipal Bureau of Planning and Land Resources.
2、2015年开始新宝安区和新龙岗区统计口径。
The statistical coverage in this table is New Baoan and New Longgang from 2015.

9-16 房地产开发企业主要财务指标

FINANCIAL INDICATORS OF REAL ESTATE COMPANIES

年 份	Year	2012	2013	2014	2015	2016	2017
一、年末资产负债（亿元）	**Total Assets and Liabilities at the year end (100 million yuan)**						
资产总计	Total Capital	7 721.12	9 851.81	10 048.95	12 775.46	16433.75	20 196.64
负债合计	Total liabilities	5 562.67	7 304.97	7 743.89	9 816.21	12405.27	15 350.48
所有者权益合计	Creditors' Equity	2 158.45	2 546.83	2 305.06	2 959.26	4028.48	4 846.15
二、损益及分配（亿元）	**Profit,loss and distribution(100 million yuan)**						
1、主营业务收入	Business Revenue	1 029.48	1 181.42	1 320.40	1 864.36	2406.26	2 570.31
#土地转让收入	Land Sales Revenue	2.17	0.22	0.02			0.80
商品房屋销售收入	Sales Revenue of Commodity	922.51	1 071.24	1 211.01	1 767.06	2236.99	2 407.45
房屋出租收入	Revenue Leased	66.31	66.27	67.04	83.13	130.76	114.09
其他收入	Other Revenues	38.49	43.68	42.33	14.17	38.51	41.10
2、主营业务成本、主营业务税金及附加	Business Cost,Taxes and Extra Charge	694.90	820.76	855.77	1 301.68	1525.90	1 569.84
主营业务成本	Business cost	528.71	644.11	703.72	1 055.32	1172.91	1 207.13
主营业务税金及附加	Business Taxes and Extra Charge	166.19	176.65	152.05	246.37	353.00	362.71
3、费用合计	Total Expenses	150.84	177.22	178.26	222.45	249.28	297.31
销售费用	Sales Expenses	36.72	50.65	47.58	60.75	71.11	72.65
管理费用	Management Expenses	65.26	73.21	70.45	78.92	97.57	112.78
财务费用	Financial Expenses	48.86	53.36	60.23	82.78	80.61	111.88
4、其他业务利润	Other Profits	6.62	11.70	5.18	7.25	4.25	1.79
5、投资收益	Investment Revenue	117.02	202.94	122.73	149.00	131.58	92.37
6、营业外收入	Nonbusiness Revenue	5.19	4.81	3.72	7.11	10.81	6.89
7、营业外支出	Nonbusiness Expenses	4.23	5.84	10.65	7.57	15.28	39.04
8、利润总额	Total Profits	314.03	482.21	363.38	519.57	772.44	824.73
三、工资总额（亿元）	**Total Payable Salaries(100 million yuan)**	**42.41**	**29.86**	**31.21**	**38.40**	**47.49**	**52.91**
四、从业人员年平均人数(人)	**Average Number of Employed Persons(person)**	**26 697**	**26 660**	**24 638**	**26 681**	**29 143**	**30 856**
五、企业数(个)	**Number of Enterprises(unit)**	**459**	**461**	**453**	**498**	**566**	**599**

主要统计指标解释

房地产开发投资　指各种登记注册类型的房地产开发公司、商品房建设公司及其他房地产开发法人单位和附属于其他法人单位实际从事房地产开发或经营活动的单位统一开发的包括统代建、拆迁还建的住宅、厂房、仓库、饭店、宾馆、度假村、写字楼、办公楼等房屋建筑物和配套的服务设施，土地开发工程（如道路、给水、排水、供电、供热、通讯、平整场地等基础设施工程）的投资；不包括单纯的土地交易活动。

施工面积　指报告期内施工的全部房屋建筑面积。包括本期新开工的面积和上期开工跨入本期继续施工的房屋面积，以及上期已停建在本期恢复施工的房屋面积。本期竣工和本期施工后又停缓建的房屋，其建筑面积仍计入本期房屋施工面积中。

竣工面积　指在报告期内房屋建筑按照设计要求已经全部完工，达到住人和使用条件，经验收鉴定合格（或达到竣工验收标准），正式移交使用单位的各栋房屋建筑面积的总和。

Explanatory Notes on Main Statistical Indicators

Investment in Real Estate Development It includes the investment by the real estate development companies, commercial buildings construction companies and other real estate development units of various types of ownership in the construction of house buildings, such as residential buildings, factory buildings, warehouses, hotels, guesthouses, holiday villages, office buildings, and the complementary service facilities and land development projects, such as roads, water supply, water drainage, power supply, heating, telecommunications, land leveling and other projects of infrastructure. It excludes the activities in simple land transactions.

Floor Space under Construction refers to total floor space of all buildings under construction during the reference period, including floor space of newly started buildings during the reference period, floor space of construction extended from the previous period to the current period, and floor space of construction suspended during the previous period and resumed in the current period. Floor space of construction completed in the current period, and floor space of construction started and then suspended in the current period are also included in the floor space under construction of the current year.

Floor Space of Building Completed refers to the floor space of all buildings completed in the reference period, which have been appraised and accepted (or come up to the designed standards) and have been transferred to the owners for use.

10 第十部分

商业和物价

COMMERCE AND PRICE

CHAPTER

10-1 社会消费品零售总额及指数

INDICES OF TOTAL RETAIL SALES OF CONSUMER GOODS

年 份 Year	社会消费品零售总额(万元) Total Retail Sales of Consumer Goods (10 000 yuan)	社会消费品零售总额指数 Retail Sales Indices	
		以1979年为100 (1979=100)	以上年为100 (Preceding year=100)
1979	11 259	100.0	
1980	19 615	174.2	174.2
1981	34 229	304.0	174.5
1982	54 185	481.3	158.3
1983	123 794	1 099.5	228.5
1984	201 107	1 786.2	162.5
1985	265 642	2 359.4	132.1
1986	273 712	2 431.1	103.0
1987	324 364	2 880.9	118.5
1988	502 430	4 462.5	154.9
1989	545 741	4 847.2	108.6
1990	667 580	5 929.3	122.3
1991	828 341	7 357.1	124.1
1992	1 148 908	10 204.4	138.7
1993	2 641 333	14 256.4	139.7
1994	3 639 756	19 641.2	137.8
1995	4 269 434	23 032.9	117.3
1996	4 888 502	26 380.3	114.5
1997	5 372 464	28 997.3	109.9
1998	5 732 419	30 940.1	106.7
1999	6 385 915	34 467.3	111.4
2000	7 350 188	39 671.9	115.1
2001	8 320 412	44 908.6	113.2
2002	9 419 443	50 836.5	113.2
2003	10 951 323	59 122.8	116.3
2004	12 506 411	67 518.2	114.2
2005	14 416 103	77 641.9	115.3
2006	16 804 604	90 219.9	116.6
2007	19 308 050	103 392.0	114.9
2008	22 765 855	121 589.0	117.9
2009	25 679 436	137 152.4	112.8
2010	30 007 629	160 331.2	116.9
2011	35 208 736	188 068.5	117.3
2012	40 087 794	219 099.8	116.5
2013	45 004 559	246 049.1	112.3
2014	49 189 983	268 931.7	109.3
2015	50 178 375	274 310.3	102.0
2016	55 127 556	296 529.4	108.1
2017	60 161 866	323 513.6	109.1
年平均增长率 **Average Annual Growth Rate**		**23.7**	

注：2013、2014年数据已根据第三次全国经济普查结果进行修订。

Note: The data from 2013 to 2014 have adjusted by the 3rd China Economic Census.

10-2 限额以上批发零售贸易业商品分类销售（2017年）

TOTAL SALES OF ENTERPRISES OVER LEVELS IN WHOLESALE AND RETAIL SALE TRADES GROUPED BY CATEGORY OF COMMODITIES（2017）

单位：万元 （10 000 yuan）

项　目	Item	批发额 Value in Wholesale Trade	零售额 Value in Retail Sale Trade
总　　计	**Total**	**246 003 358**	**36 797 596**
食品、饮料、烟酒类	Food,Beverage,Tobacco and Liquor	24 621 189	3 957 626
针、纺织品类	Knitwear and Textiles	1 182 118	403 073
服装、鞋帽类	Garments,Footwear and Headgear	5 001 432	4 716 797
化妆品类	Cosmetics	680 376	341 243
日用品类	Articles for Daily Use	8 163 253	2 977 258
五金、电料类	Hardwares and Electric Appliances	2 459 864	221 665
家用电器及音像器材类	Household Appliances and Video Appliances	5 919 691	1 738 415
电子出版类及音像制品类	E-journals and Video Products	38 656	60 114
体育、娱乐用品类	Sports and Recreational Articles	317 243	174 567
文化、办公用品类	Articles For Culture and Office Use	30 948 540	1 848 470
金银珠宝类	Gold, Silver and Jewelry	12 025 504	1 031 787
家具类	Furniture	777 317	838 661
中西药品类	Traditional Chinese and Western Medicines	4 860 387	392 734
书报杂志类	Newspapers and Magazines	221 046	108 207
通讯器材类	Communications Appliances	27 427 870	2 137 388
建筑材料类	Building Materials	2 522 910	140 988
木材及制品类	Timber and Related Products	545 004	
化工材料及制品类	Chemical Materials and Products	11 162 356	
金属材料类	Metal Materials	32 076 150	
机电设备及零件类	Mechanical and Electrical Products and Accessories	26 234 932	661 831
煤炭及制品类	Coal and Related Products	1 919 610	
石油及制品类	Petroleum and Related Products	13 740 663	2 966 943
种子饲料类	Seeds and Feedstuff	285 676	
棉麻类	Cotton and Hemp	289 254	
汽车类	Motor Vehicles	6 859 328	8 697 755
其他类	Others	25 722 991	3 382 076

10-3 限额以上批发和零售业法人企业商品购销存综合表（2017年）

TOTAL PURCHASES SALES AND INVENTORY OF ENTERPRISES ABOVE THE DESIGNATED SIZE IN WHOLESALE AND RETAIL TRADE（2017）

单位：万元

项　目	Item	法人企业（个）Number of Corporative Enterprises (unit)	从业人员期末人数（人）Number of Employees at the Year-end (person)
总　　计	**Total**	**6 283**	**507 841**
一、批发业	**Wholesale Trade**	**5 158**	**308 555**
1.按批发行业分组	Grouped by Sector		
农畜产品批发	Wholesale of Farm and Livestock Products	68	3 515
食品、饮料及烟草制品批发	Wholesale of Foods, Beverages&Tobaccos	459	54 687
纺织、服装及日用品批发	Wholesale of Textiles, Garments and Daily-use Products	638	42 289
文化、体育用品及器材批发	Wholesale of Cultural and Sports Articles and Appliances	412	25 173
医药及医疗器材批发	Wholesale of Medicine and Medical Appliances	229	25 548
矿产品、建材及化工产品批发	Wholesale of Mineral Products, Building Material and Chemical Products	1 104	38 037
机械设备、五金交电及电子产品批发	Wholesale of Mechanical Equipment,Hardware and Electronic Products	1 951	103 754
贸易经纪与代理	Trade Broker and Agent	191	9 122
其他批发	Other Wholesales	106	6 430
2.按登记注册类型分组	Grouped by Registration Status		
内资企业	Domestic-funded	4 492	252 026
国有企业	State-owned	17	1 315
集体企业	Collective-owned		
股份合作企业	Share-holding Cooperative Enterprises		
联营企业	Joint Ownership		
有限责任公司	Limited Liabilities Companies	874	60 685
股份有限公司	Share-holding Limited Companies	111	29 068
私营企业	Private-owned	3 485	160 791
港、澳、台商投资企业	Funded by Entrepreneur from Hong Kong,Macao and Taiwan	453	35 535
合资经营企业（港或澳、台资）	Joint-venture(Hong Kong,Macao and Taiwan)	34	3 796
合作经营企业（港或澳、台资）	Cooperative(Hong Kong,Macao and Taiwan)	1	79
港、澳、台商独资经营企业	Enterprises with Sole Funds(Hong Kong,Macao and Taiwan)	398	30 409
港、澳、台商投资股份有限公司	Share-holding Corporations Ltd(Hong Kong,Macao and Taiwan)	12	770
外商投资企业	Foreign-funded	213	20 994
中外合资经营企业	Jointly-owned	30	5 442
中外合作经营企业	Cooperatively-owned	3	82
外资企业	Exclusively Foreign-owned	164	14 438
外商投资股份有限公司	Foreign-funded Investment Companies Limited	6	580
3.按控股情况分组	Grouped by Holding Condition		
国有控股	State-controlled	137	21 351
集体控股	Collective-controlled	27	1 913
私人控股	Private-controlled	4 053	198 967
港澳台商控股	Controlled by Entrepreneur from Hong Kong,Macao and Taiwan	445	34 676
外商控股	Foreign-funded-controlled	185	15 668
其他	Others	311	35 980
4.按经营形式分组	Grouped by Business Forms		
独立门店	Independent Stores	896	52 381

(10 000 yuan)

商品购进总额 Total Purchase	进口额 Imports	商品销售总额 Total Sales	批发额 Whosales Trade	出口额 Exports	零售额 Retail Trade	年末商品库存总额 Inventory (Year-end)	年末零售营业面积（平方米） Retail Business Area at the Year-end(sq.m)
232 771 437	**29 504 446**	**250 019 970**	**214 713 195**	**17 164 254**	**35 306 775**	**20 364 482**	**7 976 000**
206 275 267	**27 990 615**	**219 601 143**	**210 771 775**	**17 125 540**	**8 829 369**	**14 694 455**	**1 873 112**
3 553 764	192 525	3 866 208	3 820 230	28 351	45 978	267 777	8 569
19 149 986	1 027 937	22 401 318	21 647 099	435 252	754 219	1 650 300	227 402
8 437 914	522 383	9 872 546	8 945 204	1 790 017	927 342	1 248 584	268 070
9 907 548	257 289	10 805 206	10 440 586	174 599	364 620	2 623 505	142 752
4 557 066	503 483	5 516 294	5 350 628	88 460	165 665	493 443	82 854
75 987 744	4 583 917	78 019 526	75 070 485	2 875 559	2 949 041	2 687 611	507 732
61 278 887	14 282 809	64 362 349	62 288 838	8 896 539	2 073 511	4 857 327	534 893
22 254 220	6 374 073	23 394 017	22 102 976	2 665 145	1 291 041	724 356	62 531
1 148 140	246 198	1 363 680	1 105 729	171 618	257 951	141 555	38 309
178 934 159	24 349 826	188 122 571	180 558 205	16 089 938	7 564 366	12 396 255	1 640 946
1 955 416	46 025	2 356 750	2 339 442	29 920	17 308	63 640	9 385
61 330 570	4 383 464	64 706 269	62 293 931	2 317 468	2 412 338	3 813 508	309 280
23 620 983	3 329 985	24 540 833	22 249 046	4 359 239	2 291 787	1 403 088	303 217
91 981 791	16 586 538	96 469 118	93 631 421	9 383 311	2 837 698	7 114 519	1 017 753
11 653 717	2 388 649	13 100 788	12 078 909	359 725	1 021 880	1 092 922	147 109
1 237 912	104 170	1 443 135	1 324 935	33 715	118 201	63 784	17 967
6 816		9 291	9 291	9 291		183	230
10 134 561	2 213 645	11 269 842	10 400 383	311 670	869 459	1 004 588	126 946
111 303	44 899	167 182	149 206	4 747	17 976	17 835	1 300
15 687 392	1 252 140	18 377 784	18 134 661	675 878	243 123	1 205 279	85 057
3 314 887	16 577	5 336 983	5 292 019	31 323	44 963	241 930	21 616
67 858	6 135	72 589	72 428	94	161	3 478	2 028
11 093 044	1 210 837	11 654 350	11 462 912	638 159	191 438	944 624	58 308
55 270	1 544	139 894	133 342	1 894	6 551	7 023	1 000
25 313 811	1 080 846	26 730 675	24 843 889	1 854 529	1 886 786	1 277 834	279 953
5 262 244	62 020	5 655 049	5 619 240	13 071	35 809	193 160	22 014
123 242 438	21 099 531	129 409 092	124 889 998	12 669 986	4 519 094	9 311 103	1 216 320
11 344 688	2 338 545	12 691 228	11 708 272	334 654	982 956	1 078 565	140 765
12 486 507	1 242 476	13 176 187	12 973 740	652 381	202 446	975 155	65 426
28 625 579	2 167 198	31 938 913	30 736 636	1 600 919	1 202 277	1 858 639	148 634
26 841 775	1 684 103	28 504 528	27 280 272	574 006	1 224 256	2 590 045	398 102

单位：万元

项　目	Item	法人企业（个）Number of Corporative Enterprises (unit)	从业人员期末人数（人）Number of Employees at the Year-end (person)
连锁总店	General Chain Stores	22	6 436
连锁门店	Chain Stores	21	5 754
其他	Others	4 219	243 984
二、零售业	**Retail Trade Sector**	**1 125**	**199 286**
1.按零售行业分组	Grouped by Sector		
综合零售	Integrated Retail	97	58 391
食品、饮料及烟草制品专门零售	Special Retail of Foods, Beverages&Tobaccos	51	7 876
纺织、服装及日用品专门零售	Special Retail of Textile, Garments and Daily-use Articles	168	54 078
文化、体育用品及器材专门零售	Special Retail of Cultural and Sports Goods and Appliances	64	10 155
医药及医疗器材专门零售	Special Retail of Medicine and Medical Appliances	33	7 517
汽车、摩托车、燃料及零配件专门零售	Special Retail of Automobiles, Motorcycles, Fuels and Related Accessories	481	36 004
家用电器及电子产品专门零售	Special Retail of Household Electrical Appliances and Electronic Products	120	10 937
五金、家具及室内装修材料专门零售	Special Retail of Hardware, Furniture and lndoor Decoration Materials	48	3 346
无店铺及其他零售	Retail without Shops and Other	63	10 982
2.按登记注册类型分组	Grouped by Registration		
内资企业	Civil Funded	1 017	128 487
国有企业	State-owned	6	2 079
集体企业	Collective-owned	3	104
股份合作企业	Share-holding Cooperative Enterprise		
联营企业	Joint Ownership	3	1 297
有限责任公司	Limited Liabilities Companies	329	52 683
股份有限公司	Share-holding Limited Companies	24	8 110
私营企业	Private-owned	652	64 214
港、澳、台商投资企业	Funded by Entrepreneur from Hong Kong, Macao and Taiwan	74	34 595
外商投资企业	Foreign-funded	34	36 204
3.按控股情况分组	Grouped by Holding Condition		
国有控股	State-controlled	65	35 215
集体控股	Collective-controlled	9	552
私人控股	Private-controlled	828	96 916
港澳台商控股	Controlled by Entrepreneur from Hong Kong,Macao and Taiwan	69	24 800
外商控股	Foreign-funded-controlled	24	19 533
其他	Others	130	22 270
4.按经营形式分组	Grouped by Business Forms		
独立门店	Independent Stores	564	61 060
连锁总店	General Chain Stores	72	38 611
连锁门店	Chain Stores	36	40 202
其他	Other	453	59 413
5.按零售业态分组	Grouped by Retail Format		
有店铺零售	Store-based Retailing	928	180 175
无店铺零售	Non-Store Retailing	197	19 111

10-3 续表 continued（10 000 yuan）

商品购进总额 Total Purchase	进口额 Imports	商品销售总额 Total Sales	批发额 Whosales Trade	出口额 Exports	零售额 Retail Trade	年末商品库存总额 Inventory (Year-end)	年末零售营业面积（平方米） Retail Business area at the Year-end(sq.m)
4 695 932.9	14 152.9	5 099 749.2	3 709 342.7	4 636.3	1 390 406.5	145 764.5	274 869
337 511.3	3 766.7	436 490.8	205 819.6	8.1	230 671.2	139 129.8	95 661
174 400 048.4	26 288 592.6	185 560 375.4	179 576 340.6	16 546 890.3	5 984 034.8	11 819 516.4	1 104 480
26 496 170.0	**1 513 831.1**	**30 418 826.7**	**3 941 420.1**	**38 714.1**	**26 477 406.6**	**5 670 026.5**	**6 102 888**
7 183 621.5	10 769.6	7 459 985.3	711 695.1		6 748 290.2	1 066 198.5	3 019 304
391 616.1	99 068.4	550 863.0	121 059.9		429 803.1	112 771.4	58 743
1 773 715.2	110 630.2	3 098 332.2	424 114.6	13 963.0	2 674 217.6	947 505.8	753 164
501 372.0	3 955.5	675 356.4	180 324.6	758.0	495 031.8	222 900.3	160 482
439 286.9	6 440.0	487 539.2	36 675.6		450 863.6	116 229.8	143 872
11 639 450.8	1 101 416.1	12 394 733.5	1 400 761.4		10 993 972.1	1 704 106.9	1 366 994
2 611 205.2	36 970.9	2 987 159.9	734 767.2	64.5	2 252 392.7	986 706.5	328 222
560 505.7	4 576.2	710 312.0	61 129.5	560.5	649 182.5	95 460.4	215 747
1 395 396.6	140 004.2	2 054 545.2	270 892.2	23 368.1	1 783 653.0	418 146.9	56 360
18 017 839.1	1 271 662.6	21 130 612.3	2 933 926.2	38 654.5	18 196 686.1	3 857 803.0	3 599 505
59 974.9		44 240.4	24 975.3		19 265.1	34 374.1	11 089
18 106.7		19 280.6			19 280.6	309.9	2 551
16 791.8		37 804.9			37 804.9	2 409.7	3 900
9 655 605.6	741 242.7	11 060 380.9	1 656 836.6	1 459.2	9 403 544.3	1 628 068.9	1 916 081
562 097.7	8 526.6	922 347.9	42 899.8	64.5	879 448.1	860 163.4	50 106
7 705 262.4	521 893.3	9 046 557.6	1 209 214.5	37 130.8	7 837 343.1	1 332 477.0	1 615 778
4 030 223.8	237 824.9	4 551 695.1	255 732.4	59.6	4 295 962.7	1 435 917.7	1 307 160
4 448 107.1	4 343.6	4 736 519.3	751 761.5		3 984 757.8	376 305.8	1 196 223
5 565 783.2	133 751.2	5 835 109.5	1 486 604.7		4 348 504.8	1 013 056.4	1 356 298
318 698.8	5 062.4	338 857.2	12 370.7		326 486.5	16 876.2	44 513
12 806 124.0	1 038 030.3	15 267 657.8	1 865 110.6	38 654.4	13 402 547.2	3 110 009.0	2 498 468
2 568 298.0	222 505.8	3 001 470.4	245 921.9	59.7	2 755 548.5	755 196.4	723 045
1 955 908.4	1 670.1	2 252 594.5	43 123.0		2 209 471.5	268 828.2	606 239
3 281 357.6	112 811.3	3 723 137.3	288 289.2		3 434 848.1	506 060.3	874 325
10 361 722.8	1 137 100.3	11 705 763.0	708 355.3	22 052.0	10 997 407.7	1 761 008.8	1 931 046
3 804 063.4	72 742.3	4 231 093.8	509 375.4		3 721 718.4	1 276 186.0	1 319 267
4 104 955.0	342.1	4 401 732.7	732 329.0		3 669 403.7	1 156 196.5	1 364 435
8 225 428.8	303 646.4	10 080 237.2	1 991 360.4	16 662.1	8 088 876.8	1 476 635.2	1 488 140
23 560 803.8	1 336 128.2	26 398 041.5	3 319 951.5	1 281.0	23 078 090.0	5 049 121.2	5 965 162
2 935 366.2	177 702.9	4 020 785.2	621 468.6	37 433.1	3 399 316.6	620 905.3	137 726

10-4　限额以上批发和零售业法人单位主要财务状况综合表（一）（2017年）

MAIN FINANCIAL INDICATORS OF WHOLESALE AND RETAIL SALES ABOVE THE SET SCALE Ⅰ（2017）

单位：万元

项　目	Item	法人企业数（个）Number of Corporative Enterprises (unit)	流动资产合计 Total Current Assets	应收帐款 Accounts Payable
总　　计	**Total**	**6 283**	**122 758 279.2**	**30 515 577.9**
一、批发业	**Wholesale Trade**	**5 158**	**108 452 565.6**	**29 065 912.2**
1.按批发行业分组	Grouped by Sector			
农畜产品批发	Livestock products wholesale	68	1 337 303.7	374 261.9
食品、饮料及烟草制品批发	Wholesale of Foods, Beverages&Tobaccos	459	7 386 617.5	1 846 015.7
纺织、服装及日用品批发	Wholesale of Textiles, Garments and Daily-use Products	638	5 743 710.6	2 082 456.5
文化、体育用品及器材批发	Wholesale of Cultural and Sports Articles and Appliances	412	7 145 946.3	1 491 670.5
医药及医疗器材批发	Wholesale of Medicine and Medical Appliances	229	3 244 356.3	1 026 471.1
矿产品、建材及化工产品批发	Wholesale of Mineral Products, Building Material and Chemical Products	1 104	31 774 792.1	7 191 389.7
机械设备、五金交电及电子产品批发	Wholesale of Mechanical Equipment,Hardware and Electronic Products	1 951	33 215 486.3	10 641 549.5
贸易经纪与代理	Trade Broker and Agent	191	17 521 092.1	4 138 018.6
其他批发	Other Wholesales	106	1 083 260.7	274 078.7
2.按登记注册类型分组	Grouped by Registration Status			
内资企业	Domestic-funded	4 492	94 615 255.2	24 226 990.5
国有企业	State-owned	17	381 149.6	15 200.2
集体企业	Collective-owned			
股份合作企业	Share-holding Cooperative Enterprises			
联营企业	Joint Ownership			
有限责任公司	Limited Liabilities Companies	874	31 306 398.7	6 482 529.7
股份有限公司	Share-holding Limited Companies	111	13 371 430.4	2 619 997.6
私营企业	Private-owned	3 485	49 545 808.7	15 104 462.1
港、澳、台商投资企业	Funded by Entrepreneur from Hong Kong,Macao and Taiwan	453	7 695 082.8	2 089 776.8
合资经营企业（港或澳、台资）	Joint-venture(Hong Kong,Macao and Taiwan)	34	409 027.0	91 005.8
合作经营企业（港或澳、台资）	Cooperative(Hong Kong,Macao and Taiwan)	1	9 841.1	6 436.4
港、澳、台商独资经营企业	Enterprises with Sole Funds(Hong Kong,Macao and Taiwan)	398	6 881 231.6	1 935 648.7
港、澳、台商投资股份有限公司	Share-holding Corporations Ltd(Hong Kong,Macao and Taiwan)	12	78 693.3	20 475.8
外商投资企业	Foreign-funded	213	6 142 227.6	2 749 144.9
中外合资经营企业	Jointly-owned	30	1 269 602.3	254 874.7
中外合作经营企业	Cooperatively-owned	3	16 736.2	2 683.8
外资企业	Exclusively Foreign-owned	164	4 540 393.8	2 352 256.1
外商投资股份有限公司	Foreign-funded Investment Companies Limited	6	57 116.7	20 075.5
3.按控股情况分组	Grouped by Holding Condition			
国有控股	State-controlled	137	9 626 962.2	1 050 865.8
集体控股	Collective-controlled	27	2 664 556.8	356 383.2
私人控股	Private-controlled	4 053	69 471 282.5	20 055 718.9
港澳台商控股	Controlled by Entrepreneur from Hong Kong,Macao and Taiwan	445	7 353 720.5	2 032 274.4
外商控股	Foreign-funded-controlled	185	4 963 760.6	2 530 292.5
其他	Others	311	14 372 283.0	3 040 377.4
4.按经营形式分组	Grouped by Business Forms			
独立门店	Independent Stores	896	12 783 812.6	3 059 521.9

(10 000 yuan)

存货 Inventory	固定资产合计 Total Fixed Assets	固定资产原价 Original Value of Fixed Assets	累计折旧 Accumulative Depreciation	本年折旧 Depreciation of the Year	资产总计 Total Assets	流动负债合计 Total Current Liabilities	应付帐款 Accounts Payable
16 671 058.1	**3 477 871.7**	**5 754 745.0**	**2 547 301.0**	**393 862.8**	**149 472 871.4**	**107 314 808.2**	**26 762 789.7**
13 142 805.8	**2 569 522.7**	**4 135 070.0**	**1 748 900.4**	**268 548.6**	**130 486 169.4**	**96 991 841.7**	**23 918 194.3**
252 663.0	53 525.0	60 142.0	18 007.0	1 952.2	2 245 524.4	896 111.6	145 700.8
1 527 364.0	339 382.0	576 121.3	253 352.9	38 690.2	9 554 203.2	5 627 121.7	1 717 330.5
1 024 753.2	145 918.6	240 152.7	110 292.8	23 172.9	6 431 242.9	4 754 619.0	1 694 671.7
2 562 573.7	162 718.2	233 276.4	76 248.4	13 322.4	8 128 539.9	5 856 904.9	932 452.8
452 001.4	111 945.2	185 443.4	76 658.8	17 290.5	4 739 491.1	2 547 203.1	824 292.1
2 080 833.7	846 062.5	1 519 470.2	728 238.9	73 147.7	39 693 545.9	30 964 600.9	5 787 764.4
4 438 383.9	655 945.3	1 001 392.2	400 945.9	86 370.4	38 842 094.0	28 741 000.9	9 711 502.6
663 146.4	194 398.2	236 186.4	57 931.3	10 611.0	19 306 129.9	16 441 884.2	2 841 971.3
141 086.5	59 627.7	82 885.4	27 224.4	3 991.3	1 545 398.1	1 162 395.4	262 508.1
11 008 415.3	2 129 547.6	3 406 820.2	1 431 326.4	211 173.2	111 496 168.5	84 849 526.0	18 830 394.0
55 790.3	39 456.8	71 503.5	32 341.4	1 828.6	467 669.5	168 330.3	30 089.6
3 402 268.2	507 801.5	839 156.8	361 731.3	50 142.3	38 719 915.1	29 148 212.6	5 750 856.7
1 501 140.7	711 825.1	1 281 348.5	586 801.1	51 709.6	18 014 659.3	11 322 505.6	1 495 994.6
6 047 715.8	869 879.1	1 213 428.5	449 654.8	107 368.4	54 267 174.7	44 198 767.4	11 550 620.9
984 070.2	223 555.8	345 382.7	141 984.2	27 027.2	10 521 076.6	6 427 560.2	2 231 595.8
67 140.1	20 263.7	36 664.9	18 061.7	2 228.0	551 449.3	373 237.7	127 584.9
183.1	16.9	54.8	37.9	1.8	10 560.4	966.2	747.9
893 310.1	196 109.5	282 897.8	104 970.8	23 023.3	9 197 049.3	5 741 462.3	2 058 319.1
20 214.1	576.8	1 178.4	657.1	155.7	84 300.3	64 495.1	28 081.7
1 150 320.3	216 419.3	382 867.1	175 589.8	30 348.2	8 468 924.3	5 714 755.5	2 856 204.5
239 685.7	87 289.2	124 815.7	39 828.0	8 349.3	2 034 737.9	1 341 759.8	224 211.8
3 109.6	534.5	1 758.2	1 223.7	79.4	17 314.9	12 368.7	3 374.1
891 742.4	115 079.8	235 263.4	126 773.7	20 993.9	5 962 815.3	4 098 694.7	2 462 589.0
7 643.0	588.5	1 051.2	552.0	124.3	57 857.9	37 292.1	26 689.3
1 306 810.4	730 753.2	1 432 497.9	716 161.3	60 729.6	14 545 144.7	7 342 059.9	1 192 377.7
200 707.4	24 230.7	48 352.4	24 417.0	456.7	3 114 958.8	2 332 811.0	229 569.4
8 274 848.2	1 161 166.9	1 594 547.3	568 816.6	133 409.8	78 762 652.6	63 704 178.2	14 575 818.2
970 004.7	216 996.5	317 907.4	121 126.6	25 463.6	9 724 528.0	6 139 579.5	2 226 724.8
923 062.1	132 626.1	264 014.2	138 146.8	22 100.8	6 549 031.8	4 453 528.5	2 673 276.3
1 467 373.0	303 749.3	477 750.8	180 232.1	26 388.1	17 789 853.5	13 019 684.6	3 020 427.9
1 829 428.8	366 871.7	489 657.5	183 480.3	37 270.7	14 249 115.0	11 310 500.4	3 413 435.7

单位：万元

项　目	Item	法人企业数（个）Number of Corporative Enterprises (unit)	流动资产合计 Total Current Assets	应收帐款 Accounts Payable
连锁总店	General Chain Stores	22	2 703 458.2	782 348.3
连锁门店	Chain Stores	21	243 924.0	42 182.1
其他	Others	4 219	92 721 370.8	25 181 859.9
二、零售业	**Retail Trade Sector**	**1 125**	**14 305 713.6**	**1 449 665.7**
1.按零售行业小类分组	Grouped by Sector			
综合零售	Integrated Retail	97	3 708 709.6	122 747.4
食品、饮料及烟草制品专门零售	Special Retail of Foods, Beverages&Tobaccos	51	701 169.6	55 459.8
纺织、服装及日用品专门零售	Special Retail of Textile, Garments and Daily-use Articles	168	2 150 581.8	273 556.1
文化、体育用品及器材专门零售	Special Retail of Cultural and Sports Goods and Appliances	64	507 343.8	82 527.3
医药及医疗器材专门零售	Special Retail of Medicine and Medical Appliances	33	273 437.2	48 143.9
汽车、摩托车、燃料及零配件专门零售	Special Retail of Automobiles, Motorcycles, Fuels and Related Accessories	481	4 337 616.2	405 238.0
家用电器及电子产品专门零售	Special Retail of Household Electrical Appliances and Electronic Products	120	1 334 952.4	266 785.9
五金、家具及室内装修材料专门零售	Special Retail of Hardware, Furniture and Indoor Decoration Materials	48	389 070.2	42 471.4
无店铺及其他零售	Retail without Shops and Other	63	902 832.8	152 735.9
2.按登记注册类型分组	Grouped by Registration			
内资企业	Domestic-funded	1 017	9 767 438.4	1 233 504.0
国有企业	State-owned	6	54 173.0	3 365.6
集体企业	Collective-owned	3	10 461.7	58.3
股份合作企业	Share-holding Cooperative Enterprise			
联营企业	Joint Ownership	3	25 533.4	2 279.6
有限责任公司	Limited Liabilities Companies	329	4 895 433.6	499 307.5
股份有限公司	Share-holding Limited Companies	24	354 329.6	40 671.3
私营企业	Private-owned	652	4 427 507.1	687 821.7
港、澳、台商投资企业	Funded by Entrepreneur from Hong Kong, Macao and Taiwan	74	3 415 850.6	162 739.7
外商投资企业	Foreign-funded	34	1 122 424.6	53 422.0
3.按控股情况分组	Grouped by Holding Condition			
国有控股	State-controlled	65	2 111 942.3	65 571.1
集体控股	Collective-controlled	9	86 186.6	36 467.4
私人控股	Private-controlled	828	7 368 405.7	1 006 749.9
港澳台商控股	Controlled by Entrepreneur from Hong Kong,Macao and Taiwan	69	2 279 634.0	138 245.5
外商控股	Foreign-funded-controlled	24	876 110.6	35 957.2
其他	Others	130	1 583 434.4	166 674.6
4.按经营形式分组	Grouped by Business Forms			
独立门店	Independent Stores	564	4 863 252.9	556 182.6
连锁总店	General Chain Stores	72	2 644 361.8	261 191.7
连锁门店	Chain Stores	36	1 356 511.4	63 931.0
其他	Other	453	5 441 587.5	568 360.4
5.按零售业态分组	Grouped by Retail Format			
有店铺零售	Store-based Retailing	928	12 235 759.5	1 105 440.2
无店铺零售	Non-Store Retailing	197	2 069 954.1	344 225.5

10-4 （一）续表 （10 000 yuan）

存货 Inventory	固定资产合计 Total Fixed Assets	固定资产原价 Original Value of Fixed Assets	累计折旧 Accumulative Depreciation	本年折旧 Depreciation of the Year	资产总计 Total Assets	流动负债合计 Total Current Liabilities	应付帐款 Accounts Payable
137 170.1	71 503.8	159 360.3	91 023.3	6 151.0	3 025 474.0	2 217 662.8	555 154.5
127 392.1	7 049.2	14 074.9	7 053.2	1 028.1	264 352.4	168 915.3	65 986.0
11 048 814.8	2 124 098.0	3 471 977.3	1 467 343.6	224 098.8	112 947 228.0	83 294 763.2	19 883 618.1
3 528 252.3	**908 349.0**	**1 619 675.0**	**798 400.6**	**125 314.2**	**18 986 702.0**	**10 322 966.5**	**2 844 595.4**
359 482.7	273 907.1	617 733.1	346 394.8	28 772.2	6 169 565.4	2 386 063.3	1 052 985.3
115 356.3	23 566.4	39 545.5	20 377.9	3 370.4	992 638.9	477 593.0	62 044.1
970 096.6	106 474.8	167 463.1	70 435.0	21 062.8	2 500 379.9	1 424 601.3	433 232.1
179 187.1	51 452.9	115 826.5	65 069.1	5 400.1	714 593.0	406 544.3	164 196.7
104 064.6	15 605.5	9 946.1	5 049.3	782.4	320 256.8	293 743.5	136 191.4
1 107 720.4	321 604.2	503 447.4	216 447.2	43 715.4	5 267 488.6	3 505 245.7	492 072.0
233 002.7	51 101.8	80 231.7	36 034.6	3 538.5	1 561 368.3	1 124 223.3	291 036.0
38 744.7	41 452.1	47 241.2	20 649.6	15 213.5	469 307.4	235 890.1	40 856.9
420 597.2	23 184.2	38 240.4	17 943.1	3 458.9	991 103.7	469 062.0	171 980.9
2 726 940.1	587 998.4	927 213.1	423 403.2	62 993.9	11 914 742.0	7 464 926.1	1 726 784.8
3 812.9	34 318.3	80 219.6	45 901.3	2 345.2	195 467.2	52 105.0	5 568.8
1 307.4	83.5	229.2	145.7	0.5	10 773.1	8 700.8	151.4
2 147.3	798.3	4 016.0	3 220.7	319.0	26 997.4	7 830.0	92.5
1 385 601.5	317 759.8	484 349.0	211 731.3	29 984.0	6 029 298.4	3 621 287.4	900 820.9
124 945.0	16 058.4	29 744.4	19 586.7	1 530.6	517 087.5	204 509.3	59 151.9
1 209 126.0	218 980.1	328 654.9	142 817.5	28 814.6	5 135 118.4	3 570 493.6	760 999.3
508 859.4	159 217.7	288 287.0	138 059.0	28 629.9	5 375 689.0	2 062 454.6	502 726.8
292 452.8	161 132.9	404 174.9	236 938.4	33 690.4	1 696 271.0	795 585.8	615 083.8
393 813.7	215 621.7	388 618.6	183 076.6	18 349.5	3 522 628.2	924 456.7	673 555.3
17 873.2	2 174.1	9 590.1	7 497.6	298.6	89 877.8	58 669.9	27 914.4
2 210 224.2	421 620.9	598 003.4	244 268.1	43 204.4	8 693 872.5	5 715 236.0	1 197 636.6
401 829.2	71 959.2	128 887.0	65 502.0	21 333.0	3 672 929.2	1 423 631.5	255 797.4
184 331.1	82 324.6	256 083.2	167 506.4	27 394.6	1 062 880.6	888 238.5	223 751.4
320 180.9	114 648.5	238 492.7	130 549.9	14 734.1	1 944 513.7	1 312 733.9	465 940.3
1 326 099.8	437 882.3	755 324.5	369 788.5	71 723.8	6 248 733.0	3 753 359.9	681 685.2
582 365.2	131 817.0	176 071.8	66 080.6	15 748.1	3 424 722.3	2 010 707.3	509 426.0
393 055.4	146 773.4	278 822.6	132 136.3	11 340.9	2 104 337.3	777 941.3	715 242.8
1 226 731.9	191 876.3	409 456.1	230 395.2	26 501.4	7 208 909.4	3 780 958.0	938 241.4
2 916 424.1	810 052.1	1 502 391.5	764 359.8	118 005.1	16 566 046.7	8 950 752.0	2 449 263.4
611 828.2	98 296.9	117 283.5	34 040.8	7 309.1	2 420 655.3	1 372 214.5	395 332.0

10-4 限额以上批发和零售业法人单位主要财务状况综合表（二）（2017年）

MAIN FINANCIAL INDICATORS OF WHOLESALE AND RETAIL SALES ABOVE THE SET SCALE Ⅱ（2017）

单位：万元

项　目	Item	非流动负债合计 Total Non-working Liabilities	负债合计 Total Liabilities	所有者权益合计 Total Owner's Eguities
总　　计	**Total**	**6 891 142.5**	**114 382 541.7**	**35 106 967.1**
一、批发业	**Wholesale Trade**	**5 458 592.9**	**102 607 805.3**	**27 895 001.5**
1.按批发行业分组	Grouped by Sector			
农畜产品批发	Livestock products wholesale	17 113.4	913 225.0	1 332 299.4
食品、饮料及烟草制品批发	Wholesale of Foods, Beverages&Tobaccos	105 788.1	5 916 914.1	3 637 289.1
纺织、服装及日用品批发	Wholesale of Textiles, Garments and Daily-use Products	156 766.8	4 894 987.3	1 536 255.6
文化、体育用品及器材批发	Wholesale of Cultural and Sports Articles and Appliances	271 684.1	6 166 221.5	1 962 318.4
医药及医疗器材批发	Wholesale of Medicine and Medical Appliances	171 664.4	2 720 333.1	2 019 158.0
矿产品、建材及化工产品批发	Wholesale of Mineral Products, Building Material and Chemical Products	1 597 381.0	32 497 965.6	7 199 105.0
机械设备、五金交电及电子产品批发	Wholesale of Mechanical Equipment,Hardware and Electronic Products	2 301 051.2	31 052 713.7	7 802 493.0
贸易经纪与代理	Trade Broker and Agent	814 479.2	17 256 854.1	2 049 275.8
其他批发	Other Wholesales	22 664.7	1 188 590.9	356 807.2
2.按登记注册类型分组	Grouped by Registration Status			
内资企业	Domestic-funded	4 716 896.1	89 710 077.3	21 789 615.9
国有企业	State-owned	1 697.0	170 027.4	297 642.1
集体企业	Collective-owned			
股份合作企业	Share-holding Cooperative Enterprises			
联营企业	Joint Ownership			
有限责任公司	Limited Liabilities Companies	2 331 888.5	31 585 263.4	7 134 651.7
股份有限公司	Share-holding Limited Companies	995 675.5	12 317 859.3	5 696 800.0
私营企业	Private-owned	1 387 635.1	45 625 217.1	8 645 482.3
港、澳、台商投资企业	Funded by Entrepreneur from Hong Kong,Macao and Taiwan	382 690.1	6 823 798.1	3 710 391.2
合资经营企业（港或澳、台资）	Joint-venture(Hong Kong,Macao and Taiwan)	- 1 142.5	372 095.1	179 354.2
合作经营企业（港或澳、台资）	Cooperative(Hong Kong,Macao and Taiwan)		966.2	9 594.2
港、澳、台商独资经营企业	Enterprises with Sole Funds(Hong Kong,Macao and Taiwan)	252 727.6	6 007 737.8	3 202 424.2
港、澳、台商投资股份有限公司	Share-holding Corporations Ltd(Hong Kong,Macao and Taiwan)	2 285.2	66 780.3	17 520.0
外商投资企业	Foreign-funded	359 006.7	6 073 929.9	2 394 994.4
中外合资经营企业	Jointly-owned	155 678.7	1 497 438.5	537 299.4
中外合作经营企业	Cooperatively-owned	434.7	12 803.4	4 511.5
外资企业	Exclusively Foreign-owned	198 390.1	4 297 252.5	1 665 562.8
外商投资股份有限公司	Foreign-funded Investment Companies Limited	4 413.8	41 705.9	16 152.0
3.按控股情况分组	Grouped by Holding Condition			
国有控股	State-controlled	1 258 643.9	8 786 698.1	5 758 446.6
集体控股	Collective-controlled	175 511.2	2 508 321.1	606 637.7
私人控股	Private-controlled	2 643 177.4	66 308 375.0	12 457 802.3
港澳台商控股	Controlled by Entrepreneur from Hong Kong,Macao and Taiwan	260 383.4	6 413 510.8	3 324 129.9
外商控股	Foreign-funded-controlled	203 837.9	4 657 534.1	1 891 497.7
其他	Others	917 039.1	13 933 366.2	3 856 487.3
4.按经营形式分组	Grouped by Business Forms			
独立门店	Independent Stores	382 468.6	11 743 168.5	2 505 946.5

(10 000 yuan)

实收资本 Paid-in Capital	1.国家资本 State Capital	2.集体资本 Collective-owned Capital	3.法人资本 Capital of Juridical Person	4.个人资本 Private Capital	5.港澳台资本 Hong Kong, Macao and Taiwan Capital	6.外商资本 Foreign Capital	主营业务收入 Prime Operating Revenues	主营业务成本 Operating Losts	主营业务税金及附加 Sales Taxes and Extra Charges
20 066 802.4	**1 594 810.6**	**260 635.7**	**10 493 097.1**	**3 415 576.6**	**2 774 083.5**	**1 528 598.9**	**223 654 416.9**	**208 362 565.3**	**530 821.0**
16 470 108.7	**961 195.0**	**238 593.7**	**8 373 560.2**	**2 982 943.7**	**2 569 578.1**	**1 344 238.0**	**196 649 927.3**	**186 112 184.4**	**437 475.4**
1 176 980.7	49 102.0	75.0	1 086 169.9	37 636.0	2 566.5	1 431.3	3 548 179.5	3 420 813.7	2 358.1
1 320 023.5	57 257.3	26 745.0	643 183.7	230 627.8	44 810.0	317 399.7	19 106 859.3	17 359 654.7	258 833.8
929 011.7	5 720.5	5 420.0	480 786.2	244 307.2	148 588.1	44 189.7	9 041 645.9	7 831 846.2	19 964.6
2 184 440.2	10 412.8	9 871.2	756 977.4	320 893.1	1 070 592.6	15 693.1	9 522 088.8	8 809 741.5	15 907.3
548 794.6	53 182.3	14 275.0	269 155.8	152 742.1	27 937.1	31 502.3	5 015 517.6	4 071 368.2	17 946.5
4 444 671.2	500 855.4	166 346.8	2 278 183.9	649 624.0	792 087.7	57 573.4	69 512 159.1	67 768 551.4	50 509.3
4 579 531.3	211 160.9	11 170.7	2 090 593.6	942 573.9	451 320.9	872 711.3	58 908 720.0	55 596 903.7	62 808.7
1 123 925.0	21 103.8	2 550.0	690 516.2	380 705.4	25 713.1	3 336.5	20 771 656.4	20 273 614.2	6 403.5
162 730.5	52 400.0	2 140.0	77 993.5	23 834.2	5 962.1	400.7	1 223 100.7	979 690.8	2 743.6
11 905 397.8	930 197.3	209 300.7	7 857 062.7	2 886 899.4	7 655.5	14 282.2	169 288 185.7	160 899 121.3	395 714.1
79 378.0	35 672.0		43 706.0				2 061 787.5	1 752 038.3	216 946.0
4 171 174.1	748 684.8	19 161.5	2 966 696.4	419 446.9	5 314.5	11 870.0	57 860 399.8	55 141 530.4	74 654.5
1 729 041.1	144 979.5	166 676.6	902 078.5	515 306.5			22 896 827.5	21 635 545.0	30 003.8
5 916 624.6	861.0	23 462.6	3 936 341.8	1 951 206.0	2 341.0	2 412.2	86 422 130.4	82 328 186.3	74 032.2
2 908 023.7	3 047.6		254 142.6	91 993.2	2 549 051.0	9 789.3	12 024 735.1	10 709 515.7	26 556.8
54 038.3	3 047.6		20 527.3	7 599.0	15 953.6	6 910.8	1 239 579.8	1 108 467.6	2 387.8
1 543.8				1 257.9	285.9		9 290.7	6 815.9	
2 674 095.1			158 823.8		2 514 952.5	318.8	10 442 817.1	9 342 998.7	22 305.1
16 036.8					16 036.8		148 433.6	112 462.8	730.2
1 656 687.2	27 950.1	29 293.0	262 354.9	4 051.1	12 871.6	1 320 166.5	15 337 006.5	14 503 547.4	15 204.5
506 963.3	27 950.1	29 293.0	222 361.1	3 510.2	10 900.2	212 948.7	3 580 565.3	3 423 351.2	2 934.3
2 635.9			2 000.0	540.9	66.5	28.5	72 570.2	68 864.1	114.3
1 128 492.0			31 988.7		1 020.0	1 095 483.3	10 317 682.2	9 671 313.1	11 204.4
9 496.1			2 300.1			7 196.0	130 655.4	118 674.3	186.3
1 673 462.9	894 899.0	163 226.8	594 390.9	15 032.9		5 913.3	23 941 667.9	22 669 415.3	271 870.5
429 923.1	2 000.0	13 380.0	357 000.1	55 793.0	1 750.0		4 783 137.0	4 665 477.9	2 489.3
8 013 626.9	4 305.0	31 165.4	5 339 998.4	2 624 057.6	4 634.2	9 466.3	116 726 644.7	110 931 745.1	100 737.5
2 730 301.8	2 175.0		173 436.4	910.0	2 547 281.3	6 499.1	11 704 865.5	10 446 987.8	25 230.0
1 194 570.7			70 891.3		1 778.9	1 121 900.5	11 870 631.1	11 189 719.0	12 440.7
2 428 223.3	57 816.0	30 821.5	1 837 843.1	287 150.2	14 133.7	200 458.8	27 622 981.1	26 208 839.3	24 707.4
1 413 669.0	141 087.5	18 673.5	781 418.0	382 571.0	58 688.4	31 230.6	25 119 744.8	23 368 987.5	164 420.9

单位：万元

项　目	Item	非流动负债合计 Total Non-working Liabilities	负债合计 Total Liabilities	所有者权益合计 Total Owner's Eguities
连锁总店	General Chain Stores	26 510.4	2 243 859.0	781 615.0
连锁门店	Chain Stores		168 915.3	95 437.1
其他	Others	5 049 613.9	88 451 862.5	24 512 002.9
二、零售业	**Retail Trade Sector**	**1 432 549.6**	**11 774 736.4**	**7 211 965.6**
1.按零售行业小类分组	Grouped by Sector			
综合零售	Integrated Retail	961 451.1	3 347 514.5	2 822 050.9
食品、饮料及烟草制品专门零售	Special Retail of Foods, Beverages&Tobaccos	3 533.8	481 126.8	511 512.1
纺织、服装及日用品专门零售	Special Retail of Textile, Garments and Daily-use Articles	101 960.4	1 532 303.5	968 076.4
文化、体育用品及器材专门零售	Special Retail of Cultural and Sports Goods and Appliances	56 733.4	463 083.9	251 509.1
医药及医疗器材专门零售	Special Retail of Medicine and Medical Appliances	14 102.6	307 846.1	12 410.7
汽车、摩托车、燃料及零配件专门零售	Special Retail of Automobiles, Motorcycles, Fuels and Related Accessories	78 900.0	3 599 462.3	1 668 026.3
家用电器及电子产品专门零售	Special Retail of Household Electrical Appliances and Electronic Products	133 341.1	1 256 486.6	304 881.7
五金、家具及室内装修材料专门零售	Special Retail of Hardware, Furniture and Indoor Decoration Materials	77 972.0	313 295.5	156 011.9
无店铺及其他零售	Retail without Shops and Other	4 555.2	473 617.2	517 486.5
2.按登记注册类型分组	Grouped by Registration			
内资企业	Civil Funded	442 772.5	7 926 919.0	3 987 823.0
国有企业	State-owned	32 230.4	84 335.4	111 131.8
集体企业	Collective-owned	106.5	8 807.3	1 965.8
股份合作企业	Share-holding Cooperative Enterprise			
联营企业	Joint Ownership	18 915.0	26 745.0	252.4
有限责任公司	Limited Liabilities Companies	109 661.1	3 750 481.1	2 278 817.3
股份有限公司	Share-holding Limited Companies	5 745.6	210 254.9	306 832.6
私营企业	Private-owned	276 113.9	3 846 295.3	1 288 823.1
港、澳、台商投资企业	Funded by Entrepreneur from Hong Kong, Macao and Taiwan	802 926.9	2 865 381.4	2 510 307.6
外商投资企业	Foreign-funded	186 850.2	982 436.0	713 835.0
3.按控股情况分组	Grouped by Holding Condition			
国有控股	State-controlled	220 710.4	1 145 167.1	2 377 461.1
集体控股	Collective-controlled		58 669.9	31 207.9
私人控股	Private-controlled	379 908.7	6 114 558.9	2 579 313.6
港澳台商控股	Controlled by Entrepreneur from Hong Kong,Macao and Taiwan	613 025.0	2 036 656.4	1 636 272.8
外商控股	Foreign-funded-controlled	23 078.9	911 317.4	151 563.2
其他	Others	195 826.6	1 508 366.7	436 147.0
4.按经营形式分组	Grouped by Business Forms			
独立门店	Independent Stores	388 572.3	4 156 935.7	2 091 797.3
连锁总店	General Chain Stores	30 410.3	2 041 117.6	1 383 604.7
连锁门店	Chain Stores	182 579.1	960 520.4	1 143 816.9
其他	Other	830 987.9	4 616 162.7	2 592 746.7
5.按零售业态分组	Grouped by Retail Format			
有店铺零售	Store-based Retailing	1 223 982.9	10 194 299.2	6 371 747.5
无店铺零售	Non-Store Retailing	208 566.7	1 580 437.2	840 218.1

实收资本 Paid-in Capital	1.国家资本 State Capital	2.集体资本 Collective-owned Capital	3.法人资本 Capital of Juridical Person	4.个人资本 Private Capital	5.港澳台资本 Hong Kong, Macao and Taiwan Capital	6.外商资本 Foreign Capital	主营业务收入 Prime Operating Revenues	主营业务成本 Operating Losts	主营业务税金及附加 Sales Taxes and Extra Charges
349 092.1	5 500.0	1 287.2	317 903.7	21 343.9	2 745.1	312.2	4 264 056.0	3 883 700.8	9 033.5
85 963.3		1 200.0	76 412.8	8 350.5			379 095.1	254 402.4	1 856.3
14 621 384.3	814 607.5	217 433.0	7 197 825.7	2 570 678.3	2 508 144.6	1 312 695.2	166 887 031.4	158 605 093.7	262 164.7
3 596 693.7	**633 615.6**	**22 042.0**	**2 119 536.9**	**432 632.9**	**204 505.4**	**184 360.9**	**27 004 489.6**	**22 250 380.9**	**93 345.6**
1 079 366.2	361 037.5		473 755.2	28 016.0	61 491.3	155 066.2	6 519 199.2	5 417 571.2	17 536.3
253 282.7	161 231.5	4 625.0	21 911.3	16 535.0	48 654.9	325.0	548 328.7	384 808.7	2 443.3
421 718.5	786.8	442.2	270 048.1	111 034.8	38 970.5	436.1	2 695 396.5	1 582 972.9	18 694.9
119 055.9	26 138.2		45 385.7	38 981.2	342.2	8 208.6	599 396.9	410 272.9	11 164.1
30 978.1	1 352.0		16 916.9	12 709.2			441 369.9	329 744.1	1 448.4
750 988.5	72 222.0	16 462.2	478 418.4	136 870.3	43 773.9	3 241.7	11 098 885.7	10 151 914.6	31 998.4
213 671.1	237.6	212.6	153 824.2	53 640.0	5 740.1	16.6	2 449 704.1	2 171 399.6	4 685.9
88 278.4		300.0	57 181.9	12 324.7	1 405.1	17 066.7	699 670.1	562 339.7	2 817.0
639 354.3	10 610.0		602 095.2	22 521.7	4 127.4		1 952 538.5	1 239 357.2	2 557.3
2 300 408.2	271 552.3	22 042.0	1 572 580.1	424 203.1	8 689.1	1 341.6	18 835 505.2	15 642 185.0	66 118.0
25 453.8	23 536.8		1 917.0				57 590.0	36 625.2	1 267.6
106.0		106.0					17 577.2	16 182.8	17.3
5 223.9			5 223.9				34 500.4	28 730.3	118.8
924 233.8	237 128.7	20 390.4	572 876.8	87 804.7	5 016.6	1 016.6	9 975 226.0	8 220 781.2	31 088.3
109 111.1	10 200.0	400.0	34 566.8	60 271.8	3 672.5		669 117.1	479 277.5	3 755.1
1 236 279.6	686.8	1 145.6	957 995.6	276 126.6		325.0	8 081 494.5	6 860 588.0	29 870.9
670 380.0			465 760.2	8 247.8	195 816.3	555.7	3 823 360.1	2 985 102.7	15 761.4
625 905.5	362 063.3		81 196.6	182.0		182 463.6	4 345 624.3	3 623 093.2	11 466.2
835 059.2	621 856.2	1 800.0	208 984.9	1 928.1		490.0	5 181 635.1	4 374 372.2	10 481.2
16 839.1	800.0	1 465.8	13 753.1	820.2			292 147.5	274 156.4	391.4
1 760 108.3	4 171.4	1 262.2	1 328 996.0	416 855.8	8 481.3	341.6	13 641 657.1	11 224 694.4	48 720.0
515 851.1			324 091.3	230.0	190 974.1	555.7	2 612 133.7	2 077 448.2	12 108.3
255 069.4	120.0		74 091.8			180 857.6	1 995 429.2	1 577 480.6	7 886.3
213 766.6	6 668.0	17 514.0	169 619.8	12 798.8	5 050.0	2 116.0	3 281 487.0	2 722 229.1	13 758.4
1 063 410.5	219 599.4	15 662.2	525 139.6	195 430.3	66 307.8	41 271.2	10 527 369.0	9 087 978.4	49 892.5
397 004.9	1 182.0		266 260.7	53 256.8	73 516.3	2 789.1	3 565 194.4	2 656 651.0	10 255.3
512 511.3	391 137.5		43 125.5	41 734.3	26 712.5	9 801.5	3 851 547.7	3 217 984.2	9 980.8
1 623 767.0	21 696.7	6 379.8	1 285 011.1	142 211.5	37 968.8	130 499.1	9 060 378.5	7 287 767.3	23 217.0
2 759 451.5	622 558.8	21 599.8	1 385 019.6	363 404.7	182 987.8	183 880.8	23 303 944.2	19 535 782.9	86 915.5
837 242.2	11 056.8	442.2	734 517.3	69 228.2	21 517.6	480.1	3 700 545.4	2 714 598.0	6 430.1

10-4 限额以上批发和零售业法人单位主要财务状况综合表（三）（2017年）

MAIN FINANCIAL INDICATORS OF WHOLESALE AND RETAIL SALES ABOVE THE SET SCALE III（2017）

单位：万元

项　目	Item	其他业务利润 Profits from Other Business	销售费用 Sale Expenses	管理费用 Management Expenses
总　　计	**Total**	**993 835.6**	**7 951 292.4**	**4 431 115.6**
一、批发业	**Wholesale Trade**	**625 747.7**	**4 832 261.8**	**3 348 200.5**
1.按批发行业分组	Grouped by Sector			
农畜产品批发	Livestock products wholesale	3 186.4	57 781.3	29 478.4
食品、饮料及烟草制品批发	Wholesale of Foods, Beverages&Tobaccos	19 510.9	857 727.1	500 879.9
纺织、服装及日用品批发	Wholesale of Textiles, Garments and Daily-use Products	10 768.2	635 359.4	342 461.5
文化、体育用品及器材批发	Wholesale of Cultural and Sports Articles and Appliances	10 493.8	256 097.4	214 634.5
医药及医疗器材批发	Wholesale of Medicine and Medical Appliances	21 947.7	655 325.3	184 857.2
矿产品、建材及化工产品批发	Wholesale of Mineral Products, Building Material and Chemical Products	34 743.7	581 728.0	527 223.6
机械设备、五金交电及电子产品批发	Wholesale of Mechanical Equipment,Hardware and Electronic Products	513 671.2	1 537 567.6	1 322 222.4
贸易经纪与代理	Trade Broker and Agent	8 104.7	104 071.6	162 233.4
其他批发	Other Wholesales	3 321.1	146 604.1	64 209.6
2.按登记注册类型分组	Grouped by Registration Status			
内资企业	Domestic-funded	371 327.0	3 663 043.3	2 405 660.2
国有企业	State-owned	1 630.7	23 384.6	40 033.7
集体企业	Collective-owned			
股份合作企业	Share-holding Cooperative Enterprises			
联营企业	Joint Ownership			
有限责任公司	Limited Liabilities Companies	143 420.9	1 370 986.3	571 458.7
股份有限公司	Share-holding Limited Companies	10 666.1	408 209.4	327 446.3
私营企业	Private-owned	215 609.3	1 856 626.1	1 465 578.5
港、澳、台商投资企业	Funded by Entrepreneur from Hong Kong,Macao and Taiwan	24 731.9	693 528.4	446 459.5
合资经营企业（港或澳、台资）	Joint-venture(Hong Kong,Macao and Taiwan)	3 494.8	78 186.6	46 136.0
合作经营企业（港或澳、台资）	Cooperative(Hong Kong,Macao and Taiwan)		1 507.5	1 042.5
港、澳、台商独资经营企业	Enterprises with Sole Funds(Hong Kong,Macao and Taiwan)	20 665.2	577 708.7	377 255.7
港、澳、台商投资股份有限公司	Share-holding Corporations Ltd(Hong Kong,Macao and Taiwan)	344.3	21 340.7	14 380.4
外商投资企业	Foreign-funded	229 688.8	475 690.1	496 080.8
中外合资经营企业	Jointly-owned	8 502.3	83 091.7	50 281.5
中外合作经营企业	Cooperatively-owned	- 13.3	400.2	2 109.5
外资企业	Exclusively Foreign-owned	217 388.3	378 166.0	431 796.8
外商投资股份有限公司	Foreign-funded Investment Companies Limited	934.2	5 101.9	3 965.1
3.按控股情况分组	Grouped by Holding Condition			
国有控股	State-controlled	7 854.4	321 072.1	263 049.3
集体控股	Collective-controlled	4 569.3	51 818.3	32 128.1
私人控股	Private-controlled	244 542.4	2 530 361.4	1 919 644.2
港澳台商控股	Controlled by Entrepreneur from Hong Kong,Macao and Taiwan	23 497.5	673 700.3	428 651.3
外商控股	Foreign-funded-controlled	219 068.1	394 937.4	446 078.6
其他	Others	126 216.0	860 372.3	258 649.0
4.按经营形式分组	Grouped by Business Forms			
独立门店	Independent Stores	64 012.3	884 889.5	439 492.9

(10 000 yuan)

财务费用 Financial Expenses	利息支出 Interest Expense	营业利润 Operating profits	投资收益 Profits of Investment	营业外收入 Non-operating Income	利润总额 Total Profits	应交所得税 Total Payable Tax	应付职工薪酬 Total Wages Payable	本年应交增值税 Total Value-added Payable	从业人员期末人数（人） Average Employed Persons (Persons)
1 189 197.3	**1 024 603.0**	**3 147 925.9**	**867 703.9**	**287 749.6**	**3 443 215.3**	**756 657.2**	**4 517 772.0**	**2 194 684.0**	**507 841**
1 066 481.7	**930 268.5**	**2 074 638.4**	**712 127.2**	**212 321.9**	**2 171 222.8**	**496 553.0**	**3 084 048.7**	**1 507 585.3**	**308 555**
24 207.3	22 537.6	46 723.4	9 993.8	1 353.2	47 859.1	6 738.1	24 367.1	15 338.8	3 515
17 109.4	30 276.5	359 344.2	124 237.3	49 135.7	410 647.5	86 652.2	480 503.6	187 684.2	54 687
39 119.7	21 058.9	176 589.2	273.3	23 725.6	186 537.7	44 087.0	401 650.6	130 474.1	42 289
84 406.6	59 429.9	156 017.1	− 3 719.2	15 600.2	159 315.4	44 676.5	189 579.3	91 611.9	25 173
18 546.7	26 814.4	266 447.3	128 208.1	4 949.9	258 823.5	37 415.3	224 669.4	132 541.8	25 548
310 953.7	337 939.7	343 129.5	125 702.7	25 951.3	360 670.9	99 340.2	560 813.8	577 190.9	38 037
319 822.6	231 130.4	599 886.7	198 319.9	75 334.4	591 041.3	139 813.9	1 058 021.1	315 566.7	103 754
233 090.8	166 722.5	101 493.6	122 038.6	10 705.7	126 565.6	29 438.5	84 513.6	34 377.1	9 122
19 224.9	34 358.6	25 007.4	7 072.7	5 565.9	29 761.8	8 391.3	59 930.2	22 799.8	6 430
1 008 457.1	819 211.8	1 599 769.9	493 026.2	149 607.8	1 641 049.0	366 868.0	2 114 269.0	1 234 314.8	252 026
− 3 654.1	1 053.8	36 806.3	4 156.0	4 470.1	34 917.2	9 172.2	37 409.5	45 433.2	1 315
332 401.3	344 433.3	478 474.6	171 696.3	48 162.9	507 703.7	146 028.2	574 933.7	486 976.6	60 685
220 804.2	121 600.2	418 504.6	148 287.7	26 896.4	456 999.5	58 302.9	327 568.7	108 076.4	29 068
458 756.9	352 087.9	661 144.0	164 386.2	70 057.6	636 571.7	153 291.8	1 173 007.6	593 340.9	160 791
13 545.6	68 389.1	279 211.9	50 581.0	30 833.9	295 670.9	79 256.3	447 807.7	214 773.8	35 535
5 268.0	5 546.0	9 560.8	1 318.3	9 531.4	16 207.2	6 778.6	57 001.4	19 016.4	3 796
2.2		− 77.4		4.4	− 78.8		1 229.8		79
− 2 861.9	48 999.3	232 845.7	16 696.3	21 090.8	242 625.4	71 167.9	376 081.7	183 809.9	30 409
− 362.1	126.5	1 936.3	12.2	187.7	2 030.5	1 092.0	8 434.9	5 941.0	770
44 479.0	42 667.6	195 656.6	168 520.0	31 880.2	234 502.9	50 428.7	521 972.0	58 496.7	20 994
27 393.2	24 788.2	91 622.9	13 851.9	2 682.8	94 418.6	16 400.5	214 541.9	− 1 902.1	5 442
− 11.4	15.6	1 071.7		44.7	1 115.9	420.7	1 110.4	265.2	82
18 021.6	15 225.6	99 998.7	154 662.2	28 428.4	134 567.9	32 338.3	294 508.9	57 948.3	14 438
288.7	11.4	138.7		53.5	763.9	247.9	3 056.9	1 580.6	580
65 328.7	145 992.2	470 064.6	213 220.3	19 044.5	481 980.1	114 434.4	469 775.5	201 061.2	21 351
13 719.1	22 760.3	37 381.3	12 179.4	624.1	38 752.5	6 144.9	23 588.3	11 656.4	1 913
802 669.4	551 004.0	959 456.6	216 724.3	92 687.5	930 543.4	220 362.7	1 540 565.5	747 409.5	198 967
− 573.3	50 198.6	238 815.3	17 141.1	30 771.0	263 259.9	77 531.5	438 461.0	207 664.5	34 676
18 087.9	18 087.6	99 344.9	152 308.2	34 895.2	138 884.9	33 543.5	306 178.1	61 017.5	15 668
167 249.9	142 225.8	269 575.7	100 553.9	34 299.6	317 802.0	44 536.0	305 480.3	278 776.2	35 980
90 365.3	82 903.2	243 282.5	30 308.6	19 381.7	258 097.4	69 732.7	412 682.8	442 051.1	52 381

单位：万元

项　目	Item	其他业务利润 Profits from Other Business	销售费用 Sale Expenses	管理费用 Management Expenses
连锁总店	General Chain Stores	6 317.1	268 270.9	55 887.3
连锁门店	Chain Stores	2 021.9	96 546.4	22 308.8
其他	Others	553 396.4	3 582 555.0	2 830 511.5
二、零售业	**Retail Trade Sector**	**368 087.9**	**3 119 030.6**	**1 082 915.1**
1.按零售行业小类分组	Grouped by Sector			
综合零售	Integrated Retail	231 977.9	871 974.0	189 802.4
食品、饮料及烟草制品专门零售	Special Retail of Foods, Beverages&Tobaccos	2 400.7	88 924.5	37 989.5
纺织、服装及日用品专门零售	Special Retail of Textile, Garments and Daily−use Articles	25 097.1	716 298.0	212 745.6
文化、体育用品及器材专门零售	Special Retail of Cultural and Sports Goods and Appliances	1 838.3	91 435.1	55 392.5
医药及医疗器材专门零售	Special Retail of Medicine and Medical Appliances	3 681.6	98 198.4	18 951.3
汽车、摩托车、燃料及零配件专门零售	Special Retail of Automobiles, Motorcycles, Fuels and Related Accessories	74 784.3	453 981.8	262 767.5
家用电器及电子产品专门零售	Special Retail of Household Electrical Appliances and Electronic Products	18 084.2	216 901.3	198 598.1
五金、家具及室内装修材料专门零售	Special Retail of Hardware, Furniture and lndoor Decoration Materials	4 716.3	56 150.7	32 716.3
无店铺及其他零售	Retail without Shops and Other	5 507.5	525 166.8	73 951.9
2.按登记注册类型分组	Grouped by Registration			
内资企业	Civil Funded	164 949.5	2 039 991.0	797 469.6
国有企业	State−owned	1 597.3	1 497.4	14 869.1
集体企业	Collective−owned		852.1	12.1
股份合作企业	Share−holding Cooperative Enterprise			
联营企业	Joint Ownership		599.0	2 081.7
有限责任公司	Limited Liabilities Companies	85 716.5	1 142 379.3	289 158.4
股份有限公司	Share−holding Limited Companies	12 664.0	140 119.4	33 915.6
私营企业	Private−owned	64 971.7	754 543.8	457 432.7
港、澳、台商投资企业	Funded by Entrepreneur from Hong Kong, Macao and Taiwan	77 843.6	603 245.6	169 504.3
外商投资企业	Foreign−funded	125 294.8	475 794.0	115 941.2
3.按控股情况分组	Grouped by Holding Condition			
国有控股	State−controlled	25 991.7	490 701.6	135 969.6
集体控股	Collective−controlled	1 273.3	8 004.3	2 699.8
私人控股	Private−controlled	112 463.7	1 621 354.4	649 185.3
港澳台商控股	Controlled by Entrepreneur from Hong Kong,Macao and Taiwan	46 843.5	406 515.1	126 130.3
外商控股	Foreign−funded−controlled	120 217.8	284 760.8	61 826.8
其他	Others	61 297.9	307 694.4	107 103.3
4.按经营形式分组	Grouped by Business Forms			
独立门店	Independent Stores	117 965.7	752 771.6	352 191.7
连锁总店	General Chain Stores	71 514.1	668 643.6	172 503.5
连锁门店	Chain Stores	7 369.8	481 058.3	120 314.9
其他	Other	171 238.3	1 216 557.1	437 905.0
5.按零售业态分组	Grouped by Retail Format			
有店铺零售	Store−based Retailing	360 350.5	2 421 119.0	806 557.8
无店铺零售	Non−Store Retailing	7 737.4	697 911.6	276 357.3

财务费用 Financial Expenses	利息支出 Interest Expense	营业利润 Operating profits	投资收益 Profits of Investment	营业外收入 Non-operating Income	利润总额 Total Profits	应交所得税 Total Payable Tax	应付职工薪酬 Total Wages Payable	本年应交增值税 Total Value-added Payable	从业人员期末人数（人） Average Employed Persons (Persons)
11 154.5	10 013.0	89 220.0	33 922.1	3 557.8	110 618.1	19 655.1	69 644.7	62 583.4	6 436
1 257.2	537.6	2 803.4	− 615.5	1 101.5	3 661.4	363.6	44 476.5	8 277.1	5 754
963 704.7	836 814.7	1 739 332.5	648 512.0	188 280.9	1 798 845.9	406 801.6	2 557 244.7	994 673.7	243 984
122 715.6	**94 334.5**	**1 073 287.5**	**155 576.7**	**75 427.7**	**1 271 992.5**	**260 104.2**	**1 433 723.3**	**687 098.7**	**199 286**
28 272.2	43 244.0	286 041.1	47 924.9	19 707.2	296 111.8	80 092.3	385 279.9	83 230.9	58 391
1 036.5	46.7	61 640.1	13 341.9	2 560.1	66 867.4	15 993.4	43 912.3	9 437.1	7 876
11 123.9	7 969.6	153 967.0	7 716.5	11 694.4	155 171.6	36 062.4	358 865.2	131 898.3	54 078
2 145.9	1 276.0	50 784.1	9 010.6	3 497.3	53 241.0	10 697.4	61 988.8	12 990.5	10 155
2 162.0	442.1	− 5 429.5	− 62.8	1 408.2	20 418.9	3 848.2	42 736.6	11 497.0	7 517
54 135.2	29 250.3	349 631.8	78 856.1	25 579.3	358 297.0	71 423.0	319 397.6	389 417.2	36 004
14 065.5	5 184.7	32 538.4	− 1 453.5	5 816.8	37 153.2	10 093.3	94 633.4	30 596.6	10 937
− 179.8	1 331.9	43 470.5	− 810.2	853.8	180 541.2	7 733.4	30 159.5	10 610.7	3 346
9 954.2	5 589.2	100 644.0	1 053.2	4 310.6	104 190.4	24 160.8	96 750.0	7 420.4	10 982
94 807.1	51 214.7	699 071.3	103 771.5	50 498.6	765 223.0	171 930.7	934 153.0	399 994.8	128 487
− 756.6	8.1	12 724.1	8 789.7	1 583.2	14 030.9	285.6	9 708.0	938.4	2 079
36.4		476.4			461.7	25.3	408.7	267.0	104
12.9	21.7	3 006.3		50.1	3 036.5	929.7	12 325.4	800.2	1 297
47 561.7	25 626.2	441 697.8	68 764.0	16 196.3	477 012.0	106 053.6	408 225.2	205 855.6	52 683
101.2	937.7	37 183.7	12 626.7	2 734.2	38 786.3	6 647.6	72 621.3	8 651.0	8 110
47 851.5	24 621.0	203 983.0	13 591.1	29 934.8	231 895.6	57 988.9	430 864.4	183 482.6	64 214
7 325.6	33 186.0	222 382.5	51 674.3	12 633.9	213 084.3	48 245.9	283 593.9	120 970.1	34 595
20 582.9	9 933.8	151 833.7	130.9	12 295.2	293 685.2	39 927.6	215 976.4	166 133.8	36 204
17 374.0	13 002.2	293 352.6	108 070.1	15 304.1	302 224.0	49 984.1	281 568.6	71 179.1	35 215
384.3	137.8	7 796.1		300.0	8 072.1	2 224.9	4 363.3	2 024.5	552
81 252.0	43 740.6	368 751.4	24 257.5	42 061.3	409 481.3	100 733.2	701 606.8	263 613.3	96 916
11 719.0	20 781.7	98 895.5	21 919.4	7 890.5	87 851.1	22 461.8	177 758.4	102 886.1	24 800
705.5	603.5	112 016.6	123.7	3 362.8	246 734.0	32 026.0	116 896.0	50 308.6	19 533
11 280.8	16 068.7	192 475.3	1 206.0	6 509.0	217 630.0	52 674.2	151 530.2	197 087.1	22 270
43 478.3	39 543.6	487 236.2	50 234.8	29 993.0	643 156.8	109 133.1	459 736.0	360 524.1	61 060
12 201.6	9 768.3	149 875.7	30 764.6	13 929.8	168 312.2	32 875.8	302 109.5	80 311.5	38 611
22 686.2	10 143.8	89 186.2	45 552.8	12 556.6	98 344.4	14 034.4	233 254.2	60 686.9	40 202
44 349.5	34 878.8	346 989.4	29 024.5	18 948.3	362 179.1	104 060.9	438 623.6	185 576.2	59 413
99 180.1	84 645.3	934 181.4	157 622.8	68 619.1	1 121 997.5	224 296.2	1 264 240.9	647 793.7	180 175
23 535.5	9 689.2	139 106.1	− 2 046.1	6 808.6	149 995.0	35 808.0	169 482.4	39 305.0	19 111

10-5 限额以上住宿和餐饮业法人企业主要财务状况综合表 (一)（2017年）

MAIN FINANCIAL INDICAFORS OF ENTERPRISE ABOVE DESIGNATED SIZE OF HOTELS AND CATERING SERVICES Ⅰ（2017）

单位：万元

项　目	Item	法人企业数（个）Number of Corporative Enterprises (unit)	流动资产合计 Total Current Assets	应收帐款 Accounts Payable
总　　计	**Total**	**924**	**3 447 913.8**	**203 287.0**
一、住宿业	**Hotels**	**337**	**2 346 017.6**	**95 363.8**
1.按住宿行业分组	Grouped by Sector			
旅游饭店	Tour Restaurant	208	1 933 495.8	64 239.0
一般旅馆	General Restaurant	113	288 309.4	30 257.1
其他住宿服务	Other Hotel Services	16	124 212.4	867.7
2.按登记注册类型分组	Grouped by Registration Status			
内资企业	Domestic-funded	290	1 727 396.7	72 167.7
国有企业	State-owned	11	55 499.8	7 679.2
集体企业	Collective-owned	3	2 878.7	157.1
股份合作企业	Share-holding Cooperative Enterprise			
联营企业	Joint Ownership	2	6 505.2	558.9
有限责任公司	Limited Liabilities Companies	120	1 198 269.3	25 432.9
股份有限公司	Share-holding Limited Companies	11	130 150.3	3 774.0
私营企业	Private-owned	142	334 023.4	34 559.6
港、澳、台商投资企业	Funded by Entrepreneur from Hong Kong,Macao and Taiwan	29	237 902.2	16 649.1
合资经营企业（港或澳、台资）	Joint-venture(Hong Kong,Macao and Taiwan)	6	40 754.7	4 015.7
合作经营企业（港或澳、台资）	Cooperative(Hong Kong,Macao and Taiwan)	5	71 295.6	1 683.8
港、澳、台商独资经营企业	Enterprises with Sole Funds(Hong Kong,Macao and Taiwan)	17	104 893.5	10 947.7
港、澳、台商投资股份有限公司	Share-holding Corporations Ltd(Hong Kong,Macao and Taiwan)	1	20 958.4	1.9
外商投资企业	Foreign-funded	18	380 718.7	6 547.0
中外合资经营企业	Jointly-owned	10	315 605.1	3 958.1
中外合作经营企业	Cooperatively-owned	2	21 570.1	494.6
外资企业	Exclusively Foreign-owned	5	40 049.2	1 431.8
外商投资股份有限公司	Foreign-funded Investment Companies Limited			
3.按控股情况分组	Grouped by Holding Condition			
国有控股	State-controlled	51	261 478.8	17 626.1
集体控股	Collective-controlled	6	3 432.2	217.9
私人控股	Private-controlled	185	1 061 659.1	43 168.1
港澳台商控股	Controlled by Entrepreneur from Hong Kong,Macao and Taiwan	28	363 587.4	18 411.9
外商控股	Foreign-funded-controlled	9	173 200.3	1 139.1
其他	Others	58	482 659.8	14 800.7
4.按经营形式分组	Grouped by Business Forms			
独立门店	Independent Stores	271	2 019 220.6	81 972.0
连锁总店	General Chain Stores	4	50 090.1	851.3
连锁门店	Chain Stores	23	164 774.5	3 353.5
其他	Other	39	111 932.4	9 187.0
5.按星级分组	Grouped by Star Rating			
五星	Five Star	26	982 005.8	21 159.3
四星	Four Star	40	310 654.1	23 983.5
三星	Three Star	54	128 834.2	17 388.1

(10 000 yuan)

存货 Inventory	固定资产合计 Total Fixed Assets	固定资产原价 Original Value of Fixed Assets	累计折旧 Accumulative Depreciation	本年折旧 Depreciation of the Year	资产总计 Total Assets	流动负债合计 Total Current Liabilities	应付帐款 Accounts Payable
166 847.5	**1 355 147.1**	**2 586 449.3**	**1 296 464.0**	**94 136.5**	**5 732 216.6**	**2 833 704.8**	**361 424.4**
117 037.2	**1 078 077.4**	**2 020 080.1**	**993 679.9**	**63 671.7**	**4 080 146.4**	**1 814 923.3**	**177 164.9**
113 799.1	961 335.2	1 803 475.5	891 483.6	54 960.1	3 430 160.1	1 532 289.6	157 671.1
2 482.3	70 802.1	155 584.8	86 932.6	5 813.1	469 020.0	255 029.9	16 997.5
755.8	45 940.1	61 019.8	15 263.7	2 898.5	180 966.3	27 603.8	2 496.3
111 293.8	800 941.9	1 345 427.9	595 911.0	45 847.3	2 987 523.5	1 367 805.0	129 839.8
2 554.9	76 062.6	170 243.6	94 181.0	5 158.3	159 718.2	64 696.6	4 395.9
57.8	201.3	347.6	223.1	−28.7	3 104.2	2 701.9	
146.6	807.7	807.7	584.8	78.3	10 211.5	1 371.7	15.2
5 631.3	551 318.4	824 715.0	321 156.7	26 824.0	2 052 357.8	916 816.1	102 156.1
97 733.3	19 036.7	43 584.8	24 664.0	2 311.6	178 753.0	32 529.9	5 875.7
5 149.9	153 365.2	305 529.2	155 051.4	11 453.8	583 148.8	349 686.8	17 394.9
3 784.1	208 849.3	461 463.7	252 865.8	12 780.5	524 707.2	207 732.3	24 415.9
455.9	17 867.2	107 119.8	89 243.0	2 967.2	67 656.1	11 760.5	2 970.8
1 062.3	81 111.9	156 440.1	75 328.3	3 993.5	189 381.3	89 894.7	11 700.7
2 179.0	109 828.9	197 858.4	88 290.4	5 816.7	246 467.3	102 004.3	9 636.5
86.9	41.3	45.4	4.1	3.1	21 202.5	4 072.8	107.9
1 959.3	68 286.2	213 188.5	144 903.1	5 043.9	567 915.7	239 386.0	22 909.2
1 448.7	31 916.0	103 679.1	71 763.9	2 422.3	386 919.2	221 009.6	14 562.6
280.6	9 598.2	37 655.8	28 057.6	882.8	54 344.0	16 895.6	1 247.0
230.0	26 772.0	71 853.6	45 081.6	1 738.8	123 158.2	66 140.4	4 309.0
6 655.8	384 087.2	669 791.5	332 321.0	16 864.7	795 209.8	328 204.8	38 658.8
67.0	593.1	1 200.5	684.2	42.3	6 275.9	4 042.7	399.7
104 027.9	325 271.7	600 758.0	279 191.8	22 371.4	1 607 669.1	905 087.7	52 018.1
3 167.9	135 554.8	335 272.8	199 969.4	9 519.0	583 071.9	324 748.7	23 640.6
1 229.4	46 244.2	140 937.6	94 693.4	3 481.0	278 072.6	109 501.4	6 903.2
1 889.2	186 326.4	272 119.7	86 820.1	11 393.3	809 847.1	143 338.0	55 544.5
113 999.4	768 772.6	1 634 727.5	870 091.6	48 993.2	3 247 339.7	1 321 481.7	145 877.0
398.1	9 168.8	16 383.1	7 358.5	614.2	150 475.4	41 496.1	2 521.2
306.5	3 832.6	14 106.6	10 344.9	527.1	200 747.1	151 666.5	4 308.2
2 333.2	296 303.4	354 862.9	105 884.9	13 537.2	481 584.2	300 279.0	24 458.5
5 688.4	395 031.6	804 881.0	455 881.1	19 684.0	1 576 063.9	658 254.1	75 480.8
2 523.3	169 999.7	301 817.0	132 601.5	4 484.7	629 646.5	275 727.4	37 241.8
2 671.7	38 993.3	141 729.0	103 437.1	3 805.6	214 561.7	104 222.9	10 776.3

单位：万元

项 目	Item	法人企业数（个） Number of Corporative Enterprises (unit)	流动资产合计 Total Current Assets	应收帐款 Accounts Payable
二星	Two Star	13	23 492.2	124.2
一星	One Star	2	617.6	1.7
其他	Others	202	900 413.7	32 707.0
二、餐饮业	**Catering Services**	**587**	**1 101 896.2**	**107 923.2**
1.按餐饮行业小类分组	Grouped by Sector			
正餐服务	Restaurant	517	745 590.5	64 270.5
快餐服务	Fast Food	42	247 066.5	26 955.5
饮料及冷饮服务	Beverages and Cold Drinks	10	62 155.3	2 444.5
其他餐饮服务	Others	10	22 389.3	1 813.5
2.按登记注册类型分组	Grouped by Registration			
内资企业	Domestic–funded	497	701 092.2	80 757.5
国有企业	State–owned	2	1 000.4	163.5
集体企业	Collective–owned	1	491.4	
股份合作企业	Share–holding Cooperative Enterprise			
联营企业	Joint Ownership			
有限责任公司	Limited Liabilities Companies	118	348 095.2	33 332.9
股份有限公司	Share–holding Limited Companies	4	1 603.2	855.8
私营企业	Private–owned	366	347 189.7	46 371.2
其他企业	Others	6	2 712.3	34.1
港、澳、台商投资企业	Funded by Entrepreneur from Hong Kong,Macao and Taiwan	70	336 194.3	18 692.8
合资经营企业（港或澳、台资）	Joint–venture(Hong Kong,Macao and Taiwan)	11	24 142.2	1 360.3
合作经营企业（港或澳、台资）	Cooperative(Hong Kong,Macao and Taiwan)	2	11 017.1	5 996.5
港、澳、台商独资经营企业	Enterprises with Sole Funds(Hong Kong,Macao and Taiwan)	57	301 035.0	11 336.0
港、澳、台商投资股份有限公司	Share–holding Corporations Ltd(Hong Kong,Macao and Taiwan)			
外商投资企业	Foreign–funded	20	64 609.7	8 472.9
中外合资经营企业	Jointly–owned	5	7 177.6	3 631.3
中外合作经营企业	Cooperatively–owned			
外资企业	Exclusively Foreign–owned	14	51 788.4	3 970.7
外商投资股份有限公司	Foreign–funded Investment Companies Limited	1	5 643.7	870.9
3.按控股情况分组	Grouped by Holding Condition			
国有控股	State–controlled	11	31 796.3	16 319.1
集体控股	Collective–controlled	3	14 084.4	1 167.7
私人控股	Private–controlled	427	553 604.1	56 350.0
港澳台商控股	Controlled by Entrepreneur from Hong Kong,Macao and Taiwan	72	332 744.4	13 355.8
外商控股	Foreign–funded–controlled	16	57 431.6	4 782.8
其他	Others	58	112 235.4	15 947.8
4.按经营形式分组	Grouped by Business Forms			
独立门店	Independent Stores	434	522 891.5	62 631.3
连锁总店	General Chain Stores	41	165 366.5	9 588.8
连锁门店	Chain Stores	25	243 389.1	6 118.7
其他	Other	87	170 249.1	29 584.4

10-5 （一）续表 （10 000 yuan）

存货 Inventory	固定资产合计 Total Fixed Assets	固定资产原价 Original Value of Fixed Assets	累计折旧 Accumulative Depreciation	本年折旧 Depreciation of the Year	资产总计 Total Assets	流动负债合计 Total Current Liabilities	应付帐款 Accounts Payable
219.6	5 287.0	13 659.6	8 372.5	222.9	31 179.0	11 118.8	1 332.0
	30.3	58.6	28.3		765.2	539.4	128.0
105 934.2	468 735.5	757 934.9	293 359.4	35 474.5	1 627 930.1	765 060.7	52 206.0
49 810.3	**277 069.7**	**566 369.2**	**302 784.1**	**30 464.8**	**1 652 070.2**	**1 018 781.5**	**184 259.5**
33 539.5	135 249.0	302 669.3	179 029.0	21 086.3	998 532.9	647 790.2	111 336.9
10 789.6	122 042.4	222 254.4	102 123.9	5 418.8	488 238.2	311 296.7	55 056.0
3 821.0	9 391.2	16 587.1	7 196.5	1 490.1	98 770.3	31 439.9	11 891.0
640.8	7 805.0	14 982.7	7 118.9	1 660.2	38 243.7	15 977.1	1 139.8
33 584.5	171 987.9	314 814.8	155 663.6	23 705.1	1 001 079.9	742 477.4	124 388.3
121.7	166.8	608.9	442.1	54.2	1 529.2	1 416.7	474.8
1.1		503.7	503.7		491.4	187.3	185.5
11 026.9	84 071.0	145 326.1	66 120.5	11 285.0	491 059.1	361 169.3	56 512.7
	20.5	76.0	55.5	16.4	1 685.8	1 731.7	290.4
22 385.0	87 053.2	166 823.6	87 741.7	12 196.3	502 925.7	377 134.9	66 670.4
49.8	676.4	1 476.5	800.1	153.2	3 388.7	837.5	254.5
9 920.7	73 323.6	184 365.0	111 600.8	6 038.6	478 163.3	179 242.4	29 756.2
1 410.3	5 214.6	8 697.2	3 525.4	331.4	32 353.6	17 513.7	3 519.8
304.6	1 533.1	5 283.4	3 750.3	269.7	13 066.6	7 378.6	2 569.4
8 205.8	66 575.9	170 384.4	104 325.1	5 437.5	432 743.1	154 350.1	23 667.0
6 305.1	31 758.2	67 189.4	35 519.7	721.1	172 827.0	97 061.7	30 115.0
375.0	631.7	1 157.7	528.1	295.0	10 409.5	5 635.2	257.0
5 265.7	30 857.8	65 484.0	34 712.6	426.1	156 489.8	88 111.6	27 274.7
664.4	268.7	547.7	279.0		5 927.7	3 314.9	2 583.3
897.5	2 710.1	12 774.7	10 068.2	3 924.3	35 421.9	24 112.4	11 144.6
2 389.8	4 707.7	6 912.6	2 247.7	792.1	30 442.1	6 495.5	4 891.5
28 128.7	147 869.6	263 395.6	124 017.9	17 065.5	800 033.6	597 651.8	91 849.1
9 825.7	72 095.7	180 442.8	108 931.6	6 074.3	473 084.9	180 201.0	27 651.8
5 988.4	31 190.7	66 121.9	35 017.6	442.9	162 481.2	91 524.7	29 858.0
2 580.2	18 495.9	36 721.6	22 501.1	2 165.7	150 606.5	118 796.1	18 864.5
27 405.8	127 472.9	289 295.2	170 811.9	17 903.2	770 373.8	487 368.8	87 703.4
8 312.9	89 656.0	142 729.1	54 601.0	6 353.5	332 914.7	170 657.3	43 202.0
6 019.2	39 848.0	98 339.8	58 511.3	2 712.9	342 759.9	196 815.7	16 703.5
8 072.4	20 092.8	36 005.1	18 859.9	3 495.2	206 021.8	163 939.7	36 650.6

10-5 限额以上住宿和餐饮业法人企业主要财务状况综合表(二)(2017年)

MAIN FINANCIAL INDICAFORS OF ENTERPRISE ABOVE DESIGNATED SIZE OF HOTELS AND CATERING SERVICESⅡ(2017)

单位：万元

项　目	Item	非流动负债合计 Total Non-working Liabilities	负债合计 Total Liabilities	所有者权益合计 Total Owner's Eguities
总　　计	**Total**	**1 370 321.6**	**4 210 155.8**	**1 529 561.9**
一、住宿业	**Hotels**	**1 264 709.6**	**3 086 274.0**	**993 872.4**
1.按住宿行业分组	Grouped by Sector			
旅游饭店	Tour Restaurant	1 045 301.1	2 584 430.3	845 729.8
一般旅馆	General Restaurant	109 434.4	364 265.8	104 754.2
其他住宿服务	Other Hotel Services	109 974.1	137 577.9	43 388.4
2.按登记注册类型分组	Grouped by Registration Status			
内资企业	Domestic-funded	1 065 981.9	2 440 428.0	547 095.5
国有企业	State-owned	2 058.2	66 754.8	92 963.4
集体企业	Collective-owned		2 701.9	402.3
股份合作企业	Share-holding Cooperative Enterprise			
联营企业	Joint Ownership		1 371.8	8 839.7
有限责任公司	Limited Liabilities Companies	859 924.5	1 777 340.6	275 017.2
股份有限公司	Share-holding Limited Companies	26 911.3	59 441.2	119 311.8
私营企业	Private-owned	177 083.9	532 811.7	50 337.1
港、澳、台商投资企业	Funded by Entrepreneur from Hong Kong,Macao and Taiwan	73 259.5	280 991.8	243 715.4
合资经营企业（港或澳、台资）	Joint-venture(Hong Kong,Macao and Taiwan)	8 200.0	19 960.5	47 695.6
合作经营企业（港或澳、台资）	Cooperative(Hong Kong,Macao and Taiwan)	6 184.2	96 078.9	93 302.4
港、澳、台商独资经营企业	Enterprises with Sole Funds(Hong Kong,Macao and Taiwan)	40 917.7	142 922.0	103 545.3
港、澳、台商投资股份有限公司	Share-holding Corporations Ltd(Hong Kong,Macao and Taiwan)	17 957.6	22 030.4	- 827.9
外商投资企业	Foreign-funded	125 468.2	364 854.2	203 061.5
中外合资经营企业	Jointly-owned	106 880.1	327 889.7	59 029.5
中外合作经营企业	Cooperatively-owned	10 760.0	27 655.6	26 688.4
外资企业	Exclusively Foreign-owned	7 828.1	73 968.5	49 189.7
外商投资股份有限公司	Foreign-funded Investment Companies Limited			
3.按控股情况分组	Grouped by Holding Condition			
国有控股	State-controlled	59 574.5	388 379.4	406 830.4
集体控股	Collective-controlled		4 042.7	2 233.2
私人控股	Private-controlled	595 982.3	1 507 111.0	100 558.1
港澳台商控股	Controlled by Entrepreneur from Hong Kong,Macao and Taiwan	74 450.8	399 199.5	183 872.4
外商控股	Foreign-funded-controlled	104 553.3	214 054.7	64 017.9
其他	Others	430 148.7	573 486.7	236 360.4
4.按经营形式分组	Grouped by Business Forms			
独立门店	Independent Stores	1 144 115.9	2 472 238.7	775 101.0
连锁总店	General Chain Stores	96 046.6	137 542.7	12 932.7
连锁门店	Chain Stores	3 831.5	155 498.0	45 249.1
其他	Other	20 715.6	320 994.6	160 589.6
5.按星级分组	Grouped by Star Rating			
五星	Five Star	423 107.2	1 081 361.3	494 702.6
四星	Four Star	309 215.3	585 542.7	44 103.8
三星	Three Star	16 121.3	126 649.1	87 912.6

（10 000 yuan）

实收资本 Paid−in Capital	1.国家资本 State Capital	2.集体资本 Collective−owned Capital	3.法人资本 Capital of Juridical Person	4.个人资本 Private Capital	5.港澳台资本 Hong Kong, Macao and Taiwan Capital	6.外商资本 Foreign Capital	主营业务收入 Prime Operating Revenues	主营业务成本 Operating Losts	主营业务税金及附加 Sales Taxes and Extra Charges
4 412 261.2	**290 199.6**	**7 238.0**	**566 184.8**	**3 200 543.2**	**262 617.9**	**85 477.7**	**3 666 066.2**	**1 515 064.9**	**24 693.2**
4 060 214.3	**282 675.5**	**4 101.4**	**443 552.7**	**3 101 725.1**	**175 389.2**	**52 770.4**	**1 266 886.9**	**428 076.4**	**13 871.1**
3 866 303.8	278 896.6	3 501.4	323 071.1	3 078 046.7	167 635.1	15 152.9	1 057 472.7	349 346.6	11 786.6
173 521.3	3 778.9		102 656.0	21 714.8	7 754.1	37 617.5	166 582.4	67 845.9	1 560.0
20 389.2		600.0	17 825.6	1 963.6			42 831.8	10 883.9	524.5
3 662 298.4	185 857.8	3 334.9	371 316.6	3 101 700.1	89.0		830 776.9	278 004.1	9 698.9
49 121.4	46 900.0		2 221.4				49 874.4	17 066.7	710.1
50.1		50.1					3 065.7	1 586.6	63.0
8 000.0	6 000.0	2 000.0					2 297.0	139.4	21.8
336 402.1	127 857.8	1 254.8	154 504.9	52 695.6	89.0		446 346.2	145 795.2	6 238.8
122 689.0	5 100.0		112 566.2	5 022.8			41 804.4	10 326.8	278.7
3 146 035.8		30.0	102 024.1	3 043 981.7			287 093.7	102 889.4	2 384.1
258 579.8	67 057.4	766.5	15 520.7	25.0	175 210.2		225 557.3	92 350.8	2 620.0
39 575.7	6 047.0		9 870.2		23 658.5		31 130.3	16 384.5	553.1
81 182.7	61 010.4	766.5	4 629.5		14 776.3		56 524.0	26 777.0	669.1
94 849.4			1 021.0	25.0	93 803.4		131 559.6	45 048.1	1 386.3
42 972.0					42 972.0		6 343.4	4 141.2	11.5
139 336.1	29 760.3		56 715.4		90.0	52 770.4	210 552.7	57 721.5	1 552.2
69 395.3	430.3		56 715.4		90.0	12 159.6	105 018.9	23 620.6	715.0
31 757.0	29 330.0					2 427.0	16 862.0	3 015.0	355.9
38 183.8						38 183.8	46 830.6	6 857.7	416.8
316 621.0	279 370.0		30 661.0	4 900.0	1 690.0		304 434.7	123 338.5	4 733.6
2 292.1		2 050.1	235.0	7.0			4 493.2	2 383.7	73.8
3 312 986.1		30.0	254 844.3	3 058 022.8	89.0		439 705.8	142 387.7	3 672.3
220 597.9	2 043.0	766.5	45 483.2	25.0	172 280.2		214 560.0	72 944.0	2 283.1
61 997.7			20 663.9			41 333.8	91 550.0	12 593.4	787.5
145 719.5	1 262.5	1 254.8	91 665.3	38 770.3	1 330.0	11 436.6	212 143.2	74 429.1	2 320.8
3 825 191.5	140 265.1	4 101.4	368 827.0	3 083 851.2	175 376.4	52 770.4	941 379.6	323 643.9	10 202.3
11 900.0	5 700.0		1 300.0	4 900.0			29 633.8	11 560.3	167.9
56 837.6			52 650.4	4 174.4	12.8		67 926.4	10 972.9	536.1
166 285.2	136 710.4		20 775.3	8 799.5			227 947.1	81 899.3	2 964.8
428 714.2	160 340.4		105 340.2	30 000.0	96 699.8	36 333.8	464 322.4	151 110.4	5 020.9
143 789.2	19 348.1	600.0	50 525.0	22 921.8	50 394.3		159 857.4	54 062.7	2 385.2
72 204.9	25 757.1	1 321.3	21 943.6	6 173.5	17 009.4		104 991.6	32 543.9	896.6

单位：万元

项 目	Item	非流动负债合计 Total Non-working Liabilities	负债合计 Total Liabilities	所有者权益合计 Total Owner's Eguities
二星	Two Star	994.8	12 113.6	19 065.4
一星	One Star	194.3	733.7	31.5
其他	Others	515 076.7	1 279 873.6	348 056.5
二、餐饮业	**Catering Services**	**105 612.0**	**1 123 881.8**	**535 689.5**
1.按餐饮行业小类分组	Grouped by Sector			
正餐服务	Restaurant	86 520.2	733 798.7	272 235.3
快餐服务	Fast Food	17 147.9	328 444.6	159 793.6
饮料及冷饮服务	Beverages and Cold Drinks	1 087.5	32 527.4	66 242.9
其他餐饮服务	Others	336.7	16 313.8	21 929.9
2.按登记注册类型分组	Grouped by Registration			
内资企业	Domestic-funded	45 844.7	787 956.2	220 624.8
国有企业	State-owned		1 416.7	112.5
集体企业	Collective-owned		187.3	304.1
股份合作企业	Share-holding Cooperative Enterprise			
联营企业	Joint Ownership			
有限责任公司	Limited Liabilities Companies	8 922.7	371 284.8	119 774.3
股份有限公司	Share-holding Limited Companies	215.4	1 947.1	- 261.3
私营企业	Private-owned	36 706.6	412 282.8	98 144.0
其他企业	Others		837.5	2 551.2
港、澳、台商投资企业	Funded by Entrepreneur from Hong Kong,Macao and Taiwan	35 653.0	214 749.6	263 413.7
合资经营企业（港或澳、台资）	Joint-venture(Hong Kong,Macao and Taiwan)	1 679.5	19 051.0	13 302.6
合作经营企业（港或澳、台资）	Cooperative(Hong Kong,Macao and Taiwan)	9.7	7 388.3	5 678.3
港、澳、台商独资经营企业	Enterprises with Sole Funds(Hong Kong,Macao and Taiwan)	33 963.8	188 310.3	244 432.8
港、澳、台商投资股份有限公司	Share-holding Corporations Ltd(Hong Kong,Macao and Taiwan)			
外商投资企业	Foreign-funded	24 114.3	121 176.0	51 651.0
中外合资经营企业	Jointly-owned	549.4	6 184.6	4 224.9
中外合作经营企业	Cooperatively-owned			
外资企业	Exclusively Foreign-owned	23 564.9	111 676.5	44 813.3
外商投资股份有限公司	Foreign-funded Investment Companies Limited		3 314.9	2 612.8
3.按控股情况分组	Grouped by Holding Condition			
国有控股	State-controlled	387.6	24 500.0	10 921.9
集体控股	Collective-controlled		6 495.5	23 946.6
私人控股	Private-controlled	39 209.2	636 495.1	171 039.6
港澳台商控股	Controlled by Entrepreneur from Hong Kong,Macao and Taiwan	36 092.7	216 147.9	256 937.0
外商控股	Foreign-funded-controlled	23 564.9	115 089.6	47 391.6
其他	Others	6 357.6	125 153.7	25 452.8
4.按经营形式分组	Grouped by Business Forms			
独立门店	Independent Stores	83 236.8	570 239.6	200 515.6
连锁总店	General Chain Stores	16 966.7	187 623.9	145 290.8
连锁门店	Chain Stores	3 524.7	200 336.6	142 423.3
其他	Other	1 883.8	165 681.7	47 459.8

10-5 （二）续表（10 000 yuan)

实收资本 Paid-in Capital	1.国家资本 State Capital	2.集体资本 Collective-owned Capital	3.法人资本 Capital of Juridical Person	4.个人资本 Private Capital	5.港澳台资本 Hong Kong, Macao and Taiwan Capital	6.外商资本 Foreign Capital	主营业务收入 Prime Operating Revenues	主营业务成本 Operating Losts	主营业务税金及附加 Sales Taxes and Extra Charges
13 470.5	3 370.5	50.0	9 315.0	100.0	635.0		11 755.6	6 230.1	106.9
600.0			100.0	500.0			1 198.6	477.1	42.7
3 401 435.5	73 859.4	2 130.1	256 328.9	3 042 029.8	10 650.7	16 436.6	524 761.3	183 652.2	5 418.8
352 046.9	**7 524.1**	**3 136.6**	**122 632.1**	**98 818.1**	**87 228.7**	**32 707.3**	**2 399 179.3**	**1 086 988.5**	**10 822.1**
242 875.2	3 722.6	2 614.6	88 300.5	79 976.4	57 615.4	10 645.7	1 268 524.5	581 469.8	7 837.7
86 403.0	1 200.0	20.0	28 826.5	14 566.0	20 929.6	20 860.9	829 728.9	366 364.9	2 120.7
6 500.0			218.0	41.3	5 040.0	1 200.7	164 664.3	60 692.5	312.9
8 962.0			5 081.1	1 000.0	2 880.9		83 241.3	37 261.6	182.4
208 219.6	5 035.8	3 136.6	101 270.1	98 707.1	70.0		1 385 221.7	692 899.0	7 947.4
1 995.6	1 995.6						3 636.0	2 031.9	37.9
264.5		264.5					251.9	46.2	1.0
71 955.9	3 040.2	2 562.1	52 946.3	13 337.3	70.0		570 052.0	286 259.6	1 872.6
1 190.0			50.0	1 140.0			1 102.4	549.9	4.0
131 646.6		310.0	47 111.8	84 224.8			801 146.0	398 587.2	5 846.7
1 167.0			1 162.0	5.0			9 033.4	5 424.2	185.2
99 481.1	1 788.3		10 499.1	35.0	87 158.7		576 238.0	207 220.0	2 225.8
7 354.5			4 525.3	35.0	2 794.2		38 519.0	17 794.4	220.3
3 635.8	1 788.3				1 847.5		24 911.2	17 879.8	267.6
88 490.8			5 973.8		82 517.0		512 807.8	171 545.8	1 737.9
44 346.2	700.0		10 862.9	76.0		32 707.3	437 719.6	186 869.5	648.9
5 508.3	700.0		4 432.3	76.0		300.0	24 830.9	12 803.1	42.0
37 737.9			6 430.6			31 307.3	392 675.0	161 244.2	505.3
1 100.0						1 100.0	20 213.7	12 822.2	101.6
8 802.2	5 655.8	2 000.0		846.4		300.0	84 026.0	72 650.7	510.9
270.9		264.6	2.5	3.8			68 221.9	35 779.3	228.8
177 781.2	80.0	310.0	85 172.2	92 219.0			1 118 168.5	534 494.5	6 725.4
97 255.0			10 672.6	116.5	86 465.9		558 403.9	191 939.5	1 977.1
38 881.9			6 474.6			32 407.3	413 868.8	174 773.2	609.9
29 055.7	1 788.3	562.0	20 310.2	5 632.4	762.8		156 490.2	77 351.3	770.0
187 750.6	6 530.9	634.5	67 124.0	68 208.6	41 738.2	3 514.4	1 143 764.1	579 123.7	6 635.7
57 535.4			19 951.3	9 052.0	17 978.7	10 553.4	495 872.8	170 717.8	1 567.6
61 720.4			13 949.6	5 345.0	24 604.2	17 821.6	458 777.2	159 966.5	615.5
45 040.5	993.2	2 502.1	21 607.2	16 212.5	2 907.6	817.9	300 765.2	177 180.5	2 003.3

10-5 限额以上住宿和餐饮业法人企业主要财务状况综合表 (三)（2017年）

MAIN FINANCIAL INDICAFORS OF ENTERPRISE ABOVE DESIGNATED SIZE OF HOTELS AND CATERING SERVICES III（2017）

单位：万元

项 目	Item	其他业务利润 Profits from Other Business	销售费用 Sale Expenses	管理费用 Management Expenses
总 计	**Total**	**23 619.2**	**1 258 601.6**	**609 929.6**
一、住宿业	**Hotels**	**7 999.5**	**351 640.8**	**348 172.9**
1.按住宿行业分组	Grouped by Sector			
旅游饭店	Tour Restaurant	3 459.1	272 991.8	293 683.1
一般旅馆	General Restaurant	4 107.2	61 860.6	43 413.8
其他住宿服务	Other Hotel Services	433.2	16 788.4	11 076.0
2.按登记注册类型分组	Grouped by Registration Status			
内资企业	Domestic-funded	7 647.5	254 906.8	230 326.7
国有企业	State-owned	365.1	12 203.5	20 425.5
集体企业	Collective-owned	3.1	1 763.4	61.2
股份合作企业	Share-holding Cooperative Enterprise			
联营企业	Joint Ownership		1 865.6	74.9
有限责任公司	Limited Liabilities Companies	3 031.7	120 962.9	127 313.6
股份有限公司	Share-holding Limited Companies		20 187.7	9 782.9
私营企业	Private-owned	4 247.6	97 905.7	72 662.6
港、澳、台商投资企业	Funded by Entrepreneur from Hong Kong,Macao and Taiwan	352.0	37 494.0	49 862.6
合资经营企业（港或澳、台资）	Joint-venture(Hong Kong,Macao and Taiwan)	267.6	5 618.0	5 468.2
合作经营企业（港或澳、台资）	Cooperative(Hong Kong,Macao and Taiwan)	47.5	7 223.4	13 838.5
港、澳、台商独资经营企业	Enterprises with Sole Funds(Hong Kong,Macao and Taiwan)	36.9	24 360.0	27 694.4
港、澳、台商投资股份有限公司	Share-holding Corporations Ltd(Hong Kong,Macao and Taiwan)		292.6	2 861.5
外商投资企业	Foreign-funded		59 240.0	67 983.6
中外合资经营企业	Jointly-owned		37 864.5	38 538.2
中外合作经营企业	Cooperatively-owned		6 023.7	5 223.1
外资企业	Exclusively Foreign-owned		13 068.4	20 681.3
外商投资股份有限公司	Foreign-funded Investment Companies Limited			
3.按控股情况分组	Grouped by Holding Condition			
国有控股	State-controlled	525.8	76 850.1	79 375.2
集体控股	Collective-controlled	3.1	2 345.0	437.3
私人控股	Private-controlled	4 821.9	139 995.2	130 819.7
港澳台商控股	Controlled by Entrepreneur from Hong Kong,Macao and Taiwan	352.0	50 293.6	44 947.7
外商控股	Foreign-funded-controlled		28 585.3	39 034.3
其他	Others	2 296.7	53 571.6	53 558.7
4.按经营形式分组	Grouped by Business Forms			
独立门店	Independent Stores	7 259.6	257 336.1	267 403.0
连锁总店	General Chain Stores		8 762.4	9 273.4
连锁门店	Chain Stores		36 476.3	14 187.5
其他	Other	739.9	49 066.0	57 309.0
5.按星级分组	Grouped by Star Rating			
五星	Five Star		80 940.1	135 734.7
四星	Four Star	2 284.6	50 259.5	47 172.7
三星	Three Star	2 278.2	42 482.0	27 192.0

（10 000 yuan）

财务费用 Financial Expenses		营业利润 Operating profits	投资收益 Profits of Investment	营业外收入 Non-operating Income	利润总额 Total Profits	应交所得税 Total Payable Tax	应付职工薪酬 Total Wages Payable	从业人员期末人数（人） Average Employed Persons (Persons)
	利息支出 Interest Expense							
71 341.6	**48 960.6**	**196 540.2**	**3 459.3**	**25 204.5**	**225 814.4**	**55 846.3**	**842 716.5**	**162 629**
59 110.3	**43 965.6**	**86 060.7**	**1 912.9**	**14 182.3**	**102 420.7**	**22 243.4**	**309 113.1**	**44 608**
52 565.1	38 069.7	93 141.9	1 908.8	11 198.7	105 622.0	20 445.8	260 457.8	34 913
2 762.1	3 022.5	−6 905.8	4.1	2 803.5	−3 530.4	1 386.4	39 204.9	7 847
3 783.1	2 873.4	−175.4		180.1	329.1	411.2	9 450.4	1 848
56 255.5	39 623.8	18 548.4	1 331.1	10 025.2	31 553.4	10 812.8	219 890.4	32 800
82.3	8.9	−68.3	40.0	7 011.2	6 827.6	2 027.3	19 721.1	1 905
−0.6	0.7	−123.6		66.5	−60.7	3.3	763.4	125
10.4		184.9		1.8	227.9	59.4	773.9	150
41 532.5	30 286.4	8 489.5	45.7	1 596.1	17 265.7	6 070.5	113 821.0	16 039
1 446.9	1 278.1	1 034.6	1 256.3	109.2	1 096.2	137.1	12 259.2	1 850
13 182.8	8 049.5	9 024.5	−10.9	1 240.4	6 196.7	2 515.2	72 473.8	12 714
1 748.9	2 523.4	42 858.1	32.3	3 573.1	46 041.9	8 153.0	46 129.3	6 483
396.2	1.1	2 951.5		69.8	3 272.8	854.1	10 282.9	1 214
245.9	343.2	8 350.2		2 656.7	10 877.2	2 422.2	13 555.5	1 487
1 094.2	2 179.1	32 526.8	32.3	648.6	32 721.7	4 876.7	20 608.4	3 594
12.6		−970.4		198.0	− 829.8		1 682.5	188
1 105.9	1 818.4	24 654.2	549.5	584.0	24 825.4	3 277.6	43 093.4	5 325
1 227.0	1 179.2	3 391.3		295.2	3 317.3	2 447.4	16 676.7	2 518
50.6		3 006.1		231.8	3 217.6	731.5	4 824.4	758
−449.5	639.2	6 810.5	549.5	57.0	6 844.2	98.7	10 369.2	1 324
620.7	815.1	24 576.6	1 330.2	8 462.4	30 937.2	8 325.2	97 259.8	10 510
−0.2	0.7	−402.6	7.7	66.5	− 339.7	7.1	1 195.1	237
37 930.9	30 083.5	−5 962.1	−10.9	1 568.8	7 905.4	2 782.7	109 489.4	18 749
1 364.2	2 522.2	44 337.5	32.3	1 081.5	45 087.5	8 012.9	39 925.8	5 580
889.6	1 828.1	10 425.6	549.5	143.1	10 491.6	283.5	13 721.2	2 488
18 305.1	8 716.0	13 085.7	4.1	2 860.0	8 338.7	2 832.0	47 521.8	7 044
57 120.0	42 688.4	41 815.3	631.1	13 783.5	65 336.7	15 512.4	245 636.3	36 122
572.6	265.6	512.0	1 248.6	80.4	562.8	94.1	7 758.7	1 136
−176.4	18.2	8 050.8		181.6	8 024.4	2 575.1	9 559.0	1 458
1 594.1	993.4	35 682.6	33.2	136.8	28 496.8	4 061.8	46 159.1	5 892
17 408.2	7 137.6	81 878.2	549.5	1 644.2	77 213.3	10 596.3	95 268.0	11 407
22 769.3	20 929.6	−13 754.9	24.4	748.6	1 458.7	1 937.3	42 354.5	7 317
2 118.4	1 502.3	3 184.0	169.4	9 780.1	13 386.4	3 458.8	36 977.9	5 632

单位：万元

项目	Item	其他业务利润 Profits from Other Business	销售费用 Sale Expenses	管理费用 Management Expenses
二星	Two Star	3.1	1 667.7	1 701.4
一星	One Star		26.7	784.7
其他	Others	3 433.6	176 264.8	135 587.4
二、餐饮业	**Catering Services**	**15 619.7**	**906 960.8**	**261 756.7**
1.按餐饮行业小类分组	Grouped by Sector			
正餐服务	Restaurant	10 545.8	472 921.4	170 867.2
快餐服务	Fast Food	5 073.9	327 393.1	66 184.8
饮料及冷饮服务	Beverages and Cold Drinks		67 077.0	14 385.9
其他餐饮服务	Others		35 580.2	5 778.1
2.按登记注册类型分组	Grouped by Registration			
内资企业	Domestic-funded	10 795.8	470 896.0	174 114.6
国有企业	State-owned		493.9	1 285.2
集体企业	Collective-owned		337.7	0.1
股份合作企业	Share-holding Cooperative Enterprise			
联营企业	Joint Ownership			
有限责任公司	Limited Liabilities Companies	462.6	196 707.0	55 806.4
股份有限公司	Share-holding Limited Companies		699.2	162.9
私营企业	Private-owned	9 956.1	271 207.7	115 088.5
其他企业	Others	377.1	1 450.5	1 771.5
港、澳、台商投资企业	Funded by Entrepreneur from Hong Kong,Macao and Taiwan	2 637.7	269 887.7	49 697.3
合资经营企业（港或澳、台资）	Joint-venture(Hong Kong,Macao and Taiwan)		11 258.9	6 868.2
合作经营企业（港或澳、台资）	Cooperative(Hong Kong,Macao and Taiwan)		1 968.0	2 334.2
港、澳、台商独资经营企业	Enterprises with Sole Funds(Hong Kong,Macao and Taiwan)	2 637.7	256 660.8	40 494.9
港、澳、台商投资股份有限公司	Share-holding Corporations Ltd(Hong Kong,Macao and Taiwan)			
外商投资企业	Foreign-funded	2 186.2	166 177.1	37 944.8
中外合资经营企业	Jointly-owned		8 974.0	1 589.5
中外合作经营企业	Cooperatively-owned			
外资企业	Exclusively Foreign-owned	2 186.2	154 776.3	33 237.8
外商投资股份有限公司	Foreign-funded Investment Companies Limited		2 426.8	3 117.5
3.按控股情况分组	Grouped by Holding Condition			
国有控股	State-controlled	92.1	3 348.6	3 989.0
集体控股	Collective-controlled		21 486.4	6 670.3
私人控股	Private-controlled	10 232.2	402 979.9	147 670.6
港澳台商控股	Controlled by Entrepreneur from Hong Kong,Macao and Taiwan	2 637.7	271 056.6	47 969.4
外商控股	Foreign-funded-controlled	2 186.2	157 203.1	36 691.7
其他	Others	471.5	50 886.2	18 765.7
4.按经营形式分组	Grouped by Business Forms			
独立门店	Independent Stores	9 715.7	361 299.4	155 354.7
连锁总店	General Chain Stores	728.8	224 764.0	39 154.0
连锁门店	Chain Stores	4 686.0	237 053.6	32 557.3
其他	Other	489.2	83 843.8	34 690.7

财务费用 Financial Expenses	利息支出 Interest Expense	营业利润 Operating profits	投资收益 Profits of Investment	营业外收入 Non-operating Income	利润总额 Total Profits	应交所得税 Total Payable Tax	应付职工薪酬 Total Wages Payable	从业人员期末人数（人） Average Employed Persons (Persons)
101.8	2.0	1 848.5		66.8	1 862.1	249.6	3 657.2	576
		−70.6			0.2	76.7	437.6	110
16 712.6	14 394.1	12 975.5	1 169.6	1 942.6	8 500.0	5 924.7	130 417.9	19 566
12 231.3	**4 995.0**	**110 479.5**	**1 546.4**	**11 022.2**	**123 393.7**	**33 602.9**	**533 603.4**	**118 021**
8 745.3	2 988.8	30 501.7	1 260.6	6 506.5	42 326.3	13 568.0	315 812.4	63 523
3 674.8	1 863.6	50 957.4	232.6	3 405.2	52 061.4	12 160.8	158 527.6	44 427
−387.5	28.9	21 738.2		759.3	21 998.5	6 058.9	31 248.3	4 974
71.0	−27.7	4 616.8	53.2	245.3	4 538.8	1 191.0	13 231.2	3 030
10 954.7	4 064.9	32 664.7	1 110.4	6 517.0	42 012.8	12 858.2	334 456.5	69 339
8.4	4.3	−221.3		9.7	−211.6		1 116.9	234
		−133.1			−133.1		137.1	47
3 624.0	1 717.1	26 003.6	270.4	2 132.9	33 578.0	7 390.9	142 612.9	26 314
1.2	0.1	−314.9		0.5	−314.4	0.4	300.5	113
7 319.7	2 343.4	7 116.6	840.0	4 373.9	8 886.2	5 437.0	187 426.7	42 137
1.4		213.8			207.7	29.9	2 862.4	494
155.4	272.9	48 648.3	68.4	2 858.4	49 894.2	13 741.7	112 234.8	25 391
166.4	306.9	1 911.7	−27.3	207.5	2 926.8	748.6	8 772.1	1 683
15.6		2 336.6	17.0	10.5	2 046.3	514.6	8 192.1	865
−26.6	−34.0	44 400.0	78.7	2 640.4	44 921.1	12 478.5	95 270.6	22 843
1 121.2	657.2	29 166.5	367.6	1 646.8	31 486.7	7 003.0	86 912.1	23 291
6.4	2.2	1 300.7		30.9	1 288.1	231.4	3 699.3	723
1 151.7	653.5	26 084.5	367.6	1 611.9	28 424.0	6 162.8	81 556.1	22 290
−36.9	1.5	1 781.3		4.0	1 774.6	608.8	1 656.7	278
118.1	113.6	3 668.0		542.9	4 156.4	923.9	29 521.1	2 542
195.1	−20.3	4 098.2	162.0	41.0	4 140.0	1 166.4	16 830.5	2 593
9 804.5	3 620.0	21 018.3	913.8	5 583.8	28 882.1	9 693.6	258 407.3	58 214
197.8	275.1	46 897.7	68.4	2 849.9	48 186.1	13 231.0	105 821.3	24 790
1 115.1	655.0	27 849.8	367.6	1 615.9	30 182.6	6 771.6	83 473.7	22 628
800.7	351.6	6 947.5	34.6	388.7	7 846.5	1 816.4	39 549.5	7 254
6 814.3	2 152.6	35 308.9	928.2	3 512.4	42 157.9	13 236.4	263 889.1	57 949
1 877.9	1 571.4	41 078.4	219.7	3 991.5	40 694.7	11 301.7	105 159.7	20 103
1 499.9	400.0	31 249.2	235.7	2 104.3	31 780.9	6 919.2	79 643.1	23 825
2 039.2	871.0	2 843.0	162.8	1 414.0	8 760.2	2 145.6	84 911.5	16 144

10-6 限额以上住宿和餐饮业法人企业经营情况综合表（2017年）

CONSOLIDATED TABLE OF ENTERPRISES ABOVE DESIGNATED SIZE OF HOTELS AND CATERING SERVICES （2017）

单位：万元

项 目	Item	法人企业数（个）Number of Corporative Enterprises (unit)	从业人员期末人数（人）Average Employed Persons (Persons)	营业额 Business Revenue
总　　计	**Total**	**924**	**162 629**	**3 844 564.9**
一、住宿业	**Hotels**	**337**	**44 608**	**1 326 023.1**
1.按住宿行业小类分组	Grouped by sector			
旅游饭店	Tour Restaurant	208	34 913	1 106 709.8
一般旅馆	General Restaurant	113	7 847	175 026.2
其他住宿服务	Other Hotel Services	16	1 848	44 287.1
2.按登记注册类型分组	Grouped by Registration			
内资企业	Domestic-funded	290	32 800	877 846.5
国有企业	State-owned	11	1 905	52 965.9
集体企业	Collective-owned	3	125	3 498.4
股份合作企业	Share-holding Cooperative Enterprise			
联营企业	Joint Ownership	2	150	2 609.5
国有联营企业	State-owned Joint Ownership	1	119	2 414.0
集体联营企业	Collective Joint Ownership	1	31	195.5
国有与集体联营企业	State & Collective Joint Ownership			
其他联营企业	Other Jonit Ownership			
有限责任公司	Limited Liabilities Companies	120	16 039	472 575.4
国有独资公司	State-owned Companies Limited	13	3 359	94 569.1
其他有限责任公司	Other Companies Limited	107	12 680	378 006.3
股份有限公司	Share-holding Limited Companies	11	1 850	43 319.8
私营企业	Private-owned	142	12 714	302 582.0
私营独资企业	Exclusively Private-owned Companies	4	137	2 415.9
私营合伙企业	Joint Private-owned Companies	1	8	503.7
私营有限责任公司	Private-owned Companies Limited	132	12 057	291 331.8
私营股份有限公司	Share-holding Private-owned Companies	5	512	8 330.6
其他企业	Others	1	17	295.5
港、澳、台商投资企业	Funded by Entrepreneur from Hong Kong,Macao and Taiwan	29	6 483	234 254.0
合资经营企业（港或澳、台资）	Joint-venture(Hong Kong,Macao and Taiwan)	6	1 214	33 206.1
合作经营企业（港或澳、台资）	Cooperative(Hong Kong,Macao and Taiwan)	5	1 487	59 926.4
港、澳、台商独资经营企业	Enterprises with Sole Funds(Hong Kong,Macao and Taiwan)	17	3 594	134 397.7
港、澳、台商投资股份有限公司	Share-holding Corporations Ltd(Hong Kong,Macao and Taiwan)	1	188	6 723.8
外商投资企业	Foreign-funded	18	5 325	213 922.6
中外合资经营企业	Jointly-owned	10	2 518	107 390.5
中外合作经营企业	Cooperatively-owned	2	758	18 740.9
外资企业	Exclusively Foreign-owned	5	1 324	45 950.0
外商投资股份有限公司	Foreign-funded Investment Companies Limited			
3.按控股情况分组	Grouped by Holding Condition			
国有控股	State-controlled	51	10 510	324 787.2
集体控股	Collective-controlled	6	237	5 066.6
私人控股	Private-controlled	185	18 749	463 052.8
港澳台商控股	Controlled by Entrepreneur from Hong Kong,Macao and Taiwan	28	5 580	220 744.5
外商控股	Foreign-funded-controlled	9	2 488	92 315.1
其他	Others	58	7 044	220 056.9
4.按经营形式分组	Grouped by Business Forms			
独立门店	Independent Stores	271	36 122	988 119.2
连锁总店	General Chain Stores	4	1 136	30 650.1
连锁门店	Chain Stores	23	1 458	70 874.6
其他	Other	39	5 892	236 379.2
5.按星级分组	Grouped by Star			
五星	Five Star	26	11 407	477 992.6
四星	Four Star	40	7 317	170 679.0

(10 000 yuan)

客房收入 Revenue of Rooms	餐费收入 Total Revenue of Meals	商品销售收入 Total Sales of Commodities	其他收入 Others	客房间数（间） Number of Rooms (room)	床位数（张） Number of Beds (bed)	餐位数（位） Numder of Dining-seats (seat)	年末餐饮营业面积（平方米） Operating Area Catering (sq.m)
832 320.3	**2 729 989.3**	**92 117.4**	**190 137.9**	**134 211**	**175 986**	**46 628 966**	**1 872 745**
783 709.4	**395 631.9**	**8 583.0**	**138 098.8**	**120 103**	**154 924**	**85 062**	**659 623**
624 014.8	352 134.7	7 384.8	123 175.5	95 358	116 453	67 518	424 673
126 309.3	35 524.0	1 197.1	11 995.8	21 639	33 994	14 950	202 492
33 385.3	7 973.2	1.1	2 927.5	3 106	4 477	2 594	32 458
550 110.1	234 282.1	2 242.5	91 211.8	103 777	130 821	59 861	516 091
26 205.7	17 531.5	141.7	9 087.0	2 097	3 400	4 297	19 221
814.0	2 329.2		355.2	218	426	520	760
2 031.2	149.5	312.5	116.3	308	418	200	2 000
1 952.0	149.5	312.5		243	300	200	2 000
79.2			116.3	65	118		
288 128.7	138 258.9	1 067.5	45 120.3	24 752	38 249	32 625	245 299
45 394.3	36 109.9	380.4	12 684.5	3 537	6 040	8 515	55 856
242 734.4	102 149.0	687.1	32 435.8	21 215	32 209	24 110	189 443
26 919.9	8 324.7	107.9	7 967.3	51 180	52 785	3 126	14 958
205 715.1	67 688.3	612.9	28 565.7	25 159	35 436	19 093	233 853
2 039.9	376.0			538	812	170	470
489.0		14.7		105	145		
197 358.1	64 913.2	598.2	28 462.3	23 610	32 956	18 447	232 575
5 828.1	2 399.1		103.4	906	1 523	476	808
295.5				63	107		
113 263.2	90 459.3	5 221.7	25 309.8	7 216	10 272	13 821	87 597
17 730.8	9 092.6	811.2	5 571.5	1 691	2 422	1 792	7 508
30 527.2	24 268.9	1 034.5	4 095.8	1 515	2 126	2 725	19 452
61 101.2	56 409.4	1 258.4	15 628.7	3 610	5 137	9 203	59 736
3 904.0	688.4	2 117.6	13.8	400	587	101	901
120 336.1	70 890.5	1 118.8	21 577.2	9 110	13 831	11 380	55 935
69 429.1	30 647.2	777.5	6 536.7	6 750	10 719	5 366	34 867
7 048.7	5 576.7		6 115.5	471	576	1 618	3 207
25 752.4	12 220.4	5.6	7 971.6	1 418	1 909	3 150	10 261
177 637.0	102 069.6	1 019.4	44 061.2	14 527	24 033	23 218	124 455
2 004.0	2 329.2		733.4	532	939	520	916
293 095.1	126 145.6	1 767.6	42 044.5	80 402	93 615	30 845	325 623
123 093.6	69 997.9	4 284.7	23 368.3	8 601	11 698	11 982	78 023
49 898.9	30 606.3	21.8	11 788.1	2 619	3 606	6 792	32 917
137 980.8	64 483.3	1 489.5	16 103.3	13 422	21 033	11 705	97 689
553 558.0	306 830.2	7 852.9	119 878.1	100 128	125 223	71 386	530 151
23 209.1	1 692.9	3.9	5 744.2	3 322	4 773	1 526	3 809
66 270.6	635.5	30.6	3 937.9	8 017	13 043	979	29 195
140 671.7	86 473.3	695.6	8 538.6	8 636	11 885	11 171	96 468
240 203.0	186 366.8	3 285.4	48 137.4	9 821	13 593	24 424	110 124
98 564.8	49 663.7	2 663.6	19 786.9	9 392	13 531	15 063	91 512

单位：万元

项　目	Item	法人企业数（个）Number of Corporative Enterprises (unit)	从业人员期末人数（人）Average Employed Persons (Persons)	营业额 Business Revenue
三星	Three Star	54	5 632	112 325.8
二星	Two Star	13	576	11 989.9
一星	One Star	2	110	1 417.8
其他	Other	202	19 566	551 618.0
二、餐饮业	**Catering Services**	**587**	**118 021**	**2 518 541.8**
1.按餐饮行业小类分组	Grouped by sector			
正餐服务	Restaurant	517	63 523	1 319 529.7
快餐服务	Fast Food	42	44 427	881 040.8
饮料及冷饮服务	Beverages and lold Drinrs	10	4 974	170 529.1
其他餐饮服务	Others	10	3 030	89 483.6
2.按登记注册类型分组	Grouped by Registration			
内资企业	Domestic-funded	497	69 339	1 441 043.1
国有企业	State-owned	2	234	3 636.0
集体企业	Collective-owned	1	47	259.4
股份合作企业	Share-holding Cooperative Enterprise			
联营企业	Joint Ownership			
国有联营企业	State-owned Joint Ownership			
集体联营企业	Collective Joint Ownership			
国有与集体联营企业	State & Collective Joint Ownership			
其他联营企业	Other Jonit Ownership			
有限责任公司	Limited Liabilities Companies	118	26 314	593 077.3
国有独资公司	State-owned Companies Limited	2	915	24 204.8
其他有限责任公司	Other Companies Limited	116	25 399	568 872.5
股份有限公司	Share-holding Limited Companies	4	113	1 109.8
私营企业	Private-owned	366	42 137	833 565.6
私营独资企业	Exclusively Private-owned Companies	28	1 536	26 724.4
私营合伙企业	Joint Private-owned Companies	1	39	434.3
私营有限责任公司	Private-owned Companies Limited	331	40 062	797 253.0
私营股份有限公司	Share-holding Private-owned Companies	6	500	9 153.9
其他企业	Others	6	494	9 395.0
港、澳、台商投资企业	Funded by Entrepreneur from Hong Kong,Macao and Taiwan	70	25 391	611 995.2
合资经营企业（港或澳、台资）	Joint-venture(Hong Kong,Macao and Taiwan)	11	1 683	44 576.8
合作经营企业（港或澳、台资）	Cooperative(Hong Kong,Macao and Taiwan)	2	865	28 636.4
港、澳、台商独资经营企业	Enterprises with Sole Funds(Hong Kong,Macao and Taiwan)	57	22 843	538 782.0
港、澳、台商投资股份有限公司	Share-holding Corporations Ltd(Hong Kong,Macao and Taiwan)			
外商投资企业	Foreign-funded	20	23 291	465 503.5
中外合资经营企业	Jointly-owned	5	723	26 477.6
中外合作经营企业	Cooperatively-owned			
外资企业	Exclusively Foreign-owned	14	22 290	415 706.2
外商投资股份有限公司	Foreign-funded Investment Companies Limited	1	278	23 319.7
3.按控股情况分组	Grouped by Holding Condition			
国有控股	State-controlled	11	2 542	87 670.7
集体控股	Collective-controlled	3	2 593	68 317.1
私人控股	Private-controlled	427	58 214	1 165 817.5
港澳台商控股	Controlled by Entrepreneur from Hong Kong,Macao and Taiwan	72	24 790	590 739.2
外商控股	Foreign-funded-controlled	16	22 628	440 056.4
其他	Others	58	7 254	165 940.9
4.按经营形式分组	Grouped by Business Forms			
独立门店	Independent Stores	434	57 949	1 194 915.6
连锁总店	General Chain Stores	41	20 103	526 776.8
连锁门店	Chain Stores	25	23 825	483 379.7
其他	Other	87	16 144	313 469.7

10-6 续表 (10 000 yuan)

客房收入 Revenue of Rooms	餐费收入 Total Revenue of Meals	商品销售收入 Total Sales of Commodities	其他收入 Others	客房间数（间） Number of Rooms (room)	床位数（张） Number of Beds (bed)	餐位数（位） Numder of Dining-seats (seat)	年末餐饮营业面积（平方米） Operating Area Catering (sq.m)
62 969.7	27 084.6	1 447.4	20 824.1	8 781	12 885	11 609	103 313
6 330.3	4 004.0	14.3	1 641.3	1 290	2 152	1 020	12 365
1 173.3	234.0	10.5		272	359	452	1 850
374 468.3	128 278.8	1 161.8	47 709.1	90 547	112 404	32 494	340 459
48 610.9	**2 334 357.4**	**83 534.4**	**52 039.1**	**14 108**	**21 062**	**46 543 904**	**1 213 122**
48 610.9	1 224 254.1	8 026.2	38 638.5	14 108	21 062	3 400 453	963 314
	853 602.1	18 589.7	8 849.0			43 078 153	221 767
	140 393.3	30 135.8				7 513	8 410
	70 134.9	19 063.8	284.9			33 607	9 935
44 825.9	1 329 170.1	23 313.4	43 733.7	13 761	20 456	46 405 291	1 001 167
344.0	3 292.0			65	112	1 280	4 508
67.8	191.6			33	61	600	1 532
8 905.5	555 046.3	11 618.6	17 506.9	995	1 546	43 098 542	299 566
	17 058.0	1 949.5	5 197.3			640	7 400
8 905.5	537 988.3	9 669.1	12 309.6	995	1 546	43 097 902	292 166
35.3	1 074.5			42	54	352	3 555
35 115.4	760 528.6	11 694.8	26 226.8	12 487	18 533	3 302 137	685 770
303.9	26 414.5	6.0		84	138	131 636	35 872
	434.3					220	600
31 481.8	728 088.7	11 688.8	25 993.7	12 118	18 003	3 168 871	643 038
3 329.7	5 591.1		233.1	285	392	1 410	6 260
357.9	9 037.1			139	150	2 380	6 236
3 785.0	574 912.8	32 077.3	1 220.1	347	606	66 222	158 510
	37 118.3	7 458.5				6 637	29 433
	28 187.4		449.0			292	1 942
3 785.0	509 607.1	24 618.8	771.1	347	606	59 293	127 135
	430 274.5	28 143.7	7 085.3			72 391	53 445
	26 477.6					14 330	10 546
	400 690.4	7 930.5	7 085.3			57 911	42 209
	3 106.5	20 213.2				150	690
424.0	75 142.3	2 942.4	9 162.0	115	202	18 790	30 629
2 822.5	56 617.0	5 312.0	3 565.6	159	284	2 930	4 355
35 508.6	1 089 847.6	12 842.2	27 619.1	12 668	18 737	46 320 465	876 922
3 785.0	553 568.3	32 165.8	1 220.1	347	606	66 416	160 465
	404 827.4	28 143.7	7 085.3			58 097	43 049
6 070.8	154 354.8	2 128.3	3 387.0	819	1 233	77 206	97 702
42 084.6	1 107 009.3	14 646.0	31 175.7	4 863	7 166	1 009 093	746 165
	473 717.0	49 968.2	3 091.6			56 907	167 080
	470 738.9	9 631.0	3 009.8			67 853	122 882
6 526.3	282 892.2	9 289.2	14 762.0	9 245	13 896	45 410 051	176 995

10-7 城市商业综合体情况（自营、联营部分）（2017年）

URBAN COMMERCIAL COMPLEX （SELF-MANAGEMENT AND JOINT MANAGEMENT）（2017）

项　目	Item	商户数（个）Merchant（unit）	法人 Corporate	分支机构 Branch	个体户 Self-Eemployed Person	商户从业人员期末人数(人) Number of Staff Year-End（person）	商户销售额（商户营业额）（万元）Business Sales（Business Turnover）（10 000 yuan）	营业面积（平方米）Business Area at the Year-End（sq.m）
合计	**Total**	**622**	**483**	**56**	**83**	**3 227**	**262 082**	**100 498**
一、零售业	Retail Trade	600	479	41	80	2 951	250 300	90 499
1.百货店	Store	1	1			80	12 560	2 302
2.超市	Supermarket	2	1		1	319	35 795	13 242
3.专业、专卖店	Speciality Stores	597	477	41	79	2 552	201 945	**74 955**
4.其他	Others							
二、餐饮业	Catering Services	17	1	13	3	170	8 300	3 143
三、服务业	Services	5	3	2		106	3 482	6 856
1.电影院	Cinema	1		1		30	1 430	2 400
2.游乐游艺	Amusement	2	1	1		60	1 497	4 286
3.KTV	KTV							
4.教育培训	Education and Training							
5.健身休闲	Fitness Regimen							
6.生活服务	Life Services	2	2			16	555	170
7.其他	Others							

注：统计范围为辖区内城市商业综合体。

Note: Statistical scope is urban commercial complex in the area.

10-8 城市商业综合体情况（租赁部分）（2017年）

URBAN COMMERCIAL COMPLEX （LEASED）（2017）

项 目	Item	商户数（个）Merchant（unit）	法人 Corporate	分支机构 Branch	个体户 Self-Employed Person	商户从业人员期末人数(人) Number of Staff Year-End（person）	租金总额（万元）Rent Amount	商户销售额（商户营业额）（万元）Business Sales（Business Turnover）（10 000 yuan）	营业面积（平方米）Business Area at the Year-End（sq.m）
合计	**Total**	**6 314**	**2 672**	**1 764**	**1 878**	**61 822**	**288 363**	**3 194 314**	**1 952 706**
一、零售业	Retail Trade	3 741	1 536	1 023	1 182	25 175	159 988	2 024 387	977 903
二、餐饮业	Catering Services	1 652	671	521	460	27 254	79 391	783 347	515 525
三、服务业	Services	921	465	220	236	9 393	48 984	386 580	459 278
1.电影院	Cinema	26	15	10	1	970	6 696	64 350	110 932
2.游乐游艺	Amusement	125	66	27	32	1 327	4 639	36 838	88 146
3.KTV	KTV	4	1		3	165	817	4 272	18 084
4.教育培训	Education and training	144	86	32	26	1 795	4 254	66 005	62 586
5.健身休闲	Fitness regimen	93	33	33	27	1 241	6 178	46 254	69 880
6.生活服务	Life Services	370	205	69	96	2 478	17 086	109 739	75 239
7.其他	Others	159	59	49	51	1 417	9 314	59 122	34 411

10-9 居民消费价格总指数

CONSUMER PRICE INDICES

年 份 Year	以上年价格为100 Preceding Year=100			以1979年价格为100 1979=100		
	居民消费价格总指数 Consumer Price Index	# 食品类 Food	# 服务项目 Services	居民消费价格总指数 Consumer Price Index	# 食品类 Food	# 服务项目 Services
1979	100.0	100.0	100.0	100.0	100.0	100.0
1980	105.0	108.3	100.7	105.0	108.3	100.7
1981	110.7	117.9	101.6	116.2	127.7	102.3
1982	107.8	116.6	108.7	125.3	148.9	111.2
1983	102.0	105.9	100.9	127.8	157.7	112.2
1984	106.8	106.6	119.3	136.5	168.1	133.9
1985	122.5	128.5	117.2	167.2	216.0	156.9
1986	106.1	108.1	106.9	177.4	233.5	167.7
1987	114.4	118.7	107.4	203.0	277.1	180.1
1988	128.1	133.7	112.2	260.0	370.5	202.1
1989	125.4	126.6	125.7	326.0	469.1	254.1
1990	101.6	95.4	127.7	331.2	447.5	324.4
1991	103.0	99.2	115.4	341.2	443.9	374.4
1992	107.3	109.2	109.4	366.1	484.8	409.6
1993	120.1	122.6	120.9	439.7	594.3	495.2
1994	118.2	120.2	118.1	519.7	714.4	584.8
1995	112.4	116.7	118.1	584.1	833.7	690.6
1996	107.7	105.2	110.7	629.1	877.1	764.5
1997	103.3	100.2	118.2	649.9	878.9	903.6
1998	99.3	97.2	105.3	645.4	854.3	951.5
1999	99.3	94.5	107.7	640.9	807.3	1 024.8
2000	102.8	100.2	114.0	658.8	808.9	1 168.3
2001	97.8	97.5	99.3	644.3	788.7	1 160.1
2002	101.2	100.5	106.5	652.0	792.6	1 235.5
2003	100.7	101.2	101.6	656.6	802.1	1 255.3
2004	101.3	106.1	99.7	665.1	851.0	1 251.5
2005	101.6	104.5	100.8	675.7	889.3	1 261.5
2006	102.2	104.2	101.4	690.6	926.7	1 279.2
2007	104.1	108.6	103.4	718.9	1 006.4	1 322.7
2008	105.9	113.5	102.1	761.3	1 142.3	1 350.5
2009	98.7	98.5	99.5	751.4	1 125.2	1 343.7
2010	103.5	107.7	102.6	777.7	1 211.8	1 378.6
2011	105.4	111.9	103.0	819.7	1 356.0	1 420.0
2012	102.8	104.5	101.9	842.7	1 417.0	1 447.0
2013	102.7	102.9	105.2	865.5	1 458.1	1 522.2
2014	102.0	103.5	101.9	882.0	1 509.1	1 551.1
2015	102.2	103.2	103.8	902.2	1 557.4	1 610.0
2016	102.4	105.5	102.6	923.9	1 643.1	1 651.9
2017	101.4	98.4	101.9	936.8	1 616.8	1 683.3

10-10 居民消费价格指数（2017年）

CONSUMER PRICE INDEX（2017）

以上年价格为100 （preceding year=100）

项 目	Item	指 数 Index	项 目	Item	指 数 Index
居民消费价格总指数	**Consumer Price Index**	**101.4**	鞋类	Shoes	107.9
一、食品烟酒	**Food,Tobacco and Liquor**	**100.2**	**三、居住**	**Residence**	**100.9**
食品	Food	98.4	住房保养维修及管理	Housing Maintenance and Management	105.0
其中：(1)粮食	#Grain	101.4	水电燃料	Hydropower Fuel	100.4
(2)薯类	Tubers	94.3	自有住房	Own Housing	100.4
(3)豆类	Beans	102.7	**四、生活用品及服务**	**Living Goods and Communications**	**101.5**
(4)食用油	Edible Oil	99.8	家具及室内装饰品	Furniture and Interior Decorations	106.2
(5)菜	Vegetables	89.8	家用器具	Home Appliances	98.9
(6)畜肉类	Livestock Meat	97.1	家用纺织品	Home Textiles	103.2
(7)禽肉类	Poultry	99.8	家庭日用杂品	The Family Daily Sundry Goods	99.5
(8)水产品	Aquatic Products	104.0	**五、交通和通信**	**Transportation and Communications**	**101.6**
(9)蛋类	Eggs	97.4	交通	Transportation	103.0
(10)奶类	Dairy Products	98.4	通信	Communications	99.2
(11)干鲜瓜果类	Dried and Fresh Melons and Fruits	100.4	**六、教育文化和娱乐**	**Education,Culture and Recreation**	**102.5**
(12)糖果糕点类	Confectionery,Cakes	100.8	教育	Education,Culture and Recreation	102.3
(13)调味品	Flavoring	100.8	文化娱乐	Culture and Recreation	102.9
(14)其他食品类	Other Foods	98.8	**七、医疗保健**	**Health Care**	**106.2**
烟酒	Tabacco,Liquor	101.0	药品及医疗器具	Medicine and Medical Equipment	107.9
在外餐饮	Dining Out	104.0	医疗服务	Medical Services	104.9
二、衣着	**Clothing**	**103.2**	**八、其它用品和服务**	**Other Aricles and Service**	**101.2**
服装	Garments	102.2	其他用品类	Other Aricles	101.6
服装材料	Materials for Clothing	103.5	其他服务类	Other Service	100.9

注：2016年1月起，国家统计局根据五年一次基期轮换的制度，对CPI构成分类及相应权重进行了调整。

Note：From 2016,the classification and weight of CPI have been adjusted,according to five-year period of rotation system formulated by National Bureau of Statistics of China.

10-11 住宅销售价格指数（一）（2017年）
SALES PRICES INDICES OF HOUSES（2017）

类别	Item	以上年同期为100											
		1月	2月	3月	4月	5月	6月	7月	8月	9月	10月	11月	12月
新建住宅	Newly-built Buildings	118.2	113.5	109.1	106.6	105.4	102.7	100.5	98.1	96.3	96.7	96.9	97.1
一、保障性住房	Affordable Buildings												
二、新建商品住宅	Newly-built Residential Buildings	118.4	113.6	109.2	106.7	105.5	102.7	100.5	98.0	96.2	96.7	96.8	97.0
（一）$90m^2$及以下	Less than 90 sq.m.	118.3	114.1	109.8	107.5	105.9	103.1	101.1	99.2	97.2	97.6	97.5	97.4
（二）$90-144m^2$	From 90 to 144 sq.m.	117.9	111.7	107.9	105.7	105.4	104.0	101.8	98.5	97.4	97.9	98.1	97.6
（三）$144m^2$以上	More than 144 sq.m.	118.8	114.2	109.1	105.9	104.7	101.1	98.4	95.4	93.6	94.1	94.7	95.8
二手住宅	Second-hand Housing	112.8	108.4	103.9	105.1	105.4	104.3	103.1	100.9	99.0	100.1	101.0	101.5
（一）$90m^2$及以下	Less than 90 sq.m.	113.8	108.9	104.6	106.6	106.4	106.5	105.0	103.0	100.8	102.2	103.6	103.4
（二）$90-144m^2$	From 90 to 144 sq.m.	112.7	108.7	103.8	104.4	104.4	102.7	101.7	98.7	96.6	97.3	98.3	99.3
（三）$144m^2$以上	More than 144 sq.m.	110.8	106.7	102.7	103.2	104.6	102.0	101.3	99.7	98.9	99.7	99.3	101.1

10-11 住宅销售价格指数（二）（2017年）
SALES PRICES INDICES OF HOUSES（2017）

类别	Item	以上月为100											
		1月	2月	3月	4月	5月	6月	7月	8月	9月	10月	11月	12月
新建住宅	Newly-built Buildings	99.5	99.4	99.7	100.0	99.4	100.0	99.8	99.6	100.0	99.9	99.8	99.8
一、保障性住房	Affordable Buildings												
二、新建商品住宅	Newly-built Residential Buildings	99.5	99.4	99.7	100.0	99.4	100.0	99.8	99.6	100.0	99.9	99.8	99.8
（一）$90m^2$及以下	Less than 90 sq.m.	99.8	99.6	100.0	100.0	99.2	99.7	100.1	100.0	99.8	100.0	99.7	99.6
（二）$90-144m^2$	From 90 to 144 sq.m.	99.6	98.5	99.9	100.1	100.0	100.2	99.8	99.4	100.2	100.0	100.1	99.8
（三）$144m^2$以上	More than 144 sq.m.	99.1	99.7	99.1	99.7	99.2	100.3	99.3	99.0	100.3	99.9	99.8	100.4
二手住宅	Second-hand Housing	99.9	99.3	100.3	100.8	100.3	99.7	100.6	99.8	99.9	100.4	100.1	100.4
（一）$90m^2$及以下	Less than 90 sq.m.	100.7	99.5	100.2	101.0	100.6	100.2	100.4	100.1	100.1	100.9	100.6	99.2
（二）$90-144m^2$	From 90 to 144 sq.m.	99.0	99.4	100.3	100.5	100.3	99.2	100.8	99.3	99.7	99.6	99.9	101.2
（三）$144m^2$以上	More than 144 sq.m.	99.4	98.7	100.7	100.7	99.6	99.5	100.8	100.1	99.7	100.8	99.4	101.7

10-12 工业生产者出厂价格指数
INDUSTRIAL PRODUCER PRICE INDEX

以上年价格为100 (Preceding year=100)

类别	Item	2006	2007	2008	2009	2010	2011	2012	2013	2014	2015	2016	2017
全部工业品	General Index	98.2	98.4	99.6	95.3	101.6	101.8	99.9	98.0	99.1	97.6	99.3	101.8
按轻重工业分	Grouped by industries												
轻工业	Light Industry	97.0	97.8	98.7	96.7	101.4	102.9	99.2	98.4	98.2	98.6	100.8	101.4
重工业	Heavy Industry	101.5	99.8	101.9	92.6	101.9	101.4	100.1	97.9	99.4	97.3	98.8	102.0
按生产、生活资料分	Grouped by Means of Production and Consumer Goods												
生产资料	Means of Production	97.9	97.9	99.1	94.4	100.7	101.3	100.3	98.0	99.5	97.4	98.7	102.2
生活资料	Consumer Goods	99.0	100.2	101.9	99.3	104.5	103.5	98.7	98.1	97.7	98.4	100.8	100.9
按工业部门分	Grouped by Industrial Department												
冶金工业	Metallurgical Industry	97.7	103.4	102.2	95.6	108.4	106.7	100.7	100.2	98.6	98.0	102.1	115.5
电力工业	Power Industry	100.0	100.2	100.8	98.4	99.3	99.6	100.5	100.5	99.7	99.3	99.4	98.9
石油工业	Petroleum Industry	130.0	104.1	130.8	62.4	136.8	126.9	101.7	92.4	95.2	64.2	86.7	123.2
化学工业	Chemical Industry	103.4	102.5	102.9	98.4	101.2	102.3	101.2	99.4	100.0	99.2	98.9	102.5
机械工业	Engineering Industry	96.1	96.9	97.4	95.9	99.0	99.8	99.6	97.7	99.1	98.5	99.0	100.9
建筑材料工业	Building Materials Industry	89.6	103.8	97.5	90.1	104.2	101.1	93.9	102.5	102.9	98.8	99.7	101.8
森林工业	Timber Industry	100.2	102.2	105.6	102.6	107.4	106.0	102.8	103.6	100.6	100.4	99.3	98.2
食品工业	Food Industry	99.6	104.7	109.1	92.4	102.7	106.1	107.0	102.3	100.2	100.4	102.8	101.6
纺织工业	Textile Industry	99.5	101.3	100.9	100.2	100.3	106.1	101.2	99.6	101.6	100.4	100.2	100.3
缝纫工业	Needlework Industry	105.7	108.4	103.2	104.6	103.9	107.5	102.5	104.3	104.8	102.9	104.8	102.5
皮革工业	Leather Industry	99.9	99.4	110.9	110.3	102.2	107.4	104.9	103.1	103.0	100.9	100.4	100.1
造纸工业	Paper Industry	96.2	101.2	108.5	100.2	101.1	104.1	102.2	99.3	100.4	101.4	104.3	104.3
文教艺术用品工业	Cultural, Educational & Handicrafts Articles	98.8	101.0	105.0	103.2	101.9	101.5	101.4	100.6	99.8	99.0	100.7	100.8
其它工业	Others	102.7	102.4	105.9	108.0	119.0	113.5	95.8	91.6	94.8	91.6	103.2	101.4

10-13 工业生产者购进价格指数
INDUSTRIAL PURCHASING PRICE INDEX

以上年价格为100 (Preceding year=100)

类别	Item	2008	2009	2010	2011	2012	2013	2014	2015	2016	2017
总指数	General Index	105.3	96.3	104.7	105.9	100.0	98.3	99.6	96.5	98.3	103.4
燃料、动力类	Fuels and Power	107.5	97.8	105.1	105.9	102.5	95.1	99.1	92.8	97.2	101.7
黑色金属材料类	Ferrous Materials	105.9	94.7	102.7	106.5	95.1	95.4	96.4	95.7	99.7	111.5
其中：钢材	Steel	107.9	96.0	104.0	106.7	92.8	92.8	94.7	93.7	99.4	110.1
其它	Others	101.6	91.9	100.2	105.9	99.9	100.4	99.9	99.9	100.2	113.9
有色金属材料及电线类	Nonferrous Metal and Electris Wire	101.3	89.9	115.0	108.3	97.9	96.5	95.8	92.8	99.8	109.1
化工原料类	Chemical Raw Materials	103.8	91.9	105.5	107.2	97.5	99.2	99.0	95.6	98.7	104.1
木材及纸浆类	Wood and Paper Pulps	104.7	94.5	103.9	107.7	100.5	99.9	100.7	98.1	96.8	106.0
建筑材料及非金属类	Building Materials and Nonmetal Minerals	111.3	90.1	114.0	105.4	97.9	102.7	107.8	91.0	95.4	113.3
其它工业原材料及半成品类	Other Industrial Raw and Processed Materials	103.8	97.1	101.8	105.0	100.8	99.1	99.4	98.3	98.8	101.9
农副产品类	Farm and Sideline Products	109.6	104.3	107.9	104.3	100.5	103.4	103.7	99.1	94.9	100.5
纺织原料类	Textile Raw Material	105.6	100.8	105.1	106.4	100.4	99.3	100.8	102.5	100.3	101.3

主要统计指标解释

社会消费品零售总额 指各种经济类型的批发零售业、住宿餐饮业和其他行业的企业（单位）或个体户，售予城乡居民用于生活消费和社会集团用于公共消费的商品金额的总和。

批发零售业商品购进总额 指从本企业以外的单位和个人购进（包括从国外直接进口）作为转卖或加工后转卖的商品金额。本指标由"从生产者购进额"、"从批发零售业购进额"、"进口额"和"其他购进"组成。 这个指标反映批发零售企业从国内、国外市场上购进商品的总量。

批发零售业商品销售总额 指售予本企业以外的单位和个人的商品金额（包括对国（境）外直接出口及售给本单位消费用的商品）。本指标由"对生产经营单位批发额"、"对批发零售业批发额"、"出口额"和"对居民和社会集团商品零售额"项目组成。这个指标反映批发零售业在国内市场上销售商品以及出口商品的总量。

批发 指除零售以外的一切商品销售活动。包括对生产经营单位批发、对批发零售业批发和出口。

零售 指出售城乡居民用于生活消费商品和社会集团直接用于公用消费商品的活动。

批发零售业年末库存总额 指批发零售企业已取得所有权的全部商品。这个指标反映批发零售贸易企业的商品库存情况，对市场商品供应的保证程度。

批发零售业住宿餐饮业法人单位 指各种经济类型独立核算法人批发零售企业、住宿餐饮企业的单位个数。法人单位应同时具备以下条件：1. 依法成立，有自己的名称、组织机构和场所，能够独立承担民事责任；2. 独立拥有和使用资产，承担负债，有权与其他单位签订合同；3. 独立核算盈亏，并能够编制资产负债表。

批发业 是指从工农业生产者或从商品流通企业单位和个体户购进商品，转卖给工业、农业、建筑业、运输邮电业、住宿餐饮业、服务业等生产经营单位作为生产经营用，以及将商品转卖给其他批发企业或零售企业的商品流通企业(单位)和个体户。

零售业 是指从工农业生产者、批发业或居民购进商品，转卖给城乡居民作为生活消费和售给社会集团作为公共消费的商品流通企业(单位)和个体户。

住宿业 是指为顾客提供临时住宿服务的企业(单位)和个体户。

餐饮业 是指从事食品的烹饪、调制并直接售给居民和社会集团的企业(单位)和个体户。

居民消费价格指数 是度量消费商品及服务项目价格水平随着时间而变动的相对数，反映居民家庭购买的消费品及服务价格水平的变动情况。它是宏观经济分析、决策、调控和价格总水平监测以及国民经济核算的重要指标。其按年度计算的变动率通常被用来作为反映通货膨胀(或紧缩)程度的指标。

工业生产者出厂价格指数 反映工业企业产品第一次出售时的出厂价格的变化趋势和变动幅度。

工业生产者购进价格指数 反映工业企业作为中间投入产品的购进价格的变化趋势和变动幅度。

新建商品住宅 指新建的专供居住用的商品住房，本方案主要包括：90平方米及以下、90—144平方米、144平方米以上等。不包括新建的国家政策性住房；不包括住宅楼中作为人防用、不住人的地下室、车库等，也不包括托儿所、病房、疗养院、旅馆等具有专门用途的房屋。

二手住宅　指进入房屋市场进行交易，第二次及以上进行产权登记的住宅，包括二手商品住宅、允许上市交易的已售公房等。本方案主要包括90平方米及以下、90—144平方米、144平方米以上等分类。

90平方米及以下住宅　指住宅中套型建筑面积不大于90平方米的住宅。套型建筑面积由套内使用面积和分摊的共有建筑面积组成，报表时以销售合同中实际测绘的建筑面积为准，若销售合同为套内使用面积则需折算成建筑面积。

90平方米—144平方米住宅　指套型建筑面积大于90平方米，不超过144平方米的住宅。

144平方米以上住宅　指套型建筑面积在144平方米以上的住宅。

保障性住房　指享受国家相关优惠政策、出售给城镇中低收入居民家庭的新建住房，包括经济适用住房、限价商品住房等保障性、政策性住房。

Explanatory Notes on Main Statistical Indicators

Total Retail Sales of Consumer Goods refer to the sum of retail sales of consumer goods sold by enterprises (establishments) or individuals in wholesale， retail trade， accommodations, catering services and other industries of various types of ownership to urban and rural households for living consumption and to social institutions for public consumption.

Total Purchases of Commodities by Wholesale and Retail Trades refer to the purchases of commodities from other establishments or individuals (including direct import from abroad) for the purpose of reselling， either with or without further processing of the commodities purchased This indicator includes the purchases from producers， the purchases from wholesale and retail trades， imports and other purchases

It is used to show the total value of purchases of commodities by wholesale and retail establishments from domestic and overseas markets.

Total Sales of Commodities by Wholesale and Retail Trades refer to the value of commodities sold to other establishments and individuals (including direct export and commodities sold to the sellers themselves for consumption). This indicator includes the value of wholesale to production and operation units， the value of wholesale to wholesale and retail trades， exports and retail sales to urban and rural households and social institutions It is an indicator of the total value of sales of commodities at domestic markets and export.

Wholesale refers to all selling activities of commodities except retail trade， including wholesale to production and operation units， wholesale to wholesale and retail trades and export.

Retail Sale refers to the selling of commodities to urban and rural households for living consumption and to social institutions for direct public consumption.

Total Inventory of Wholesale and Retail Trades at the Year-end refers to the total commodities possessed by wholesale and retail enterprises， which reflects the commodity stock level of various wholesale and retail enterprises and the potential for market supply.

Corporate Units in Wholesale and Retail Trades, Accommodations and Catering Services refer to the number of corporate enterprises of various types of ownership in the wholesale and retail trades, accommodations and catering services with independent accounting systems An enterprise can be called a corporate enterprise only when it simultaneously meets the following requirements:(1)It is established according to law, with its own name， organization and location for business operation, as well as the capability to independently assume civil responsibility (2)It owns and uses its assets independently, assumes liabilities and is entitled to sign contracts with other units (3)It has an independent accounting system and is able to compile balance sheets.

Wholesale Trade refers to the commodity circulation enterprises (establishments) and individuals which purchase commodities from producers in industry and agriculture or from commodity circulation enterprises and individuals for the purpose of reselling them to establishments in industry， agriculture， construction， transportation， postal and telecommunications services， accommodations and catering services and other services for their production and operation as well as reselling them to other wholesale or retail enterprises.

Retail Trade refers to the commodity circulation enterprises (establishments) and individuals which purchase commodities from producers in industry and agriculture, wholesale trade or residents for the purpose of reselling them to urban and rural households for living consumption and to social institutions for public consumption.

Hotel Services refers to the enterprises (establishments) and individuals engaged in providing temporary accommodation to customers.

Catering Services refer to the enterprises (establishments) and individuals engaged in food cooking, seasoning and selling food directly to households and social institutions.

Consumer Price Indices measure the relative change with time in prices of consumer goods and services, reflecting the rates of change in consumer goods and services purchased by households. It is an important indicator for macroeconomic analysis, decision–making, regularization and control, supervision of general price level and national economic accounting. The annualized rates of change are generally considered as an indicator of inflation or deflation.

EX-factory Price Indices of Industrial Producers reflect the trends and degree of changes in prices of industrial products to sell the first time.

Purchasing Price Indices of Industrial Producers reflect the trends and degree of changes in prices of products as intermediate inputs.

Newly-built Houses refer to newly–built houses for residential use. The program includes: 90 square meters and below, 90–144 square meters, 144 square meters and above. Excluding new national policy–related houses, houses used as civil defense, basements, garages, nursery, wards, nursing homes, hotels and other houses used for special purposes.

Second-hand Houses refer to houses transacted for twice and above in the market, and the property registrations have been changed twice and above, including second–hand commercial houses and public houses been sold and allowed for second transaction. The program includes 90 square meters and below, 90–144 square meters, 144 square meters and above.

90 Square Meters and Below Houses refer to houses with a residential dwelling size of not more than 90 square meters. Dwelling size of the building area is composed by private usable area and public shared construction area. The program subjects to the actual construction area recorded in sales contracts.

90 Square Meters -144 Square Meters Houses refer to houses with the residential dwelling size of more than 90 square meters and no more than 144 square meters.

144 Square Meters Houses refer to houses with the residential dwelling size of more than 144 square meters.

Indemnificatory houses refer to new houses sold to urban low–income families according to national preferential policies, including supportable and policy–related apartments such as affordable and price–limited houses.

11 第十一部分 财政收支

FISCAL REVENUE AND EXPENDITURE

CHAPTER

11-1 地方财政收支

LOCAL GOVERNMENT BUDGETARY REVENUE AND EXPENDITURE

单位：万元 （10 000 yuan）

项目	Item	2013	2014	2015	2016	2017
一般公共预算收入	Local government General Budgetary Revenue	17 312 618	20 827 326	27 268 543	31 364 923	33 321 303
税收收入	Taxes	14 989 200	17 548 398	22 722 315	24 888 827	26 548 905
#增值税	Value-added Tax	2 740 958	3 156 076	3 362 040	6 509 463	9 912 775
营业税	Business Tax	4 232 223	4 798 432	6 846 839	3 639 382	-
企业所得税	Corporate Income Tax	2 884 159	3 450 200	4 649 574	5 695 240	6 678 536
个人所得税	Individual Income Tax	1 384 659	1 684 918	2 239 807	3 047 503	3 343 287
非税收入	Non-Tax Revenue	2 323 418	3 278 928	4 546 228	6 476 096	6 772 398
#专项收入	Special Program Receipts	444 215	487 301	1 562 019	3 823 354	3 721 265
行政事业性收费收入	Charge of Administrative and Units	546 072	910 550	438 659	279 760	267 919
罚没收入	Penalty Receipts	177 672	267 880	303 057	249 007	339 210
政府性基金收入	Government Fund Revenue	4 999 482	6 870 751	9 640 067	9 663 957	10 299 480
一般公共预算支出	Local Government General Budgetary Expenditure	16 908 280	21 661 841	35 216 708	42 110 429	45 938 003
#教育	Expenditure for Education	2 877 280	3 294 137	2 885 520	4 147 269	5 090 971
科学技术	Expenditure for Science and Technology	1 329 814	945 707	2 143 182	4 035 240	3 518 252
文化体育与传媒	Expenditure for Culture, Sport and Media	329 433	580 070	527 260	547 941	571 218
社会保障与就业	Expenditure for Social Safety Net and Employment Effort	784 985	738 828	845 801	1 054 524	2 397 159
医疗卫生	Expenditure for Medical and Health Care	1 069 185	1 576 028	1 505 974	2 012 739	2 442 264
节能环保	Expenditure for Energy Saving	1 419 861	1 352 999	1 083 493	1 402 415	2 130 427
城乡社区事务	Expenditure for Urban and Rural Community Affairs	2 217 321	2 458 768	4 656 457	5 584 938	9 829 642
农林水事务	Expenditure for Agriculture, Forestry and Water Conservancy	614 196	566 042	441 526	612 541	763 260
交通运输	Expenditure for Transportation	1 116 493	2 938 739	10 445 932	4 508 921	3 182 690
政府性基金支出	Expenditure for Government Funds	3 613 114	4 621 312	3 427 517	4 137 502	5 370 357

11-2 一般公共预算收支及指数

INDICES OF LOCAL GOVERNMENT GENERAL BUDGETARY REVENUE AND EXPENDITURE

年 份 Year	收入(万元) Financial Revenue (10 000 yuan)	指 数 Index		支出(万元) Expenditure (10 000 yuan)	指 数 Index	
		以1979年为100 1979=100	以上年为100 Preceding Year=100		以1979年为100 1979=100	以上年为100 Preceding Year=100
1979	1 721	100.0		2 971	100.0	
1980	3 043	176.8	176.8	4 003	134.7	134.7
1981	8 787	510.6	288.8	8 411	283.1	210.1
1982	9 163	532.4	104.3	8 815	296.7	104.8
1983	15 605	906.7	170.3	15 025	505.7	170.4
1984	29 435	1 710.3	188.6	27 954	940.9	186.0
1985	62 894	3 654.5	213.7	58 651	1 974.1	209.8
1986	74 160	4 309.1	117.9	68 073	2 291.2	116.1
1987	87 521	5 085.5	118.0	69 688	2 345.6	102.4
1988	146 521	8 513.7	167.4	110 992	3 735.8	159.3
1989	228 668	13 286.9	156.1	173 007	5 823.2	155.9
1990	217 037	12 611.1	94.9	198 073	6 666.9	114.5
1991	273 291	15 879.8	125.9	243 012	8 179.5	122.7
1992	429 599	24 962.2	157.2	420 035	14 137.8	172.8
1993	672 507	39 076.5	156.5	593 327	19 970.6	141.3
1994	743 992	43 230.2	110.6	746 181	25 115.5	125.8
1995	880 174	51 143.2	118.3	934 041	31 438.6	125.2
1996	1 317 490	76 553.7	149.7	1 380 376	46 461.7	147.8
1997	1 420 557	82 542.5	107.8	1 394 181	46 926.3	101.0
1998	1 643 884	95 519.1	115.7	1 767 714	59 499.0	126.8
1999	1 842 085	107 035.7	112.1	2 108 978	70 985.5	119.3
2000	2 219 184	128 947.3	120.5	2 250 441	75 746.9	106.7
2001	2 624 944	152 524.3	118.3	2 537 019	85 392.8	112.7
2002	2 659 287	154 519.9	101.3	3 077 761	103 593.4	121.3
2003	2 908 370	168 993.0	109.4	3 489 526	117 452.9	113.4
2004	3 214 680	186 791.4	110.5	3 775 720	127 085.8	108.2
2005	4 123 787	239 615.7	128.3	5 991 560	201 668.1	158.7
2006	5 008 827	291 041.7	121.5	5 714 231	192 333.6	95.4
2007	6 580 555	382 368.1	131.4	7 279 677	245 024.5	127.4
2008	8 003 603	465 055.4	121.6	8 898 555	299 513.8	122.2
2009	8 808 168	511 805.2	110.1	10 008 394	336 869.5	112.5
2010	11 068 166	643 124.1	125.7	12 660 668	426 141.6	126.5
2011	13 395 728	778 368.9	121.0	15 905 599	535 361.8	125.6
2012	14 820 800	861 173.7	110.6	15 690 071	528 107.4	98.6
2013	17 312 618	1 005 963.0	116.8	16 908 280	569 110.7	107.8
2014	20 827 326	1 210 187.4	120.3	21 661 841	729 109.4	128.1
2015	27 268 543	1 584 459.2	130.9	35 216 708	1 185 348.6	162.6
2016	31 364 923	1 822 482.5	115.0	42 110 429	1 417 382.3	119.6
2017	33 321 303	2 006 553.2	110.1	45 938 003	1 546 213.5	109.1

注：本表指数除2017年一般公共预算收入按可比口径计算外，其他均按自然口径计算。

Note: The index of Local Government General Budget in this table is calculated by the nature caliber except 2017.

11-3 财政收支分级情况

BUDGETARY REVENUE AND EXPENDITURE BY LEVEL

单位：万元　　　　（10 000 yuan）

项目	Item	2013	2014	2015	2016	2017
一般公共预算收入合计	**Total General Budgetary Revenue**	**17 312 618**	**20 827 326**	**27 268 543**	**31 364 923**	**33 321 303**
市本级	City	10 483 258	12 760 545	17 445 184	19 959 464	20 867 601
福田区	Futian	970 300	1 205 797	1 424 709	1 471 267	1 637 062
罗湖区	Luohu	600 833	653 430	850 233	938 218	976 259
盐田区	Yantian	233 528	264 146	364 911	323 957	336 725
南山区	Nanshan	1 000 528	1 139 321	1 447 647	1 863 735	2 378 174
大宝安区	Original Baoan	2 424 920	2 842 746	3 220 950	3 814 192	4 061 860
#龙华区	Longhua			974 827	1 140 313	1 207 981
光明新区	Guangming	259 447	460 630	372 872	497 347	497 476
大龙岗区	Original Longgang	1 599 251	1 961 341	2 514 909	2 994 090	3 063 622
#坪山区	Pingshan	191 911	218 786	295 665	363 142	454 656
大鹏新区	Dapeng			175 987	229 519	241 202
一般公共预算支出合计	**Total General Budgetary Expenditure**	**16 908 280**	**21 661 841**	**35 216 708**	**42 110 429**	**45 938 003**
市本级	City	9 393 365	12 666 435	22 340 358	22 765 872	23 614 624
福田区	Futian	1 056 306	1 256 272	1 554 492	2 291 063	2 055 398
罗湖区	Luohu	684 949	775 071	1 034 456	1 695 761	2 780 283
盐田区	Yantian	251 951	269 327	454 892	678 758	682 924
南山区	Nanshan	1 142 749	1 295 858	2 147 951	2 739 555	2 806 726
大宝安区	Original Baoan	2 505 390	3 034 325	5 036 850	6 836 632	8 311 108
#龙华区	Longhua			1 701 351	2 606 123	2 673 273
光明新区	Guangming	263 624	487 386	491 190	993 636	1 383 617
大龙岗区	Original Longgang	1 873 570	2 364 553	2 647 709	5 102 788	5 686 940
#坪山区	Pingshan	204 113	262 017	406 422	1 054 961	1 380 415
大鹏新区	Dapeng			291 222	695 790	597 981

注：　大宝安区包含龙华区和光明新区，大龙岗区包含坪山区和大鹏新区。

Note: In this table,data of Longhua and Guangming are included in original Baoan and data of Pingshan and Dapeng are included in original Longgang.

主要统计指标解释

财政收入 是国家财政参与社会产品分配所取得的收入，是实现国家职能的财力保证。财政收入所包括的内容几经变化，目前主要包括：

各项税收：包括国内增值税、营业税、土地增值税、城市维护建设税、资源税、城市土地使用税、印花税、个人所得税、企业所得税、关税、农牧业税和耕地占用税等。

专项收入：包括征收排污费收入、征收城市水资源费收入、教育费附加收入等。

财政支出 国家财政将筹集起来的资金进行分配使用，以满足经济建设和各项事业的需要，主要包括一般公共服务、公共安全、教育、科学技术、文化教育与传媒、社会保障和就业、医疗卫生、节能环保、城乡社区事务等支出科目。

Explanatory Notes on Main Statistical Indicators

Government Revenue refers to income for the government finance through participating in the distribution of social products. It is the financial guarantee to ensure government functioning.The contents of government revenue have undergone constant changes. Currently they mainly include the following items:

Various tax revenues, including domestic value added tax, business tax, land value added tax, city maintenance and construction tax, resources tax, tax on use of urban land, stamp tax, individual income tax, corporate income tax, tariff, tax on agriculture and animal husbandry and tax on occupancy of cultivated land, etc.

Special program receipts, including receipts of pollutant discharge fee, urban water resource charge, education surtax, etc.

Government Expenditure refers to the distribution and use of the funds which the government finance has raised, so as to meet the needs of economic construction and various causes. It mainly includes the following items: expenditure for general public services, expenditure for public security, expenditure for education, expenditure for science and technology, expenditure for culture, sport and media, expenditure for social safety net and employment effort, expenditure for medical and health care, expenditure for energy saving, expenditure for urban and rural community affairs, etc.

12 第十二部分

金融保险业

FINANCE AND INSURANCE

CHAPTER

12-1 国内金融机构人民币存贷款

DEPOSITS AND LOANS IN RENMINBI OF DOMESTIC FINANCIAL INSTITUTIONS

单位：亿元 （100 million yuan）

项目	Item	2014	2015	2016	2017
各项存款	**Total Deposits**	**44 589.29**	**51 806.18**	**57 793.30**	**62 760.40**
境内存款	Domestic Deposits	39 151.75	49 384.45	55 977.08	60 476.89
其中：住户存款	Household Deposits	8 916.82	9 429.42	10 361.19	10 807.45
#活期存款	Demand Deposits	5 150.78	5 792.67	6 539.70	6 856.52
定期及其他存款	Time and Other Deposits	3 766.04	3 636.75	3 821.48	3 950.93
非金融企业存款	Non-financial Corporations Deposits	12 688.99	16 451.54	22 949.35	27 779.15
#活期存款	Current Deposits	4 106.20	5 879.10	7 285.44	8 194.04
定期及其他存款	Time and Other Deposits	8 582.79	10 572.43	15 663.92	19 585.11
广义政府存款	Generalized Government Deposits	7 688.88	8 012.34	8 444.90	8 774.22
非银行业金融机构存款	Non-bank Financial Deposits	9 857.06	15 491.16	14 221.65	13 116.08
境外存款	Overseas Deposits	5 437.54	2 421.73	1 816.21	2 283.51
各项贷款	**Total Deposits**	**22 805.39**	**27 129.99**	**34 034.29**	**39 940.61**
境内贷款	Domestic Loans	22 568.57	26 852.40	33 674.96	39 545.69
其中：住户贷款	Household Loans	7 884.51	10 832.66	15 022.07	17 541.78
# 短期贷款	Short-term Loans	1 222.19	1 554.06	2 095.32	2 460.45
中长期贷款	Medium&Long-term Loans	6 662.32	9 278.60	12 926.75	15 081.33
非金融企业及机关团体贷款	Non-financial Corporations,Government and Organizations Loans	14 549.76	15 979.83	18 639.54	21 968.76
# 短期贷款	Short-term Loans	4 989.32	5 635.10	6 443.81	8 027.14
中长期贷款	Medium&Long-term Loans	7 996.01	8 412.34	9 900.05	11 972.29
票据融资	Bill Financing	732.45	1 034.33	1 391.26	952.48
融资租赁	Finance Lease	806.67	849.75	847.94	977.18
各项垫款	All Advances Money	25.32	48.31	56.49	39.67
非银行业金融机构贷款	Non-bank Financial Loans	134.29	39.91	13.35	35.15
境外贷款	Oveeseas Loans	236.82	277.59	359.33	394.92

注： 2015年起，人民银行调整了金融机构存贷款统计口径，2014年数据相应作了回溯调整，后同。

Note: From 2015, the statistical caliber of deposit and loan of financial institutions have been adjusted by the People's Bank of China, the date of 2014 have been adjusted by the same caliber，the same applied to the following tables.

12-2 金融机构（含外资）本外币信贷情况

SOURCES AND USES OF CREDIT FUNDS OF FINANCIAL INSTITUTIONS (INCLUDE FOREIGN FUNDS)

单位：亿元　　　　(100 million yuan)

年　份 Year	各项存款余额 All Deposits	各项贷款余额 All Loans
1990	360.65	373.98
1991	517.95	491.44
1992	801.51	643.24
1993	977.06	820.13
1994	1 413.81	1 244.87
1995	1 705.94	1 501.84
1996	2 144.28	1 861.97
1997	2 455.25	2 275.51
1998	2 881.83	2 483.84
1999	3 235.66	2 621.85
2000	3 974.12	2 955.37
2001	4 988.20	3 543.11
2002	5 941.29	4 308.43
2003	7 071.94	5 411.96
2004	8 136.21	6 571.56
2005	9 486.71	7 596.75
2006	10 616.01	8 353.82
2007	12 729.68	10 121.37
2008	14 260.94	11 234.05
2009	18 357.47	14 783.39
2010	21 937.89	16 808.12
2011	25 095.78	19 244.68
2012	29 662.40	21 808.34
2013	33 943.15	24 680.07
2014	49 969.99	28 114.22
2015	57 778.90	32 449.04
2016	64 407.81	40 526.90
2017	69 668.31	46 329.33

12-3 金融机构（含外资）本外币分类存贷款

SOURCES AND USES OF CREDIT FUNDS OF FINANCIAL INSTITUTIONS (INCLUDE FOREIGN FUNDS)

单位：亿元 （100 million yuan）

项目	Item	2015	2016	2017
各项存款	**Total Deposits**	**57 778.90**	**64 407.81**	**69 668.31**
境内存款	Domestic Deposits	54 534.63	62 033.75	66 324.93
其中：住户存款	Household Deposits	9 680.24	10 755.66	11 159.78
#活期存款	Demand Deposits	5 956.70	6 823.79	7 096.70
定期及其他存款	Time and Other Deposits	3 723.54	3 931.86	4 063.08
非金融企业存款	Non-financial Corporations Deposits	20 831.23	28 237.21	33 014.86
#活期存款	Current Deposits	6 540.94	8 118.16	9 117.29
定期及其他存款	Time and Other Deposits	14 290.29	20 119.05	23 897.57
广义政府存款	Generalized Government Deposits	8 015.31	8 454.18	8 777.32
非银行业金融机构存款	Non-bank Financial Deposits	16 007.85	14 586.70	13 372.97
境外存款	Overseas Deposits	3 244.27	2 374.07	3 343.38
各项贷款	**Total Deposits**	**32 449.04**	**40 526.90**	**46 329.33**
境内贷款	Domestic Loans	30 598.39	38 252.95	43 972.02
其中：住户贷款	Household Loans	10 941.51	15 135.44	17 647.27
# 短期贷款	Short-term Loans	1 556.97	2 100.45	2 464.89
中长期贷款	Medium&Long-term Loans	9 384.54	13 034.99	15 182.38
非金融企业及机关团体贷款	Non-financial Corporations,Government and Organizations Loans	19 557.46	23 058.16	26 238.60
# 短期贷款	Short-term Loans	7 895.32	9 600.88	11 190.06
中长期贷款	Medium&Long-term Loans	9 443.81	10 838.32	12 866.16
票据融资	Bill Financing	1 190.49	1 583.05	1 021.24
融资租赁	Finance Lease	970.44	975.17	1 113.17
各项垫款	All Advances Money	57.41	60.74	47.97
非银行业金融机构贷款	Non-bank Financial Loans	99.41	59.35	86.15
境外贷款	Oveeseas Loans	1 850.65	2 273.95	2 357.31

注： 2015年起，人民银行调整了金融机构存贷款统计口径，2014年数据相应作了回溯调整。
Note:

12-4 深圳证券交易所投资者开户情况

ACCOUNT-OPENING BY INVESTORS IN SHENZHEN STOCK EXCHANGE

单位：万户 (10 000 accounts)

指 标	Indicators	2011	2012	2013	2014	2015	2016	2017
年末开户总数	**Total Accounts Year-end**	**10 124.57**	**10 573.30**	**11 085.55**	**12 036.87**	**16 888.92**	**20 897.12**	**24 545.09**
个人	Private	10 091.17	10 537.82	11 047.51	11 995.30	16 839.71	20 841.00	24 482.57
机构	Institution	33.40	35.48	37.34	40.66	49.22	56.12	62.52
A股合计	A Shares Accounts	10 025.14	10 473.43	10 985.15	11 935.93	16 783.70	20 791.27	24 438.57
个人	Private	9 993.08	10 439.34	10 948.55	11 895.86	16 736.06	20 736.72	24 377.63
机构	Institution	32.06	34.09	36.61	40.08	47.65	54.55	60.94
B股合计	B Shares Accounts	99.43	99.87	100.40	100.94	105.22	105.85	106.52
个人	Private	98.10	98.47	98.96	99.44	103.65	104.28	104.94
机构	Institution	1.33	1.39	0.73	0.58	1.57	1.57	1.58
新开户总数	**Newly Opened Accounts During the Year**	**714.96**	**464.76**	**531.09**	**984.74**	**4 914.84**	**4 018.31**	**3 598.69**
个人	Private	712.08	462.25	528.08	980.76	4 906.60	4 010.15	3 590.60
机构	Institution	2.88	2.51	3.00	3.93	8.24	8.16	8.09
A股合计	Newly Opened Accounts of A Shares	713.87	464.15	530.38	984.02	4 910.29	4 017.37	3 597.71
个人	Private	711.12	461.75	527.46	980.14	4 902.15	4 009.29	3 589.70
机构	Institution	2.75	2.41	2.91	3.89	8.14	8.08	8.01
B股合计	Newly Opened Accounts of A Shares	1.09	0.61	0.71	0.72	4.55	0.94	0.98
个人	Private	0.96	0.50	0.62	0.62	4.45	0.86	0.90
机构	Institution	0.13	0.10	0.09	0.04	0.10	0.08	0.08

12-5 深圳证券交易所有价证券成交总额

TOTAL VOLUME OF PRICE SECURITIES TRADING IN SHENZHEN

单位：亿元 （100 million yuan）

指 标	Indicators	2009	2010	2011	2012	2013	2014	2015	2016	2017
合计	**Total**	**198 733.87**	**247 426.62**	**193 188.33**	**178 659.69**	**296 671.46**	**444 708.19**	**1 361 051.31**	**934 425.86**	**814 333.31**
股票	Stocks	189 474.86	241 321.53	184 089.28	150 122.41	238 462.58	366 750.87	1 224 950.00	775 979.90	616 855.01
# A股证券	A Shares	188 446.14	240 249.99	183 530.07	149 667.80	237 713.21	366 228.12	1 223 606.57	775 478.37	616 433.07
B股证券	B Shares	1 028.72	1 071.54	559.21	454.65	749.38	522.74	1 343.43	501.53	421.94
基金	Funds	3 790.96	4 224.73	3 464.40	4 952.49	5 796.68	9 753.40	48 884.71	22 085.09	19 882.32
债券	Bonds	828.71	1 291.60	5 634.65	23 584.79	52 412.20	68 203.92	87 216.59	136 344.37	177 595.98
# 国债现货	State Treasury Bond	30.20	71.61	10.02	8.62	32.65				

12-6 深证综合指数

SHENZHEN COMPOSITE INDEX

日历日期 Date	开市指数 Open	收市指数 Close	最高指数 High	交易日期 Exchange Date	最低指数 Low	交易日期 Exchange Date
2001-12-31	636.62	475.94	665.57	2001-06-14	438.00	2002-10-22
2002-12-31	475.14	388.76	523.38	2002-06-25	366.84	2002-01-23
2003-12-31	386.61	378.63	453.45	2003-04-16	349.86	2003-11-19
2004-12-31	377.93	315.81	472.18	2004-04-07	314.98	2004-09-13
2005-12-30	313.81	278.75	334.14	2005-03-09	235.64	2005-07-19
2006-12-29	541.07	550.59	552.93	2006-12-29	278.99	2006-01-04
2007-12-28	1 455.60	1 447.02	1 567.74	2007-10-08	547.89	2007-01-05
2008-12-31	560.17	553.30	1 576.50	2008-01-15	456.97	2008-11-04
2009-12-31	1 193.32	1 201.34	1 234.17	2009-12-03	571.13	2009-01-05
2010-12-31	1 262.19	1 290.87	1 412.64	2010-11-11	890.24	2010-07-02
2011-12-30	852.43	866.65	1 316.19	2011-01-06	828.83	2011-12-28
2012-12-31	874.56	881.17	1 020.29	2012-03-04	724.97	2012-12-04
2013-12-31	887.36	1 057.67	1 106.27	2013-10-22	815.89	2013-06-25
2014-12-31	1 055.88	1 415.19	1 504.48	2014-12-16	1 001.93	2014-04-29
2015-12-31	1 419.44	2 308.91	3 156.96	2015-06-12	1 408.99	2015-01-05
2016-12-31	2 304.48	1 969.11	2 304.49	2016-01-04	1 618.12	2016-01-27
2017-12-31	1 972.55	1 899.34	2 046.74	2017-03-24	1 773.61	2017-06-01

12-7 社会保险费实际征收收入和支出

PREMIUMS INCOME AND PAYMENT

单位：万元 （10 000 yuan）

年 份 Year	社会保险费实际征收收入 Premium Income	社会保险基金支出 Social Insurance Fund Expenditure
1998	203 014	82 818
1999	241 680	109 306
2000	315 636	136 454
2001	508 777	200 638
2002	569 878	246 587
2003	741 343	316 201
2004	1 092 084	446 943
2005	1 335 261	563 925
2006	1 724 096	701 087
2007	2 053 206	777 218
2008	2 637 923	926 975
2009	2 768 988	1 154 785
2010	3 401 499	1 437 736
2011	4 462 180	1 807 163
2012	5 499 183	2 021 871
2013	7 114 222	2 459 542
2014	7 993 834	2 921 421
2015	9 301 966	3 290 337
2016	10 151 440	4 109 401
2017	13 308 764	5 414 739

12-8 保险费收入和赔款及给付

PREMIUMS INCOME, INDEMNITY EXPENDITURE AND PAYMENT

单位：亿元 (100 million yuan)

年 份 Year	保险费收入 Premium Income	赔款及给付支出 Indemnity Expenditure and Payment	赔款率(%) Indemnity and Payment Ratio (%)
1997	34.64	9.44	27.30
1998	34.94	9.06	25.90
1999	35.79	9.96	27.80
2000	40.66	9.64	23.70
2001	54.22	14.26	26.30
2002	65.84	18.40	28.00
2003	78.75	23.86	30.30
2004	91.77	24.44	26.60
2005	106.39	28.63	26.90
2006	134.69	35.15	26.10
2007	183.70	56.87	31.00
2008	240.82	67.94	28.20
2009	271.59	73.34	27.00
2010	361.49	73.94	20.45
2011	359.90	85.77	23.83
2012	401.27	107.71	26.84
2013	468.76	125.19	26.71
2014	548.66	155.76	28.39
2015	647.55	176.74	27.29
2016	834.45	218.55	26.19
2017	1 029.75	257.13	24.97

12-9 保险公司及保险中介机构
INSURANCE COMPANIES AND INSURANCE AGENTS

单位：个 (unit)

年 份 Year	保险公司（法人机构） Insurance Companies (Legal Institution)	中 资 Domestic-Funded	外 资 Foreign-Funded	保险中介法人机构 Legal Institution of Insurance Intermediary
2013	17	14	3	126
2014	20	18	2	126
2015	20	18	2	125
2016	22	20	2	127
2017	25	23	2	129

12-10 保险公司主要业务指标（一）（2017年）
MAIN BUSINESS OF INSURANCE COMPANIES（2017）

单位：亿元 (100 million yuan)

指标名称	Indicators	保险金额 Insurance Amount	原保险保费收入 Original Premium Income	赔付支出 Indemnity Expenditure and payment
机动车辆险	Motor Vehicles Insurance	49 813.05	175.55	95.88
企业财产险	Enterprise Property Insurance	54 158.74	19.06	9.63
家庭财产险	Household Property Insurance	12 591.34	3.89	1.48
工程险	Engineering Insurance	5 488.60	5.01	3.56
责任险	Liability Insurance	70 265.55	19.15	8.57
信用险	Credit Insurance	2 603.31	12.91	7.87
保证险	Guarantee Insurance	871.67	30.62	5.14
船舶险	Shipping Insurance	432.13	1.05	0.41
货运险	Freight Insurance	71 236.87	5.68	3.24
特殊风险	Special Insurance	4 381.07	8.91	5.81
农业险	Agricultural Insurance	3.70	0.01	0.01
健康险	Health Insurance	33 577.75	6.59	3.19
意外险	Accident Insurance	1 127 810.94	19.43	4.92
其他险	Others	494.35	0.45	0.36
财产险公司合计	Total Property Insurance	1 433 729.09	308.34	151.86

12-10 保险公司主要业务指标（二）（2017年）
MAIN BUSINESS OF INSURANCE COMPANIES（2017）

单位：亿元 (100 million yuan)

指标名称	Indicators	累计新增保险金额 Accumulative total Insurance Amount	原保险保费收入 Original Premium Income	赔付支出 Indemnity Expenditure and payment
人寿保险	Life Insurance	8 910.29	579.16	80.09
健康险	Health Insurance	106 746.79	119.04	24.28
人身意外伤害险	Accident Injury Insurance	196 762.37	23.20	2.68

主要统计指标解释

存款 指企业、机关、团体或居民根据必须收回的原则，把货币资金存入银行或其他信用机构保管并取得一定利息的一种信用活动形式。根据存款对象的不同可划分为企业存款、财政存款、机关团体存款、基本建设存款、城镇居民储蓄、农村存款等科目。它是银行信贷资金的主要来源。

贷款 指银行或其他信用机构根据资金必须归还的原则，按一定利率，为企业、个人等提供资金的一种信用活动形式。我国银行贷款分流动资金贷款、固定资产贷款、城乡个体工商户贷款以及农业贷款等科目。

城乡居民储蓄存款余额 指某一时点城乡居民存入银行及农村信用社的储蓄金额，包括城镇居民储蓄存款和农民个人储蓄存款，不包括居民的手存现金和工矿企业、部队、机关、团体等单位存款。

保险金额 指保险人承担赔偿或者给付保险金责任的最高限额。

保费 指投保人为取得保险人在约定范围内所承担赔偿责任而支付给保险人的费用。

赔款 指保险人根据保险合同的规定，向被保险人支付的赔偿保险责任损失的金额。

给付 包括死伤医疗给付和满期给付。死伤医疗给付是指保险人根据人寿保险及长期健康保险合同的规定，因被保险人在保险期内发生保险责任范围内的保险事故支付给被保险人（或受益人）的金额。满期给付是指被保险人生存期满，保险人按人寿保险合同规定支付给被保险人的满期保险金额。

Explanatory Notes on Main Statistical Indicators

Deposit is a form of credit by which enterprises, institutions, organizations or residents can put money into banks and other credit institutions for safekeeping and interest earning under the principle of free withdrawal. According to the different depositors, deposits are divided into enterprise deposits, treasury deposits, deposits of government agencies and organizations, capital construction deposits, urban savings deposits, rural deposits and other deposits. Deposits are major sources of the credit funds of banks.

Loan is a form of credit by which banks and other credit institutions provide funds at certain interest rates to enterprises and individuals in the light of the principle of unconditional repayment. Loans from Chinese banks include circulating capital loans, fixed assets loans, loans to urban and rural individuals engaged in industrial and commercial business and agricultural loans.

Savings Deposits by Urban and Rural Residents refer to the total value of savings deposits of urban and rural households in banks and rural credit cooperatives at a given point of time, including the savings deposit of urban residents and the savings deposit of rural residents. The cash in hand by residents and the deposits of organizations such as enterprises, military units, government agencies, institutions and others are not included.

Amount Insured refers to the maximum that the insurant will get for the claim of the case insured.

Premium is the fee paid by the insurant to the insurer to obtain the obligation of compensation from the insurance within the agreed terms. is the compensation paid by the insurer to the insurant in accordance with the insurance contract.

Settled Claim is the compensation paid by the insurer to the insurant in accordance with the insurance contract.

Payment includes payment for death, injury or medical treatment and payment at maturity. Payment for death, injury or medical treatment refers to the money paid to the insurant (or the beneficiary) in accordance with the life or health insurance contract when the insurant encounters accidents within the insured period covered in the contract. Payment at maturity refers to the payment to the insurant in accordance with the life insurance contract at the end of the insured period.

13 第十三部分

对外经济贸易和旅游

FOREIGN TRADE AND TOURISM

CHAPTER

13-1 对外经济主要指标

MAIN INDICATORS OF FOREIGN TRADE AND ECONOMIC COOPERATION

项 目	Item	2000	2010	2014	2015	2016	2017
进出口总额(亿美元)	**Total Value of Imports and Exports (USD 100 million)**	**639.40**	**3 467.49**	**4 877.40**	**4 424.59**	**3 984.39**	**4 141.46**
出口总额	Total Exports	345.63	2 041.84	2 843.62	2 640.39	2 375.47	2 443.58
进口总额	Total Imports	293.76	1 425.66	2 033.79	1 784.20	1 608.92	1 697.88
签订利用外商直接投资协议(合同)项目(个)	Number of Projects with Contracted Foreign Capital (unit)	1 130	1 929	2 490	3 359	4 132	6 757
签订利用外商直接投资协议(合同)金额(亿美元)	Amount of Contracted Foreign Capital (USD 100 million)	17.38	56.52	108.95	255.95	521.93	368.40
实际利用外商直接投资额(亿美元)	Amount of Foreign Capital Actually Utilized (USD 100 million)	19.61	42.97	58.05	64.97	67.32	74.01
外商投资企业年底工商登记数(户)	Number of Registered Enterprises with Foreign Investment at the Year-end(unit)		29 364	34 135	37 529	42 621	50 769
投资总额(亿美元)	Total Investment (USD 100 million)		933.32	1 341.53	1 694.92	2 630.15	3 606.52
注册资本(亿美元)	Registered Capital(USD 100 million)		546.62	825.51	1 107.25	1 984.17	2 835.10
外商投资企业本期工商登记数(户)	Number of Registered Enterprises with Foreign Investment at the Year-end(unit)		2 585	3 117	4 343	6 024	11 162
本期投资总额(亿美元)	Total Investment(USD 100 million)		27.25	116.31	249.15	809.98	569.82
本期注册资本(亿美元)	Registered Capital(USD 100 million)		17.49	98.21	222.51	772.11	538.09

13-2 利用外资签订协议（合同）项目

NUMBER OF THE SIGNED AGREEMENTS AND CONTRACTS FOR UTILIZATION OF FOREIGN CAPITAL

单位：项 (unit)

年 份 Year	总 计 Total	一、按投资方式分 Grouped by Investment Mode					
		对外借款 Foreign Loans	外商直接投资 Direct Foreign Investments	# 合资经营 Joint Ventures	# 合作经营 Cooperative Operation	# 外商独资 Soly-Funded Foreign Enterprises	外商其他投资 Other Foreign Investments
1979	169		37	7	30		132
1980	303		33	4	24	5	270
1981	578		70	13	39	18	508
1982	577		66	11	47	8	511
1983	878		253	92	149	12	625
1984	988	5	334	188	134	12	649
1985	1 203	40	282	192	73	17	881
1986	454	31	224	152	64	8	199
1987	334	13	310	231	62	17	11
1988	694	4	591	443	93	55	99
1989	711	5	647	473	94	80	59
1990	796	6	757	434	100	223	33
1991	986	6	951	534	122	295	29
1992	1 561	1	1 553	822	227	504	7
1993	3 257	2	3 255	1 735	358	1 162	
1994	2 223	2	2 221	1 049	208	964	
1995	1 638	5	1 633	764	109	760	
1996	999		999	491	38	470	
1997	1 786		957	454	30	471	829
1998	1 915		1 391	513	31	844	524
1999	1 558		797	321	15	461	761
2000	1 835		1 130	339	24	766	705
2001	1 860		1 501	396	18	1 087	359
2002	2 191		1 917	361	8	1 544	274
2003	2 573		2 254	333	6	1 913	319
2004			2 718	356	9	2 352	2 36
2005			2 797	308	12	2 469	141
2006			3 105	269	7	2 827	62
2007			4 200	215	8	3 975	25
2008			3 046	139	11	2 896	6
2009			1 498	114	1	1 382	11
2010			1 929	124	1	1 800	
2011			2 513	149	2	2 360	
2012			2 428	134		2 289	
2013			2 056	180	5	1 870	
2014			2 490	266		2 222	
2015			3 359	488	2	2 861	8
2016			4 132	877	6	3 241	8
2017			6 757	1 261	2	5 485	9

注：1.根据《商务部、国家统计局关于印发〈外商投资统计制度〉的通知》从2004年开始外商投资统计制度发生变化：一是不再包括“对外借款”，且外商直接投资的统计口径缩小；二是对外公布的数据为经商务部核准的外商直接投资数据。

Note: There are two changes among the newly statistical system of foreign investment in 2004:1.The index was not include Foreign Loans and statistical scope of Direct Foreign Investments was reduced.2.The released data of Direct Foreign Investments have been verified by State Commercial Department.

2.本表数据来源为深圳市经济贸易和信息化委员会。

Data in this table are provided by Economy,Trade and Information Commission of Shenzhen Municipality.

单位：项

年 份 Year	二、按国民经济行业分 Grouped by Sector					
	农、林、牧、渔业 Agriculture, Forestry, Animal Husbandry and Fishery	工 业 Industry	建筑业 Construction	交通运输、仓储和邮政业 Transportation,Storage,Postal and Telecommunications Services	批发和零售业、住宿和餐饮业 Wholesale and Retail Sales , Accommodation and Catering Services	房地产业 Real Estate
1979	6	112		3	5	3
1980	8	243		4	10	14
1981	9	321		5	5	28
1982	3	457		1	25	8
1983	19	714		15	87	21
1984	14	148		15	117	31
1985	10	164		8	84	15
1986	6	172	3	1	20	14
1987	7	303			1	10
1988	5	646	4	5	12	11
1989	5	666		3	12	10
1990	3	766	2	3	6	3
1991	5	908	3	6	22	30
1992	6	1 464	2	8	20	51
1993	10	2 836	18	23	115	205
1994	6	1 815	20	16	168	135
1995	5	1 377	10	15	104	59
1996	10	858	7	8	53	30
1997	8	1 526	4	13	89	138
1998	5	1 401	3	12	65	286
1999	3	1 351	3	7	28	157
2000	4	1 450	1	23	34	307
2001	3	1 397	1	22	43	315
2002	3	1 616	4	33	103	394
2003		1 660	2	48	100	439
2004	2	1 513	6	53	188	57
2005	1	1 344	9	38	357	77
2006	1	896	11	55	1 238	101
2007	2	860	4	127	1 828	49
2008		350	5	83	1 187	4
2009	1	388	3	28	737	15
2010	1	434	7	29	1 000	11
2011		1 030	6	23	924	19
2012	1	1 027	6	26	865	8
2013	1	335	6	27	971	14
2014		181	7	28	1 089	18
2015	7	163	16	43	1 406	25
2016	7	110	17	53	1 288	32
2017	6	202	41	109	3 036	38

单位：项 13-2 续表 2 continued (unit)

年份 Year	二、按国民经济行业分 Grouped by Sector						
	卫生和社会工作 Health and Social Work	教育、文化、体育和娱乐业 Education,Culture Sports and Entertainment	科学研究和技术服务业 Scientific Research, and Technical Services	金融业 Financial Intermediation	信息传输、软件和信息技术服务业 Information Transmission, Software and Information Technology	租赁和商务服务业 Leasing and Business Services	其他行业 Others
1979							40
1980							24
1981							210
1982							83
1983							22
1984							663
1985							922
1986	1	2	1	1			233
1987				7			6
1988				4			7
1989		4	4				7
1990	1		5				7
1991		2	2	6			2
1992		4	4	1			1
1993	6	1	5	1			33
1994	5	8	33	1			15
1995	19	4	31	1			13
1996	8	3	11	2			9
1997	1		7				
1998	1	1	138				3
1999			9				
2000	1	2	13				
2001		1	77				1
2002	1		26	5			5
2003	1	2	298	6			17
2004		4	178	2			715
2005	1	2	348	6			614
2006		7	373	5			418
2007	1	8	947	2			372
2008		3	1 134	2	62	215	1
2009		6	95	3	30	191	1
2010		2	142	4	35	264	
2011			138	6	54	313	
2012	3	3	105	13	37	334	
2013		9	114	73	43	463	
2014		8	165	222	81	687	4
2015	2	20	209	405	253	808	2
2016	2	46	295	1 144	327	809	2
2017	4	63	623	741	784	1108	2

单位：项　　　　13-2 续表 3 continued (unit)

年 份 Year	三、按国别(地区)分 Grouped by Country (Territory)							
	中国香港、澳门 HongKong China, Macao China	中国台湾 Taiwan China	新加坡 Singapore	韩 国 Korea Rep	日 本 Japan	泰 国 Thailand	澳大利亚 Australia	马来西亚 Malaysia
1990	699	45	5		12	2	2	1
1991	885	36	8	3	17	3	1	
1992	1 330	88	20	5	16	8	6	3
1993	2 834	154	24	8	27	15	14	5
1994	1 885	124	29	8	25	8	7	3
1995	1 288	100	26	14	36	11	9	6
1996	760	85	15	11	15	4	6	6
1997	1 576	85	14	9	13	3	5	5
1998	1 614	119	19	7	12	1	4	2
1999	1 355	45	14	7	8		2	
2000	1 474	67	19	12	9	1	7	2
2001	1 288	179	28	22	25	3	10	6
2002	1 498	239	34	25	35	3	13	11
2003	1 852	260	25	35	33	3	14	6
2004	1 959	122	44	42	51		14	10
2005	1 974	144	51	43	45	3	9	6
2006	2 233	152	48	42	38	2	28	17
2007	3 427	165	48	50	46	6	19	10
2008	2 582	82	27	34	41	2	10	15
2009	1 142	85	17	25	24	4	9	11
2010	1 472	112	23	24	34	3	5	15
2011	1 985	125	29	37	27	2	10	12
2012	1 988	76	25	40	25	3	10	12
2013	1 611	110	29	38	22	2	12	11
2014	2 011	119	41	55	21	2	9	12
2015	2 673	164	48	91	16	2	17	26
2016	3 365	186	43	66	12	7	17	44
2017	5 717	234	54	59	27	6	26	53

单位：项　　　　13-2 续表 4 continued (unit)

年 份 Year	三、按国别(地区)分 Grouped by Country (Territory)							
	美 国 The United States	加拿大 Canada	德 国 Germany	法 国 France	英 国 The United Kingdom	瑞 士 Switzerland	荷 兰 Netherlands	其 他 Others
1990	16	2		1	2	3		6
1991	18	2	2	3	2	1	1	4
1992	57	8	1	2	5		1	11
1993	104	22	2	4	16	2	3	23
1994	74	10	5	3	19		1	22
1995	71	9	3	1	18	2	4	40
1996	42	7	3	4	14	1	2	24
1997	35	8	2	3	5	3		20
1998	58	4	5	1	4	1	3	61
1999	37	12	3		4		1	70
2000	52	17	4	1	3		2	165
2001	72	14	2	2	2	2	2	203
2002	77	12	4	3	9	1	7	220
2003	72	23	2	3	7		4	234
2004	84	22	12	5	15	1	6	331
2005	100	16	14	4	24	7	9	348
2006	110	19	11	5	21	5	7	367
2007	78	15	12	3	15	2	5	299
2008	62	13	4	3	9	6	3	153
2009	49	10	7	7	5	1		102
2010	46	7	7	9	6	2	3	161
2011	51	8	15	9	7	1	2	193
2012	30	11	7	5	6	3	1	186
2013	36	12	8	9	10	4	5	137
2014	38	13	5	3	14	2	6	139
2015	65	22	10	4	14	1	6	200
2016	80	29	14	11	25	4	4	225
2017	101	32	20	17	34	4	3	370

13-3 协议利用外资额

AMOUNT OF FOREIGN CAPITAL TO BE UTILIZED IN THE SIGNED AGREEMENTS AND CONTRACTS

单位：万美元　　　　(USD 10 000)

年　份 Year	总　计 Total	一、按投资方式分 Grouped by Investment Mode					
		1、对外借款 Foreign Loans	2、外商直接投资 Direct Foreign Investments	# 合资经营 Joint Ventures	# 合作经营 Cooperative Operation	# 外商独资 Soly-Funded Foreign Enterprises	3、外商其他投资 Other Foreign Investments
1979	2 984		1 790	851	939		1 194
1980	27 122		23 966	1 021	13 966	8 979	3 156
1981	86 360		86 360	442	72 636	13 282	
1982	18 028		17 546	643	14 498	2 405	482
1983	33 451		29 355	8 052	17 605	3 698	4 096
1984	64 564	1 962	53 342	21 240	31 704	398	9 260
1985	102 647	19 320	79 323	18 544	58 046	2 733	4 004
1986	51 360	22 474	24 396	9 776	13 189	1 431	4 490
1987	64 893	7 812	56 675	10 993	7 370	38 312	406
1988	48 739	4 500	43 021	25 163	9 310	8 548	1 218
1989	48 904	576	46 945	25 120	11 501	10 324	1 383
1990	69 344	1 062	67 899	18 869	16 099	32 931	383
1991	115 158	5 038	108 611	35 419	23 072	50 120	1 509
1992	251 774	1 188	249 496	75 010	65 597	108 889	1 090
1993	497 737	800	496 937	211 828	71 588	213 521	
1994	298 649	15 521	283 128	92 731	47 632	142 765	
1995	359 654	13 347	346 307	125 589	63 561	157 157	
1996	168 000		168 000	99 879	26 192	41 929	
1997	176 896		135 387	63 177	10 224	59 657	41 509
1998	274 571	42 093	203 475	78 016	8 484	115 293	29 003
1999	223 018	64 077	121 017	16 345	7 242	96 585	37 924
2000	263 996	43 671	173 813	28 374	11 926	128 739	46 512
2001	400 393	50 527	272 318	43 530	82 902	145 184	77 548
2002	518 626	38 735	354 400	61 955	5 952	202 075	125 491
2003	582 896	55 570	484 687	124 831	11 157	335 571	42 639
2004			412 131	103 316	13 546	281 272	71 913
2005			525 097	68 065	2 375	437 181	43 755
2006			526 410	93 298	6 117	412 952	107 288
2007			857 155	63 948	−3 985	787 701	15 570
2008			728 283	97 963	2 007	608 434	4 914
2009			355 805	81 851	−1 622	257 953	−4 195
2010			565 197	44 503	271	508 625	−6 219
2011			763 307	121 168	11 803	616 702	−14 417
2012			626 184	83 049	1 284	519 688	177
2013			670 003	122 240	911	541 041	
2014			1 089 537	123 337	840	950 075	
2015			2 559 531	323 952	−697	2 189 932	46 344
2016			5 219 259	710 746	4 539	4 303 336	200 638
2017			3 683 974	876 256	30 847	2 505 442	271 429

注：本表数据来源为深圳市经济贸易和信息化委员会。

Note: Data in this table are provided by Economy,Trade and Information Commission of Shenzhen Municipality.

单位：万美元 | 13-3 续表 1 continued （USD 10 000）

年 份 Year	二、按国民经济行业分 Grouped by Sector 农、林、牧、渔业 Agriculture, Forestry, Animal Husbandry and Fishery	工 业 Industry	建筑业 Construction	交通运输、仓储和邮政业 Transportation, Storage, Postal and Telecommunications Services	批发和零售业、住宿和餐饮业 Wholesale and Retail Sales, Accommodation and Catering Services	房地产业 Real Estate
1979	119	1 163		537	179	538
1980	1 085	10 577		4 883	1 628	4 883
1981	3 454	33 680		15 545	5 182	15 675
1982	213	6 269		3 245	1 082	3 245
1983	1 345	13 145		5 978	2 085	6 042
1984	214	16 936		1 933	27 152	6 349
1985	439	56 558		3 935	13 510	4 928
1986	187	12 197	3 849	102	3 773	4 075
1987	359	54 644			13	2 065
1988	273	36 686	149	899	2 403	3 568
1989	120	37 885		643	3 499	4 939
1990	99	55 931	138	378	5 197	3 802
1991	888	77 756	3 839	1 665	5 742	17 197
1992	2 878	176 536	1 180	8 321	4 724	51 153
1993	378	292 842	3 646	37 086	48 641	77 660
1994	263	177 967	1 264	1 585	37 774	59 615
1995	438	243 725	4 468	21 376	21 903	51 630
1996	763	123 973	11 905	1 827	12 443	9 200
1997	481	129 826	2 671	4 864	7 977	29 839
1998	1 417	184 011	3 678	16 008	11 323	44 075
1999	89	207 778	225	−2 439	2 359	16 108
2000	94	216 845	−913	2 990	7 795	36 672
2001	−202	343 834	445	6 299	5 936	38 853
2002	98	357 927	650	29 752	15 303	43 677
2003	699	362 144	466	40 517	18 346	89 112
2004	1 040	246 824	525	8 923	12 230	29 502
2005	184	227 994	20 041	41 960	42 019	61 235
2006	84	215 287	490	39 107	78 194	80 598
2007	−561	250 677	−24	16 890	197 432	109 325
2008	−95	230 858	3 928	13 374	192 763	70 910
2009	52	90 645	682	51 452	64 715	56 192
2010	314	105 151	1 162	17 878	155 857	130 934
2011		262 143	1 222	20 028	144 719	95 492
2012		243 452	1 183	28 754	89 786	47 192
2013	524	122 170	594	2 490	141 389	34 874
2014	393	98 963	396	16 413	185 828	17 278
2015	1 627	112 971	6 149	36 982	292 058	286 294
2016	2 582	344 909	18 605	4 232	413 607	281 796
2017	72 941	183 512	8 733	42 376	565 083	106 256

单位：万美元　　　　13-3 续表 2 continued （USD 10 000）

年 份 Year	二、按国民经济行业分 Grouped by Sector						
	卫生和社会工作 Health and Social Work	教育、文化、体育和娱乐业 Education,Culture Sports and Entertainment	科学研究和技术服务业 Scientific Research, and Technical Services	金融业 Financial Intermediation	信息传输、软件和信息技术服务业 Information Transmission, Software and Information Technology	租赁和商务服务业 Leasing and Business Services	其他行业 Others
1979							448
1980							4 066
1981							12 824
1982							3 974
1983							4 856
1984							11 980
1985							23 277
1986	19	16	4	129			27 009
1987				6 000			1 812
1988				4 500			261
1989		300	108				1 410
1990	2 574		123				1 102
1991		669	240	5 038			2 124
1992		3 239	97	1 188			2 458
1993	991	2 900	94	2 100			31 106
1994	628	6 552	1 393	29			11 572
1995	625	1 250	1 103	2 170			2 966
1996	2 664	1 750	487	2 301			687
1997	161		426				651
1998	1 584	36	8 043	4 911			−515
1999	−5 037		579				3 356
2000	−460	158	486	27			302
2001	120	793	5 886	1 000			−2 571
2002	707	38	2 396	60 980			7 098
2003	779	2 071	21 947	13 654			28 054
2004		1 563	13 697	144			97 683
2005	993	1 371	36 825	8 813			83 662
2006	−132	4 288	38 188	3 085			67 221
2007	2 190	371	115 229	1 250			164 376
2008		1 351	135 320	594	32 517	45 135	1 628
2009		783	17 549	38 750	2 367	32 584	34
2010		2 902	52 828	4 004	17 687	76 480	
2011		1 866	52 673	−22 595	16 848	190 892	19
2012	665	17 005	29 983	30 563	17 235	120 366	
2013		3 235	28 016	160 495	8 517	167 699	
2014	−20	185	59 796	505 875	45 131	157 885	1 414
2015	−187	−3 589	66 585	1 171 149	189 865	398 707	920
2016	227	21 077	145 886	3 337 411	68 199	580 578	150
2017	783	5 862	197 858	1 400 925	367 195	732 402	48

单位：万美元 　　　　13-3 续表 3 continued （USD 10 000）

年份 Year	三、按国别(地区)分 Grouped by Country (Territory)							
	中国香港、澳门 HongKong China, Macao China	中国台湾 Taiwan China	新加坡 Singapore	韩国 Korea Rep.	日本 Japan	泰国 Thailand	澳大利亚 Australia	马来西亚 Malaysia
1987	16 431		427		10 336	112	85	
1988	33 363	1 407	1 735		6 762			41
1989	40 214	986	328		1 131	2 585	48	
1990	54 729	4 839	3 134		1 058	1 092	550	17
1991	54 729	4 839	3 134		1 058	1 092	550	17
1992	206 231	10 814	2 151	1 174	5 843	416	3 198	1 679
1993	411 673	21 908	2 132	665	7 491	5 284	7 934	392
1994	260 535	12 075	6 996	384	2 692	1 421	184	114
1995	274 815	7 344	7 940	1 926	20 914	978	227	2 024
1996	80 115	3 376	1 847	50 895	1 120	347	340	210
1997	98 839	4 951	1 874		2 517	59		293
1998	153 002	6 375	10 002	343	15 184	1 030		
1999	111 587	2 965	6 569	7	15 842		32	−154
2000	141 259	3 976	5 359	628	1 677	7	511	300
2001	180 030	19 328	6 371	888	8 379	115	920	56
2002	205 225	26 226	5 879	1 543	1 998	−939	2 381	1 570
2003	340 288	18 290	9 916	2 608	10 027	1 165	340	96
2004	198 695	9 276	6 479	4 506	6 025	400	745	3 838
2005	265 109	1 802	13 508	861	8 802	171	−139	−237
2006	362 411	3 883	8 107	486	8 866	26	1 822	3 568
2007	667 020	4 837	5 989	2 407	4 110	242	−1 190	133
2008	618 340	−1 030	1 618	804	4 138	17	−585	678
2009	323 420	245	4 974	239	−3 251	198	−283	672
2010	449 569	980	8 180	316	3 730	61	24	517
2011	536 353	9 961	22 437	23 771	15 026	8	−67	−771
2012	508 831	6 997	2 666	939	23 173	164	−308	1 001
2013	497 375	771	24 819	3 763	7 022	179	194	−2 534
2014	961 581	4 044	9 940	1 016	11 468	28	2 741	1 757
2015	2 287 102	26 580	5 846	3 320	6 322	84	710	850
2016	4 871 076	17 212	279	12 945	6 512	560	765	11 696
2017	3 250 763	21 323	128 550	3 896	490	516	1 539	5 044

单位：万美元 13-3 续表 4 continued （USD 10 000）

年 份 Year	三、按国别(地区)分 Grouped by Country (Territory)							
	美 国 The United States	加拿大 Canada	德 国 Germany	法 国 France	英 国 The United Kingdom	瑞 士 Switzerland	荷 兰 Netherlands	其 他 Others
1987	779			300	23			36 400
1988	3 441	100	1 162	22	603			103
1989	2 290	63	48	249			562	400
1990	1 253	115		8	772	809		968
1991	981	34	210	392	1 700	83	819	320
1992	4 764	4 067	31	111	5 373		5	5 917
1993	18 289	7 245	368	534	7 352	500	175	5 795
1994	8 010	921	222	78	2 421		25	2 571
1995	17 020	426	1 995	3 900	3 641	6	6 315	10 183
1996	3 876	368	357	227	2 493	15	2 659	19 755
1997	2 177	553	1 365	182		128	1 061	62 897
1998	10 759	215	3 077	21 270	7 489		4 142	41 683
1999	22 954	144	2 367	23 561	8 543	-17	2 853	25 765
2000	11 611	987	3 214	26 698	11 894		1 388	54 487
2001	5 239	997	1 224	33 920	5 987	683	-1 383	137 639
2002	79 346	-32	492	24 533	65 794	1 565	-199	103 244
2003	17 082	907	399	3 753	10 540	83	7 219	160 183
2004	14 007	434	2 379	2 317	11 263	140	7 154	144 473
2005	5 532	121	1 857	177	3 710	537	3 264	220 022
2006	4 974	196	911	482	1 748	299	7 136	121 495
2007	7 946	572	612	751	2 267	439	3 772	157 248
2008	11 773	2 385	1 357	4 445	636	922	756	82 029
2009	4 223	198	152	-946	2 398	381	401	22 784
2010	12 622	-2 011	-262	2 040	-1 162	-35	-1 158	91 786
2011	34 899	204	782	31 436		-9	-70	89 347
2012	1 600	-120	-355	-86	69	451	-5 078	86 240
2013	3 849	-185	317	77	1 830	84	1 843	130 599
2014	9 196	199	85	-1 121	1 143	-7	390	87 077
2015	-803	6 820	1 055	79	2 664	227	1 745	216 930
2016	7 804	17 471	2912	223	93 199	7 829	1 265	263 845
2017	1 495	2 645	1 638	1 060	12 278	213	5 261	247 263

13-4 实际利用外资额

AMOUNT OF FOREIGN CAPITAL ACTUALLY USED

单位：万美元 (USD 10 000)

年份 Year	总计 Total	一、按投资方式分 Grouped by Investment Mode					
		对外借款 Foreign Loans	外商直接投资 Direct Foreign Investments	# 合资经营 Joint Ventures	# 合作经营 Cooperative Operation	# 外商独资 Soly-Funded Foreign Enterprises	外商其他投资 Other Foreign Investments
1979	1 537		548	192	356		989
1980	3 264		2 755	252	1 891	612	509
1981	11 282		8 618	1 073	5 427	2 118	2 664
1982	7 379		5 771	1 114	3 823	834	1 608
1983	14 394		11 316	1 906	6 077	3 333	3 078
1984	23 013	1 962	18 640	8 008	5 990	4 642	2 411
1985	32 925	13 585	17 989	6 993	10 316	680	1 351
1986	48 933	10 860	36 450	5 124	30 241	1 085	1 623
1987	40 449	12 436	27 379	8 489	17 826	1 064	634
1988	44 429	14 430	28 716	9 644	10 085	8 987	1 283
1989	45 809	15 563	29 252	16 852	7 182	5 218	994
1990	51 857	12 360	38 994	26 849	4 917	7 228	503
1991	57 988	17 184	39 875	27 330	5 185	7 360	929
1992	71 539	25 808	44 879	20 554	8 716	15 609	852
1993	143 217	43 762	98 900	48 165	15 097	35 638	555
1994	172 959	47 367	125 046	49 312	21 388	54 346	546
1995	173 545	42 556	130 989	33 120	28 003	69 866	
1996	242 242	37 177	205 065	89 228	26 776	89 061	
1997	287 168	57 095	166 112	53 271	20 771	92 070	63 961
1998	255 222	55 717	166 357	73 762	22 354	67 561	33 148
1999	275 422	64 077	177 839	74 848	18 954	82 556	33 506
2000	296 839	43 671	196 145	71 789	19 102	103 061	57 023
2001	360 277	44 527	259 080	59 076	56 621	139 157	56 670
2002	490 220	49 511	319 101	79 480	39 550	149 642	121 608
2003	504 213	57 928	362 344	115 245	20 850	193 915	83 941
2004			234 994	48 868	6 281	169 650	126 232
2005			296 872	50 807	8 299	230 996	104 841
2006			326 852	56 623	2 609	252 313	158 419
2007			366 220	64 843	1 334	295 550	99 277
2008			403 018	43 441	2 038	354 971	75 827
2009			416 001	54 993	551	342 234	12 242
2010			429 724	63 281	1 292	341 964	17 218
2011			459 921	48 409	1 367	397 391	23 696
2012			522 944	81 675	3 949	418 054	2 768
2013			546 789	79 900	1 340	461 585	403
2014			580 469	80 834	163	484 416	
2015			649 733	57 037	1 719	581 450	9 527
2016			673 227	92 018	115	574 622	6 472
2017			740 126	194 084		501 601	44 441

注：本表数据来源为深圳市经济贸易和信息化委员会。

Note: Data in this table are provided by Economy, Trade and Information Commission of Shenzhen Municipality.

单位：万美元 13-4 续表 1 continued （USD 10 000）

年 份 Year	二、按国民经济行业分 Grouped by Sector					
	农、林、牧、渔业 Agriculture, Forestry, Animal Husbandry and Fishery	工 业 Industry	建筑业 Construction	交通运输、仓储和邮政业 Transportation, Storage,Postal and Telecommunications Services	批发和零售业、住宿和餐饮业 Wholesale and Retail Sales, Accommodation and Catering Services	房地产业 Real Estate
1979	30	645		31	200	553
1980	65	1 371		65	424	1 175
1981	226	4 738		226	1 467	4 061
1982	148	3 099		148	959	2 656
1983	216	6 013		273	1 809	5 124
1984	57	8 235		881	5 251	4 412
1985	73	6 549		1 457	1 221	7 976
1986	138	31 874	13	416	974	2 965
1987	232	25 216	239	432	387	454
1988	383	28 645	45	917	1 069	4 652
1989	200	27 406	53	1 071	1 530	4 744
1990	28	32 306	6	440	858	5 576
1991	143	34 869	12	894	831	10 835
1992	55	44 056	122	300	807	9 503
1993	94	74 851	54	18 514	3 216	31 664
1994	626	113 192		18 900	6 798	14 220
1995	433	121 125		17 195	2 305	15 982
1996		193 141	30	6 944	11 852	16 970
1997	64	222 822	3 195	26 095	3 318	14 372
1998	428	156 925	7 906	35 333	7 715	31 208
1999	1 049	195 450	412	10 182	8 794	48 992
2000	145	222 702	5 384	12 129	5 587	40 473
2001	294	293 765	776	9 476	9 283	44 137
2002	27	336 943	657	18 696	13 115	51 018
2003	824	315 730	1 102	45 608	29 410	64 587
2004	169	145 123	2 223	12 313	11 407	18 694
2005	146	181 804	134	21 139	14 497	19 457
2006	146	189 097	12 690	23 308	15 423	21 097
2007	113	181 439	7 073	19 723	53 884	32 405
2008	207	152 987	27	30 071	80 362	42 717
2009	111	158 939	427	8 567	127 000	25 249
2010		164 623	2	5 947	89 554	56 872
2011	172	164 480	469	30 673	90 304	45 815
2012	150	181 153	810	32 239	121 492	55 414
2013	65	187 485	3 224	14 732	66 716	71 830
2014	392	124 187	494	6 233	104 299	80 317
2015		82 354	159	10 398	65 391	225 873
2016		50 294	170	12 274	55 407	191 914
2017	5	95 539	1 525	11 041	110 070	204 094

单位：万美元 13-4 续表 2 continued （USD 10 000）

年 份 Year	二、按国民经济行业分 Grouped by Sector						
	卫生和社会工作 Health and Social Work	教育、文化、体育和娱乐业 Education,Culture Sports and Entertainment	科学研究和技术服务业 Scientific Research, and Technical Services	金融业 Financial Intermediation	信息传输、软件和信息技术服务业 Information Transmission, Software and Information Technology	租赁和商务服务业 Leasing and Business Services	其他行业 Others
1979							78
1980							164
1981							564
1982							369
1983							959
1984							4 177
1985							15 649
1986		6		8 948			3 599
1987	6	39		10 247			3 197
1988	161	30	20	4 168			4 339
1989		33		10 666			106
1990		34		5 913			6 696
1991	35			9 837			532
1992	13	17		14 008			2 658
1993	500			254			14 070
1994	234	1 445	132	5 751			11 661
1995	10 921	625		4 327			632
1996	1 236	68	550	9 339			2 112
1997	1 750	470	17	6 638			8 427
1998	831	548	234	12 021			2 073
1999	4 659	441	3 383				2 060
2000	1 600	377	379	1 579			6 484
2001	758	18	501	1 000			269
2002	1 514	63	2 846	58 734			6 607
2003	220	626	2 809	18 587			19 586
2004	100		6 384	1 285			37 196
2005	120	346	9 366	20			49 843
2006		597	12 841	7 266			44 387
2007	439	334	22 843	1 566			46 401
2008	372	675	27 852		15 161	52 587	
2009		2 005	57 935		9 134	26 634	
2010		373	37 460	1 591	23 705	49 597	
2011		1 678	39 164	7 072	25 697	54 331	66
2012	186	8 758	39 668	1 338	5 135	76 601	
2013		5 867	39 518	19 972	7 258	130 122	
2014	556	928	34 870	67 505	22 184	138 504	
2015		2 395	25 079	71 649	30 007	136 267	161
2016		1	10 810	106 958	35 793	209 606	
2017	121	13	48 787	88 726	19 727	160 434	44

年 份 Year	三、按国别(地区)分 Grouped by Country (Territory)							
	中国香港、澳门 HongKong China, Macao China	中国台湾 Taiwan China	新加坡 Singapore	韩 国 Korea Rep.	日 本 Japan	泰 国 Thailand	澳大利亚 Australia	马来西亚 Malaysia
1987	25 632		247		9 291	32	29	
1988	28 198	316	146		14 567		10	
1989	28 729	1 006	1 177		10 004		166	
1990	26 291	371	897		17 257		723	
1991	32 375	216	339	125	14 265		700	
1992	46 134	475	475		15 806	914	323	117
1993	92 455	4 532	1 197	170	20 822	1 577	155	
1994	125 890	10 671	1 270		18 740	102	645	
1995	105 172	6 954	845		32 067		520	
1996	150 126	13 665	7 525	7 094	29 860	3 381	340	2 024
1997	203 035	6 732	2 502	309	17 616	1 133	19	750
1998	182 956	3 479	1 089	352	8 959	257	56	45
1999	144 214	3 842	9 855	11 133	18 666	1 047	145	64
2000	184 531	3 940	6 023	8 136	5 113		219	1 724
2001	194 212	12 518	7 521	162	8 183	6	365	263
2002	216 516	28 876	8 449	541	10 498	1 307	687	245
2003	318 337	28 479	10 471	4 489	12 154	69	172	348
2004	125 379	4 002	4 576	411	3 215	200	345	1 394
2005	157 487	5 328	5 368	1 507	6 590	148	848	888
2006	167 338	3 044	11 352	484	4 660	31	422	587
2007	223 877	3 278	7 348	322	4 319	261	1 643	253
2008	256 893	4 565	4 280	1 339	2 887	35	264	540
2009	275 819	2 186	6 297	489	3 942	13	54	1 127
2010	310 221	1 737	9 393	472	2 774	136	148	398
2011	326 079	1 852	11 395	4 674	10 745	65	180	94
2012	379 918	4 484	6 112	19 729	5 235	51	46	1 320
2013	418 654	3 541	9 285	451	7 167	88	17	28
2014	438 748	5 635	7 143	3 708	7 027	43	25	123
2015	561 412	797	8 304	496	4 330	10	167	88
2016	599 055	761	4 004	427	7 070	30	12	168
2017	657 404	494	4 714	29 317	1 483	6		

单位：万美元 13-4 续表 4 continued （USD 10 000）

年 份 Year	三、按国别(地区)分 Grouped by Country (Territory)							
	美 国 The United States	加拿大 Canada	德 国 Germany	法 国 France	英 国 The United Kingdom	瑞 士 Switzerland	荷 兰 Netherlands	其 他 Others
1987	3 101	899	18	1 194	6			
1988	294	150	201	501	5			41
1989	1 143	16		3 399	112			57
1990	4 011		35	1 112	235	500	337	88
1991	6 963	5		1 668	457		819	56
1992	2 029			3 225	1 109	84	633	155
1993	14 531	450		3 153	64	510	3 511	90
1994	3 371	628	130	2 206	6 662		2 520	124
1995	14 145	194	250	8 963	1 099	2 623		713
1996	10 576	162	911	2 985	1 820	794	125	10 854
1997	24 306	215	1 365	182	3 888	6		25 110
1998	4 326	364	505	24 610	9 002	188	1 601	17 433
1999	688	22 111	650	23 933	9 291	170	5 721	23 892
2000	11 498	739	3 477	26 613	11 498	1 080	3 677	28 571
2001	5 929	668	1 339	27 912	8 238	1 551	497	90 913
2002	63 310	632	1 811	24 814	49 112	1 142	2 783	79 506
2003	10 540	907	289	3 759	9 417	1 006	1 686	102 090
2004	8 189	436	517	23	3 014	200	2 266	80 827
2005	9 066	594	347	1 449	8 517	21	3 251	95 463
2006	7 129	189	2 274	186	1 536	253	2 164	125 203
2007	4 052	181	1 437	931	1 555	137	6 227	110 399
2008	7 613	244	142	870	923	30	3 037	119 356
2009	5 071	263	626	1 721	1 328	202	1 282	115 581
2010	8 960	91	381	4	1 065	558	1 805	91 581
2011	8 188	196	890	1 109	116	133	12	94 193
2012	28 437	145	395	550	84	16	669	75 753
2013	4 705	70	842	22 026	995		1 077	77 843
2014	2 875	82	168	9 365	44	440	1 462	103 581
2015	1 108	21	34		213	3	12	72 738
2016	1 424	34	37	8		6 334	391	53 472
2017	1 238	257	1 313	283	121		620	42 876

13-5 实际外商直接投资

DIRECT FOREIGN INVESTMENTS ACTUALLY USED

单位：亿美元 (USD 100 million)

年 份 Year	实际利用外资金额 Direct Foreign Investments Actually Used	指 数（%）Indices(%) 以1979年为100 1979=100	以上年为100 Preceding Year=100
1979	0.05	100.0	
1980	0.28	502.7	502.7
1981	0.86	1 572.6	312.8
1982	0.58	1 053.1	67.0
1983	1.13	2 065.0	196.1
1984	1.86	3 401.5	164.7
1985	1.80	3 282.7	96.5
1986	3.65	6 651.5	202.6
1987	2.74	4 996.2	75.1
1988	2.87	5 240.1	104.9
1989	2.93	5 338.0	101.9
1990	3.90	7 115.7	133.3
1991	3.99	7 276.5	102.3
1992	4.49	8 189.6	112.5
1993	9.89	18 047.4	220.4
1994	12.50	22 818.6	126.4
1995	13.10	23 903.1	104.8
1996	20.51	37 420.6	156.6
1997	16.61	30 312.4	81.0
1998	16.64	30 357.1	100.1
1999	17.78	32 452.4	106.9
2000	19.61	35 792.9	110.3
2001	25.91	47 277.4	132.1
2002	31.91	58 230.1	123.2
2003	36.23	66 121.2	113.6
2004	23.50	72 997.8	110.4
2005	29.69	92 196.2	126.3
2006	32.69	101 508.0	110.1
2007	36.62	113 689.0	112.0
2008	40.30	125 171.6	110.1
2009	41.60	129 177.1	103.2
2010	42.97	133 439.9	103.3
2011	45.99	142 780.7	107.0
2012	52.29	162 341.7	113.7
2013	54.68	169 809.4	104.6
2014	58.05	180 337.6	106.2
2015	64.97	201 797.8	111.9
2016	67.32	209 062.5	103.6
2017	74.01	229 759.7	109.9
年平均增长率 Average Annual Growth Rate		**22.6**	

注：1.本表指数按可比口径计算。
Note: Data in this table are calculated at comparable scope.

2.本表数据来源为深圳市经济贸易和信息化委员会。
Data in this table are provided by Economy,Trade and Information Commission of Shenzhen Municipality.

13-6 外商投资企业工商登记情况（按企业类别分）（2017年末）

BUSINESS REGISTRATION OF FOREIGN INVESTED ENTERPRISES AT YEAR-END (GROUPED BY REGISTRATION STATUS) (2017)

单位：万美元　　　　(USD 10 000)

项目	Item	期末实有 Final Actual Amount 户数（户） Enterprises (Unit)	投资总额 Total Investment	注册资本（认缴出资金额）(Subscribed Capital Contribution) 小计 Subtotal	#外方 Foreign Side
合计	**Total**	**50 769**	**36 065 183**	**28 351 022**	**18 996 031**
中外合资	Sino-foreign Joint Ventures	4 618	12 321 240	9 918 538	2 488 263
中外合作（法人）	Sino-foreign Cooperative Enterprises (Juridical Person)	293	739 011	326 464	142 410
中外合作（非法人）	Sino-foreign Cooperative Enterprises (Unincorporated)	109			
外资企业	Foreign-funded Enterprises	36 005	20 890 262	15 522 843	15 522 843
外商投资股份有限公司	Companies Limited by Shares with Foreign Investment	176	2 114 575	2 045 100	546 966
其他外商投资企业	Other Foreign-invested Enterprises	264		538 077	295 548
合伙企业	Partnership Enterprises	261		537 982	295 492
普通合伙	General Partnership Enterprises	18		877	216
#特殊的普通合伙	Special General Partnership Enterprises	4			
有限合伙	Limited Partership Enterprises	243		537 105	295 276
其他企业	Other Enterprises	3	95	95	56
外商投资企业分支机构	Foregin-invested Enterprises Branches	9 304			

注：　本表数据来源为深圳市市场和质量监督管理委员会信息中心。
Note: Data in this table are provided by Market and Quality Supervision Commission of Shenzhen Municipality.

单位：万美元　　13-6 续表1 continued(USD 10 000)

项目 Item		本期登记 Registration of the Current Period			
		户数（户） Enterprises (Unit)	投资总额 Total Investment	注册资本（认缴出资金额）(Subscribed Capital Contribution) 小计 Subtotal	#外方 Foreign Side
合计	**Total**	**11 162**	**5 698 238**	**5 380 896**	**2 997 847**
中外合资	Sino-foreign Joint Ventures	1 155	2 760 728	2 687 615	414 836
中外合作（法人）	Sino-foreign Cooperative Enterprises (Juridical Person)	5	33 044	33 044	30 745
中外合作（非法人）	Sino-foreign Cooperative Enterprises (Unincorporated)				
外资企业	Foreign-funded Enterprises	8 824	2 900 242	2 542 980	2 542 980
外商投资股份有限公司	Companies Limited by Shares with Foreign Investment	7	4 129	4 129	1 698
其他外商投资企业	Other Foreign-invested Enterprises	90	95	113 129	7 588
合伙企业	Partnership Enterprises	87		113 034	7 532
普通合伙	General Partnership Enterprises	3		475	10
#特殊的普通合伙	Special General Partnership Enterprises				
有限合伙	Limited Partership Enterprises	84		112 559	7 521
其他企业	Other Enterprises	3	95	95	56
外商投资企业分支机构	Foregin-invested Enterprises Branches	1 081			

单位：万美元

13-6 续表2 continued(USD 10 000)

项目 Item		注销（户） Logouted Enterprises(unit)		吊销（户） Revoked Enterprises(unit)	
		本期注销 Logouted Enterprises of the current period	累计注销 Total Number of Logouted Enterprises	本期吊销 Revoked Enterprises of the current period	累计吊销 Total Number of Revoked Enterprises
合计	**Total**	**1 209**	**12 451**	**1 777**	**25 700**
中外合资	Sino-foreign Joint Ventures	71	969	58	1 308
中外合作（法人）	Sino-foreign Cooperative Enterprises (Juridical Person)	8	170	12	1 172
中外合作（非法人）	Sino-foreign Cooperative Enterprises (Unincorporated)	10	285	132	381
外资企业	Foreign-funded Enterprises	610	5 104	543	19 135
外商投资股份有限公司	Companies Limited by Shares with Foreign Investment	1	7	4	32
其他外商投资企业	Other Foreign-invested Enterprises	4	10	1	1
合伙企业	Partnership Enterprises	4	10	1	1
普通合伙	General Partnership Enterprises	1	4		
#特殊的普通合伙	Special General Partnership Enterprises				
有限合伙	Limited Partership Enterprises	3	6	1	1
其他企业	Other Enterprises				
外商投资企业分支机构	Foregin-invested Enterprises Branches	505	5 906	1 027	3 671

13-7 外商投资企业工商登记情况（按行业类别分）（2017年末）

BUSINESS REGISTRATION OF FOREIGN INVESTED ENTERPRISES AT YEAR-END (GROUPED BY SECTOR)(2017)

单位：万美元 （USD 10 000）

项目	Item	期末实有 Final Actual Amount			
		户数（户） Enterprises (Unit)	投资总额 Total Investment	注册资本（认缴出资金额） (Subscribed Capital Contribution)	
				小计 Subtotal	#外方 Foreign Side
合计	**Total**	**50 769**	**36 065 183**	**28 351 022**	**18 996 031**
农、林、牧、渔业	Agriculture,Forestry,Animal Husbandry and Fishery	57	33 332	30 987	28 014
农、林、牧、渔服务业	Agriculture,Forestry,Animal Husbandry and Fishery Services	16	5 938	4 593	2 535
采矿业	Mining	7	16 994	6 052	2 158
开采辅助活动	Mining Auxiliary Activities	1	140	100	100
制造业	Manufacturing	11 298	7 171 948	4 712 368	3 277 462
金属制品、机械和设备修理业	Metal Products Machinery And Equipmet Repair Services	75	50 631	28 840	27 931
电力、热力、燃气及水生产和供应业	Production and Supply of Electric Power,Gas and Water	218	2 010 230	1 132 666	351 100
建筑业	Construction	355	359 387	300 455	171 693
批发和零售业	Wholesale and Retail Trade	17 156	3 066 436	2 391 576	2 039 893
交通运输、仓储和邮政业	Transport,Storage and Postal Services	1 319	850 450	473 683	348 603
住宿和餐饮业	Hotels and Catering Services	2 001	156 559	104 702	79 632
信息传输、软件和信息技术服务业	Information Transmission,Computer Services and Software	3 456	2 093 113	1 279 038	1 177 519
金融业	Financial Intermediation	2 870	10 238 947	10 192 717	5 796 834
房地产业	Real Estate	1 733	2 894 951	1 516 044	1 352 376
租赁和商务服务业	Leasing and Business Services	6 388	5 499 182	4 987 686	3 365 837
科学研究和技术服务业	Scientific Research and Technical Services	2 442	1 030 816	763 678	629 880
水利、环境和公共设施管理业	Management of Water Conservancy, Environment and Public facilities	44	18 025	16 967	15 035
居民服务、修理和其他服务业	Resident Services,Repair and Other Servies	972	445 769	331 902	259 366
教育	Education	76	5 352	5 900	5 134
卫生和社会工作	Health Care and Social Work	16	6 6[illegible]	4 770	[illegible] 836
文化、体育和娱乐业	Culture,Sports and Recreation	351	166 650	99 476	92 302
其他	Others	10	386	356	356

注： 本表数据来源为深圳市市场和质量监督管理委员会信息中心。
Note: Data in this table are provided by Market and Quality Supervision Commission of Shenzhen Municipality.

单位：万美元 13-7 续表1 continued（USD 10 000）

项目 Item		本期登记 Registration of the Current Period			
		户数（户） Enterprises (Unit)	投资总额 Total Investment	注册资本（认缴出资金额）(Subscribed Capital Contribution) 小计 Subtotal	#外方 Foreign Side
合计	**Total**	**11 162**	**5 698 238**	**5 380 896**	**2 997 847**
农、林、牧、渔业	Agriculture,Forestry,Animal Husbandry and Fishery	15	1 991	1 801	1 534
农、林、牧、渔服务业	Agriculture,Forestry,Animal Husbandry and Fishery Services	6	1 252	1 061	989
采矿业	Mining	1	144	144	
开采辅助活动	Mining Auxiliary Activities				
制造业	Manufacturing	190	99 605	46 383	38 249
金属制品、机械和设备修理业	Metal Products Machinery And Equipmet Repair Services	3	107	107	107
电力、热力、燃气及水生产和供应业	Production and Supply of Electric Power,Gas and Water	17	3 744	3 744	3 024
建筑业	Construction	142	16 720	116 691	16 267
批发和零售业	Wholesale and Retail Trade	5 546	507 658	415 598	376 986
交通运输、仓储和邮政业	Transport,Storage and Postal Services	180	14 176	14 357	13 557
住宿和餐饮业	Hotels and Catering Services	356	14 282	11 327	10 935
信息传输、软件和信息技术服务业	Information Transmission,Computer Services and Software	1 202	277 840	245 228	232 319
金融业	Financial Intermediation	742	2 634 071	2 564 487	1 040 021
房地产业	Real Estate	39	139 398	73 853	73 766
租赁和商务服务业	Leasing and Business Services	1 585	1 577 413	1 579 806	923 577
科学研究和技术服务业	Scientific Research and Technical Services	625	222 593	179 926	164 061
水利、环境和公共设施管理业	Management of Water Conservancy, Environment and Public facilities	9	3 791	3 791	3 705
居民服务、修理和其他服务业	Resident Services,Repair and Other Servies	332	171 196	110 848	89 435
教育	Education	36	1 693	1 765	1 653
卫生和社会工作	Health Care and Social Work	7	2 385	2 010	930
文化、体育和娱乐业	Culture,Sports and Recreation	133	9 241	8 846	7 532
其他	Others	5	295	293	293

单位：万美元 13-7 续表2 continued(USD 10 000)

项目 Item		注销（户） Logouted Enterprises(unit)		吊销（户） Revoked Enterprises(unit)	
		本期注销 Logouted Enterprises of the current period	累计注销 Total Number of Logouted Enterprises	本期吊销 Revoked Enterprises of the current period	累计吊销 Total Number of Revoked Enterprises
合计	**Total**	**1 209**	**12 451**	**1 777**	**25 700**
农、林、牧、渔业	Agriculture,Forestry,Animal Husbandry and Fishery	1	16		95
农、林、牧、渔服务业	Agriculture,Forestry,Animal Husbandry and Fishery Services	1	4		9
采矿业	Mining		7		56
开采辅助活动	Mining Auxiliary Activities				2
制造业	Manufacturing	298	4 123	283	17 173
金属制品、机械和设备修理业	Metal Products Machinery And Equipmet Repair Services	1	7		4
电力、热力、燃气及水生产和供应业	Production and Supply of Electric Power,Gas and Water	6	18	1	10
建筑业	Construction	9	72	3	96
批发和零售业	Wholesale and Retail Trade	416	2 863	199	2 027
交通运输、仓储和邮政业	Transport,Storage and Postal Services	23	293	11	246
住宿和餐饮业	Hotels and Catering Services	111	550	23	364
信息传输、软件和信息技术服务业	Information Transmission,Computer Services and Software	75	518	43	738
金融业	Financial Intermediation	17	54	1	7
房地产业	Real Estate	25	683	5	296
租赁和商务服务业	Leasing and Business Services	157	1 801	1 154	2 291
科学研究和技术服务业	Scientific Research and Technical Services	32	372	43	717
水利、环境和公共设施管理业	Management of Water Conservancy, Environment and Public facilities	3	16		28
居民服务、修理和其他服务业	Resident Services,Repair and Other Servies	26	151	5	173
教育	Education		2	1	8
卫生和社会工作	Health Care and Social Work	3	6		12
文化、体育和娱乐业	Culture,Sports and Recreation	4	33	5	91
其他	Others	3	873		1 272

13-8 外商投资企业工商登记情况(按国别、地区分)（2017年末）

BUSINESS REGISTRATION OF FOREIGN INVESTED ENTERPRISES AT YEAR-END (GROUPEDBY COUNTRIES AND REGIONS)（2017）

单位：万美元 （USD 10 000）

项目	Item	期末实有 Final Actual Amount			
		户数（户） Enterprises (Unit)	投资总额 Total Investment	注册资本（认缴出资金额）(Subscribed Capital Contribution) 小计 Subtotal	#外方 Foreign Side
合　计	**Total**	**41 092**	**36 065 088**	**27 812 945**	**18 700 482**
一、亚洲	**Asia**	**32 625**	**29 903 302**	**23 488 070**	**15 647 898**
日本	Japan	365	288 271	144 050	131 404
韩国	Korea	433	43 319	27 229	23 072
中国香港	Hongkong China	24 491	17 575 454	12 608 681	9 608 584
中国澳门	Macao China	161	130 512	120 220	112 705
中国台湾	Taiwan China	1 446	173 133	142 595	130 695
亚洲其他国家（地区）	Other Asian Countries(Regions)	5 729	11 692 612	10 445 294	5 641 439
二、非洲	**Africa**	**289**	**109 994**	**71 455**	**62 790**
埃及	Egypt	20	825	825	825
南非	South Africa	6	8 992	8 988	8 988
毛里求斯	Mauritius	86	81 811	46 913	38 604
塞舌尔	Seychelles	125	15 328	11 746	11 430
非洲其他国家（地区）	Other African Countries(Regions)	52	3 038	2 983	2 942
三、欧洲	**Europe**	**738**	**525 624**	**218 518**	**150 995**
英国	Britain	139	158 278	57 644	24 576
德国	Germany	118	42 660	23 383	15 726
法国	France	76	126 756	46 145	31 809
俄罗斯联邦	Russian Federation	63	2 917	2 475	2 301
欧洲其他国家（地区）	Other European Countries(Regions)	342	195 012	88 870	76 582
四、拉丁美洲	**Latin America**	**1 039**	**2 480 760**	**1 401 993**	**1 190 006**
巴西	Brazil	12	736	736	126
开曼群岛	Cayman Islands	90	722 777	352 224	272 787
英属维尔京群岛	British Virgin Islands	874	1 715 704	1 025 720	897 192
拉丁美洲其他国家（地区）	Other Latin American Countries(Regions)	63	41 544	23 313	19 901
五、北美洲	**North America**	**847**	**352 384**	**282 183**	**196 363**
加拿大	Canda	167	40 173	34 402	23 739
美国	America	669	263 662	205 251	132 862
百慕大群岛	Bermuda	11	48 550	42 530	39 761
北美洲其他国家（地区）	Other North American Countries(Regions)				
六、大洋洲	**Oceania**	**584**	**370 319**	**184 272**	**174 427**
澳大利亚	Australia	139	25 364	17 772	11 777
新西兰	Newzealand	23	1 449	1 102	582
萨摩亚	Samoa	32	14 428	11 228	11 185
大洋洲其他国家（地区）	Other Oceanian Countries(Regions)	390	329 078	154 170	150 884
七、其他	**Others**	**4 970**	**2 322 704**	**2 166 455**	**1 278 005**

注： 本表数据来源为深圳市市场和质量监督管理委员会信息中心。
Note: Data in this table are provided by Market and Quality Supervision Commission of Shenzhen Municipality.

单位：万美元 13-8 续表1 continued（USD 10 000）

项目 Item		本期登记 Registration of the Current Period			
		户数（户） Enterprises (Unit)	投资总额 Total Investment	注册资本（认缴出资金额） (Subscribed Capital Contribution)	
				小计 Subtotal	#外方 Foreign Side
合　计	**Total**	**9 991**	**5 698 143**	**5 267 767**	**2 990 259**
一、亚洲	**Asia**	**5 027**	**3 443 186**	**3 154 159**	**1 739 026**
日本	Japan	17	27 922	9 590	6 789
韩国	Korea	47	2 349	2 254	1 684
中国香港	Hongkong China	3 169	1 093 552	980 220	636 317
中国澳门	Macao China	11	879	879	759
中国台湾	Taiwan China	145	8 337	8 292	7 839
亚洲其他国家（地区）	Other Asian Countries(Regions)	1 638	2 310 148	2 152 924	1 085 639
二、非洲	**Africa**	**22**	**1 649**	**1 202**	**1 163**
埃及	Egypt	6	329	329	329
南非	South Africa	3	58	58	58
毛里求斯	Mauritius	1	144	144	144
塞舌尔	Seychelles	7	1 027	580	580
非洲其他国家（地区）	Other African Countries(Regions)	5	91	91	52
三、欧洲	**Europe**	**96**	**4 660**	**4 536**	**4 445**
英国	Britain	16	520	479	453
德国	Germany	14	475	447	440
法国	France	9	573	573	566
俄罗斯联邦	Russian Federation	17	557	554	554
欧洲其他国家（地区）	Other European Countries(Regions)	40	2 536	2 482	2 432
四、拉丁美洲	**Latin America**	**20**	**9 674**	**9 237**	**8 926**
巴西	Brazil	2	16	16	16
开曼群岛	Cayman Islands	2	171	171	155
英属维尔京群岛	British Virgin Islands	10	6 497	6 066	5 771
拉丁美洲其他国家（地区）	Other Latin American Countries(Regions)	6	2 990	2 984	2 984
五、北美洲	**North America**	**92**	**14 269**	**12 643**	**10 605**
加拿大	Canda	28	2 740	2 718	1 972
美国	America	64	11 529	9 925	8 633
百慕大群岛	Bermuda				
北美洲其他国家（地区）	Other North American Countries(Regions)				
六、大洋洲	**Oceania**	**34**	**2 331**	**1 954**	**1 776**
澳大利亚	Australia	19	1 503	1 150	1 086
新西兰	Newzealand	5	291	291	220
萨摩亚	Samoa	8	474	449	406
大洋洲其他国家（地区）	Other Oceanian Countries(Regions)	2	64	64	64
七、其他	**Others**	**4 700**	**2 222 374**	**2 084 036**	**1 224 319**

单位：万美元 13-8 续表2 continued（USD 10 000）

项目 Item		注销（户） Logouted Enterprises(unit)		吊销（户） Revoked Enterprises(unit)	
		本期注销 Logouted Enterprises of the current period	累计注销 Total Number of Logouted Enterprises	本期吊销 Revoked Enterprises of the current period	累计吊销 Total Number of Revoked Enterprises
合　计	**Total**	**690**	**6 250**	**617**	**21 647**
一、亚洲	**Asia**	**606**	**5 293**	**537**	**19 866**
日本	Japan	12	97	4	177
韩国	Korea	21	70	14	223
中国香港	Hongkong China	446	4 456	445	17 686
中国澳门	Macao China	2	14	3	111
中国台湾	Taiwan China	49	309	37	1 163
亚洲其他国家（地区）	Other Asian Countries(Regions)	76	347	34	506
二、非洲	**Africa**	**4**	**61**	**8**	**50**
埃及	Egypt			1	6
南非	South Africa				3
毛里求斯	Mauritius	1	32	2	19
塞舌尔	Seychelles	3	26	3	7
非洲其他国家（地区）	Other African Countries(Regions)		3	2	15
三、欧洲	**Europe**	**16**	**119**	**15**	**222**
英国	Britain	2	27	4	65
德国	Germany	1	17	3	36
法国	France	2	12	1	21
俄罗斯联邦	Russian Federation	1	3		12
欧洲其他国家（地区）	Other European Countries(Regions)	10	60	7	88
四、拉丁美洲	**Latin America**	**23**	**342**	**24**	**476**
巴西	Brazil	2	3	1	3
开曼群岛	Cayman Islands		37		30
英属维尔京群岛	British Virgin Islands	20	287	22	403
拉丁美洲其他国家（地区）	Other Latin American Countries(Regions)	1	15	1	40
五、北美洲	**North America**	**20**	**230**	**21**	**800**
加拿大	Canda	2	26	5	117
美国	America	18	201	16	681
百慕大群岛	Bermuda		3		2
北美洲其他国家（地区）	Other North American Countries(Regions)				
六、大洋洲	**Oceania**	**17**	**188**	**11**	**207**
澳大利亚	Australia	2	19	2	96
新西兰	Newzealand		3		8
萨摩亚	Samoa		22	1	20
大洋洲其他国家（地区）	Other Oceanian Countries(Regions)	15	144	8	83
七、其他	**Others**	4	17	1	26

13-9 进出口总额

TOTAL IMPORTS AND EXPORTS

单位：万美元 (USD 10 000)

年 份 Year	进出口总额 Total Imports and Exports	出口总额 Total Exports	进口总额 Total Imports	进出口差额 Balance
1979	1 676	930	746	184
1980	1 751	1 124	627	497
1981	2 807	1 745	1 062	683
1982	2 534	1 597	937	660
1983	78 642	6 230	72 412	−66 182
1984	107 247	26 539	80 708	−54 169
1985	130 632	56 340	74 292	−17 952
1986	184 696	72 552	112 144	−39 592
1987	255 784	141 354	114 430	26 924
1988	344 277	184 949	159 328	25 621
1989	375 259	217 428	157 831	59 597
1990	1 570 136	815 165	754 971	60 194
1991	1 947 635	986 240	961 395	24 845
1992	2 357 562	1 200 019	1 157 543	42 476
1993	2 820 392	1 421 776	1 398 616	23 160
1994	3 498 281	1 830 921	1 667 360	163 561
1995	3 876 960	2 052 736	1 824 224	228 512
1996	3 905 342	2 120 781	1 784 561	336 220
1997	4 500 921	2 561 844	1 939 077	622 767
1998	4 527 417	2 639 611	1 887 806	751 805
1999	5 042 750	2 820 811	2 221 939	598 872
2000	6 393 982	3 456 333	2 937 649	518 684
2001	6 861 055	3 747 955	3 113 100	634 855
2002	8 723 148	4 655 704	4 067 444	588 260
2003	11 739 941	6 296 208	5 443 733	852 475
2004	14 728 302	7 784 632	6 943 670	840 962
2005	18 281 689	10 151 829	8 129 860	2 021 969
2006	23 738 573	13 609 556	10 129 017	3 480 539
2007	28 753 345	16 849 299	11 904 046	4 945 253
2008	29 995 499	17 971 995	12 023 504	5 948 491
2009	27 016 306	16 197 825	10 818 481	5 379 344
2010	34 674 930	20 418 355	14 256 575	6 161 780
2011	41 409 312	24 551 760	16 857 552	7 694 208
2012	46 683 020	27 136 163	19 546 857	7 589 306
2013	53 747 437	30 570 191	23 177 246	7 392 945
2014	48 774 049	28 436 157	20 337 892	8 098 265
2015	44 245 863	26 403 895	17 841 968	8 561 927
2016	39 843 893	23 754 674	16 089 218	7 665 456
2017	41 414 596	24 435 790	16 978 806	7 456 984

注： 本表1992年以前为深圳市贸工局口径数；1993年以后为深圳海关口径数，按现行统计方法计算。

Note: The figures adopted from Shenzhen Bureau of Trade and Industry before 1992 and calculated from Shenzhen CIQ after 1993 by current statistical method.

13-10 进出口总额指数

INDICES OF TOTAL IMPORTS AND EXPORTS

单位：% (%)

年 份 Year	以上年为100 Preceding Year=100			以1979年为100 1979=100		
	进出口总额 Total Imports and Exports	出口总额 Total Exports	进口总额 Total Imports	进出口总额 Total Imports and Exports	出口总额 Total Exports	进口总额 Total Imports
1980	104.5	120.9	84.0	104.5	120.9	84.0
1981	160.3	155.2	169.4	167.5	187.6	142.4
1982	90.3	91.5	88.2	151.2	171.7	125.6
1983	3 103.5	390.1	7 728.1	4 692.2	669.9	9 706.7
1984	136.4	426.0	111.5	6 399.0	2 853.7	10 818.8
1985	121.8	212.3	92.1	7 794.3	6 058.1	9 958.7
1986	141.4	128.8	151.0	11 020.0	7 801.3	15 032.7
1987	138.5	194.8	102.0	15 261.6	15 199.4	15 339.1
1988	134.6	130.8	139.2	20 541.6	19 887.0	21 357.6
1989	109.0	117.6	99.1	22 390.2	23 379.4	21 157.0
1990	145.8	137.8	156.8	32 643.8	32 213.0	33 180.8
1991	124.0	121.0	127.3	40 478.3	38 977.7	42 239.2
1992	121.0	121.7	120.4	48 978.8	47 435.9	50 856.0
1993	119.6	118.5	120.8	58 578.6	56 211.5	61 434.0
1994	124.0	128.8	119.2	72 637.5	72 400.5	73 229.3
1995	110.8	112.1	109.4	80 482.3	81 160.9	80 112.9
1996	100.7	103.3	97.8	81 045.7	83 839.2	78 350.4
1997	115.3	120.8	108.7	93 445.7	101 277.8	85 166.9
1998	100.6	103.0	97.4	94 006.4	104 316.1	82 952.6
1999	111.4	106.9	117.7	104 706.7	111 477.0	97 634.8
2000	126.8	122.5	132.2	132 763.4	136 592.5	129 084.0
2001	107.3	108.4	106.0	142 455.1	148 066.3	136 829.0
2002	127.1	124.2	130.7	181 060.4	183 898.3	178 835.5
2003	134.6	135.2	133.8	243 707.3	248 630.5	239 281.9
2004	125.5	123.6	127.6	305 852.7	307 307.3	305 323.7
2005	124.1	130.4	117.1	379 563.2	400 728.7	357 534.1
2006	129.8	134.1	124.6	493 052.6	537 377.2	445 487.5
2007	121.1	123.8	117.5	597 086.7	665 273.0	523 447.8
2008	104.3	106.6	101.0	622 761.4	709 181.0	528 682.3
2009	89.6	89.4	89.9	557 994.2	634 007.8	475 285.4
2010	128.4	126.1	131.8	716 464.6	799 483.8	626 426.2
2011	119.4	120.2	118.2	855 458.7	960 979.5	740 435.8
2012	112.7	110.5	115.9	964 102.0	1 061 882.3	858 165.1
2013	115.1	112.7	118.5	1 109 681.4	1 196 741.4	1 016 925.6
2014	90.7	93.0	87.7	1 006 480.9	1 112 969.5	891 843.8
2015	90.7	92.9	87.7	912 878.2	1 033 948.7	782 147.0
2016	90.1	90.0	90.2	822 503.3	930 553.8	705 496.6
2017	103.9	102.9	105.5	854 580.9	957 539.9	744 298.9
年平均增长率 Average Annual Growth Rate				**26.9**	**27.3**	**26.4**

13-11 进出口总额分类
TOTAL IMPORTS AND EXPORTS

单位：万美元 (USD 10 000)

项目	Item	2013	2014	2015	2016	2017
进出口总额	**Total Imports and Exports**	**53 747 437**	**48 774 049**	**44 245 863**	**39 843 893**	**41 414 596**
一、出口总额	**Total Exports**	**30 570 191**	**28 436 157**	**26 403 895**	**23 754 674**	**24 435 790**
1.按隶属关系分类：	Grouped by Administrative Relationship					
①国有企业	State-owned Enterprises	2 652 352	2 616 552	2 608 362	2 233 973	2 235 801
②民营、集体企业	Collective-owned	13 333 696	11 678 654	10 881 274	10 870 609	11 978 768
③"三资"企业	Foreign Investment Enterprises	14 584 143	14 140 951	12 914 259	10 650 092	10 221 221
2.按贸易方式分类：	Grouped by Form of Trade					
①一般贸易	Original Trade	8 095 275	9 885 448	10 551 181	9 815 084	10 565 089
②补偿贸易	Compensation Trade					
③来料加工贸易	Processing and Assembly Trade	755 030	468 194	233 592	168 839	90 098
④进料加工贸易	Processing Trade for Imported Material	12 846 772	12 630 380	10 262 573	8 231 619	8 424 123
⑤出料加工贸易	Processing Trade for Exported Material					1 619
⑥易货贸易	Barter Trade					3
⑦其他	Others	8 873 114	5 452 135	5 356 549	5 539 133	5 354 858
二、进口总额	**Total Imports**	**23 177 246**	**20 337 892**	**17 841 968**	**16 089 218**	**16 978 806**
1.按隶属关系分类：	Grouped by Administrative Relationship					
①国有企业	State-owned Enterprises	1 183 452	1 019 885	932 560	840 447	802 121
②民营、集体企业	Collective-owned	12 553 756	9 758 673	8 138 504	7 868 097	9 132 535
③"三资"企业	Foreign Investment Enterprises	9 440 038	9 559 334	8 770 904	7 380 674	7 044 150
2.按贸易方式分类：	Grouped by Form of Trade					
①一般贸易	Original Trade	6 639 333	7 626 027	7 826 137	8 009 658	8 797 624
②补偿贸易	Compensation Trade					
③来料加工贸易	Processing and Assembly Trade	281 265	255 778	255 449	180 505	96 454
④进料加工贸易	Processing Trade for Imported Material	8 662 863	8 680 131	5 915 696	4 635 584	5 021 803
⑤以工缴费补偿期进口的设备	Imported Equipment by Processing Fee during Compensation Period					
⑥租赁贸易	Leasing Trade	31 340	31 992	30 508	19 128	1 153
⑦外商投资企业作为投资进口的设备	Imported Equipment and Materials as Investment of Foreign Investment Enterprises	23 173	26 064	9 403	9 404	9 531
⑧外商投资企业进口供加工内销产品的料、件	Imported Materials and Parts of Foreign Investment Enterprises for Processing and Selling on Domestic Market					
⑨易货贸易	Barter Trade					
⑩其　他	Others	7 539 272	3 717 900	3 804 775	3 234 938	3 052 241

13-12 深圳市与主要国家（地区）进出口总额

SHENZHEN'S FOREIGN TRADE WITH MAIN RELATED COUNTRIES AND TERRITORIES

单位：万美元 (USD 10 000)

国家（地区） Country (territory)		2015			2016			2017		
		合计 Total Imports and Exports	出口总额 Exports	进口总额 Imports	合计 Total Imports and Exports	出口总额 Exports	进口总额 Imports	合计 Total Imports and Exports	出口总额 Exports	进口总额 Imports
中国香港	Hongkong China	12 424 675	12 282 854	141 822	10 538 883	10 432 380	106 502	9 687 902	9 607 709	80 193
日　本	Japan	2 262 826	787 149	1 475 678	2 015 455	673 200	1 342 255	2 047 836	716 914	1 330 922
美　国	The United States	4 017 346	3 333 653	683 694	3 800 970	3 182 220	618 750	4 314 663	3 738 114	576 549
法　国	France	416 357	271 882	144 475	394 832	248 607	146 225	403 484	254 877	148 607
德　国	Germany	801 539	544 027	257 512	785 013	516 091	268 922	828 943	550 077	278 866
泰　国	Thailand	895 121	320 726	574 395	896 725	312 552	584 173	892 083	308 630	583 453
新加坡	Singapore	914 699	589 409	325 289	965 058	658 146	306 912	1 013 395	643 579	369 816
韩　国	Korea Rep.	1 998 638	329 105	1 669 534	1 841 770	336 913	1 504 857	2 085 774	427 564	1 658 210
中国台湾	Taiwan China	3 250 475	212 001	3 038 474	3 150 124	190 459	2 959 665	3 341 347	195 314	3 146 033
澳大利亚	Australia	528 935	301 835	227 100	488 754	299 579	189 176	550 609	330 602	220 007
印度尼西亚	Indonesia	287 707	206 313	81 394	297 650	219 666	77 985	369 736	256 902	112 834
马来西亚	Malaysia	1 238 491	264 365	974 126	1 322 528	239 533	1 082 995	1 265 026	387 930	877 096
英　国	The United Kingdom	641 608	580 973	60 635	617 982	563 979	54 003	666 748	599 773	66 975
意大利	Italy	278 215	202 079	76 135	268 247	193 294	74 953	308 576	218 177	90 399
巴　西	Brazil	236 816	189 158	47 658	223 827	163 840	59 987	283 947	216 165	67 782
加拿大	Canada	334 802	245 261	89 541	308 460	225 834	82 626	341 316	278 938	62 378
其　它	Others	13 717 611	5 743 105	7 974 506	11 927 614	5 298 382	6 629 232	13 013 211	5 704 525	7 308 686

13-13 进口主要商品金额
TOTAL VALUE OF FOREIGN IMPORTS OF MAJOR COMMODITIES

单位：万美元 （USD 10 000）

	项 目 Item	2014	2015	2016	2017
集成电路	Semiconductor lntegrated Circuit	4 973 433	5 616 764	5 524 075	5 828 447
自动数据处理设备及其部件	Automatic Data Processing Equipment and Parts	1 015 632	830 050	843 012	812 569
液晶显示板	LCD Monitor	858 559	713 869	587 474	517 533
农产品	Farm Produce	560 683	644 619	713 743	731 993
钢材	Steel	98 443	67 250	53 696	57 725
纺织纱线、织物及制品	Spinning, Textile and Related Products	108 139	101 873	91 276	89 626
电视、收音机及无线电讯设备的零附件	TV, Radio and Telecommunication Equipments	171 327	121 149	163 065	214 860
成品油	Oil	79 194	43 946	34 717	35 998
电线和电缆	Wire and Cable	100 732	96 801	77 006	76 442
粮食	Food	70 474	82 051	76 153	91 088

13-14 出口主要商品金额
TOTAL VALUE OF FOREIGN EXPORTS OF MAJOR COMMODITIES

单位：万美元 （USD 10 000）

	项 目 Item	2014	2015	2016	2017
自动数据处理设备及其部件	Automatic Data Processing Equipment and Parts	3 205 094	2 905 194	2 653 546	2 417 171
电话机	Telephone Sets	2 824 149	3 016 768	2 255 422	2 143 236
服装及衣着附件	Clothing and Dresses	801 419	807 558	788 057	769 493
打印机(包括多功能一体机)	Printer(include MFP)	432 142	375 634	323 898	305 531
录、放像机	Radio Cassette Players	187 614	234 474	129 587	137 696
鞋类	Shoes	432 052	372 902	347 821	383 639
家具及其零件	Furniture and Dresses	487 953	434 917	449 257	432 842
纺织纱线、织物及制品	Spinning, Textile and Related Products	307 584	312 662	272 702	282 343
塑料制品	Plastic Products	383 481	344 483	345 222	424 071
液晶显示板	LCD Monitor	510 463	484 821	366 389	314 099

13-15 旅游业基本情况

BASIC CONDITIONS OF TOURISM

年 份 Year	过夜入境游客 (万人) Overnight International Tourists (10 000 persons)	外国人 Foreigners	华 侨 Overseas Chinese	港澳同胞 Compatriots from Hongkong and Macao	台 胞 Compatriots Form Taiwan
1994	186.39	31.07	2.58	139.75	12.99
1995	185.37	35.32	1.10	131.41	17.54
1996	151.47	30.91	1.37	101.48	17.71
1997	140.41	32.00	0.75	89.49	18.17
1998	148.47	30.83	0.72	97.52	19.41
1999	158.08	35.49	1.45	101.03	20.11
2000	397.34	61.09		287.62	48.63
2001	423.87	67.95		307.33	48.59
2002	449.35	80.59		319.87	48.89
2003	435.13	69.89		331.45	33.79
2004	559.79	105.19		406.99	47.61
2005	616.45	120.24		445.31	50.90
2006	712.74	139.16		520.40	53.18
2007	831.30	161.64		615.24	54.42
2008	869.57	151.42		671.98	46.17
2009	896.36	146.38		706.15	43.83
2010	1 020.61	167.58		806.57	46.45
2011	1 104.55	171.20		886.87	46.48
2012	1 206.43	169.10		991.81	45.52
2013	1 214.89	166.82		1 004.88	43.19
2014	1 182.18	161.12		979.37	41.69
2015	1 218.70	164.65		1 011.74	42.31
2016	1 171.18	168.32		963.20	39.66
2017	1 207.01	177.56		988.20	41.25

注： 1.1990-1999年过夜国际游客为宾馆、酒店部分，2000年后为旅游全口径，包括：宾馆、酒店、饭店、招待所、居民家住等各种住宿设施所接待的国际游客。

Note: The figures of overnight international tourists from 1990 to 1999 have been collected from hotels and guesthouses, and from 2000, it include hotels, guesthouses, public houses and residential houses.

2.本表数据来源为深圳市文体旅游局。

Data in this table are provided by Shenzhen Municipal Bureau of Culture Sport and Tourism.

13-15 续表 continued

年 份 Year	过夜国内游客 (万人) Overnight Domestic Tourists (10 000 persons)	旅游外汇收入 (万美元) Total Foreign Exchange Earnings from International Tourism (USD 10 000)	商品性收入 Commody Income	劳务性收入 Service Income	宾馆、酒店、度假村开房率(%) Room Occupancy Rate of Hotels and Holiday Countries (%)
1994	373.32	48 821	17 483	31 338	63.0
1995	357.27	63 633	20 574	43 059	58.9
1996	360.55	58 384	21 489	36 895	56.3
1997	341.11	53 225	17 176	36 049	57.6
1998	340.33	59 025	18 413	40 612	55.5
1999	346.81	62 186	19 743	42 443	57.9
2000	927.71	141 100			62.5
2001	1 031.70	151 054	95 037	56 017	64.3
2002	1 073.54	172 342	98 904	73 438	64.1
2003	1 013.69	130 097	77 703	52 394	55.2
2004	1 383.14	178 723	111 496	67 227	60.6
2005	1 526.38	200 900	129 334	71 519	61.9
2006	1 604.54	226 515	147 496	79 019	62.5
2007	1 728.98	262 330	172 187	90 143	62.7
2008	1 789.73	270 865	174 835	96 030	61.5
2009	1 943.95	276 029	179 629	96 400	59.3
2010	2 264.71	317 976	204 895	113 081	62.4
2011	2 627.98	374 563	241 845	132 718	64.9
2012	2 941.29	432 879	288 947	143 932	63.0
2013	3 351.91	453 114	289 833	163 281	64.1
2014	3 808.88	456 568	309 473	147 095	67.2
2015	4 156.50	496 830	331 928	164 902	68.2
2016	4 524.56	477 100	320 700	156 400	67.6
2017	4 814.98	498 420	335 400	163 020	69.44

注：1990-1999年过夜国内游客为宾馆、酒店部分，2000年后为旅游全口径，包括：宾馆、酒店、饭店、招待所、居民家住等各种住宿设施所接待的国内游客。

Note: The figures of overnight domestic tourists before from 1990 to 1999 have been collected from hotels and guesthouses, and from 2000 it include hotels , guesthouses , public houses and residential houses.

13-16 按国别分的外国旅游者人数（过夜）
NUMBER OF FOREIGN TOURISTS BY COUNTRY（Over night）

单位：人　　　　(person)

国别	Country	1996	1997	1998	1999	2000	2001	2002	2003	2004	2005	2006
合　计	**Total**	**309 126**	**320 076**	**308 279**	**354 911**	**610 900**	**679 464**	**805 937**	**698 867**	**1 051 896**	**1 202 373**	**1 391 612**
日　本	Japan	83 203	78 264	74 275	93 172	150 479	197 853	245 265	221 780	319 817	315 128	355 401
菲律宾	Philippines	3 134	3 338	4 266	5 042	9 158	12 461	15 204	7 161	7 913	10 640	12 272
新加坡	Singapore	19 024	19 266	24 264	29 337	42 264	53 788	59 668	37 391	66 303	76 569	81 658
泰　国	Thailand	8 550	6 176	4 536	4 613	6 531	18 344	29 367	24 451	66 857	87 239	99 970
印度尼西亚	Indonesia	12 688	14 329	5 779	6 217	29 010	33 909	40 714	33 322	49 781	53 026	72 637
英　国	The United Kingdom	10 820	9 043	10 007	12 242	17 728	20 916	23 925	23 915	32 959	33 137	40 595
法　国	France	4 265	4 826	6 524	6 765	10 529	15 722	15 331	13 316	19 333	23 542	27 305
德　国	Germany	5 234	4 720	6 549	7 842	9 015	11 337	13 848	14 859	21 495	26 092	30 658
意大利	Italy	2 163	2 399	3 043	3 636	3 627	4 108	6 722	7 133	12 264	16 411	18 359
美　国	The United States	39 173	32 771	39 490	49 130	64 083	75 328	104 130	92 608	131 996	146 959	176 378
加拿大	Canada	6 939	6 208	8 476	9 217	11 431	14 092	16 356	14 183	21 293	26 325	30 440
澳大利亚	Australia	6 205	5 441	6 851	10 124	10 985	12 796	15 219	14 413	19 783	25 534	29 249
新西兰	New Zealand	993	804	1 397	1 642	1 702	2 292	2 937	2 888	4 342	4 682	4 445
俄罗斯	Russia	656	2 084	874	893	2 102	4 018	3 514	3 539	4 090	6 911	8 051
韩　国	Korea Rep.	32 015	30 885	18 696	20 133	27 612	45 172	65 443	69 068	90 640	108 688	116 976
马来西亚	Malaysia	24 430	23 269	43 931	50 554	50 537	42 186	50 516	32 075	46 536	61 256	68 624
其他	Others	49 634	76 253	49 321	44 352	164 107	115 142	97 778	86 765	136 494	180 234	218 594

注：本表数据来源为深圳市文体旅游局。
Note:Data in this table are provided by Shenzhen Municipal Bureau of Culture Sport and Tourism.

单位：人 13-16 续表 continued（person）

国 别	Country	2007	2008	2009	2010	2011	2012	2013	2014	2015	2016	2017
合 计	**Total**	**1 616 415**	**1 514 186**	**1 463 809**	**1 675 798**	**1 712016**	**1 691 045**	**1 668 230**	**1 611 200**	**1 646 515**	**1 683 168**	**1 775 639**
日 本	Japan	393 176	352 516	345 864	372 023	366 266	371 557	316 669	302 349	296 431	274 232	272 360
菲律宾	Philippines	12 783	10 422	15 455	13 447	15 741	15 570	21 063	25 515	12 662	13 213	14 576
新加坡	Singapore	90 997	79 829	83 411	89 400	95 785	92 840	87 256	80 735	86 402	85 421	89 383
泰 国	Thailand	93 170	65 665	45 988	40 338	35 623	37 507	38 065	24 843	30 361	30 474	36 439
印度尼西亚	Indonesia	79 389	68 286	58 338	70 727	94 257	89 292	70 707	39 286	31 369	39 497	46 316
英 国	The United Kingdom	49 637	47 898	45 590	47 749	44 486	45 172	44 752	45 530	43 303	46 974	55 415
法 国	France	36 301	37 191	39 099	40 338	40 607	38 493	43 265	43 150	42 039	43 523	43 618
德 国	Germany	35 706	33 822	34 714	41 430	41 993	40 197	40 401	42 133	41 775	41 748	46 856
意大利	Italy	22 968	21 010	22 512	22 298	23 238	20 958	21 269	21 357	22 994	24 270	24 530
美 国	The United States	226 468	212 532	197 168	246 880	242 128	252 622	248 450	261 736	305 909	302 872	311 866
加拿大	Canada	36 893	36 391	34 547	39 184	38 306	36 651	35 841	35 398	39 517	43 332	41 221
澳大利亚	Australia	40 326	41 853	40 949	46 871	46 667	42 795	41 405	36 606	38 117	40 202	41 596
新西兰	New Zealand	5 743	6 066	6 425	6 291	6 128	6 271	6 864	6 198	6 934	7 070	9 496
俄罗斯	Russia	10 358	11 048	13 585	17 449	20 772	19 379	20 168	17 558	14 426	15 895	21 550
韩 国	Korea Rep.	152 234	134 340	108 389	142 505	141 365	141 952	173 537	160 301	169 690	218 886	225 018
马来西亚	Malaysia	81 513	88 265	84 052	105 664	112 675	106 889	95 042	78 475	73 094	78 121	85 345
其他	Others	248 753	267 052	287 723	333 204	345 979	332 900	363 476	390 030	391 492	377 438	410 054

13-17 旅游部门主要财务指标（2017年）

MAIN FINANCIAL INDICATORS OF TOURISM（2017）

单位：万元 （10 000 yuan）

指 标	Item	合 计 Total	宾馆、酒店 Hotels	旅行社 Travel Agencies	景 点 Scenic Spots
营业收入	Business Revenue	4 130 232	886 703	2 918 195	325 335
营业成本	Business Cost	3 168 043	292 227	2 722 562	153 255
营业费用	Business Expenses	344 569	239 572	74 961	30 037
营业税金及附加	Business Taxes and Extra Charges	25 947	10 077	4 315	11 555
经营利润	Operating Profits	930 552	584 811	185 217	160 525
管理费用	Management Expenses	384 210	233 005	82 422	68 783
财务费用	Financial Expenses	52 209	35 885	1 240	15 083
营业利润	Business Profits	409 180	63 438	185 217	160 525
投资收益	Earnings of Investment	10 696	1 021	2 267	7 409
营业外收支差	Non-operating Net Revenue or Expenditure	4 179	2 482	1 696	
利润总额	Total Profits	209 141	69 496	13 728	125 918
年末固定资产原值	Original Value of Fixed Assets(year-end)	2 182 872	1 362 410	18 932	801 530
年末固定资产净值	Net Value of Fixed Assets (year-end)	980 741	568 230	9 826	402 685
年末职工人数(人)	Number of Staff and Workers (year-end)(person)	54 488	27 945	18 284	8 259

13-18 星级酒店基本情况（2017年末）

STATISTICS ON STAR-RATED HOTELS AT YEAR-END（2017）

单位：家 （unit）

项 目 Item		合 计 Total	五 星 Five-star	四 星 Four-star	三 星 Three-star	二 星 Two-star	一 星 One-star	出租率（%） Room Occupancy Rate	平均房价（元/间天） Average Price (yuan/pre room)
合计	**Total**	**114**	**25**	**24**	**51**	**14**		**69.4**	**461.45**
福田区	Futian	23	6	2	9	6		79.3	513.28
罗湖区	Luohu	38	5	3	23	7		66.7	491.37
盐田区	Yantian	5	1	3	1			53.5	604.84
南山区	Nanshan	12	3	6	2	1		74.2	539.93
宝安区	Baoan	16	2	6	8			62.6	344.68
龙岗区	Longgang	13	6	3	4			57.7	352.97
龙华区	Longhua	3	2		1			74.6	403.8
坪山区	Pingshan	2		1	1			63.1	290.99
光明新区	Guangming							77.5	315.22
大鹏新区	Dapeng	2			2			28.7	266.22

注：本表数据来源为深圳市文体旅游局。
Note:Data in this table are provided by Shenzhen Municipal Bureau of Culture Sport and Tourism.

13-19 星级酒店客房基本情况（2017年末）

STATISTICS OF STAR-RATED HOTELS AT YEAR-END（2017）

单位：间　　　　(Unit)

项 目	Item	合 计 Total	五 星 Five-star	四 星 Four-star	三 星 Three-star	二 星 Two-star	一 星 One-star
合计	**Total**	**18 972**	**7 368**	**5 504**	**5 286**	**814**	
福田区	Futian	3 900	1 915	700	792	493	
罗湖区	Luohu	5 397	1 430	647	3 110	210	
盐田区	Yantian	1 365	386	807	172		
南山区	Nanshan	2 083	906	1 063	85	29	
宝安区	Baoan	3 019	798	1 573	648		
龙岗区	Longgang	2 118	1 480	433	123	82	
龙华区	Longhua	704	453		251		
坪山区	Pingshan	321		281	40		
光明新区	Guangming						
大鹏新区	Dapeng	65			65		

注：本表数据来源为深圳市文体旅游局。
Note: Data in this table are provided by Shenzhen Municipal Bureau of Culture Sport and Tourism.

13-20 星级酒店床位基本情况（2017年末）

FACILITIES OF STAR-RATED HOTELS AT YEAR-END（2017）

单位：张　　　　(Unit)

项 目	Item	合 计 Total	五 星 Five-star	四 星 Four-star	三 星 Three-star	二 星 Two-star	一 星 One-star
合计	**Total**	**27 474**	**10 356**	**7 856**	**7 954**	**1 308**	
福田区	Futian	6 002	2 922	1 076	1 207	797	
罗湖区	luofu	8 228	1 995	1 018	4 885	330	
盐田区	Yantian	2 305	617	1 366	322		
南山区	Nanshan	2 658	1 126	1 325	147	60	
宝安区	Baoan	3 850	1 018	2 072	760		
龙岗区	Longgang	2 915	2 012	598	184	121	
龙华区	Longhua	928	666		262		
坪山区	Pingshan	469		401	68		
光明新区	Guangming						
大鹏新区	Dapeng	119			119		

注：本表数据来源为深圳市文体旅游局。
Note: Data in this table are provided by Shenzhen Municipal Bureau of Culture Sport and Tourism.

主要统计指标解释

进出口总额 指实际进出我国国境的货物（包括贸易和非贸易）的价值总和。主要包括对外贸易实际进出口货物，来料加工装配、补偿贸易、进料加工进出口货物，国家间及国际组织无偿援助物资和赠送品，华侨、港澳台同胞和外籍华人捐赠品，租赁期满归承租人所有的租赁货物，边境地方贸易及边境地区小额贸易进出口货物（边民互市贸易除外），中外合资、合作经营企业、外商独资经营企业进出口货物和公用物品，到、离岸价格在规定限额以上的进出口货样和广告品（无商业价值、无使用价值和免费提供出口的除外），从保税仓库提取在中国境内销售的进出口货物，以及其他进出口货物。进出口总额反映一个国家在对外经济贸易方面实际进出口货物的总规模。

利用外资 指我国政府、部门、企业和其他经济组织通过对外借款、吸收外商直接投资以及向境外发行债券、股票等方式筹借的境外资金。

外资的形式可以是现汇、实物、工业产权或专有技术等有形资本和无形资本。

我国自有外汇和中国银行自有外汇资金发放的外汇贷款购置国外设备和材料，华侨、港澳同胞的捐赠，联合国或其他国际组织的无偿赠送资金、无偿援建的项目均不属于外资范围 。

利用外资的方式有：对外借款，外国（或港澳地区）企业和经济组织或个人在我国境内开办独资企业、与我国境内的企业或组织共同开办合资企业、合作经营(企业)项目或合作开发资源，以及补偿贸易、国际租赁等。

对外借款 指我国政府、部门、企业和中国银行等单位向国际金融组织 、外国政府、企业等借用的长期、短期资本，到期需还本付息。借款按不同渠道划分为：①外国政府贷款； ②国际金融组织贷款；③外国银行贷款；④出口信贷；⑤发行债券。

外商直接投资 指外国企业和经济组织或个人（包括华侨、港澳同胞以及我在境外注册的企业）按我国有关政策、法规，在我国境内开办外商独资企业，与我国境内的企业或经济组织共同举办中外合资企业、合作经营企业或合作开发资源的投资，以及外商从企业得到收益的再投资。2002年起“外商直接投资”统计口径调整，“企业投资总额内的境外借款”只包括“企业投资总额内直接投资者对企业的贷款,即外方股东贷款”，不包括“直接投资者提供担保的第三方对企业的贷款即外方股东担保贷款”和“其他方式的企业境外借款即其他境外借款。

旅游人数 (1)入境旅游人数：指报告期内来我国观光、度假、探亲访友、就医疗养、购物、参加会议或从事经济、文化、体育、宗教活动的外国人、港澳台同胞等入境游客。统计时，外国人、港澳台同胞每入境一次统计1人次。

(2)出境人数：指中国（大陆）居民因公或因私出境前往其他国家、中国香港特别行政区、澳门特别行政区和台湾省观光、度假、探亲访友、就医疗养、购物、参加会议或从事经济、文化、体育、宗教活动的人数，即出境游客。统计时，按每出境一次统计1人次。

(3)国内旅游人数：指在报告期内在中国（大陆）观光游览、度假、探亲访友、就医疗养、购物、参加会议或从事经济、文化、体育、宗教活动的中国（大陆）居民人数，其出游的目的不是通过所从事的活动谋取报酬。统计时，国内游客按每出游一次统计1人次。

国际旅游(外汇)收入 指入境游客在中国（大陆）境内旅行、游览过程中用于交通、参观游览、住宿、餐饮、购物、娱乐等全部花费。

国内旅游收入 又称旅游总花费，指国内游客在国内旅行、游览过程中用于交通、参观游览、住宿、餐饮、购物、娱乐等全部花费。

国际旅行社 指经营业务范围包括入境旅游业务、出境旅游业务和国内旅游业务的旅行社。

国内旅行社 指经营范围仅限于国内旅游业务的旅行社。

星级饭店 指设备、设施、服务符合《旅游饭店星级的划分与评定》（GB/T14308-2003），通过相关旅游管理部门评定，并取得星级饭店称号的饭店（含预备星级饭店）。

Explanatory Notes on Main Statistical Indicators

Total Imports and Exports refer to the real value of commodities (both trade and non–trade) imported and exported across the border of China. They mainly include actual imports and exports through foreign trade, imported and exported goods in the categories of processing and assembling of customer's materials, compensation trade, and processing of import materials, supplies and gifts as aid given gratis between governments and by international organizations, donations by overseas Chinese, compatriots in Hong Kong, Macao and Taiwan and Chinese with foreign citizenship, leasing commodities owned by tenants at the expiration of leasing period, local trade and Small–amount trade in border areas (excluding exchange trade between border residents), imported and exported commodities and articles for public use of Sino–foreign joint ventures, cooperative enterprises and ventures with sole foreign investment. Also included are import or export of samples and advertising articles above designated CIF or FOB prices (excluding goods of no trading or use value and free commodities for export), import and export goods sold in China from bonded warehouse and other import and export goods. Total imports and exports is an indicator of the total size of actual imported and exported goods of a country in foreign trade and economic cooperation.

Utilization of Foreign Capital refers to funds financed from abroad by means of loans, foreign direct investment, and issuing bonds and shares undertaken by the Chinese governments at all levels, various departments, enterprises and other economic units.

The types of foreign capital include tangible capital and intangible capital, such as remittance, goods, industrial property rights and know–how.

Those excluded are the purchases of foreign equipment and materials with loans from state–owned foreign exchange and foreign exchange owned by the Bank of China, donations by overseas Chinese, compatriots in Hong Kong and Macao, and funds and projects as aid given gratis by the United Nations and other international organizations.

Utilization of foreign capital takes the forms of loans from abroad, sole investment in enterprises in the boundary of China by foreign (or Hong Kong and Macao) enterprises, economic organizations or individuals, investment in Sino–foreign joint ventures, cooperative projects (enterprises), cooperative exploitation of natural resources with enterprises or organizations in China, compensation trade and international lease, etc.

Foreign Loans refer to long–term capital and short–term capital borrowed from international financial organizations, foreign governments and enterprises by the Chinese governments at all levels, by various departments, enterprises and the Bank of China, etc, and repaid with interest at maturity. Foreign loans can be divided according to channels into: ①loans from foreign governments; ②loans from international financial organizations; ③loans from foreign banks; ④export credit; ⑤bonds and shares issued abroad.

Foreign Direct Investment refers to investment inside China by foreign enterprises and economic organizations or individuals (including overseas Chinese, compatriots from Hong Kong and Macao, and Chinese enterprises registered abroad), following the relevant policies and laws of China, for the establishment of foreign sole investment enterprises, Sino–foreign joint ventures and cooperative enterprises or for cooperative exploitation of resources with enterprises or economic organizations in China, and re–investment of foreign entrepreneurs with the profits gained from such enterprises and corporations. Starting from 2002, the foreign direct investment statistic has been adjusted such that the overseas borrowings in total investment of enterprises only include loans to the enterprises by direct investors or, in other terms, loans by foreign shareholders, but exclude loans from the third party guaranteed by the direct investors or, in other terms, loans guaranteed by the foreign shareholders, and overseas borrowings by enterprises in other manners or, in other terms, other overseas borrowings.

Number of Tourists (1) Visitor arrivals refer to the number of foreigners, Chinese compatriots from Hong Kong, Macao and Taiwan Chinese (mainland) who come to China (mainland) for sight–seeing, vacation, visiting relatives, medical treatment, shopping, attending conference, or to engage in economic, cultural, sports and religious activities. In compiling statistics, each time of entering China is counted as one person–time.

(2) Number of Chinese residents going abroad refer to the number of Chinese (mainland) residents going to other countries, Hong Kong Special Administrative region, Macao Special Administrative region and Taiwan for on official or private purposes, for sight–seeing, vacation, visiting relatives, medical treatment, shopping, attending conference, or to engage in economic, cultural, sports and religious activities. In compiling statistics, each time of leaving is counted as one person–time.

(3) Number of domestic tourists refers to the number of Chinese (mainland) residents who travel within China (mainland) for sight–seeing, vacation, visiting relatives, medical treatment, shopping, attending conference, or to engage in economic, cultural, sports and religious activities. In compiling statistics, each time of travelling is counted as one person–time.

Foreign Exchange Earnings from International Tourism refer to the total expenditure of foreigners, overseas Chinese, Chinese compatriots from Hong Kong, Macao and Taiwan during their stay in the mainland of China on transportation, sighting, accommodation, food, shopping and entertainment.

Income from Domestic Tourism refer to expenditure of domestic tourists on transportation, sighting, accommodation, food, shopping and entertainment while they travel.

International Travel Agencies refer to travel agencies engaged in tourism entering China, Chinese residents going abroad and domestic tourism.

Domestic Travel Agencies refer to travel agencies only engaged in domestic tourism.

Star-rated Hotels refer to hotels rated with stars as assessed by the relevant tourism authorities according to GB/T14308–2003 standard with reference to their infrastructure, facilities and service levels.

14 第十四部分

劳动工资

LABOR FORCE AND WAGE

CHAPTER

14-1 城镇单位在岗职工人数、工资总额及平均工资

NUMBER, TOTAL WAGE BILL AND AVERAGE WAGE OF FULLY EMPLOYED STAFF AND WORKERS IN URBAN UNITS

年 份 Year	年末在岗职工人数(万人) Number of Fully Employed Staff and Workers (Year-end) (10 000 persons)	# 国有单位 State-owned Units	工资总额(万元) Total Wage Bill (10 000 yuan)	# 国有单位 State-owned Units	年平均工资(元) Average Wage (yuan)	# 国有单位 State-owned Units
1980	4.86	4.05	4 366	3 691	979	990
1981	5.31	4.51	5 930	5 046	1 132	1 119
1982	8.28	7.00	10 000	8 477	1 366	1 358
1983	12.57	10.10	16 142	12 976	1 545	1 571
1984	18.33	14.14	35 306	28 642	2 179	2 257
1985	22.66	16.84	51 912	38 465	2 418	2 427
1986	25.88	18.97	59 773	44 324	2 452	2 476
1987	32.29	22.04	80 013	54 333	2 677	2 637
1988	41.74	28.04	134 218	87 607	3 388	3 269
1989	48.24	30.34	179 042	114 650	3 858	3 917
1990	55.41	33.85	227 392	140 935	4 304	4 339
1991	64.89	38.77	307 950	175 169	5 016	4 908
1992	71.10	38.85	403 790	226 079	5 931	6 026
1993	78.11	41.45	619 647	356 949	8 145	8 854
1994	82.29	38.71	852 332	445 286	10 572	11 632
1995	88.75	40.17	1 076 083	545 013	12 276	13 709
1996	89.13	41.07	1 284 558	679 349	14 507	16 625
1997	91.18	40.92	1 479 515	744 781	16 531	18 515
1998	91.93	33.75	1 674 771	707 004	18 381	21 161
1999	92.52	32.94	1 890 338	775 020	20 714	23 602
2000	93.36	31.00	2 113 366	805 421	23 039	26 193
2001	94.88	31.31	2 441 713	968 330	25 941	31 187
2002	101.76	29.62	2 832 799	1 035 092	28 218	35 501
2003	108.20	30.10	3 259 896	1 213 966	30 611	40 893
2004	135.88	31.94	4 192 834	1 422 271	31 928	45 212
2005	165.38	35.85	5 167 453	1 640 306	32 476	47 762
2006	184.25	39.85	6 296 568	1 919 979	35 107	49 312
2007	193.04	40.03	7 335 805	2 293 671	38 798	58 347
2008	198.35	41.31	8 674 142	2 663 083	43 454	65 431
2009	220.16	42.89	10 029 764	3 051 566	46 723	72 278
2010	251.09	46.86	12 338 778	3 603 655	50 456	79 734
2011	261.43	48.92	14 384 948	4 117 941	55 143	85 218
2012	277.90	49.58	16 421 777	4 453 377	59 010	90 492
2013	445.84	48.60	28 135 080	4 310 481	62 619	90 393
2014	448.93	42.91	32 879 754	4 602 261	72 651	108 192
2015	447.41	43.18	36 627 244	5 003 862	81 034	117 432
2016	442.55	41.84	39 940 453	5 105 545	89 757	124 927
2017	447.32	41.92	44 697 603	6 232 786	100 173	150 444

注：根据国家劳动统计报表制度的统一规定，从2013年年报起，原属于乡镇企业且符合城镇非私营单位条件的"四上"企业纳入城镇非私营单位就业人员及工资统计范围。后同。

Note: According to the provision of national labor statistics reporting form system, since the year reporting of 2013, the scope of statistics on employed persons in urban corporate unit excluding private units and labor wage covers four above designated size enterprises (refers to industrial enterprises above designated size, construction enterprises by qualification criteria, enterprises above designated size of wholesale trade, retail trade, hotels and catering services), which originally has been included township enterprises and in accordance with the condition of urban corporate unit excluding private units. The same applies to the following tables.

14-2 城镇单位在岗职工工资总额指数和年平均工资指数

RELATED INDICES OF TOTAL WAGE BILL AND AVERAGE WAGE OF FULLY EMPLOYED STAFF AND WORKERS IN URBAN UNITS

以上年为100 (preceding year=100)

年 份 Year	工资总额指数 Related Indices Bill of Total Wage Bill	# 国有单位 State-owned Units	在岗职工年平均货币工资指数 Related Indices of Average Money Wage	# 国有单位 State-owned Units	在岗职工年平均实际工资指数 Related Indices of Average Real Wage	# 国有单位 State-owned Units
1980	147.9	147.3	127.3	126.1	121.2	120.1
1981	135.8	136.7	115.6	113.0	104.4	102.1
1982	168.6	168.0	120.8	121.4	112.1	112.6
1983	161.4	153.1	113.1	115.7	110.9	113.4
1984	218.7	220.7	141.0	143.7	132.0	134.6
1985	147.0	134.3	111.0	107.5	90.6	87.8
1986	115.1	115.2	101.4	102.0	95.6	96.1
1987	133.9	122.6	109.2	106.5	95.5	93.1
1988	167.7	161.2	126.6	124.0	98.8	96.8
1989	133.4	130.9	113.9	119.8	90.8	95.5
1990	127.0	122.9	111.6	110.8	109.8	109.1
1991	135.4	124.3	116.5	113.1	113.1	109.8
1992	131.1	129.1	118.2	122.8	110.2	114.4
1993	153.5	157.9	137.3	146.9	114.3	122.3
1994	137.6	124.7	129.8	131.4	109.8	111.2
1995	126.3	122.4	116.1	117.9	103.3	104.9
1996	119.4	124.6	118.2	121.3	109.7	112.6
1997	115.2	109.6	114.0	111.4	110.3	107.8
1998	113.8	95.7	110.2	112.3	111.0	113.1
1999	112.9	109.6	112.7	111.5	113.5	112.3
2000	111.8	103.9	111.2	111.0	108.2	108.0
2001	115.5	120.2	112.6	119.1	115.1	121.8
2002	116.0	106.9	108.8	113.8	107.5	112.5
2003	115.1	117.3	108.5	115.2	107.7	114.4
2004	120.7	114.1	105.6	110.6	104.2	109.1
2005	123.2	115.3	101.7	105.6	100.1	104.0
2006	121.9	117.1	108.1	103.2	105.8	101.0
2007	116.5	119.5	110.5	118.3	106.2	113.6
2008	118.2	116.1	112.0	112.1	105.8	105.9
2009	115.6	114.6	107.5	110.5	108.9	111.9
2010	123.0	118.1	108.0	110.3	104.3	106.6
2011	116.6	114.3	109.3	106.9	103.7	101.4
2012	114.2	108.1	107.0	106.2	104.1	103.3
2013	171.3	96.8	106.1	99.9	103.3	97.3
2014	116.9	106.8	116.0	119.7	113.7	117.4
2015	111.4	108.7	111.5	108.5	109.1	106.2
2016	109.0	102.0	110.8	106.4	108.2	103.9
2017	111.9	122.1	111.6	120.4	110.1	118.8

14-3 城镇单位在岗职工工资总额指数和年平均工资指数

RELATED INDICES OF TOTAL WAGE BILL AND AVERAGE WAGE OF FULLY EMPLOYED STAFF AND WORKERS IN URBAN UNITS

以1979年为100 (1979=100)

年 份 Year	工资总额指数 Related Indices Bill of Total Wage Bill	# 国有单位 State-owned Units	在岗职工年平均 货币工资指数 Related Indices of Average Money Wage	# 国有单位 State-owned Units	在岗职工年平均 实际工资指数 Related Indices of Average Real Wage	# 国有单位 State-owned Units
1980	147.9	147.3	127.3	126.1	121.2	120.1
1981	200.9	201.4	147.2	142.5	126.5	122.6
1982	338.8	338.4	177.6	173.0	141.8	138.0
1983	546.8	518.0	200.9	200.1	157.3	156.5
1984	1 196.0	1 143.4	283.4	287.5	207.6	210.6
1985	1 758.5	1 535.5	314.4	309.2	188.1	184.9
1986	2 024.8	1 769.4	318.9	315.4	179.8	177.7
1987	2 710.5	2 169.0	348.1	335.9	171.7	165.4
1988	4 546.7	3 497.3	440.6	416.4	169.6	160.1
1989	6 065.1	4 576.8	501.7	499.0	154.0	152.9
1990	7 703.0	5 626.1	559.7	552.7	169.1	166.8
1991	10 431.9	6 992.8	652.3	625.2	191.3	183.1
1992	13 678.5	9 025.1	771.3	767.6	210.8	209.5
1993	20 990.8	14 249.5	1 059.2	1 127.9	240.9	256.2
1994	28 873.0	17 775.9	1 374.8	1 481.8	264.5	284.9
1995	36 452.7	21 757.0	1 596.4	1 746.4	273.2	298.9
1996	43 514.8	27 119.7	1 886.5	2 117.8	299.7	336.6
1997	50 119.1	29 731.8	2 149.7	2 358.6	330.6	362.9
1998	57 035.5	28 453.3	2 369.0	2 648.7	367.0	410.4
1999	64 393.1	31 184.8	2 669.9	2 953.3	416.5	460.9
2000	71 991.5	32 401.0	2 968.9	3 278.2	450.7	497.8
2001	83 150.2	38 946.0	3 343.0	3 904.3	518.8	606.3
2002	96 454.2	41 633.3	3 637.2	4 443.1	557.7	682.1
2003	111 018.8	48 835.9	3 946.4	5 118.5	600.6	780.3
2004	133 999.7	55 721.8	4 167.4	5 661.1	625.8	851.3
2005	165 087.6	64 247.2	4 238.2	5 978.1	626.4	885.4
2006	201 241.8	75 233.5	4 581.5	6 169.4	662.7	894.3
2007	234 446.7	89 904.0	5 062.6	7 298.4	703.8	1 015.9
2008	277 116.0	104 378.5	5 670.1	8 181.5	743.9	1 075.8
2009	320 346.1	119 617.8	6 095.4	9 040.6	810.1	1 203.8
2010	394 025.7	141 268.6	6 583.0	9 971.8	844.9	1 283.3
2011	459 039.9	161 470.0	7 195.2	10 659.9	876.2	1 301.3
2012	524 223.6	174 549.1	7 698.9	11 320.8	912.1	1 344.2
2013	897 995.0	168 963.5	8 168.5	11 309.5	942.2	1 307.9
2014	1 049 756.2	180 453.0	9 475.5	13 537.5	1 071.3	1 535.5
2015	1 169 428.4	196 152.4	10 565.2	14 688.2	1 160.0	1 630.7
2016	1 274 677.0	200 075.4	11 706.2	15 628.2	1 264.6	1 694.3
2017	1 426 363.6	244 292.1	13 064.1	18 816.4	1 392.3	2 012.8
年平均增长率(%) **Average Annual Growth Rate(%)**	**28.6**	**22.8**	**13.7**	**14.8**	**7.2**	**8.2**

14-4 城镇单位在岗职工工资总额和年平均工资

TOTAL WAGE BILL AND AVERAGE WAGE OF FULLY EMPLOYED STAFF AND WORKERS IN URBAN UNITS

年份 Year	工资总额(亿元) Total Wage Bill (100 million yuan)				年平均工资(元) Average Wage (yuan)			
	合计 Total	国有单位 State-owned Units	城镇集体单位 Urban Collective-owned Units	其他单位 Units of Other Types of Ownership	合计 Total	国有单位 State-owned Units	城镇集体单位 Urban Collective-owned Units	其他单位 Units of Other Types of Ownership
1998	167.48	70.70	4.72	92.05	18 381	21 161	11 260	17 204
1999	189.03	77.50	5.38	106.15	20 714	23 602	13 228	19 530
2000	211.34	80.54	4.85	125.94	23 039	26 193	13 234	21 974
2001	244.17	96.83	5.00	142.34	25 941	31 187	13 427	23 981
2002	283.28	103.51	4.32	175.45	28 218	35 501	16 969	25 544
2003	325.99	121.40	4.02	200.58	30 611	40 893	17 061	26 940
2004	419.28	142.23	3.29	273.77	31 928	45 212	20 256	27 868
2005	516.75	164.03	4.72	348.00	32 476	47 762	17 112	28 521
2006	629.66	192.00	3.20	434.46	35 107	49 312	20 591	31 286
2007	733.58	229.37	3.26	500.95	38 798	58 347	21 793	33 787
2008	867.41	266.31	3.43	597.68	43 454	65 431	25 291	37 933
2009	1 002.98	305.16	3.11	694.71	46 723	72 278	24 715	40 582
2010	1 233.88	360.37	4.15	869.36	50 456	79 734	27 801	43 939
2011	1 438.49	411.79	4.78	1 021.92	55 143	85 218	31 830	48 422
2012	1 642.18	445.34	5.59	1 191.25	59 010	90 492	34 444	52 374
2013	2 813.51	431.05	12.60	2 369.86	62 619	90 393	30 207	59 627
2014	3 287.98	460.23	14.64	2 813.11	72 651	108 192	39 993	69 224
2015	3 662.72	500.39	11.14	3 151.20	81 034	117 432	45 546	77 436
2016	3 994.05	510.55	13.35	3 470.14	89 757	124 927	56 682	86 374
2017	4 469.76	623.28	21.20	3 825.28	100 173	150 444	71 380	95 203

注： 从2000年起统计口径为在岗职工。
Note: Since 2000, statistical coverage refers to the fully employed staff and workers.

14-5 城镇单位就业人员和在岗职工人数（2017年末）

NUMBER OF EMPLOYED PERSONS AND FULLY EMPLOYED STAFF AND WORKERS IN URBAN UNITS AT YEAR-END （2017）

项 目	Item	单位就业人员年末人数（人） Number of Employed Persons (Year-end) (Person)	# 女 性 Female	# 在岗职工年末人数 Number of Fully Employed Staff and Workers (Year-end)
总 计	**Total**	**4 637 941**	**1 814 306**	**4 473 155**
一、按登记注册类型分	Grouped by Registration			
1. 内资单位	Domestic Funded Units	2 643 384	887 618	2 520 202
①国有单位	State-owned Units	424 421	172 184	419 234
②集体单位	Collective-owned Units	28 627	7 864	28 384
③股份合作单位	Cooperative Units	24 359	7 686	22 865
④联营单位	Joint ownership Units	6 896	2 389	6 829
⑤有限责任公司	Limited Liability Corporations	1 427 659	451 819	1 335 005
⑥股份有限公司	Share-holding Corporations Ltd.	687 456	219 019	665 243
⑦其他内资单位	Others	43 966	26 657	42 642
2. 港澳台商投资单位	Units with Funded from Hongkong,Macao and Taiwan	1 395 577	657 182	1 369 490
3. 外商投资单位	Foreign Funded Units	598 980	269 506	583 463
二、按企业、事业、机关分	Grouped by Enterprises, Institutions and Agencies			
1. 企业	Enterprises	4 336 078	1 676 089	4 175 805
2. 事业	Institutions	154 957	85 624	152 289
3. 机关	Agencies & Organizations	138 569	46 833	136 853
4.民间非营利组织	Private non-protit organization	1 316	1 071	1 308
5.其他	Others	7 021	4 689	6 900
三、按国民经济行业分	Grouped by Sector			
1. 农、林、牧、渔业	Agriculture, Forestry, Animal Husbandry and Fishery	498	136	498
①农业	Agriculture	356	105	356
②林业	Forestry	78	19	78
③畜牧业	Animal Husbandry	36	6	36
④渔业	Fishery	15	3	15
⑤农、林、牧、渔服务业	Services of Agriculture, Forestry,Animal Husbandry and Fishery	13	3	13
2. 采矿业	Mining	3 653	489	3 644
3. 制造业	Manufacturing	2 315 546	978 944	2 297 125
4. 电力、热力、燃气及水生产和供应业	Production and Distribution of Electricity,Heat,Gas and Water	21 082	5 167	21 025
5. 建筑业	Construction	330 464	36 162	259 937
①房屋建筑业	Building	125 968	9 120	102 847
②土木工程建筑业	Civil Engineering	40 770	3 827	24 043
③建筑安装业	Construction installation	42 437	6 453	33 909
④建筑装饰和其他建筑业	Construction Decoration and Other Construction	121 289	16 762	99 138
6. 批发和零售业	Wholesale and Retail Trades	279 880	146 365	265 115
①批发业	Wholesale	142 800	66 938	137 944
②零售业	Retail Sales	137 080	79 427	127 171
7. 交通运输、仓储和邮政业	Transportation, Storage and Post Services	262 179	73 095	244 960
①铁路运输业	Railway Transportation	44 094	10 705	35 929
②道路运输业	Road Transportation	111 508	26 248	107 422
③水上运输业	Water Transportation	8 591	1 138	8 574
④航空运输业	Air Transportation	40 078	13 429	39 501
⑤管道运输业	Petroleum and Gas Pipelines Transportation	19	4	15
⑥装卸搬运和运输代理业	Loading Unloading and Other Transport Services	26 847	11 413	26 608
⑦仓储业	Storage	11 783	4 056	11 640
⑧邮政业	Post Services	19 259	6 102	15 271
8. 住宿和餐饮业	Hotels and Catering Services	106 309	55 622	93 150
①住宿业	Hotels	31 437	15 199	30 968

项　目	Item	单位就业人员年末人数（人）Number of Employed Persons (Year-end) (Person)	# 女 性 Female	# 在岗职工年末人数 Number of Fully Employed Staff and Workers (Year-end)
②餐饮业	Catering Services	74 872	40 423	62 182
9. 信息传输、软件和信息技术服务业	Information Transmission, Computer Services and Software	192 466	72 582	185 320
①电信、广播电视和卫星传输服务	Tele communications,broadcast and satellite transmission services	37 066	16 478	31 006
②互联网和相关服务	Internet and related services	24 921	7 806	24 886
③软件和信息技术服务业	Software and IT Services	130 479	48 298	129 428
10. 金融业	Financial Intermediation	97 209	50 119	95 201
①货币金融服务业	Monetary and Financial Services	48 892	26 927	48 325
②资本市场服务业	Capital market Services	29 198	13 327	27 993
③保险业	Insurance	16 242	8 198	16 020
④其他金融业	Other Financial Actioities	2 877	1 667	2 863
11. 房地产业	Real Estate	218 837	69 237	217 450
其中：①房地产开发经营	Real Estate Development and Operation	22 023	8 034	21 935
②物业管理	Real Estate Management	154 524	46 463	153 868
③房地产中介服务	Real Estate Services	17 818	6 984	17 750
12. 租赁和商务服务业	Leasing and Business Services	310 387	107 373	303 402
①租赁业	Leasing	2 826	544	2 441
②商务服务业	Business Services	307 561	106 829	300 961
13. 科学研究和技术服务业	Scientific Research and Technical Services	103 084	31 139	100 916
①研究和试验发展	Research and Experiment Development	11 617	4 399	11 156
②专业技术服务业	Professional Technology Services	82 408	23 472	80 748
③科技推广和应用服务业	Services of Science and Technology Exchanges and Promotion	9 059	3 268	9 012
14. 水利、环境和公共设施管理业	Management of Water Consercancy,Environment and Public Facilities	13 097	4 234	13 052
①水利管理业	Water Conservancy Administration	1 173	248	1 162
②生态保护和环境治理业	Ecological Protection and Environmental management	2 632	605	2 628
③公共设施管理业	Management of Public Facilities	9 292	3 381	9 262
15. 居民服务、修理和其他服务业	Services to Households and Other Services	24 223	10 034	23 744
①居民服务业	Services to Households	5 145	2 404	4 783
②机动车、电子产品和日用产品修理业	Repair Industry of motor Vehicles,Electronics and Household Goods.	3 273	968	3 211
③其他服务业	Other Services	15 805	6 662	15 750
16. 教育	Education	110 712	63 345	108 000
其中：①初等教育	Primary Schools	36 168	20 694	35 521
②中等教育	Regular Secondary Schools	39 793	20 500	38 961
③高等教育	Regular Institution of Higher Education	10 788	4 680	10 276
17. 卫生和社会工作	Health and Social Work	66 686	45 791	66 014
①卫生	Health Care	63 785	43 955	63 158
②社会工作	Social Work	2 901	1 836	2 856
18. 文化、体育和娱乐业	Culture,sports and Entertainment	29 451	12 448	24 352
①新闻和出版业	Journalism and Publishing Activities	5 341	1 910	5 323
②广播、电视、电影和影视录音制作业	Culture, Sports and Entertainment	9 665	2 791	5 089
③文化艺术业	Cultural and Art Activies	3 388	1 555	3 236
④体育	Sports	5 040	3 447	4 993
⑤娱乐业	Entertainment	6 017	2 745	5 711
19. 公共管理、社会保障和社会组织	Publich Management,Securities and Social Organization	152 178	52 024	150 250
其中：①中国共产党机关	Organs of Communist Party of China	2 225	590	2 198
②国家机构	Government Agencies	140 818	48 153	138 959
③人民政协、民主党派	People's Political Consultative Conference and Democratic Parties	256	75	256
④社会保障	Social Securities			
⑤群众社团、社会团体和其他成员组织	Non-Government Institutions, Social Organizations and Other member Organizations	8 879	3 206	8 837

14-6 分经济类型和行业城镇单位就业人员工资总额、平均人数和年平均工资（2017年）

TOTAL WAGE BILL, AVERAGE NUMBER AND AVERAGE WAGE OF EMPLOYED PERSONS BY OWNERSHIP AND SECTOR IN URBAN UNITS（2017）

项　目	Item	单位就业人员工资总额（万元） Total Wage Bill of Employed Persons (10 000 yuan)	单位就业人员年平均人数（人） Average Number of Employed Persons (Person)	年平均工资（元） Average Wage (yuan)
总　　计	**Total**	**45 844 846**	**4 624 313**	**99 139**
一、按登记注册类型分	Grouped by Registration			
1. 内资单位	Domestic Funded Units	29 716 082	2 593 257	114 590
①国有单位	State-owned Units	6 285 988	419 824	149 729
②集体单位	Collective-owned Units	212 839	29 842	71 322
③股份合作单位	Cooperative Units	135 949	24 468	55 562
④联营单位	Joint ownership Units	66 129	6 841	96 666
⑤有限责任公司	Limited Liability Corporations	14 886 333	1 411 284	105 481
⑥股份有限公司	Share-holding Corporations Ltd.	7 782 293	657 296	118 399
⑦其他内资单位	Others	346 551	43 702	79 299
2. 港澳台商投资单位	Units with Funded from Hongkong,Macao and Taiwan	10 904 609	1 426 325	76 452
3. 外商投资单位	Foreign Funded Units	5 224 154	604 731	86 388
二、按企业、事业、机关分	Grouped by Enterprises, Institutions and Agencies			
1. 企业	Enterprises	40 965 999	4 325 133	94 716
2. 事业	Institutions	2 682 215	152 964	175 349
3. 机关	Agencies & Organizations	2 139 662	137 902	155 158
4.民间非营利组织	Private non-protit organization	8 272	1 339	61 777
5.其他	Others	48 698	6 975	69 817
三、按国民经济行业分	Grouped by Sector			
1. 农、林、牧、渔业	Agriculture, Forestry, Animal Husbandry and Fishery	3 988	505	78 964
①农业	Agriculture	2 794	363	76 975
②林业	Forestry	722	78	92 564
③畜牧业	Animal Husbandry	216	36	59 861
④渔业	Fishery	81	15	53 733
⑤农、林、牧、渔服务业	Services of Agriculture, Forestry,Animal Husbandry and Fishery	175	13	134 923
2. 采矿业	Mining	80 364	3 653	219 995
3. 制造业	Manufacturing	19 525 333	2 338 697	83 488
4. 电力、热力、燃气及水生产和供应业	Production and Distribution of Electricity,Heat,Gas and Water	392 968	20 847	188 501
5. 建筑业	Construction	2 159 017	309 492	69 760
①房屋建筑业	Building	772 785	109 750	70 413
②土木工程建筑业	Civil Engineering	270 411	40 053	67 513
③建筑安装业	Construction installation	308 486	42 007	73 437
④建筑装饰和其他建筑业	Construction Decoration and Other Construction	807 335	117 682	68 603
6. 批发和零售业	Wholesale and Retail Trades	2 409 175	276 641	87 087
①批发业	Wholesale	1 487 488	140 953	105 531
②零售业	Retail Sales	921 686	135 688	67 927
7. 交通运输、仓储和邮政业	Transportation, Storage and Post Services	2 722 193	259 156	105 041
①铁路运输业	Railway Transportation	490 899	44 638	109 973
②道路运输业	Road Transportation	928 548	109 011	85 179
③水上运输业	Water Transportation	153 908	8 660	177 723
④航空运输业	Air Transportation	536 304	38 284	140 086
⑤管道运输业	Petroleum and Gas Pipelines Transportation	931	19	489 895
⑥装卸搬运和运输代理业	Loading Unloading and Other Transport Services	244 155	26 764	91 225
⑦仓储业	Storage	100 523	11 572	86 868
⑧邮政业	Post Services	266 925	20 208	132 089
8. 住宿和餐饮业	Hotels and Catering Services	530 196	107 435	49 350
①住宿业	Hotels	203 390	31 473	64 624

14-6 续表 continued

项 目	Item	单位就业人员工资总额（万元）Total Wage Bill of Employed Persons (10 000 yuan)	单位就业人员年平均人数（人）Average Number of Employed Persons (Person)	年平均工资（元）Average Wage (yuan)
②餐饮业	Catering Services	326 806	75 962	43 022
9. 信息传输、软件和信息技术服务业	Information Transmission, Computer Services and Software	3 610 910	192 552	187 529
①电信、广播电视和卫星传输服务	Tele communications,broadcast and satellite transmission services	502 372	37 086	135 461
②互联网和相关服务	Internet and related services	1 002 031	24 853	403 183
③软件和信息技术服务业	Software and IT Services	2 106 508	130 613	161 279
10. 金融业	Financial Intermediation	2 663 848	97 054	274 471
①货币金融服务业	Monetary and Financial Services	1 143 975	48 575	235 507
②资本市场服务业	Capital market Services	1 035 539	29 468	351 411
③保险业	Insurance	315 140	16 031	196 582
④其他金融业	Other Financial Actioities	169 194	2 980	567 765
11. 房地产业	Real Estate	1 863 629	220 408	84 554
其中：①房地产开发经营	Real Estate Development and Operation	403 563	21 693	186 034
②物业管理	Real Estate Management	1 012 536	154 623	65 484
③房地产中介服务	Real Estate Services	163 953	19 691	83 263
12. 租赁和商务服务业	Leasing and Business Services	2 639 820	304 394	86 724
①租赁业	Leasing	25 567	3 227	79 227
②商务服务业	Business Services	2 614 253	301 167	86 804
13. 科学研究和技术服务业	Scientific Research and Technical Services	1 588 252	100 673	157 763
①研究和试验发展	Research and Experiment Development	208 151	11 192	185 982
②专业技术服务业	Professional Technology Services	1 293 355	80 730	160 207
③科技推广和应用服务业	Services of Science and Technology Exchanges and Promotion	86 747	8 751	99 128
14. 水利、环境和公共设施管理业	Management of Water Consercancy,Environment and Public Facilities	132 893	13 331	99 687
①水利管理业	Water Conservancy Administration	12 838	1 156	111 051
②生态保护和环境治理业	Ecological Protection and Environmental management	29 102	2 617	111 202
③公共设施管理业	Management of Public Facilities	90 954	9 558	95 160
15. 居民服务、修理和其他服务业	Services to Households and Other Services	145 503	23 825	61 072
①居民服务业	Services to Households	36 156	5 035	71 809
②机动车、电子产品和日用产品修理业	Repair Industry of motor Vehicles,Electronics and Household Goods.	31 200	3 304	94 432
③其他服务业	Other Services	78 147	15 486	50 463
16. 教育	Education	1 557 521	109 374	142 403
其中：①初等教育	Primary Schools	482 921	35 699	135 276
②中等教育	Regular Secondary Schools	623 570	39 380	158 347
③高等教育	Regular Institution of Higher Education	243 440	10 403	234 009
17. 卫生和社会工作	Health and Social Work	1 157 879	65 651	176 369
①卫生	Health Care	1 130 132	62 737	180 138
②社会工作	Social Work	27 747	2 914	95 219
18. 文化、体育和娱乐业	Culture,sports and Entertainment	345 736	29 389	117 641
①新闻和出版业	Journalism and Publishing Activities	88 087	5 501	160 129
②广播、电视、电影和影视录音制作业	Culture, Sports and Entertainment	95 460	9 469	100 813
③文化艺术业	Cultural and Art Activies	51 190	3 255	157 267
④体育	Sports	72 857	5 078	143 475
⑤娱乐业	Entertainment	38 142	6 086	62 671
19. 公共管理、社会保障和社会组织	Publich Management,Securities and Social Organization	2 315 622	151 236	153 113
其中：①中国共产党机关	Organs of Communist Party of China	42 705	2 181	195 804
②国家机构	Government Agencies	2 114 207	139 810	151 220
③人民政协、民主党派	People's Political Consultative Conference and Democratic Parties	5 242	254	206 386
④社会保障	Social Securities			
⑤群众社团、社会团体和其他成员组织	Non-Government Institutions, Social Organizations and Other member Organizations	153 469	8 991	170 691

14-7 分经济类型和行业城镇单位在岗职工工资总额、平均人数和年平均工资（2017年）
TOTAL WAGE BILL，AVERAGE NUMBER AND AVERAGE WAGE OF FULLY EMPLOYED STAFF AND WORKERS BY OWNERSHIP AND SECTOR IN URBAN UNITS（2017）

项 目	Item	在岗职工工资总额(万元) Total Wage Bill of Fully Employed Staff and Workers (10 000 yuan)	在岗职工年平均人数(人) Average Number of Fully Employed Staff and Workers (person)	年平均工资(元) Average Wage (yuan)
总　计	**Total**	**44 697 603**	**4 462 040**	**100 173**
一、按登记注册类型分	Grouped by Registration			
1. 内资单位	Domestic Funded Units	28 895 176	2 474 170	116 787
①国有单位	State-owned Units	6 232 786	414 294	150 444
②集体单位	Collective-owned Units	212 020	29 703	71 380
③股份合作单位	Cooperative Units	130 071	22 983	56 594
④联营单位	Joint ownership Units	65 692	6 796	96 663
⑤有限责任公司	Limited Liability Corporations	14 337 929	1 323 137	108 363
⑥股份有限公司	Share-holding Corporations Ltd.	7 584 410	634 712	119 494
⑦其他内资单位	Others	332 268	42 545	78 098
2. 港澳台商投资单位	Units with Funded from Hongkong,Macao and Taiwan	10 699 334	1 398 554	76 503
3. 外商投资单位	Foreign Funded Units	5 103 093	589 316	86 593
二、按企业、事业、机关分	Grouped by Enterprises, Institutions and Agencies			
1. 企业	Enterprises	39 861 860	4 167 232	95 655
2. 事业	Institutions	2 654 527	150 428	176 465
3. 机关	Agencies & Organizations	2 125 277	136 192	156 050
4.民间非营利组织	Private non-protit organization	7 986	1 331	59 996
5.其他	Others	47 954	6 857	69 934
三、按国民经济行业分	Grouped by Sector			
1. 农、林、牧、渔业	Agriculture, Forestry, Animal Husbandry and Fishery	3 988	505	78 964
①农业	Agriculture	2 794	363	76 975
②林业	Forestry	722	78	92 564
③畜牧业	Animal Husbandry	216	36	59 861
④渔业	Fishery	81	15	53 733
⑤农、林、牧、渔服务业	Services of Agriculture, Forestry,Animal Husbandry and Fishery	175	13	134 923
2. 采矿业	Mining	80 092	3 644	219 791
3. 制造业	Manufacturing	19 346 047	2 319 323	83 412
4. 电力、热力、燃气及水生产和供应业	Production and Distribution of Electricity,Heat,Gas and Water	391 590	20 787	188 382
5. 建筑业	Construction	1 683 007	242 147	69 504
①房屋建筑业	Building	619 193	88 001	70 362
②土木工程建筑业	Civil Engineering	172 465	23 513	73 349
③建筑安装业	Construction installation	247 817	33 946	73 003
④建筑装饰和其他建筑业	Construction Decoration and Other Construction	643 533	96 687	66 558
6. 批发和零售业	Wholesale and Retail Trades	2 344 312	263 405	89 000
①批发业	Wholesale	1 444 788	137 352	105 189
②零售业	Retail Sales	899 525	126 053	71 361
7. 交通运输、仓储和邮政业	Transportation, Storage and Post Services	2 592 034	241 928	107 141
①铁路运输业	Railway Transportation	423 311	35 914	117 868
②道路运输业	Road Transportation	914 397	105 679	86 526
③水上运输业	Water Transportation	153 544	8 639	177 733
④航空运输业	Air Transportation	512 137	37 734	135 723
⑤管道运输业	Petroleum and Gas Pipelines Transportation	915	15	609 733
⑥装卸搬运和运输代理业	Loading Unloading and Other Transport Services	242 126	26 600	91 025
⑦仓储业	Storage	99 094	11 404	86 894
⑧邮政业	Post Services	246 510	15 943	154 620
8. 住宿和餐饮业	Hotels and Catering Services	501 551	93 303	53 755
①住宿业	Hotels	200 058	31 053	64 425

14-7 续表 continued

项 目	Item	在岗职工工资总额(万元) Total Wage Bill of Fully Employed Staff and Workers (10 000 yuan)	在岗职工年平均人数(人) Average Number of Fully Employed Staff and Workers (person)	年平均工资(元) Average Wage (yuan)
②餐饮业	Catering Services	301 493	62 250	48 433
9. 信息传输、软件和信息技术服务业	Information Transmission, Computer Services and Software	3 555 449	185 668	191 495
①电信、广播电视和卫星传输服务	Tele communications,broadcast and satellite transmission services	460 073	31 355	146 730
②互联网和相关服务	Internet and related services	1 001 559	24 831	403 350
③软件和信息技术服务业	Software and IT Services	2 093 818	129 482	161 707
10. 金融业	Financial Intermediation	2 621 447	94 786	276 565
①货币金融服务业	Monetary and Financial Services	1 127 812	48 001	234 956
②资本市场服务业	Capital market Services	1 018 350	27 984	363 904
③保险业	Insurance	309 094	15 836	195 184
④其他金融业	Other Financial Actioities	166 191	2 965	560 510
11. 房地产业	Real Estate	1 854 752	218 954	84 710
其中：①房地产开发经营	Real Estate Development and Operation	402 429	21 593	186 370
②物业管理	Real Estate Management	1 008 879	153 914	65 548
③房地产中介服务	Real Estate Services	162 886	19 630	82 978
12. 租赁和商务服务业	Leasing and Business Services	2 594 582	297 424	87 235
①租赁业	Leasing	24 389	2 822	86 425
②商务服务业	Business Services	2 570 193	294 602	87 243
13. 科学研究和技术服务业	Scientific Research and Technical Services	1 565 146	98 455	158 971
①研究和试验发展	Research and Experiment Development	205 285	10 712	191 640
②专业技术服务业	Professional Technology Services	1 273 635	79 032	161 154
③科技推广和应用服务业	Services of Science and Technology Exchanges and Promotion	86 226	8 711	98 985
14. 水利、环境和公共设施管理业	Management of Water Conserancy,Environment and Public Facilities	132 338	13 172	100 469
①水利管理业	Water Conservancy Administration	12 783	1 145	111 640
②生态保护和环境治理业	Ecological Protection and Environmental management	29 078	2 613	111 282
③公共设施管理业	Management of Public Facilities	90 478	9 414	96 110
15. 居民服务、修理和其他服务业	Services to Households and Other Services	143 473	23 354	61 434
①居民服务业	Services to Households	34 723	4 672	74 321
②机动车、电子产品和日用产品修理业	Repair Industry of motor Vehicles,Electronics and Household Goods.	30 978	3 242	95 552
③其他服务业	Other Services	77 773	15 440	50 371
16. 教育	Education	1 527 246	106 722	143 105
其中：①初等教育	Primary Schools	477 344	35 113	135 945
②中等教育	Regular Secondary Schools	613 774	38 574	159 116
③高等教育	Regular Institution of Higher Education	237 949	9 914	240 013
17. 卫生和社会工作	Health and Social Work	1 149 235	65 022	176 746
①卫生	Health Care	1 121 631	62 135	180 515
②社会工作	Social Work	27 604	2 887	95 614
18. 文化、体育和娱乐业	Culture,sports and Entertainment	311 646	24 125	129 180
①新闻和出版业	Journalism and Publishing Activities	83 644	5 108	163 751
②广播、电视、电影和影视录音制作业	Culture, Sports and Entertainment	67 940	5 012	135 555
③文化艺术业	Cultural and Art Activies	50 770	3 204	158 458
④体育	Sports	72 764	5 034	144 544
⑤娱乐业	Entertainment	36 529	5 767	63 341
19. 公共管理、社会保障和社会组织	Publich Management,Securities and Social Organization	2 299 668	149 316	154 013
其中：①中国共产党机关	Organs of Communist Party of China	42 382	2 154	196 757
②国家机构	Government Agencies	2 098 818	137 957	152 136
③人民政协、民主党派	People's Political Consultative Conference and Democratic Parties	5 242	254	206 386
④社会保障	Social Securities			
⑤群众社团、社会团体和其他成员组织	Non-Government Institutions, Social Organizations and Other member Organizations	153 226	8 951	171 183

14-8 城镇单位工业、建筑业企业在岗职工人数、工资总额和年平均工资（2017年）

NUMBER, TOTAL WAGE BILL AND AVERAGE WAGE OF FULLY EMPLOYED STAFF AND WORKERS IN INDUSTRY AND CONSTRUCTION ENTERPRISES IN URBAN UNITS（2017）

项 目	Item	在岗职工年末人数(人) Number of Fully Employed Staff and Workers (Year-end) (person)	工资总额(万元) Total Wage Bill (10 000 yuan)	年平均工资(元) Average Wage (yuan)
总 计	**Total**	**2 581 731**	**21 500 736**	**83 146**
一、工 业	**Industry**	**2 321 794**	**19 817 729**	**84 555**
(一)按登记注册类型分	Grouped by Registration			
1. 国有单位	State-owned Units	4 375	36 962	82 211
2. 城镇集体单位	Urban Collective Owned Units	2 535	15 026	59 510
3. 其他类型单位	Units of Other Types of Ownership	2 314 884	19 765 740	84 587
(二)按行业分	Grouped by Sector			
1. 采矿业	Mining	3 644	80 092	219 791
煤炭开采和洗选业	Mining and Washing of Coal			
石油和天然气开采业	Extraction of Petroleum and Natural Gas	3 052	71 033	229 807
黑色金属矿采选业	Mining and Processing of Ferrous Metal Ores			
有色金属矿采选业	Mining and Processing of Nonferrous Metal Ores			
非金属矿采选业	Mining and Processing of Nonmetal Ores			
开采辅助活动	Support Activities for Mining	592	9 059	163 807
其他采矿业	Mining and Processing of Other Ores			
2.制 造 业	Manufacturing	2 297 125	19 346 047	83 412
农副食品加工业	Processing of Food from Agricultural Products	8 027	68 147	86 569
食品制造业	Manufacture of Foods	10 618	68 515	66 577
酒、饮料和精制茶制造业	Manufacture of Wine, Beverages and Refined tea	12 625	110 557	87 507
烟草制品业	Manufacturc of Tobacco	566	14 829	253 479
纺织业	Manufacture of Textile	9 549	61 906	66 781
纺织服装、服饰业	Manufacture of Textile Wearing Apparec	66 693	444 502	62 185
皮革、毛皮、羽毛及其制品和制鞋业	Manufacture of Leather, Fur, Feather and Related Products	31 097	173 718	52 845
木材加工和木、竹、藤棕、草制品业	Processing of Timber, Manufacture of Wood, Bamboo, Rattan, Palm Fiber & Straw Products	1 231	7 109	54 599
家具制造业	Manufacture of Furniture	20 041	118 674	58 156
造纸和纸制品业	Manufacture of Paper and Paper Products	21 948	130 434	54 825
印刷和记录媒介复制业	Printing and Record Medium Reproduction	33 452	236 169	70 082
文教、工美、体育和娱乐用品制造业	Manufactuer of Articles for Culture, Education and Sport Activities	90 519	495 521	50 070

14-8 续表 continued

项 目 Item		在岗职工年末人数(人) Number of Fully Employed Staff and Workers (Year-end) (person)	工资总额(万元) Total Wage Bill (10 000 yuan)	年平均工资(元) Average Wage (yuan)
石油加工、炼焦和核燃料加工业	Processing of Petroleum, Coking and Nuclear Fuel Processing	758	24 695	328 822
化学原料和化学制品制造业	Manufacture of Raw Chemical Materials and Chemical Products	17 350	143 657	77 896
医药制造业	Manufacture of Medicines	17 348	199 954	117 365
化学纤维制造业	Manufacture of Chemical Fibers	363	2 377	64 582
橡胶和塑料制品业	Manufacture of Rubber and Plastics	143 946	878 457	60 859
非金属矿物制品业	Manufacture of Non-metallic Mineral Products	37 686	302 226	72 270
黑色金属冶炼和压延加工业	Smelting and Pressing of Ferrous Metals	1 873	16 147	87 565
有色金属冶炼和压延加工业	Smelting and Pressing of Nonferrous Metals	4 479	35 652	71 922
金属制品业	Manufacture of Metal Products	74 094	513 859	67 128
通用设备制造业	Manufacture of General-purpose Machinery	81 516	561 032	68 324
专用设备制造业	Manufacture of Special-purpose Machinery	107 542	1 080 511	99 766
汽车制造业	Manufactuer of Automobiles	62 133	515 553	86 338
铁路、船舶航空航天和其他运输设备制造业	Manufacture of Railways,Ships, Aerospace and Other Transport Equipment	25 778	242 017	96 733
电气机械和器材制造业	Manufacture of Electrical Machinery and Equipment	292 175	1 987 562	65 675
计算机、通信和其他电子设备制造业	Manufacture of Communication Equipment, Computers and Other Electronic Equipment	1 051 946	10 357 721	99 997
仪器仪表制造业	Manufacture of Measuring Instruments	60 000	473 134	73 606
其他制造业	Other Manufacturing	9 809	56 786	55 618
废弃资源综合利用业	Recycling and Disposal of Waste	50	209	41 800
金属制品、机械和设备修理业	Manufacture of Metal Products,Machinery and Eguipment Repair	1 913	24 421	127 124
3.电力、热力、燃气及水生产和供应业	Production and Distribution of Electricity,Heat,Gas and Water	21 025	391 590	188 382
电力、热力生产和供应业	Production and Supply of Electric Power and Heat Power	8 401	216 102	259 489
燃气生产和供应业	Production and Supply of Gas	3 972	66 606	167 689
水的生产和供应业	Production and Supply of Water	8 652	108 881	128 292
二、建筑业	**Construction**	**259 937**	**1 683 007**	**69 504**
按登记注册类型分	Grouped by Registration			
1.国有单位	State-owned Units	12 806	100 131	77 802
2.城镇集体单位	Urban Collective Owned Units	478	6 280	131 385
3.其他单位	Units of Other Types of Ownership	246 653	1 576 596	68 907

主要统计指标解释

就业人员　指在16周岁及以上，从事一定社会劳动并取得劳动报酬或经营收入的人员。这一指标反映了一定时期内全部劳动力资源的实际利用情况，是研究我国基本国情国力的重要指标。

单位就业人员　指报告期末最后一日24时在本单位中工作，并取得工资或其他形式劳动报酬的人员数。该指标为时点指标，不包括最后一日当天及以前已经与单位解除劳动合同关系的人员，是在岗职工、劳务派遣人员及其他就业人员之和。就业人员不包括：

(1)离开本单位仍保留劳动关系，并定期领取生活费的人员；

(2)在本单位实习的各类在校学生；

(3)本单位因劳务外包而使用的人员。

城镇私营和个体就业人员　城镇私营就业人员指在工商管理部门注册登记，其经营地址设在县城关镇(含县城关镇)以上的私营企业就业人员，包括私营企业投资者和雇工。城镇个体就业人员指在工商管理部门注册登记，并持有城镇户口或在城镇长期居住，经批准从事个体工商经营的就业人员，包括个体经营者和在个体工商户劳动的家庭帮工和雇工。

在岗职工　指在本单位工作且与本单位签订劳动合同，并由单位支付各项工资和社会保险、住房公积金的人员，以及上述人员中由于学习、病伤、产假等原因暂未工作仍由单位支付工资的人员。在岗职工还包括：

(1)应订立劳动合同而未订立劳动合同人员(如使用的农村户籍人员)；

(2)处于试用期人员；

(3)编制外招用的人员；

(4)派往外单位工作，但工资仍由本单位发放的人员(如挂职锻炼、外派工作等情况)。

工资总额　指根据《关于工资总额组成的规定》(1990年1月1日国家统计局发布的一号令)进行修订，在报告期内(季度或年度)直接支付给本单位全部就业人员的劳动报酬总额。包括计时工资、计件工资、奖金、津贴和补贴、加班加点工资、特殊情况下支付的工资，是在岗职工工资总额、劳务派遣人员工资总额和其他就业人员工资总额之和。

工资总额是税前工资，包括单位从个人工资中直接为其代扣或代缴的房费、水费、电费、住房公积金和社会保险基金个人缴纳部分等。

工资总额不论是计入成本的还是不计入成本的，不论是以货币形式支付的还是以实物形式支付的，均应列入工资总额的计算范围。

平均工资　是指在报告期内单位发放工资的人均水平。计算公式为：

$$\text{平均工资} = \frac{\text{报告期工资总额}}{\text{报告期平均人数}}$$

Explanatory Notes on Main Statistical Indicators

Employed Persons refer to persons aged 16 and over who are engaged in gainful employment and thus receive remuneration payment or earn business income. This indicator reflects the actual utilization of total labour force during a certain period of time and is often used for the research on China's economic situation and national power.

Persons Employed in Various Units refer to the total number of employees who work at his unit and obtain wages or other forms of payment at the end of the reporting period. This indicator is a kind of time point index and it equals to the sum of the number of employed staff and workers, labor dispatch personnel and other employed persons. Employed persons do not include:

1)persons who have left their working units while keeping their labour contract (employment relation) unchanged and receiving regular alimony;

2) all kinds of enrolled students who do internship in various units;

3)persons employed due to labor outsourcing;

4)persons who dissolve labor contracts with their units on the last day of reporting period or before.

Persons Employed in Private Enterprises and Self-Employed Individuals in Urban Areas Persons employed in private enterprises refer to the persons employed in the private enterprises which have been registered at the departments of industrial and commercial administration for which the business operation are situated at a county town (i.e. a town where the county government is located), or at urban areas with administrative hierarchy higher than a county town. The self–employed individuals in urban areas refer to persons who hold the certificates of residence in urban areas or have resided in the urban areas for a long time and have been registered at the departments of industrial and commercial administration and approved to be engaged in individual industrial or commercial business, including self–employed persons as well as helpers and hired laborers who work in individual households.

Fully Employed Staff and Workers refer to persons who signed labor contracts with working units and working units would pay wages, social insurance and housing funds for them. Persons who have their work posts but are temporarily absent from work for reasons of study or on sick, injury or maternal leave and still receive wages from their working units are also included. Employed staff and workers also include:

1)Persons who should have signed the labor contracts but not (like people with rural household registration);

2)Employees on probation;

3)Employees beyond the staffing quota;

4)Employees who are sent to other working units but still obtain wages from their original units (situations like on–the–job placement, expatriated assignment, etc.)

Total Wage Bill It is revised according to the "Provision of Composition of Total Wages" (Order No.1 by National Bureau of Statistics on January, 1st, ,1990), total wage bill refers to the total remuneration payment to all employed persons in various units during the reporting period (by quarter or by year), including hourly–paid wages, piece–rate wages, bonuses, allowance and subsidies, overtime wages and wages paid under special circumstances. It equals to the sum of total wages of employed staff and workers, dispatch labors and other employed persons.

Total wage bill is pre−tax wages, including the room charges, utility bills, housing funds and social insurance paid or withheld by employee's units.

Total wage bill, whether or not included in cost, whether or not paid in money or in kind, shall be included in the calculation of total wage.

Average Wage refers to the average per capita wage in money terms during a certain period of time for employed persons. It shows the general level of wage income of staff and worker during a certain period of time, one major indicator to reflect the wage level. It is calculated as follows:

$$\text{Average Wage} = \frac{\text{Total Wage Bill of Employed Persons at Reference Time}}{\text{Average Number of Persons Employed at Reference Time}}$$

第十五部分

15 科学技术

SCIENCE AND TECHNOLOGY

CHAPTER

15-1 高新技术产品进出口情况

TOTAL IMPORTS AND EXPORTS OF HIGH TECHNOLOGY INDUSTRY

单位：万美元 (USD 10 000)

年　份 Year	高新技术产品进出口总额 Total Imports and Exports of High Technology Industry	进　口 Imports	出　口 Exports
2001	2 335 757	1 198 796	1 136 961
2002	3 344 119	1 775 195	1 568 924
2003	5 158 146	2 643 846	2 514 300
2004	6 928 262	3 422 565	3 505 697
2005	8 868 653	4 159 435	4 709 218
2006	11 536 580	5 401 421	6 135 159
2007	13 463 800	6 209 300	7 254 500
2008	14 099 495	6 162 273	7 937 222
2009	15 345 520	6 843 409	8 502 111
2010	19 770 075	8 897 407	10 872 668
2011	22 416 000	9 936 000	12 480 000
2012	25 206 532	11 084 532	14 122 000
2013	30 784 842	13 884 285	16 900 557
2014	24 762 288	11 088 208	13 674 080
2015	25 424 844	11 391 071	14 033 773
2016	22 764 476	10 610 185	12 154 291
2017	22 775 570	11 355 379	11 420 191

15-2 专利申请授权概况

PATENT APPLICATIONS EXAMINED AND GRANTED

单位：件 （piece）

年 份 Year	申请总量 Number of Patent Applications	发明专利 Invention Patent	授权总量 Number of Patents Certified	发明专利 Invention Patent	PCT国际专利申请量 Number of PCT International Patent Applications
1991	261	49	160	1	
1992	507	73	174	5	
1993	696	82	427	10	
1994	1 009	160	414	9	
1995	1 104	124	721	7	
1996	1 405	116	923	18	
1997	1 440	165	1 260	13	
1998	2 093	233	1 364	16	
1999	3 314	490	2 116	31	
2000	4 431	669	2 401	1	
2001	6 033	1 033	3 506	7	
2002	7 917	1 846	4 486	91	
2003	12 361	3 526	4 937	276	
2004	14 918	4 751	7 737	864	331
2005	20 940	8 327	8 983	917	789
2006	29 728	14 576	11 494	1 361	1 661
2007	35 808	19 198	15 552	2 257	2 170
2008	36 249	18 757	18 805	5 409	2 709
2009	42 279	20 520	25 894	8 132	3 800
2010	49 430	23 956	34 951	9 615	5 584
2011	63 522	28 823	39 363	11 826	7 933
2012	73 130	31 075	48 662	13 068	8 024
2013	80 657	32 208	49 756	10 987	10 049
2014	82 254	31 077	53 687	12 040	11 639
2015	105 481	40 028	72 120	16 957	13 308
2016	145 294	56 336	75 043	17 666	19 648
2017	177 103	60 258	94 250	18 926	20 457

15-3 R&D经费支出和人员情况
EXPENDITURES ON R&D AND R&D PERSONNEL

项目	Item	2009
一、R&D经费支出（万元）	**Expenditures on R&D(10 000 yuan)**	**2 797 112**
按活动类型分	Grouped by Type of Activity	
基础研究	Basic Research	6 833
应用研究	Applied Research	29 436
试验发展	Experimental Development	2 760 843
按单位类型分	Grouped by Type of Unit	
科研院所	Scientific Research and Technological Development Institutions	15 772
高等院校	Institutions Of Higher Education	18 321
规模以上工业企业	Industrial Enterprises above Designated Size	2 590 000
规模以上服务业企业	Service Enterprises above Designated Size	
建筑业	Construction	
其他	Others	173 019
按资金来源分	Grouped by Sources of Funds	
政府资金	Government Appropriation Funds	130 380
企业资金	Self-raise Funds by Enterprise	2 633 795
境外资金	Overseas Funds	20 449
其他资金	Other Funds	12 488
二、R&D人员（人）	**R&D Personnel(person)**	**145 923**
#全时人员	Full-time Personnel	125 053
#研究人员	Researcher	83 212
三、R&D人员折合全时当量（人年）	**Full-time Equivalent of R&D Personnel(man-year)**	**123 651**
#研究人员	Researcher	74 599
基础研究	Basic Research	590
应用研究	Applied Research	2 788
试验发展	Experimental Development	120 273

注： R&D的中文名称是科学研究与试验发展。
Note: R&D refers to research and development.

2010	2011	2012	2013	2014	2015	2016	2017
3 333 102	**4 161 363**	**4 883 738**	**5 846 115**	**6 400 662**	**7 323 851**	**8 429 693**	**9 769 377**
6 734	24 755	23 336	51 776	57 558	67 298	243 347	306 264
42 681	103 163	429 697	552 821	733 254	925 129	828 856	1 074 700
3 283 687	4 033 445	4 430 705	5 241 518	5 609 850	6 331 424	7 357 490	8 388 413
7 982	85 967	74 479	172 207	150 428	203 780	109 652	159 222
14 224	13 460	17 585	24 518	27 566	81 659	105 573	184 697
3 137 877	3 888 917	4 618 655	5 329 401	5 883 496	6 726 494	7 600 311	8 410 974
			298 085	298 085	298 085	560 658	787 726
						39 666	198 669
173 019	173 019	173 019	21 904	41 087	13 833	13 833	28 089
130 272	177 131	214 841	298 889	295 235	355 635	407 670	608 211
3 050 485	3 819 046	4 626 628	5 487 436	6 011 693	6 890 041	7 952 592	9 047 206
139 449	141 387	22 009	19 731	17 929	16 476	13 779	25 539
12 895	23 799	20 260	40 059	75 805	61 699	55 652	88 421
177 756	**176 107**	**218 090**	**213 641**	**192 600**	**206 327**	**233 927**	**281 369**
160 139	155 511	189 832	186 056	164 103	172 608	198 556	239 606
86 093	98 734	109 581	105 769	98 978	86 351	93 603	106 818
157 429	**158 023**	**192 584**	**181 321**	**163 689**	**173 764**	**176 040**	**196 398**
79 481	93 180	101 760	94 181	89 256	77 869	73 831	77 504
553	1 345	1 747	1 766	1 750	2 335	4 428	5 436
3 442	5 884	16 950	15 189	18 378	20 926	15 236	20 275
153 434	150 794	173 887	164 366	143 561	150 503	156 376	170 687

15-4 规模以上工业企业科技活动情况

SCIENTIFIC AND TECHNOLOGICAL ACTIVITIES OF INDUSTRIAL ENTERPRISES ABOVE DESIGNATED SIZE

项目	Item	2009
一、企业单位数（个）	**Number of Enterprises(unit)**	**8 412**
#有R&D活动	Number of Enterprises Having R&D Activities	1 018
#有研发机构	Number of Enterprises Having R&D Institutions	630
二、科技经费支出（万元）	**Expenditure on Science and Technology Funds (10 000 yuan)**	**4 046 336**
#R&D经费支出	Expenditure on R&D	2 590 000
基础研究	Basic Research	
应用研究	Applied Research	
试验发展	Experimental Development	2 590 000
三、R&D经费支出占主营业务收入的比重（%）	**Percentage of Expenditure on R&D to Sales Revenue(%)**	**1.77**
四、科技活动人员（人）	**Scientists ans Engineers(person)**	**186 607**
#R&D人员	R&D Personnel(person)	128 208
#全时人员	Full-time Personnel	113 665
#研究人员	Researcher	76 638
#R&D人员折合全时当量（人年）	Full-time Equivalent of R&D Personnel(man-year)	110 944
基础研究	Basic Research	
应用研究	Applied Research	
试验发展	Experimental Development	110 944
五、科技项目情况	**Situation on Science and Technology Project**	
参加项目人员（人）	Participants (person)	148 619
#R&D项目人员（人）	R&D Project Personnel (person)	106 655
科技项目经费支出（万元）	Expenditure on Science and Technology Project(10 000 yuan)	3 356 235
#R&D项目经费支出（万元）	Expenditure on R&D Project (10 000 yuan)	2 458 682
六、新产品开发经费支出（万元）	**Expenditure on New Products Development(10 000 yuan)**	**2 936 794**
七、新产品产值（万元）	**New Product Output Value(10 000 yuan)**	**27 946 838**

2010	2011	2012	2013	2014	2015	2016	2017
8 248	**5 692**	**5 835**	**6 523**	**6 355**	**6 539**	**6 629**	**7 938**
798	841	928	1 009	1 181	1 304	2 117	3 507
586	673	482	457	542	830	2 147	3 562
4 849 681	**6 228 277**	**6 892 046**	**7 854 503**	**9 940 538**	**11 707 641**	**12 346 417**	**15 090 782**
3 137 877	3 888 917	4 618 655	5 329 402	5 883 496	6 726 494	7 600 311	8 410 974
	2 695	90	5 268	10 246	4 998	125 145	139 379
18 127	39 357	361 002	475 848	647 365	820 614	720 810	877 169
3 119 750	3 846 865	4 257 563	4 848 286	5 225 885	5 900 882	6 754 356	7 394 426
1.70	**1.93**	**2.20**	**2.39**	**2.45**	**2.69**	**2.84**	**2.73**
246 797	**239 929**	**283 887**	**267 527**	**293 258**	**293 416**	**345 387**	**414 923**
160 148	155 912	196 202	187 045	176 345	174 953	202 684	232 421
148 550	141 577	175 321	168 063	154 456	150 739	175 916	203 288
79 876	90 605	99 979	90 736	89 349	70 759	78 060	82 797
144 588	142 605	176 354	162 497	150 803	149 748	155 780	164 381
	91	17	250	180	83	1 794	1 822
622	1 379	12 312	10 393	12 336	13 797	12 425	14 037
143 966	141 135	164 025	151 854	138 287	135 868	141 561	148 522
206 997	197 260	235 832	223 942	244 154	242 848	309 598	384 189
146 905	141 089	178 556	171 028	159 782	160 300	194 192	225 881
4 197 838	4 905 302	5 646 650	6 484 263	8 432 529	9 823 032	12 029 250	14 242 106
3 113 550	3 768 019	4 463 613	5 108 052	5 657 289	6 566 820	7 516 607	8 403 844
2 104 077	**4 780 146**	**5 082 580**	**5 849 360**	**7 329 189**	**8 722 544**	**10 902 729**	**13 402 850**
52 649 725	**57 555 275**	**62 226 474**	**65 858 037**	**69 415 715**	**88 719 507**	**104 986 925**	**128 017 918**

15-5 创新载体情况
INNOVATION CARRIER

单位：个

项目 Item		2010
总计	**Total**	**419**
国家级	**National Level**	**41**
国家级重点实验室	National Key Laboratory	8
国家工程实验室	National Engineering Laboratory	5
国家工程（技术）研究中心	National Engineering(technology） Research Center	2
国家认定企业技术中心	National Enterprise Technology Center	13
国家地方联合工程研究中心（工程实验室）	National and Local Union Engineering Research Cente(Engineering Laboratory)	
国家基因库	National Gene Bank	
深圳超级计算中心	Super Computing Center in Shenzhen	1
国家级孵化器	National incubator	10
国家级平台	National platform	2
省级	**Provincial Level**	**20**
省级重点实验室	Provincial Key Laboratory	7
省级工程实验室	Provincial Engineering Laboratory	
省级工程（技术）研究中心	Provincial Engineering（ technology） Research Center	13
省级企业技术中心	Provincial Enterprise Technology Center	
市级	**Municipal Level**	**358**
市级重点实验室	Municipal Key Laboratory	88
市级工程实验室	Municipal Engineering Laboratory	34
市级工程（技术）研究中心	Municipal Engineering（ technology） Research Center	102
市级企业技术中心	Municipal Enterprise Technology Center	74
市级公共技术服务平台	Municipal Public Technical Service Platform	52
市级孵化器	Municipal incubator	8

注： 数据为累计数。
Note: Data in this table is Cumulative data.

（unit）

2011	2012	2013	2014	2015	2016	2017
563	**760**	**966**	**1107**	**1283**	**1 493**	**1 688**
57	**61**	**72**	**73**	**80**	**94**	**103**
11	11	12	12	14	14	14
5	5	7	7	7	7	11
5	5	7	7	7	7	7
16	17	19	20	20	24	26
5	8	11	11	16	26	26
1	1	1	1	1	1	1
1	1	1	1	1	1	1
11	11	12	12	12	12	15
2	2	2	2	2	2	2
32	**45**	**73**	**76**	**129**	**165**	**253**
13	17	17	18	22	24	24
2	5	5	7	10	10	10
17	23	51	51	96	130	218
				1	1	1
474	**654**	**821**	**958**	**1074**	**1 234**	**1 332**
112	142	164	191	206	221	238
75	153	212	247	298	394	419
111	135	154	166	183	186	197
96	119	143	172	193	211	211
71	96	112	124	136	144	166
9	9	36	58	58	78	101

主要统计指标解释

科技活动 是指在所有科学技术领域内，即自然科学、农业科学、医学科学、工程与技术科学、人文科学与社会科学中，与科技知识的产生、发展、传播和应用密切相关的全部的、有组织的、系统的科技活动。所谓有组织的、系统的科技活动，是指在一个机构的范围之内，并列入这一机构的工作计划，由这一机构的人员有计划地进行的科技活动。科技活动包括三类：(1)研究与试验发展活动（简称R&D,包括基础研究、应用研究和实验发展）；(2)科学研究与试验发展成果应用活动；(3)科技服务活动。我们的统计调查只包括前两类活动。

科技活动统计单位 指制度调查范围内的调查单位个数，对于自然科学领域、社会与人文科学领域的科学研究与技术开发机构（含县属研究与开发机构）、科学技术情报与文献机构是以一个机构为一个调查单位；对于高等学校，是以一个学校为一个调查单位；对于企业是以一个企业为一个调查单位。

科技活动人员 指直接从事科技活动、以及专门从事科技活动管理和为科技活动提供直接服务累计从事科技活动的实际工作时间占全年制度工作时间10%及以上的人员。（1）直接从事科技活动的人员包括：在独立核算的科学研究与技术开发机构、高等学校、各类企业及其他事业单位内设的研究室、实验室、技术开发中心及中试车间（基地）等机构中从事科技活动的研究人员、工程技术人员、技术工人及其它人员；虽不在上述机构工作，但编入科技活动项目（课题）组的人员；科技信息与文献机构中的专业技术人员；从事论文设计的研究生等。（2）专门从事科技活动管理和为科技活动提供直接服务的人员包括：独立核算的科学研究与技术开发机构、科技信息与文献机构、高等学校、各类企业及其他事业单位主管科技工作的负责人，专门从事科技活动的计划、行政、人事、财务、物资供应、设备维护、图书资料管理等工作的各类人员，但不包括保卫、医疗保健人员、司机、食堂人员、茶炉工、水暖工、清洁工等为科技活动提供间接服务的人员。

科技项目经费内部支出 指统计单位内部在报告期进行科技项目研究和试制等的实际支出。包括劳务费、原材料费、设备购置费、其他日常支出、外协加工费等；不包括委托或与外单位合作进行项目研究而拨付给对方使用的经费、企业科技活动管理部门的费用、用于科技活动目的的基建支出以及为科技活动提供间接服务人员的费用等。

科技机构内课题(项目)个数 指调查单位列入科研计划或已为本单位科研管理部门认可，可作为本单位科研工作任务，并在当年开展活动的研究与发展、研究与发展成果应用、科技服务课题（项目）数。包括当年新开课题和上年尚未完成，在统计年度内继续进行的课题。

研究与试验发展（R&D） 是指在科学技术领域，为增加知识总量、以及运用这些知识去创造新的应用进行的系统的创造性的活动，包括基础研究、应用研究、试验发展三类活动。

基础研究 是指为了获得关于现象和可观察事实的基本原理的新知识（揭示客观事物的本质、运动规律，获得新发现、新学说）而进行的实验性或理论性研究，它不以任何专门或特定的应用或使用为目的。其成果以科学论文和科学著作为主要形式。

应用研究 是指为获得新知识而进行的创造性研究，主要针对某一特定的目的或目标。应用研究是为了确定基础研究成果可能的用途，或是为达到预定的目标探索应采取的新方法（原理性）或新途径。其成果形式以科学论文、专著、原理性模型或发明专利为主。

试验发展 是指利用从基础研究、应用研究和实际经验所获得的现有知识，为产生新的产品、材料和装置，建立新的工艺、系统和服务，以及对已产生和建立的上述各项作实质性的改进而进行的系统性工作。其成果形式主要是专利、专有技术、具有新产品基本特征的产品原型或具有新装置基本特征的原始样机等。在社会科学领域，试验发展是指把通过基础研究、应用研究获得的知识转变成可以实施的计划（包括为进行检验和评估实施示范项目）的过程。人文科学领域没有对应的试验发展活动。

研究与试验发展人员　指参与研究与试验发展项目研究、管理和辅助工作的人员，包括项目（课题）组人员，企业科技行政管理人员和直接为项目（课题）活动提供服务的辅助人员。

全时人员　指报告年内从事R&D活动的时间占全年工作时间90%及以上的人员。

全时当量　指全时人员数加非全时人员按工作量折算为全时人员数的总和。例如：有两个全时人员和三个非全时人员（工作时间分别为20%、30%和70%，则全时当量为2+0.2+0.3+0.7=3.2人年。

政府资金　指从各级政府部门获得的计划用于科技活动的经费，包括科学事业费、科技三项费、科研基建费、科学基金、教育等部门事业费中计划用于科技活动的经费以及政府部门预算外资金中计划用于科技活动的经费等。

企业资金　指从自有资金中提取或接受其他企业委托的、科研院所和高校等事业单位接受企业委托获得的，计划用于科研和技术开发的经费。不包括来自政府、金融机构及国外的计划用于科技活动的资金。

新产品　指采用新技术原理、新设计构思研制、生产的全新产品，或在结构、材质、工艺等某一方面比原有产品有明显改进，从而显著提高了产品性能或扩大了使用功能的产品。既包括政府有关部门认定并在有效期内的新产品，也包括企业自行研制开发，未经政府有关部门认定，从投产之日起一年之内的新产品。

Explanatory Notes on Main Statistical Indicators

Scientific and Technological Activities refer to all those organized and systematic activities of science and technology which are closely connected with the emergence, development, diffusion and application of scientific and technological knowledge in all scientific and technological fields, such as natural sciences, agricultural science, medical science, engineering and technical science, humanities and social sciences. Organized and systematic activities refer to activities within the range of an institution, regarded as regular work of the institution and organized in a planned way by the personnel of the institution. Scientific and technological activities classified into three categories: (1) activities of research and development (R&D, it includes basic research, applied research and experiments and development); (2) applied activities of research and development; (3) service activities of science and technology. Our survey only included the first two activities.

Surveyed Units of Scientific and Technological Activities refer to the number of survey units within the survey coverage. As for research and development institutions (including those under county administration) and scientific and technological information and literature institutions in natural sciences, social sciences and humanities, one institution constitutes a survey unit; as for institutions of higher education, one university or college accounts for a survey unit; as for enterprises, one enterprise is a survey unit.

Personnel Engaged in S&T Activities refer to personnel directly engaged in S&T activities, in the management of S&T activities, and in providing direct service to S&T activities, who spend over 10% of the total working hours in a year in S&T activities. (1) Personnel directly engaged in S&T activities include researchers, engineers, technicians and other related personnel engaged in S&T activities in independent–accounting R&D institutions, institutions of higher learning, and in research institutes, laboratories, technology development centers and central experiment workshops under enterprises and institutions. Also included people are working in S&T research project teams, professional and technical personnel working in S&T information archiving institutes, and graduate students working on the design of their thesis. (2) Personnel engaged in the management of S&T activities and in providing direct service to S&T activities include senior management people responsible for S&T activities in independent–accounting R&D institutions, S&T information archiving institutes, institutions of higher learning, and in enterprises and institutions where S&T activities are undertaken. Also included are people responsible for the planning, administration, personnel management, financial management, logistics supply, equipment maintenance, information and library management that are related with S&T activities. People providing indirect services are excluded, such as security, medical service, drivers, plumbers, cleaners and those providing catering and related service.

Internal Expenditure of Funds on Science and Technology Projects refers to actual expenditure of internal funds of the surveyed units on research and test of R&D projects at the reference period, including service fee, material expenditure, equipment purchase cost, other daily expenditure, cost of external process; excluding expenditure of funds transferred to other cooperated and entrusted units of the projects, expenditure of management department for enterprise science and technology activities, capital construction expenditure for science and technology activities, cost of indirect service for science and technology activities and etc.

Number of Research Tasks (Projects) of Scientific and Technological Institutions refers to the number of research tasks (projects) on R&D, application of R&D and scientific and technological services, which are listed in the plans of scientific research or approved by administrative departments of the survey units and launched in the current year. It includes those newly started and those uncompleted in the preceding year but continued into the current statistical year.

Research and Development (R&D) refers to systematic and creative activities in the field of science and technology aiming at increasing the knowledge and using the knowledge for new application. R&D includes 3 categories of activities: basic research, applied research and experiments and development.

Basic Research refers to empirical or theoretical research aiming at obtaining new knowledge on the fundamental principles of phenomena of observable facts to reveal the nature and law of movement of objects and to acquire new discoveries or new theories. Basic research takes no specific or designated application as the aim of the research. Results of basic research are mainly released or disseminated in the form of scientific papers or monographs.

Applied Research refers to creative research aiming at obtaining new knowledge on a specific objective or target. Purpose of the applied research is to identify the possible use of results from basic research, or to explore new (fundamental) methods or new approaches. Results of applied research are expressed in the form of scientific papers, monographs, fundamental models or invention patents.

Experimental Development refers to systematic activities aiming at using the knowledge from basic and applied researches or from practical experience to develop new products, materials and equipment, to establish new production process, systems and services, or to make substantial improvement on the existing products, process or services. Results of experiment and development activities are embodied in patents, exclusive technology, and monotype of new products or equipment. In social sciences, experiment and development activities refer to the process of converting the knowledge from basic or applied researches into feasible programs (including conduct of demonstration projects for assessment and evaluation). There are no experiment and development activities in the science of humanities.

R&D Personnel refer to persons engaged in research, management and supporting activities of R&D, including persons in the project teams, persons engaged in the management of S&T activities of enterprises and supporting staff providing direct service to the research projects.

Full-time Personnel refer to the persons who spend over 90% of the total working hours in a year on R&D activities.

Full-time Equivalent of R&D Personnel refers to the sum of the full–time persons and the full–time equivalent of part–time persons converted by workload. For instance, if there are 2 full–time persons and 3 part–time workers (20%, 30% and 70% of working hours respectively on R&D activities), the full–time equivalent is 2+0.2+0.3+0.7=3.2 person–year.

Government Funds refer to funds obtained from government agencies at all levels to be used for S&T activities, including funds for scientific undertakings, 3 kinds of funds for S&T activities, funds for capital construction for scientific researches, science funds, funds from education expenditures by education departments for S&T activities, and extra–budget funds from government agencies for S&T activities.

Enterprise Funds refer to funds raised by enterprises from their own expenditures or from other enterprises and funds received by universities or research institutions from enterprises for scientific research or technical development projects. Excluded in this category are funds from government agencies, financial institutions or from foreign institutions.

New Products refer to products produced with new technology and new design, or products that represent noticeable improvement in terms of structure, material, or production process so as to improve significantly the character or function of the older versions. They include new products certified by relevant government agencies within the period of certification, as well as new products designed and produced by enterprises within a year without certification by government agencies.

16 第十六部分

文化和教育

CULTURE AND EDUCATION

CHAPTER

16-1 各级各类学校数

NUMBER OF SCHOOL BY LEVEL AND TYPE

单位：所　　　　　　　　　　　　　　　　　　　　　　　　　　　　　　　　(unit)

年 份 Year	普通高等学校 Institutions of Higher Education	中等职业学校 Vocational Secondary Schools	普通中学 Regular Secondary Schools	小 学 Primary Schools	幼儿园 Kindergartens
1979			24	226	90
1980			24	238	52
1981			26	244	32
1982			28	246	50
1983	1		30	248	69
1984	2		35	260	87
1985	2		38	258	79
1986	2		40	257	273
1987	2		43	255	187
1988	2		47	257	195
1989	2		47	264	207
1990	2		49	263	228
1991	2		51	260	257
1992	2		53	261	282
1993	3		51	267	281
1994	3		56	269	333
1995	2		62	274	349
1996	2		71	274	380
1997	2		73	275	446
1998	2		78	286	488
1999	2		83	325	560
2000	2		94	353	562
2001	3		107	377	588
2002	9		132	395	634
2003	9	25	179	376	656
2004	9	16	216	378	699
2005	9	16	245	358	744
2006	9	13	260	357	758
2007	8	13	273	347	819
2008	8	13	277	342	865
2009	8	13	285	346	974
2010	8	13	295	340	1 040
2011	9	13	299	334	1 093
2012	10	15	302	333	1 186
2013	10	15	314	335	1 313
2014	10	16	325	331	1 402
2015	12	15	335	334	1 489
2016	12	15	352	337	1 579
2017	12	15	368	342	1 683

注：　根据教育部的统一要求及深圳实际，将普通中专、成人中专和职业高中合并统称为中等职业教育。该指标由于深圳市布局调整的原因产生了波动。

Note: According to unified requirements of the Ministry of Education and the actual situation of Shenzhen, the index, vocational secondary educa-tion was mergered by technical secondary school, specialized secondary schools for adults and vocational senior secondary schools. This index was fluctuated by layout adjusting in shenzhen.

16-2 各级各类学校教职工数

STAFF AND WORKERS BY LEVEL AND TYPE OF SCHOOL

单位：人　　　　(person)

年　份 Year	普通高等学校 Institutions of Higher Education	中等职业学校 Vocational Secondary Schools	普通中学 Regular Secondary Schools	小　学 Primary Schools	幼儿园 Kindergartens
1986	816		2 871	3 632	
1987	972		3 182	3 959	1 616
1988	1 034		3 455	4 302	1 558
1989	1 393		3 758	4 596	1 969
1990	1 348		3 920	5 061	2 267
1991	1 381		4 308	5 388	2 716
1992	1 405		4 650	5 768	3 113
1993	1 536		5 106	6 337	4 154
1994	2 753		5 589	7 129	5 294
1995	1 187		6 063	7 666	5 929
1996	1 331		6 669	8 702	6 817
1997	1 430		7 079	9 148	8 328
1998	1 649		7 369	9 786	9 761
1999	1 819		7 886	11 449	11 605
2000	1 902		8 739	14 697	12 787
2001	2 165		9 763	17 370	14 515
2002	3 369		11 662	20 621	16 483
2003	3 820	2 029	13 379	23 382	17 778
2004	4 421	1 758	15 401	25 460	19 345
2005	5 025	1 733	18 713	30 194	21 376
2006	4 995	1 712	20 500	31 748	23 167
2007	5 458	1 711	23 191	33 985	25 711
2008	5 796	1 791	26 044	35 816	28 483
2009	6 149	1 868	27 577	36 203	33 156
2010	6 042	2 077	28 874	37 167	38 693
2011	6 260	2 184	45 293	23 624	42 837
2012	6 823	2 739	47 733	24 805	46 617
2013	7 603	2 790	50 332	25 476	52 400
2014	8 057	3 023	53 254	26 792	57 021
2015	9 061	3 136	57 146	28 157	62 813
2016	9 741	3 296	62 164	29 842	68 017
2017	11 242	3 447	67 423	31 098	74 366

注：根据全国教育事业统计口径，2014年九年一贯制学校教职工纳入初中阶段学校统计；十二年一贯制学校、完全中学学校教职工纳入普通高中阶段学校统计。

Note:According to the statistical scope of national education, in 2014, the numbers of 9-Year Schools' educational personnel is included in senior secondary education; the numbers of 12-Year Schools and their educational personnel are included in senior secondary education.

16-3 各级各类学校专任教师数

FULL-TIME TEACHERS BY LEVEL AND TYPE OF SCHOOL

单位：人 (person)

年 份 Year	普通高等学校 Institutions of Higher Education	中等职业学校 Vocational Secondary Schools	普通中学 Regular Secondary Schools	小 学 Primary Schools	幼儿园 Kindergartens
1979			752	1 588	
1980			625	1 763	159
1981			676	1 948	141
1982			860	1 954	259
1983	80		1 044	2 025	365
1984	162		1 372	2 282	575
1985	288		1 902	2 749	483
1986	406		2 138	2 977	573
1987	468		2 376	3 265	1 005
1988	524		2 603	3 571	937
1989	533		2 771	3 810	1 193
1990	484		2 915	4 221	1 317
1991	533		3 255	4 514	1 451
1992	493		3 533	4 832	1 698
1993	535		3 892	5 342	2 288
1994	978		4 290	6 015	2 745
1995	629		4 675	6 429	3 202
1996	747		5 004	7 046	3 665
1997	793		5 276	7 567	4 613
1998	865		5 502	7 940	5 257
1999	1 049		5 935	8 914	6 092
2000	1 170		6 596	11 550	7 234
2001	1 295		7 224	13 254	7 690
2002	2 080		8 643	15 763	8 893
2003	2 341	1 392	9 989	17 920	9 539
2004	2 572	1 215	11 625	19 660	10 670
2005	2 796	1 216	14 196	23 866	11 973
2006	2 905	1 234	15 678	25 203	12 815
2007	3 139	1 251	17 846	27 209	14 381
2008	3 293	1 282	20 091	28 540	15 761
2009	3 592	1 330	21 335	28 906	18 133
2010	3 550	1 534	22 417	29 769	20 786
2011	3 528	1 638	23 897	31 186	21 627
2012	3 889	1 948	25 807	33 496	24 154
2013	4 184	2 070	27 048	35 546	26 803
2014	4 462	2 279	28 320	39 115	28 782
2015	4 826	2 395	29 252	42 630	31 704
2016	5 092	2 511	30 674	46 975	33 746
2017	5 572	2 636	32 590	50 805	36 904

注：根据全国教育事业统计口径，2013年开始小学专任教师含九年一贯制学校、十二年一贯制学校小学部的专任教师；初中专任教师含九年一贯制学校、十二年一贯制学校初中部专任教师；高中专任教师含十二年一贯制学校、完全中学学校高中部专任教师。

Note: According to the statistical scope of national education, from 2013, the numbers of fulltime teachers from primary department of 9-Year Schools and 12-Year Schools is included in the number of Primary Schools ' fulltime teachers; the numbers of fulltime teachers from junior secondary department of 9-Year Schools and 12-Year Schools is included in the number of Junior Secondary schools' fulltime teachers; the numbers of fulltime teachers from senior secondary department of 12-Year Schools and Secondary Schools(FromGrade7-12) is included in the number of Senior Secondary schools ' fulltime teachers.

16-4 各级各类学校在校学生数
STUDENTS ENROLLMENT BY LEVEL AND TYPE OF SCHOOL

单位：人 (person)

年 份 Year	普通高等学校 Institutions of Higher Education	中等职业学校 Vocational Secondary Schools	普通中学 Regular Secondary Schools	小 学 Primary Schools	幼儿园 Kindergartens
1979		80	13 686	47 022	4 587
1980		142	12 296	49 168	3 377
1981		133	13 088	51 560	5 074
1982		262	17 080	54 538	7 723
1983	216	466	20 982	56 319	9 252
1984	1 236	2 009	27 636	62 021	12 140
1985	3 206	3 766	35 334	70 277	14 338
1986	3 478	5 225	40 208	77 884	22 703
1987	4 330	7 257	44 910	84 601	26 072
1988	4 710	9 696	43 267	96 474	27 106
1989	4 419	10 252	45 056	104 041	34 781
1990	3 964	11 478	46 473	111 711	36 041
1991	3 779	10 654	50 625	118 460	43 877
1992	3 653	11 766	55 857	127 978	49 985
1993	3 680	12 353	60 337	139 272	56 024
1994	4 227	12 954	66 073	147 186	63 316
1995	5 291	13 393	71 540	157 210	62 571
1996	6 493	13 999	76 949	170 983	68 769
1997	7 601	14 790	82 155	190 192	71 378
1998	8 497	14 386	86 009	215 652	77 623
1999	10 568	20 385	91 260	256 060	88 322
2000	14 123	18 764	106 996	313 852	93 164
2001	18 743	18 013	126 190	363 657	103 083
2002	26 778	17 047	150 654	415 097	110 390
2003	32 106	17 010	179 628	469 684	123 856
2004	41 251	18 833	211 224	526 419	135 019
2005	45 314	21 598	240 508	566 278	147 672
2006	51 220	24 779	256 630	564 891	152 330
2007	58 910	25 978	279 180	575 160	169 496
2008	64 675	27 706	298 939	585 852	191 222
2009	66 952	28 604	316 024	589 481	221 182
2010	67 324	29 731	334 752	618 459	260 873
2011	70 004	29 336	346 942	651 307	285 146
2012	75 570	32 067	359 643	683 058	316 929
2013	82 401	33 618	371 735	730 232	360 937
2014	87 674	36 870	378 690	793 178	399 014
2015	90 511	38 145	385 221	864 841	438 498
2016	91 883	39 665	396 455	910 974	463 319
2017	96 702	39 234	417 641	964 510	504 955

16-5 各级各类学校招生数
NEW STUDENTS ENROLLMENT BY LEVEL AND TYPE OF SCHOOL

单位：人 （person）

年 份 Year	普通高等学校 Institutions of Higher Education	中等职业学校 Vocational Secondry Schools	普通中学 Regular Secondary Schools	小 学 Primary Schools	幼儿园 Kindergartens
1979			5 612	8 978	
1980			5 344	9 064	
1981			5 046	9 978	
1982			7 401	9 561	
1983	216		8 142	8 936	
1984	473		10 053	9 700	8 734
1985	1 482		12 954	11 876	10 148
1986	1 173		12 826	14 269	10 932
1987	1 573		15 121	15 191	9 344
1988	1 378		12 583	17 235	8 369
1989	1 228		16 654	18 525	15 273
1990	1 041		17 034	19 122	17 494
1991	1 126		17 956	19 634	28 493
1992	1 070		21 242	22 129	32 847
1993	1 309		22 417	26 333	37 035
1994	1 664		24 286	27 860	26 213
1995	2 134		26 463	31 198	35 630
1996	2 470		27 752	33 692	37 869
1997	2 580		29 773	37 306	33 906
1998	3 078		31 286	41 824	32 822
1999	4 211		34 380	55 876	39 019
2000	6 522		41 980	64 265	39 392
2001	7 239		48 533	72 220	50 354
2002	10 210		58 847	81 107	40 523
2003	11 915	6 108	69 711	88 203	51 989
2004	14 455	7 430	79 359	96 554	54 735
2005	15 044	8 913	92 305	101 274	58 658
2006	17 916	9 071	94 866	95 359	57 007
2007	19 396	8 439	102 093	98 106	63 442
2008	20 578	10 198	111 454	98 525	71 062
2009	20 488	10 051	113 516	103 166	87 747
2010	20 330	9 610	120 335	118 028	110 977
2011	22 914	10 223	123 382	128 091	118 843
2012	25 794	12 233	127 983	137 276	122 138
2013	27 613	12 076	131 160	147 097	143 792
2014	28 062	13 628	130 769	162 498	174 195
2015	27 653	13 691	135 326	172 097	159 728
2016	28 523	13 964	143 681	173 804	173 978
2017	31 390	13 005	152 395	181 516	202 474

16-6 各级各类学校毕业生数

GRADUATES BY LEVEL AND TYPE OF SCHOOL

单位：人 （person）

年 份 Year	普通高等学校 Institutions of Higher Education	中等职业学校 Vocational Secondary Schools	普通中学 Regular Secondary Schools	小 学 Primary Schools	幼儿园 Kindergartens
1984			4 677	8 505	6 710
1985			7 468	10 669	7 824
1986			9 169	11 481	9 892
1987	1 028		11 401	14 411	7 529
1988	828		14 305	8 821	7 741
1989	1 491		13 388	12 947	13 090
1990	1 334		13 914	13 363	13 848
1991	1 191		11 885	14 428	23 140
1992	1 187		14 035	16 555	27 126
1993	1 203		14 739	17 685	30 000
1994	1 064		15 345	19 010	17 749
1995	1 143		17 617	20 876	33 187
1996	1 210		18 891	21 030	25 889
1997	1 474		20 215	22 095	32 459
1998	2 126		23 651	23 871	26 560
1999	2 146		23 179	27 040	35 545
2000	2 382		24 874	33 219	39 917
2001	2 779		28 424	38 987	44 157
2002	3 927		32 503	47 025	43 912
2003	4 740	5 141	40 200	55 017	48 797
2004	6 282	5 680	48 061	62 032	49 575
2005	9 007	5 429	58 363	75 517	54 204
2006	12 413	5 325	66 047	81 554	58 421
2007	13 568	6 836	71 162	84 734	59 134
2008	13 635	8 227	80 616	88 805	65 231
2009	17 230	8 659	85 599	91 176	72 451
2010	18 003	8 083	92 053	91 909	76 909
2011	18 311	9 075	100 845	92 979	78 547
2012	18 327	9 519	105 384	99 359	100 648
2013	18 618	8 937	109 616	98 650	118 688
2014	21 187	9 593	112 233	97 028	131 220
2015	23 397	11 413	118 481	100 181	149 862
2016	25 473	11 449	121 304	111 008	154 655
2017	25 279	12 205	119 643	119 948	168 600

16-7　文化事业

CULTURAL INSTITUTIONS

项　目	Item	2009	2010	2011	2012	2013	2014	2015	2016	2017
电影放映企业数(个)	Film Projection Units (unit)	44	56	68	88	104	130	160	188	250
电影观众人数(万人次)	Spectators (10 000 person-times)	1 302	1 820	2 175	2 347	2 926	3 528	4 903	5 303	6 109
群众艺术、文化馆(座)	Art and Cultural Centers(unit)	7	7	7	8	8	8	8	8	8
公共图书馆(座)	Public Libraries (unit)			643	641	633	625	620	623	638
公共图书馆总藏量	Collection of Public Libraries	2 006	2 297	2 492	2 696	2 854	3 063	3 282	3 604	4 075
(万册件)	(10 000 books)									
博物馆、纪念馆(座)	Museums (unit)	25	25	25	28	37	41	41	46	47
广播电台(座)	Broadcasting Stations (unit)	1	1	1	1	1	1	1	1	1
电视台(座)	Television Stations (unit)	2	2	2	2	2	2	2	2	2
广播人口覆盖率(%)	Listener Rating(%)	100	100	100	100	100	100	100	100	100
电视人口覆盖率(%)	Viewer Rating(%)	100	100	100	100	100	100	100	100	100
图书出版数(万册)	Books Published(10 000 copies)	1 490	1076	1 086	1 150	1 072	1 027	1 015	1 380	1 639
杂志出版数(万册)	Magazines Published(10 000 copies)	2 400	2 230	2 453	2 562	2 619	2 103	1 578	1 106	737
报纸出版数(万份)	Newspapers Published(10 000 copies)	75 274	72 338	75 232	76 170	72 707	68 036	46 726	28 003	26 147

注：　1、从2008年开始，电影观众人数指标从往年的公益电影人数改为公益加商业电影人数。

Note: From 2008, the number of film audience is not only refers to the number of public movies, which stands for the indicies for past years, but also refers to the number of commercial films.

2、从2009年开始，公共图书馆总藏量、图书出版数和报纸出版数统计口径有调整。

From 2009, the statistical range of collection of public libraries, books published and newspapers published have been adjusted.

主要统计指标解释

普通高等学校　指按照国家规定的设置标准和审批程序批准举办，通过全国普通高等教育统一招生考试，招收高中毕业生为主要培养对象，实施高等学历教育的全日制大学、独立设置的学院和高等专科学校、高等职业学校和其他机构。

电影放映企业数　指具有放映机器设备、固定或不固定的放映场所与专职或兼职的放映技术人员，经有关部门登记批准，经常为一定的观众对象放映电影的机构。包括经批准对外开放进行营业，并与电影发行放映管理机构分帐的专用放映单位和军委系统租片单位。

Explanatory Notes on Main Statistical Indicators

Regular Institutions of Higher Education refer to educational establishments set up according to government standards and evaluation and approval procedures, mainly enrolling graduates from senior secondary schools through uniform national matriculation examinations and providing higher education. Such institutions include full–time universities, independent colleges, technical colleges, professional colleges, and other institutions.

Film Projection Units refer to units with film projection equipment, full or part–time projectionists, permanent or non–permanent cinemas, approved by and registered with related administrative departments to show films regularly for certain groups of audience, including film projection units which have been approved to give commercial shows and share profits with administrative agencies of film circulation and projection, as well as film renting units of the military system.

第十七部分

17

卫生、社会保障和社会福利业

PUBLIC HEALTH,SOCIAL SECURITY AND SOCIAL WELFARE

CHAPTER

17-1 卫生事业（一）

PUBLIC HEALTH（Ⅰ）

年 份 Year	一、医疗卫生机构数合计（个） Health Care Institutions (unit)	1. 医院合计 Total Hospitals	# 综合医院 General Hospitals	2. 疗养院 Sanatoriums	3. 门诊部、私人诊所、企事业内部医务室 Outpatient Departments, Private Clinic and Clinic in Enterprises	4. 专科疾病防治院 Specialized Prevention & Treatment Stations	5. 疾病预防控制中心（卫生防疫站） Disease Prevention and Control Centers (Antiepidemic Stations)
1979	62	25	25		31	1	1
1980	74	24	24		44	1	1
1981	77	24	24		47	1	1
1982	121	26	26		87	1	2
1983	128	30	28		91	1	2
1984	150	29	26		109	2	6
1985	215	31	27		169	2	6
1986	297	32	28	1	243	2	7
1987	311	34	30	1	253	2	7
1988	308	35	30	1	249	4	6
1989	332	35	29	1	271	5	6
1990	354	38	32	1	291	4	6
1991	360	41	35	1	293	4	6
1992	397	45	37	1	326	4	6
1993	400	45	37	1	324	3	8
1994	496	48	38	1	416	3	8
1995	506	63	53	1	407	6	8
1996	1 422	65	54	1	1 314	7	8
1997	1 126	72	59	1	1 011	7	8
1998	899	72	59	1	784	7	8
1999	687	71	58	1	574	7	7
2000	683	72	59	1	568	4	7
2001	723	75	62	1	600	4	7
2002	761	77	62	1	638	5	7
2003	893	85	68	1	759	5	7
2004	856	87	71	1	706	6	7
2005	1 063	97	78	1	902	7	7
2006	1 692	99	80	1	1 529	7	7
2007	1 781	101	81	1	1 615	7	7
2008	1 806	100	79	1	1 638	7	7
2009	1 963	101	79	1	1 794	7	7
2010	1 827	107	79	1	1 651	7	7
2011	1 854	110	78	1	1 676	7	8
2012	2 008	115	80	1	1 823	7	9
2013	2 228	117	79	1	2 038	8	10
2014	2 532	122	80	1	2 338	8	11
2015	2 946	123	77	1	2 751	8	11
2016	3 339	134	78	1	3 114	8	11
2017	3 492	135	77	1	3 238	8	10

注：　自2002年开始计划生育指导中心、药检所等不记入卫生事业机构中；医生仅统计执业医师与执业助理医师，护士仅统计注册护士，未取得执业证的医师和未注册的护士计入其他卫生技术人员，不得从事医护工作。

Note: The number of health care institutions since 2002 does not include the number of birth-control centers and medicines and chemical reagent test labs. The numder of doctors just include licensed doctors and licensed assistant doctors, the number of nurses include registered nurses only.

17-1（一） 续表 1 continued

年　份 Year	6. 妇幼保健院 Women and Children Care Agencies	7. 医学科学研究机构 Institutions of Medical Science	8. 其他卫生机构 Other Health Care Institutions	二、床位数(张) Beds(bed)	1. 医院病床 Hospital Beds	(1)综合医院 General Hospitals
1979	1		3	597	597	597
1980	1		3	643	643	643
1981	1		3	790	790	790
1982	1		4	717	717	717
1983	1		3	1 023	1 023	965
1984	1		3	1 634	1 634	1 455
1985	1	1	5	1 885	1 885	1 600
1986	5	1	6	2 112	2 028	1 749
1987	6	2	6	2 309	2 225	1 941
1988	5	2	6	2 580	2 496	2 086
1989	5	2	7	2 922	2 838	2 305
1990	5	2	7	3 192	3 108	2 560
1991	6	2	7	3 582	3 498	2 847
1992	6	2	7	4 550	4 466	3 483
1993	7	4	8	5 252	5 168	4 146
1994	7	4	9	6 124	6 040	4 844
1995	7	4	10	6 724	6 640	5 351
1996	7	4	16	7 455	7 105	5 777
1997	7	4	16	8 288	7 813	6 224
1998	7	4	16	8 899	8 353	6 760
1999	7	4	16	9 332	8 720	7 120
2000	7	4	20	10 294	9 616	7 983
2001	7	4	25	11 159	10 542	8 919
2002	7	3	23	12 404	11 808	10 019
2003	7	3	26	13 588	12 607	10 818
2004	7	3	39	15 069	14 186	12 125
2005	7	3	39	16 824	15 577	13 332
2006	7	3	39	17 553	16 193	13 946
2007	7	3	40	18 086	16 766	14 325
2008	7	3	43	19 913	18 435	15 482
2009	7	3	43	21 399	19 872	16 517
2010	7	3	44	22 842	21 166	17 474
2011	7	3	42	24 079	22 322	18 202
2012	7	3	43	27 984	26 124	21 294
2013	9	3	42	29 261	27 079	22 096
2014	10	3	39	31 042	28 853	23 061
2015	10	3	39	33 771	31 425	24 361
2016	10	3	58	41 512	38 124	28 815
2017	10	2	88	43 868	39 899	29 449

年 份 Year	(2) 专科医院 Specialized Hospitals	2.其他医疗卫生机构 Other Health Care Institutions	三、卫生工作人员数（人） Medical Personnel (person)	1. 卫生技术人员 Medical Technical Personnel	(1)执业医师 Licensed Doctors
1979			1 214	988	364
1980			1 335	1 088	438
1981			1 514	1 270	518
1982			1 967	1 609	708
1983	58		2 910	2 343	1 073
1984	179		3 869	3 064	1 484
1985	285		4 861	3 857	1 862
1986	279	84	5 800	4 657	2 217
1987	284	84	6 354	5 117	2 408
1988	410	84	7 115	5 715	2 754
1989	533	84	7 923	6 451	3 103
1990	548	84	8 619	6 996	3 426
1991	651	84	9 405	7 618	3 737
1992	983	84	10 643	8 571	4 247
1993	1 022	84	12 261	9 888	4 798
1994	1 196	84	13 853	11 034	5 347
1995	1 289	84	15 591	12 449	6 050
1996	1 328	350	17 925	14 652	7 266
1997	1 589	475	18 553	14 932	7 400
1998	1 593	546	18 707	14 975	7 191
1999	1 600	612	18 841	15 143	7 062
2000	1 633	678	19 691	15 720	7 418
2001	1 623	617	21 362	17 135	8 097
2002	1 789	596	23 100	18 615	7 853
2003	1 789	981	26 178	21 234	8 909
2004	2 061	883	28 593	22 895	9 846
2005	2 245	1 247	31 577	25 681	10 961
2006	2 247	1 360	53 441	43 266	16 238
2007	2 441	1 320	59 170	46 877	17 450
2008	2 953	1 478	63 488	50 608	18 807
2009	3 355	1 527	67 028	53 778	19 963
2010	3 692	1 676	67 678	54 081	20 122
2011	4 120	1 757	71 969	58 059	21 517
2012	4 830	1 860	76 684	61 961	22 831
2013	4 983	2 182	82 105	65 782	24 221
2014	5 792	2 189	86 535	69 936	25 728
2015	7 064	2 346	92 682	74 884	27 834
2016	9 309	3 388	96 955	78 826	29 300
2017	10 450	3 969	104 363	85 282	31 838

注： 由于卫生工作人员统计口径的变化，而使该类人数指标产生了较大的增幅。
Note: Because of changing of statistics range, the data of medical personnel increased substantially.

17-1（一） 续表 3 continued

年 份 Year	执业中医师 Licensed Doctors of Chinese Medicine	（2）执业助理医师 Licensed Assistant Doctors	中医执业助理医师 Licensed Assistant Doctors of Traditional Chinese Medicine	（3）注册护士 Registered Nurses	（4）药剂人员 Pharmacists	（5）检验人员 Laboratory Technicians	（6）其它 Others	2.其他技术人员 Other Technical Personnel
1979	96			138	22	32	432	
1980	88			186	31	41	392	13
1981	98			237	46	48	421	15
1982	116			323	76	60	442	5
1983	141			551	121	91	507	21
1984	171			716	173	125	566	41
1985	243			997	222	158	618	29
1986	304			1 246	260	211	723	44
1987	341			1 450	292	257	710	48
1988	374			1 734	409	283	535	86
1989	433			1 971	431	321	625	85
1990	463			2 145	475	355	595	118
1991	503			2 372	539	365	605	156
1992	579			2 705	630	375	614	183
1993	650			3 225	744	464	657	169
1994	739			3 625	823	538	701	318
1995	823			4 034	906	612	847	386
1996	1 292			4 654	1 005	664	1 063	427
1997	1 122			4 828	1 063	708	933	519
1998	928			5 025	1 111	760	888	502
1999	879			5 230	1 108	812	931	614
2000	919			5 425	1 130	847	900	689
2001	958			5 945	1 194	871	1 028	605
2002	865	407	28	6 635	1 292	965	1 463	800
2003	939	530	41	7 321	1 499	1 085	1 890	1 056
2004	1 015	521	42	7 975	1 569	1 219	1 765	1 243
2005	1 134	658	45	8 981	1 710	1 362	2 009	1 191
2006	1 548	1 347	110	16 583	2 796	2 340	3 962	2 117
2007	1 625	1 335	121	17 869	2 876	2 190	5 157	1 974
2008	1 873	1 366	93	19 339	2 979	2 382	5 735	2 072
2009	2 017	1 425	155	21 008	3 046	2 578	5 758	2 171
2010	2 151	1 109	85	21 866	2 896	2 486	5 602	2 213
2011	2 230	1 140	89	23 987	3 021	2 615	5 779	2 232
2012	2 649	1 111	124	25 931	3 143	2 652	6 293	2 192
2013	2 911	1 137	284	28 035	3 343	3 022	6 024	2 592
2014	3 069	1 130	103	29 723	3 469	3 086	6 800	2 779
2015	3 452	1 173	119	31 717	3 607	3 216	7 337	2 933
2016	3 616	1 259	115	34 065	3 644	3 364	7 194	3 998
2017	4 079	1 460	148	36 389	3 842	3 517	8 236	4 514

17-1（一） 续表 4 continued

年　份 Year	3.管理人员 Managerial Personnel	4.工勤人员 Logistics Workers	四、医疗机构总诊疗人次(万人次) Total Patients Treated	五、入院人次(万人次) Total Inpatients (10 000 persons)	六、病床使用率(%) Utilization Rate of Beds (%)	七、病床周转次数(次) Turnover of Beds(time)
1979	123	103				
1980	112	122				
1981	120	109	148	1.41		
1982	168	185	169	1.97		
1983	193	353	212	3.44		
1984	221	543	280	4.11		
1985	354	621	345	4.88		
1986	394	705	389	4.68	66.2	24.4
1987	411	778	461	5.84	73.6	22.2
1988	465	849	563	6.97	75.6	28.8
1989	517	870	607	7.87	78.4	29.0
1990	463	1 042	729	8.73	81.4	29.0
1991	514	1 117	840	10.08	85.2	30.3
1992	645	1 244	976	11.40	81.9	28.0
1993	965	1 239	1 050	12.59	80.3	26.6
1994	1 108	1 393	1 057	12.81	70.8	23.2
1995	1 195	1 561	1 202	13.07	65.0	20.8
1996	1 252	1 594	1 168	14.63	64.3	21.5
1997	1 426	1 676	1 231	16.15	67.4	21.9
1998	1 381	1 849	1 386	19.05	68.6	24.1
1999	1 386	1 698	1 520	21.12	69.3	24.5
2000	1 479	1 803	1 699	26.61	75.4	28.3
2001	1 729	1 893	1 912	30.23	77.3	29.4
2002	1 753	1 932	2 062	35.74	80.0	30.6
2003	1 807	2 081	3 052	41.57	84.0	33.5
2004	2 100	2 355	3 514	49.00	82.4	34.9
2005	2 367	2 338	4 055	54.68	79.9	34.6
2006	3 058	5 000	5 170	59.24	81.6	35.6
2007	3 450	6 869	5 954	68.09	87.5	38.6
2008	3 867	6 941	6 842	75.34	89.1	37.9
2009	3 925	7 154	7 549	79.70	86.1	38.4
2010	4 060	7 324	8 127	89.1	89.2	40.1
2011	3 638	8 040	8 878	96.2	90.5	41.4
2012	3 557	8 974	8 638	105.4	85.8	40.1
2013	3 620	10 111	9 112	109.4	84.2	38.4
2014	3 590	10 230	8 853	119.4	85.5	39.4
2015	4 092	10 773	8 901	124.1	84.0	38.1
2016	4 182	9 949	9 598	138.4	85.2	39.0
2017	4 447	10 120	8 705	150.7	84.8	39.2

注：　根据最新国家卫生统计调查制度，从2012年开始总诊疗人次变更统计口径，不包括健康体检和计划免疫人次。

Note: According to the latest national health system, from 2012, the statistics range of Total Patients Treated has changed, not including health examination and planned immunization personnel.

17-1　卫生事业（二）
PUBLIC HEALTH（Ⅱ）

项目	Item	2011	2012	2013	2014	2015	2016	2017
总诊疗人次（万人次）	Total Patients Treated (10000 person-times)	8 878.0	8 638.0	9 112.1	8 852.6	8 900.6	9 598.3	8 705.4
#门诊人次（万人次）	#Outpatient Visits (10000 person-times)	7 034.8	7 326.1	7 629.3	7 685.6	7 834.3	8 417.0	7 584.4
急诊人次（万人次）	Emergency Visits (10000 person-times)	683.5	686.8	747.3	724.5	708.2	789.1	746.4
出院人次（人次）	Number of Discharged Patients(person-time)	960 190	1 050 687	1 092 137	1 193 257	1 238 808	1 381 748	1 507 250
出院病人平均住院日（日）	Average Stay Days in Hospital(day)	7.9	7.8	7.9	7.7	7.9	7.8	7.7
门诊病人次均医疗费用（元）	The Average Medical Expenses Of Outpatient Every Time(yuan)	142.3	157.4	170.1	201.7	218.4	230.4	246.6
住院病人次均医疗费用（元）	The Average Medical Expenses Of Discharged Patients Every Time(yuan)	6 650.6	6 979.7	7 745.4	8 243.3	9 117.2	9 547.0	10 139.5

注：2013年起，“急诊人次”口径有调整。
Note: From 2013, the statistical coverage of “Emergency Visits” has been adjusted.

17-2 体育事业

BASIC STATISTICS ON SPORTS

项目	Item	2011	2012	2013	2014	2015	2016	2017
二级运动员发展人数（人）	New Number of Athletes of Grade II(person)	138	378	250	541	499	420	477
二级裁判员发展人数（人）	New Number of Referees of Grade II(person)	0	266	320	652	543	376	413
举办单项比赛次数（次）	Number of Individual Sports Activities(times)	106	112	111	119	167	230	299
全民健身活动情况	Nationwide Body-building Activities							
#举办1000人以上的群体健身活动次数（次）	Number of Nationwide Body-building Activities more than 1000 persons(times)	300	186	190	200	200	145	160
参加活动人数（万人）	Number of Persons Taking Part in(10 000 persons)	360	360	370	380	375	246	251
国民体质测试（受测人数）（人）	National Physical Fitness Test (number of subjects) (person)	65 077	86 741	91 441	91 268	62 507	60 809	64 305
国民体质合格以上率（%）	Pass Rate of National Physical Fitness Test(%)	91.0	89.9	90.2	89.8	88.5	91.8	92.0

注： 1.由于2011年为大运年，同时2011年开始对发展运动员、教练员、开展群体活动等都有新的规定，因此2011、2012年数据与之前相比有波动。
Note: Because of University Games in 2011 and new regulations,the data of New Number of Athletes of Grade Ⅱ, New Number of Referees of Grade Ⅱ and Number of Individual Sports Activities have adjusted.
2.2011年以后，运动员等级标准调整次数较多，数据有波动。
After 2011,there are many times to adjust the grade standard of athletes,so the data of “New Number of Athletes of Grade Ⅱ” fluctuated.
3.2015年开始，国民体质测试（受测人数）不含学生测试人数。
From 2015, the national physical test (the number of people subjects) does not contain the number of students tested.

17-3 建立最低生活保障制度以来历年低保情况

LIST OF MINIMUM STANDARD OF LIVING SECURITY

年 份 Year	户 数（户） Households (Household)	人 数（人） Persons (Person)	金 额（万元） Total Funds (10 000 yuan)
1998	771	2 014	212
1999	1 150	3 145	375
2000	1 372	3 783	559
2001	1 796	4 978	730
2002	2 783	8 478	1 288
2003	3 718	11 203	1 972
2004	4 467	13 364	2 427
2005	4 887	14 602	3 523
2006	5 103	15 026	3 700
2007	5 105	14 833	4 049
2008	4 962	14 214	4 513
2009	4 885	13 601	5 522
2010	4 470	12 220	4 122
2011	4 009	10 716	4 752
2012	3 320	8 598	5 358
2013	2 866	7 095	3 658
2014	2 787	6 729	3 688
2015	2 653	6 309	4 715
2016	2 550	5 916	4 301
2017	2 280	5 126	4 464

17-4 最低生活保障标准调整表

ADJUSTMENT DATA OF MINIMUM STANDARD OF LIVING SECURITY

单位：元/ 人 .月 (yuan/person . month)

年 份 Year	特区居民 Residents in Special Region	宝安、龙岗城镇居民 Residents in Baoan and Longgang	农村居民 Rural Residents
1998年1月	245	210	150
1999年7月	319	273	195
2002年1月	344	290	205
2005年1月	344	344	344
2006年10月	361	361	361
2007年10月	361	361	
2008年7月	415	415	
2010年7月	450	450	
2011年8月	510	510	
2012	560	560	
2013	560	560	
2014	620	620	
2015	800	800	
2016	800	800	
2017	900	900	

17-5 社会养老机构、救助管理站基本情况
BASIC STATISTICS ON SOCIAL PENSION INSTITUTIONS AND RELIEF MANAGEMENT STATIONS

年 份 Year	社会养老机构 Social Pension Institutions			救助管理站 Relief Management Stations		
	单位（个） Units（unit）	床位数（张） Beds（bed）	年末收养人数（人） Year-end Population Housed（person）	单位（个） Units（unit）	床位数（张） Beds（bed）	年度累计救助人数（人次） Number of Rescued Persons Yearly（person-time）
2003	26	2 919		3	700	1 322
2004	26	2 919		3	700	12 075
2005	26	2 919	2 340	3	700	15 948
2006	27	3 419	2 457	3	700	19 440
2007	27	2 288	1 316	3	700	26 980
2008	29	2 797	1 530	3	700	38 976
2009	30	3 597	1 760	3	740	35 292
2010	30	3 597	1 742	3	810	51 375
2011	30	4 597	1 869	3	830	21 721
2012	31	5 194	2 063	3	830	23 815
2013	31	4 908	2 554	3	820	25 109
2014	31	5 996	2 448	3	820	23 024
2015	31	6 662	2 745	3	850	22 116
2016	34	7 116	3 213	3	600	25 238
2017	35	8 247	3 384	3	600	30 322

注： 救助管理站2003年人数为2003年8月至2003年12月。
Note: Number of relief management stations in 2003 is from Aug 2003 to Dec 2003.

主要统计指标解释

卫生技术人员 指从事卫生技术工作并在卫生事业机构领取劳动报酬的专业人员。包括中医师、西医师、中西医结合高级医师、护师、中药师、西药师、检验师、其他技师、中医士、西医士、护士、助产士、中药剂士、西药剂士、检验士、其他技士、其他中医、护理员、中药剂员、西药剂员、检验员以及其他初级卫生技术人员。

医生 指经卫生部门审查合格，具有执业资格的医疗专业人员。

执业医师 指具有《医师执业证》及其“级别”为“执业医师”且实际从事医疗、预防保健工作的人员，不包括实际从事管理工作的执业医师。执业医师类别分为临床、中医、口腔和公共卫生。

执业助理医师 指具有《医师执业证》及其“级别”为“执业助理医师”且实际从事医疗、预防保健工作的人员，不包括实际从事管理工作的执业助理医师。执业助理医师类别同样分为临床、中医、口腔和公共卫生四类。

Explanatory Notes on Main Statistical Indicators

Medical Technical Personnel refer to all permanent and contract medical staff and workers employed by medical institutions, including doctors of Chinese and Western medicine, senior doctors who integrate traditional Chinese therapeutics with Western therapeutics in practice, senior nurses, pharmacists of Chinese and Western medicine, laboratory specialists, other specialists, paramedics of Chinese and Western medicine, nurses, midwives, druggists in Chinese and Western medicine, laboratory technicians, other technicians, other practitioners of Chinese medicine, nursing attendants, pharmacological workers of Chinese and Western medicine, laboratory workers, and other primary medical personnel.

Doctors refer to qualified medical professionals approved to practice by public health departments.

Licensed Doctors refer to the medical workers who have obtained the licenses of qualified doctors and are employed in medical treatment, disease prevention or healthcare institutions, excluding the licensed doctors engaged in management job. The classification of licensed doctors is clinician, Chinese medicine, dentist and public health.

Licensed Assistant Doctors refer to the medical workers who have obtained the licenses of qualified assistant doctors and are employed in medical treatment, disease prevention or healthcare institutions, excluding the licensed assistant doctors engaged in management job. The classification of licensed assistant doctors is clinician, Chinese medicine, dentist and public health.

18 第十八部分 城市建设和环境保护

URBAN CONSTRUCTION AND ENVIRONMENTAL PROTECTION

CHAPTER

18-1 城市建设及公用设施

URBAN CONSTRUCTIONS AND PUBLIC UTILITY

指 标 名 称	Indicators	2012	2013	2014	2015	2016	2017
一、城市园林绿化	**Parks,Gardens and Green Areas in UrbanDistricts**						
绿化覆盖面积（公顷）	Coverage Area of Afforestation (hectare)	97 670	98 635	98 805	99 841	99 841	101 860
其中：建成区（公顷）	Developed Areas(hectare)	38 906	39 267	40 123	40 590	41 638	41 726
建成区绿化覆盖率（%）	Green Coverage Rate in Developed Areas(%)	45	45	45	45	45	45
园林绿地面积（公顷）	Area of Gardens and Green Areas(hectare)	96 382	96 697	97 442	97 850	97 870	97 889
其中：建成区（公顷）	Developed Areas(hectare)	33 820	34 136	34 881	35 289	36 191	36 267
建成区绿地率（%）	Rate of Green Areas in Developed Areas(%)	39.2	39.2	39.2	39.2	39.2	39.2
公园绿地面积（公顷）	Public Green Areas(hectare)	17 508	17 750	18 152	19 241	19 588	19 980
人均公园绿地面积（按常住人口计算）（平方米）	Per Capita Public Green Areas(sq.m)	16.6	16.7	16.8	16.9	16.5	16.0
公园数（个）	Number of Parks(unit)	841	869	889	911	921	942
公园面积（公顷）	Area of Parks(hectare)	21 948	21 950	21 953	21 955	21 958	21 968
二、市政及环卫设施	**Public Facilities and Environmental Sanitation in urban Districts**						
道路长度（公里）	Length of Roads(1000 m)	6 015	6 364	6 375	6 447	6 556	6 668
道路面积（万平方米）	Area of Roads(10 000 sq.m)	10 629	11 496	11 633	11 838	11 920	12 151
人均道路面积（平方米）	Per Capita Area of Roads(sq.m)	10.1	10.8	10.8	10.4	10.0	9.8
城市排水管道总长度（公里）	Total Length of Sewer Pipelines(1000 m)	11 472	10 420	11 634	12 331	13 507	13 815
污水处理厂设计规模（万吨/日）	Design Scale of Sewage Disposal(10 000 tons/day)	421	445	480	480	520	520
道路照明灯（盏）	Number of Street Lights(unit)	240 718	250 771	275 768	305 062	405 500	406 566
生活垃圾转运站座数（座）	Waste Transfer Stations(set)	733	733	853	895	895	965
公共厕所数量（座）	Public Toilets(set)	2 590	2 590	2 590	2 610	3 343	3 343
市容环卫专用车辆（辆）	Special Vehicle for Municipal Sanitation(set)	1 104	1 848	1 325	1 724	2 456	2 825

注： 1.道路长度、道路面识、市政城市排水管道总长度自2011年开始统计口径有变化。
Note: From 2011, the statistical scope of Length of Roads, Area of Roads, Toads and total Length of Sewer Pipelines have been adjusted.
2.路灯数统计口径自2012年开始有变化。
From 2012, the statistical Scope of Number of Street Lights has been adjusted.

18-2 城市环境

URBAN ENVIRONMENT

年 份 Year	水资源总量（亿立方米）Water Resources (100 million m³)	森林面积（公顷）Area of Woods (hectare)	森林覆盖率（%）Forest coverage (%)	空气中二氧化硫日均值（微克/立方米）Daily Average Concentration of SO_2 in the Air (ug/m³)	空气中二氧化氮日均值（微克/立方米）Daily Average Concentration of NO_2 in the Air (ug/m³)	空气中可吸入颗粒物日均值（微克/立方米）Daily Average Concentration of PM^{10} in the Air (ug/m³)	空气质量优良（二级）天数（天）Days of Air Quality Equal to or Above Grade II (day)
2001	25.5			27	58	63	364
2002	15.68			18	50	61	363
2003	16.29			20	57	70	349
2004	13.84			24	72	76	344
2005	19.93	72 619	38.9	21	39	64	360
2006	20.34	72 053	38.9	30	53	64	359
2007	17.57	72 224	39.0	23	54	64	361
2008	27.09	72 263	39.2	16	47	63	364
2009	18.86	73 202	39.7	13	42	57	364
2010	18.70	73 200	39.7	11	45	57	356
2011	14.48	80 227	41.1	11	48	57	362
2012	19.56	80 968	41.5	10	40	54	365
2013	25.20	82 866	41.5	11	40	62	324
2014	21.51	82 868	41.5	9	35	53	348
2015	18.49	82 915	41.5	8	33	49	340
2016	30.40	80 840	40.9	8	33	42	354
2017	19.58	79 339	40.0	8	30	45	343

18-2 续表 1 continued

年 份 Year	灰霾日（天）Days of Haze (day)	城市饮用水源水质达标率（%）Rate of Urban Drinking Water Quality Reaching Standard (%)	城市生活污水处理率（%）Rate of Treatment of City Living Waste Water (%)	生活垃圾清运量（万吨）Consumption Wastes Collected and Transported (10 000 tons)	生活垃圾无害化处理量（万吨）Consumption Wastes Harmless Disposal (10 000 tons)	生活垃圾无害化处理率（%）Treatment Rate of Consumption Wastes (%)	工业废气排放量（亿标立方米）Volume of Industrial Waste Gas Emission(100 million standard cubic meters)
2001	95	93.45	20.2	122	122	100	4 683.98
2002	104	96.11	27.8	129	129	100	7 313.37
2003	147	97.13	31.7	325	225	69.2	820.64
2004	187	96.71	38.1	325	263	81.0	1 082.42
2005	161	98.11	38.7	333	300	90.0	1 389.74
2006	147	98.07	38.9	360	337	93.7	1 264.02
2007	153	98.86	65.9	407	383	94.1	1 917.96
2008	154	99.87	70.8	441	415	94.2	1 631.61
2009	115	100	80.0	476	449	94.3	1 740.67
2010	115	100	81.3	479	453	94.6	1 683.53
2011	112	100	90.1	482	458	95.0	1 871.46
2012	77	100	95.6	490	466	95.1	2 136.96
2013	98	100	96.2	522	513	98.4	2 181.63
2014	68	100	96.5	541	541	100	2 214.89
2015	35	100	96.6	575	575	100	2 312.25
2016	27	100	96.7	572	572	100	2 779.52
2017	22	100	96.8	604	604	100	3 005.02

18-2 续表 2 continued

年 份 Year	工业二氧化硫排放总量（万吨） Volume of Indusrial Sulphur Dioxide Emission (10 000 tons)	工业氮氧化物排放总量（万吨） Volume of Indusrial Nitrogen Oxide Emission (10 000 tons)	工业烟粉尘排放量（万吨） Volume of Indusrial Soot Emission (10 000 tons)	工业固体废物产生量（万吨） Industrial Solid Wastes Produced (10 000 tons)	城市区域环境噪声均值（分贝） Average Noise Value of Urban Environment(dB)	城市道路交通噪声均值（分贝） Average Noise Value of Urban Road Traffic(dB)
2001	3.93		0.35	49.97	56.1	68.3
2002	4.09		0.43	49.64	56.0	68.2
2003	4.55		0.51	68.67	56.0	68.5
2004	4.36		0.61	95.49	56.1	69.2
2005	4.35		0.64	104.07	56.2	69.4
2006	4.24	3.60	0.4	132.02	56.5	69.6
2007	3.83	7.23	0.33	193.55	56.5	69.4
2008	3.42	5.01	0.41	175.42	56.5	69.2
2009	3.23	4.28	0.36	173.11	56.8	69.5
2010	3.3	2.57	0.17	184.82	56.7	69.2
2011	0.95	3.30	0.13	169.52	56.7	69.0
2012	0.98	2.99	0.08	152.82	56.9	68.9
2013	0.57	1.84	0.07	123.84	56.8	68.9
2014	0.53	1.43	0.07	141.42	56.8	68.8
2015	0.41	1.07	0.11	124.63	56.8	69.3
2016	0.47	1.14	0.17	142.13	56.9	69.6
2017	0.13	0.66	0.09	165.21	57.5	70.0

18-3 用电量、供水量

ELECTRICITY CONSUMPTION AND TAP WATER SUPPLY

年 份 Year	用电总量 (万千瓦小时) Total Electricity Consumption (10 000 kwh)	农、林、牧、渔业 Farming, Forestry Animal Husbandry and Fishery	工 业 Industry	建筑业 Construction	交通运输、仓储、邮政业 Transportation, Storage and Post Services	信息传输、软件和信息技术服务业 Information Transmission, Software and Information Technology
1994	879 100	11 609	503 780	26 502	14 229	
1995	913 600	11 258	499 757	27 081	15 877	
1996	1 014 427	13 041	547 085	26 138	22 364	
1997	1 125 781	14 558	617 016	23 974	20 571	
1998	1 294 332	16 225	644 973	25 805	21 982	
1999	1 498 759	22 045	749 834	36 735	28 215	
2000	1 903 494	34 659	1 018 794	42 482	24 329	
2001	2 122 871	48 247	1 168 146	50 425	28 584	
2002	2 599 161	114 324	1 472 361	60 653	36 477	
2003	3 234 299	172 253	1 793 262	57 644	37 904	
2004	3 903 060	228 808	2 234 774	62 493	41 722	
2005	4 402 089	252 793	2 462 690	81 148		
2006	4 872 038	245 405	2 790 275	85 968	41 541	91 925
2007	5 678 193	241 447	3 331 541	94 212	54 364	94 400
2008	5 837 586	225 570	3 462 946	96 540	58 013	102 807
2009	5 856 808	113 898	3 237 528	75 192	84 721	114 674
2010	6 635 475	29 049	4 161 345	63 880	108 383	59 286
2011	6 960 198	24 658	4 186 359	62 642	151 177	70 315
2012	7 221 044	22 116	4 232 405	62 331	176 093	83 141
2013	7 297 680	22 003	4 393 588	72 041	182 803	84 425
2014	7 886 841	24 325	4 731 235	90 222	208 186	87 900
2015	8 155 442	24 601	4 795 635	96 380	226 320	103 032
2016	8 510 789	25 184	4 839 234	104 212	265 857	119 802
2017	8 844 861	25 787	4 872 227	112 545	349 749	151 986

18-3 续表 continued

年 份 Year	批发和零售业、住宿和餐饮业 Wholesale and Retail Trades,Hotels and Catering Services	金融、房地产、商务及居民服务业 Banking，Real Estate Trade, Business and Residential Services	公共事业及管理组织 Public Service and Management Organizations	城乡居民生活用电 Residential Electricity Consumption	自来水生产能力(万吨/日) Tap Water Production Capacity (10 000 tons/day)	自来水供水总量(万吨) Volume of Tap Water Supply (10 000 tons)
1994	102 166		125 292	95 447	244	52 308
1995	105 512		128 134	125 834	268	57 408
1996	121 650		132 108	151 795	328	64 743
1997	150 755		124 155	174 576	328	70 194
1998	168 155		150 517	266 520	339	79 596
1999	176 589		195 198	289 927	364	86 560
2000	218 196		231 113	333 585	380	92 068
2001	226 547		248 025	352 722	390	97 334
2002	347 290		245 553	322 334	412	108 070
2003	374 271		389 140	409 616	442	122 795
2004	428 738		445 363	460 985	508	135 026
2005	380 550		687 479	537 429	534	139 487
2006	400 936	472 581	149 949	583 485	591	145 227
2007	430 487	529 424	182 882	717 521	638	154 230
2008	431 764	558 283	197 898	702 181	670	156 956
2009	466 208	717 667	254 082	791 322	670	150 094
2010	475 271	706 670	263 752	766 538	692	156 470
2011	501 705	774 252	293 417	894 161	692	161 480
2012	526 599	758 050	315 756	1 043 007	692	160 360
2013	588 761	680 041	317 648	1 039 391	674	159 139
2014	521 487	682 603	335 878	1 203 653	675	164 132
2015	559 474	755 442	368 900	1 248 873	674	169 698
2016	579 285	830 797	402 706	1 343 218	709	199 342
2017	600 755	891 335	429 257	1 409 230	709	201 697

18-4 公共交通

PUBLIC TRANSPORTATION

年 份 Year	年末实有公共汽车(辆) Number of Buses (year-end)	的士(辆) Taxi (unit)	年末公共汽车营运线路条数(条) Number of Operating Bus Lines (year-end)	公共汽车客运总人数（万人次） Number of Passengers Carried of Bus Lines (10 000 person-times)	轨道交通线路长度（公里） Length of Operation Lines(km)	轨道交通客运总量（万人次） Volume of Pussenger Traffic of Operation Lines(10 000 person-times)	轨道交通线路条数(条) Number of Operation Lines(line)
1979	12	10	2				
1980	38	160	3				
1981	44	199	6				
1982	52	233	7				
1983	88	860	9	1 399			
1984	132	1 226	19	2 974			
1985	153	1 700	27	5 184			
1986	171	1 794	29	5 827			
1987	205	1 896	32	9 068			
1988	248	2 305	37	16 399			
1989	305	2 365	38	16 747			
1990	403	2 394	42	21 947			
1991	501	3 152	51	19 821			
1992	507	6 083	55	27 248			
1993	851	6 212	61	30 600			
1994	1 144	7 400	68	31 020			
1995	1 468	8 255	80	35 390			
1996	1 784	8 505	89	35 495			
1997	2 128	8 505	125	36 202			
1998	2 461	8 505	137	37 250			
1999	2 772	8 505	145	40 600			
2000	2 920	8 505	131	42 800			
2001	3 495	8 505	138	47 072			
2002	3 495	9 705	138	51 714			
2003	4 885	10 255	185	50 719			
2004	5 376	10 305	208	100 820			
2005	6 091	10 305	227	101 621	22	5 766	2
2006	7 305	10 305	277	123 084	23	8 990	2
2007	8 188	11 205	316	135 668	24	11 765	2
2008	8 396	12 991	340	145 701	25	13 550	2
2009	11 928	13 411	578	213 603	25	13 823	2
2010	12 456	14 340	758	228 058	64	16 271	4
2011	15 365	14 735	825	223 735	177	45 985	5
2012	14 546	15 300	854	228 305	177	78 129	5
2013	14 617	15 973	881	220 178	177	91 715	5
2014	15 074	16 275	886	225 739	177	103 675	5
2015	15 120	16 596	903	206 892	177	112 188	5
2016	15 483	17 842	976	186 799	285	129 713	8
2017	17 430	18 379	992	165 425	297	165 545	9

注：　由于指标调整，本表中指标口径2009年以前为“公共大巴”口径，2009年及以后为“公共汽车”口径，包括原大巴、中巴、小巴。

Note: After the adjustment in 2009, the statistical scope of Buses include Large-sized buses, medium-sized buses and small-sized buses, while it just refters to large-sized buses before.

18-5 气象情况
CLIMATE

年　份 Year	平均气温(摄氏度) Mean Air Temperature (℃)	降水量(毫米) Precipitation (mm)	日照时数(小时) Sunshine Duration (hour)	平均相对湿度(%) Mean Relative Humidity (%)
1990	23.0	1 396.9	1 842.1	76
1995	22.5	2 309.8	1 858.2	74
2000	23.4	2 533.6	1 939.5	75
2001	23.6	2 747.3	1 811.3	74
2002	23.7	1 608.1	1 975.0	72
2003	23.9	1 833.4	1 655.3	74
2004	23.6	1 299.4	1 921.5	71
2005	23.2	2 143.6	1 574.3	70
2006	23.4	1 936.5	1 624.3	73
2007	23.5	1 581.5	1 937.1	70
2008	22.8	2 710.0	1 907.6	69
2009	23.2	1 611.0	1 987.3	70
2010	23.0	1 634.0	1 775.6	73
2011	22.6	1 269.7	2 054.4	71
2012	23.1	1 554.8	1 781.5	79
2013	23.1	2 203.6	1 906.6	75
2014	23.2	1 725.5	2 034.6	73
2015	23.9	1 500.8	1 964.3	72
2016	23.2	2 490.6	1 759.3	79
2017	23.6	1 967.1	1 919.1	77

主要统计指标解释

废水排放总量 包括生产废水和生活污水。生产废水指企、事业单位在生产、科研过程中所有排放口向外环境排放的废水量总和。生活污水指城镇居民区和企、事业单位职工集中居住区排放的污水量。

工业废水排放总量 指经过工业企业厂区所有排放口排到企业外部的工业废水量。包括外排的直接冷却水、超标排放的矿井地下水和与工业废水混排的厂区生活污水，不包括外排的间接冷却水（清污不分流的间接冷却水应计算在内）。

工业粉尘排放量 指工业企业在生产工艺过程中排入的固体微粒总重量。如钢铁企业的耐火材料粉尘、焦化企业的筛焦系统粉尘、烧结机的粉尘、石灰窑的粉尘、建材企业的水泥粉尘等。不包括电厂排入大气的烟尘。

工业固体废物产生量 指工业企业在生产过程中产生的固体状、半固体状和高浓度液体状废弃物的总量，包括冶炼废渣、粉煤灰、炉渣、煤矸石、化工废渣、尾矿、放射性废渣和其它废渣等；不包括矿山开采的剥离废石和掘进废石（煤矸石和呈酸性或碱性的废石除外）。酸性或碱性废石是指采掘的废石其流经水、雨淋水PH值小于4或PH值大于10.5者。

工业固体废物综合利用量 指已用作农业肥料、造田、生产建筑材料、筑路以及其它方式综合利用的固体废物量（包括当年利用往年的工业固体废物堆存量）。综合利用量由原产固体废物的单位统计。

Explanatory Notes on Main Statistical Indicators

Total Volume of Waste Water Discharged includes the volume of production waste water and domestic sewage. Production waste water refers to the total waste water discharged in the process of production and scientific research by enterprises and institutions, through all outlets to the outside environment.Domestic sewage refers to the sewage volume discharged in the urban residential areas and the residential areas of staff and workers of enterprises and institutions.

Total Volume of Industrial Waste Water Discharged refers to the volume of industrial waste water discharged, through all outlets to the outside of industrial enterprises, including direct cooling water, underground water from mines that does not meet the discharge standards, and domestic sewage mixed up with industrial waste water when discharged, but excluding indirect cooling water discharged (except unclassified discharge of indirect cooling water).

Industrial Dust Discharged refers to the total weight of solid dust discharged by industrial enterprises in the production process, such as dust of refractory materials from iron plants, dust from coke screening system or from sintering machines of coking plants, dust from lime kilns, cement dust from building material enterprises, etc, but excluding smoke and dust discharged by power plants.

Volume of Industrial Solid Wastes Produced refers to the total volume of solid, semi solid or high concentration liquid residues produced by industrial enterprises in their production process, including residues from melting, slag, powdered coal ash, gangue, chemical residues, tailings, radioactive residues and other residues, but excluding stripped or dug stones in mining (except gangue and acid or alkali waste stones, which are waste stones washed or soaked by water with a PH value smaller than 4 or larger than 10.5).

Volume of Industrial Solid Wastes Utilized in a Comprehensive Way refers to the volume of solid wastes utilized in a comprehensive way, such as the solid wastes utilized as fertilizers, building materials, for building up fields and making roads or for other purposes (including the volume of industrial solid wastes stored up in previous years and utilized in the current year). Statistical data on utilization of industrial solid wastes are collected by solid wastes producing units.

19 第十九部分

人民生活

PEOPLE'S LIVELIHOOD

CHAPTER

19-1 城镇单位在岗职工年平均工资

AVERAGE WAGE OF FULLY EMPLOYED STAFF AND WORKERS IN URBAN UNITS

年 份 Year	在岗职工年平均工资(元) Average Wage of Fully Employed Staff and Workers (yuan)	国有单位 State-owned Units	城镇集体单位 Urban Collective-owned Units	其他单位 Units of Other Types of Ownership
1979	769	785	688	
1980	979	990	922	687
1981	1 132	1 119	1 211	1 156
1982	1 366	1 358	1 410	1 363
1983	1 545	1 571	1 470	1 528
1984	2 179	2 257	1 805	2 023
1985	2 418	2 427	1 932	2 753
1986	2 452	2 476	2 048	2 637
1987	2 677	2 637	3 223	3 021
1988	3 388	3 267	2 737	3 615
1989	3 858	3 917	2 855	3 733
1990	4 304	4 339	3 348	4 203
1991	5 016	4 908	3 984	5 240
1992	5 931	6 026	4 435	6 270
1993	8 145	8 854	5 681	7 633
1994	10 572	11 632	7 076	10 208
1995	12 276	13 709	7 229	12 184
1996	14 507	16 625	8 668	13 685
1997	16 531	18 515	10 320	15 872
1998	18 381	21 161	11 260	17 204
1999	20 714	23 602	13 228	19 530
2000	23 039	26 193	13 234	21 974
2001	25 941	31 187	13 427	23 981
2002	28 218	35 501	16 969	25 544
2003	30 611	40 893	17 061	26 940
2004	31 928	45 212	20 256	27 868
2005	32 476	47 762	17 112	28 521
2006	35 107	49 312	20 591	31 286
2007	38 798	58 347	21 793	33 787
2008	43 454	65 431	25 291	37 933
2009	46 723	72 278	24 715	40 582
2010	50 456	79 734	27 801	43 939
2011	55 143	85 218	31 830	48 422
2012	59 010	90 492	34 444	52 374
2013	62 619	90 393	30 207	59 627
2014	72 651	108 192	39 993	69 224
2015	81 034	117 432	45 546	77 436
2016	89 757	124 927	56 682	86 374
2017	100 173	150 444	71 380	95 203

19-2 居民家庭生活基本情况
BASIC CONDITIONS OF PERMANENT HOUSEHOLDS

年 份 Year	平均每户家庭人口 (人) Average Persons per Household (person)	平均每户就业人口 (人) Average Employees per Household (person)	平均每一就业者负担人口 (人) Persons Supported by Each Employee (person)	平均每人每月可支配收入(元) Per Capita Monthly Disposable Income(yuan)	平均每人每月消费性支出(元) Per Capita Monthly Consumption Expenditures(yuan)
1988	3.90	2.17	1.80	214.10	195.45
1989	3.92	2.16	1.82	304.71	256.59
1990	3.81	2.16	1.76	343.95	305.92
1991	3.78	2.21	1.71	380.31	347.98
1992	3.73	2.23	1.67	481.94	419.54
1993	3.59	2.14	1.68	644.72	515.97
1994	3.60	2.10	1.72	875.27	789.43
1995	3.61	2.06	1.75	1 064.22	919.86
1996	3.50	2.06	1.70	1 357.97	1 087.00
1997	3.46	2.03	1.70	1 548.23	1 217.53
1998	3.48	1.96	1.78	1 601.16	1 230.35
1999	3.41	1.89	1.80	1 626.70	1 169.48
2000	3.42	1.86	1.84	1 742.14	1 358.89
2001	3.43	1.82	1.88	1 896.66	1 418.73
2002	3.32	1.86	1.79	2 078.39	1 577.16
2003	3.38	1.80	1.88	2 161.32	1 663.36
2004	3.34	1.68	1.99	2 299.70	1 630.80
2005	3.35	1.73	1.94	1 791.20	1 325.99
2006	3.33	1.80	1.85	1 880.59	1 385.68
2007	3.29	1.83	1.80	2 025.12	1 539.54
2008	3.25	1.59	2.04	2 227.44	1 648.26
2009	3.24	1.66	1.95	2 437.04	1 793.84
2010	3.22	1.68	1.92	2 698.41	1 900.55
2011	3.15	1.67	1.89	3 042.09	2 006.67
2012	3.21	1.70	1.89	3 395.16	2 227.31
2013	3.19	1.68	1.90	3 721.09	2 401.04
2014	2.20	1.40	1.57	3 412.33	2 404.40
2015	2.24	1.39	1.61	3 719.44	2 696.60
2016	2.26	1.40	1.61	4 057.92	3 040.05
2017	2.31	1.43	1.62	4 411.50	3 193.34

注：从2014年起，国家统计局开展了城乡一体化住户收支与生活状况调查，19-2至19-6表数据来源于此调查样本，与2013年及之前住户调查的调查范围、调查方法、指标口径有所不同。

Note: The NBS started an integrated household income and expenditure survey in 2014, including both urban and rural households. The data shown in Tables 19-2 to 19-6 are compiled on the basis of the survey. The coverage, methodology and definitions used in the survey are different from those used for the separate urban and rural household surveys prior to 2014.

19-3 一体化住户调查样本调查户基本情况（2017年）

ASIC CONDITIONS OF INTEGRATED HOUSEHOLD AND EXPENDITURE SURVEY（2017）

单位：人 （person）

指标名称	Item	2017
样本量（宅）	Sample Size（household）	1 338
户均常住成员	Average Resident per Household	2.31
户均常住从业人数	Employed Resident Persons per Household	1.43
每一从业人员负担人口	Average Number of Dependents per Employed Person	1.62
恩格尔系数（%）	Engel Coefficient（%）	30.0
人均住房建筑面积（平方米/人）	Per Capita Floor Space of Residential Building（sq.m/person）	19.70

19-4 居民人均可支配收入（2017年）

PER CAPITA DISPOSABLE INCOME OF PERMANENT HOUSEHOLDS（2017）

单位：元 （yuan）

指标名称	Item	2017
可支配收入	**Per Capita Disposable Income**	**52 938.00**
一、工资性收入	**Income from Wages and Salaries**	**43 906.08**
(一)工资	Wages	41 044.09
(二)实物福利	Welfare	837.65
(三)其他	Others	2 024.36
二、经营净收入	**Net Business Income**	**6 450.06**
(一)第一产业净收入	Net Income of Primary Industry	
(二)第二产业净收入	Net Income of Secondary Industry	802.77
(三)第三产业净收入	Net Income of Tertiary Industry	5 647.28
三、财产净收入	**Net Income from Properties**	**5 739.34**
其中：出租房屋净收入	Net Income from Rent	1 785.88
四、转移净收入	**Net Income from Transfer**	**-3 157.48**
(一)转移性收入	Income from Transfer	3 067.94
#养老金或离退休金	Old-age Pension or Retired Pay	2 608.66
(二)转移性支出	Expenses on Transfer	6 225.42
#外来从业人员寄给家人的支出	Expenture for Sending to Their Families	1 120.97
赡养支出	Expenditure for Support	917.56

19-5 居民人均消费支出（2017年）

PER CAPITA CONSUMPTION EXPENDITURE OF PERMANENT HOUSEHOLDS（2017）

单位：元 （yuan）

指标名称	Item	2017
居民生活消费支出	**Daily Consumption Expenditure**	**38 320.12**
一、食品烟酒	**Food,Tobacco and Liquor**	**11 480.71**
(一)食品	Food	7 162.93
(二)烟酒	Tobacco and Liquor	735.06
(三)饮料	Drink	265.08
(四)饮食服务	Catering	3 317.63
二、衣着	**Clothing**	**2 093.18**
(一)衣类	Clothes	1 697.89
(二)鞋类	Shoes	395.30
三、居住	**Residence**	**11 780.22**
其中：租赁房房租	Rent	3 207.88
四、生活用品及服务	**Household Facilities, Articles and Services**	**2 102.63**
(一)家具及室内装饰品	Furniture and Interior Decoration	184.23
(二)家用器具	Household Appliances	386.45
(三)家用纺织品	Home Textiles	151.86
(四)家庭日用杂品	Family Daily Groceries	702.96
(五)个人用品	personal Belongings	507.34
(六)家庭服务	Domestic Service	169.80
五、交通通信	**Transport and Communications**	**5 067.26**
(一)交通	Transport	3 589.57
(二)通信	Communications	1 477.69
六、教育文化娱乐	**Education, Cultural and Recreation**	**3 559.81**
(一)教育	Education	2 028.91
(二)文化娱乐	Cultural and Recreation	1 530.90
七、医疗保健	**Health Care and Medical Services**	**1 154.25**
(一)医疗器具及药品	Medical Apparatus and Medicine	491.68
(二)医疗服务	Medical Services	662.57
八、其他用品及服务	**Miscellaneous Goods and Services**	**1 082.06**
(一)其他用品	Miscellaneous Goods	503.57
(二)其他服务	Miscellaneous Services	578.49

19-6 居民物质文化生活提高情况

IMPROVEMENT IN RESIDENTS' MATRIAL AND CULTURAL LIFE

项 目	Item	2011	2012	2013	2014	2015	2016	2017
就业	**Employment**							
城镇登记失业率(%)	Urban Unemployment Rate(%)	2.20	2.42	2.35	2.26	2.34	2.33	2.20
收入	**Income**							
可支配收入(元/人)	Per Capita Disposable Income (yuan)	36 505	40 742	44 653	40 948	44 633	48 695	52 938
支出	**Expenditure**							
消费性支出(元/人)	Per Capita Consumption Expenditure (yuan)	24 080	26 728	28 812	28 853	32 359	36 481	38 320
居住	**Residence**							
人均住房建筑面积（平方米）	Per Capita Building Space (sq.m)	27.94	27.91	27.58	21.1	20.6	19.6	19.7
通讯	**Telecommunication**							
每百人拥有电话(部)	Number of Telephone Sets per 100 Persons	274	296	286	362	296	264	254
城市公用业	**Public Utilities in Urban Areas**							
人均生活用电量(度)	Per Capita Residential Electicity Consumption(kwh)	858	993	982	1 124	1 127	1 154	1 150
自来水普及率(%)	Rate of Access to Tap Water(%)	100	100	100	100	100	100	100
教育娱乐	**Education and Recreation**							
教育文化娱乐支出(元)	Expenditures of education, Recreation and Cultural Service (yuan)	2 890.26	2 960.13	3 015.14	2 559.83	2 678.62	3 092.27	3 559.81
#文化娱乐	Cultural Recreational Articles and	752.93	546.78		1 394.09	1 456.79	1 570.45	1 530.90
教育	Education	1 225.94	1 406.47		1 165.74	1 221.83	1 521.82	2 028.91
卫生	**Public Health**							
每万人拥有医生数(人)	Number of Doctors per 10 000 Persons (person)	22	23	24	25	25	26	27
每万人拥有医院病床(张)	Number of Hospital Beds per 10 000 Persons(bed)	21	25	25	27	28	32	32

主要统计指标解释

可支配收入 指调查户在调查期内获得的、可用于最终消费支出和储蓄的总和，即调查户可以用来自由支配的收入。可支配收入既包括现金，也包括实物收入。按照收入的来源，可支配收入包含四项，分别为：工资性收入、经营净收入、财产净收入和转移净收入。计算公式为：

可支配收入 = 工资性收入 + 经营净收入 + 财产净收入 + 转移净收入

其中：经营净收入 = 经营收入 － 经营费用 － 生产性固定资产折旧 － 生产税

财产净收入 = 财产性收入 － 财产性支出

转移净收入 = 转移性收入 － 转移性支出

消费支出 指住户用于满足家庭日常生活消费需要的全部支出，包括用于消费品的支出和用于服务性消费的支出。根据用途不同，消费支出可划分为食品烟酒、衣着、居住、生活用品及服务、交通通信、教育文化娱乐、医疗保健、其他用品及服务八大类。根据来源不同，消费支出可划分为现金消费支出、实物消费支出（含自产自用、来自单位、来自政府和其他社会组织）。

Explanatory Notes on Main Statistical Indicators

Disposable Income of Households Disposable Income of Households refers to the income of households for purpose of final expenditure and savings. It includes income both in cash and in kind. By sources of income, disposable income includes four categories: income from wages and salaries, net business income, net income from properties and net income from transfer.

Consumption Expenditure of Households Consumption Expenditure of Households refers to all expenditure of households for living expenditure to satisfy family daily living. It includes expenditure in cash and in kind. It includes eight categories: food, tobacco and liquor; clothing; residence; household facilities, articles and services; transport and communications; education, cultural and recreational activities; health care and medical services, and miscellaneous goods and services.

图书在版编目（CIP）数据
深圳统计年鉴. 2018 / 深圳市统计局, 国家统计局深圳调查队编. -- 北京 : 中国统计出版社, 2018.10
ISBN 978-7-5037-8633-4

Ⅰ. ①深… Ⅱ. ①深… ②国… Ⅲ. ①统计资料一深圳一2018一年鉴 Ⅳ. ①C832.653-54

中国版本图书馆CIP数据核字(2018)第201769号

深圳统计年鉴-2018

作　　者/ 深圳市统计局　国家统计局深圳调查队
责任编辑/ 陈越月
执行编辑/ 李立红
出版发行/ 中国统计出版社
地　　址/ 北京市丰台区西三环南路甲6号
邮　　编/ 100073
电　　话/ 邮购（010）63376909　书店（010）68783171
网　　址/ http://csp.stats.gov.cn
印　　刷/ 深圳市美嘉美印刷有限公司
经　　销/ 新华书店
开　　本/ 890×1240毫米 1/16
字　　数/ 750千字
印　　张/ 25印张
版　　别/ 2018 年 12 月第 1 版
版　　次/ 2018 年 12 月第 1 次印刷
定　　价/ 320.00元

如有印装错误，本社发行部负责调换。